Peter Hampe

Die DDR – mein Absurdistan

Peter Hampe

# Die DDR – mein Absurdistan

## Innenansichten und Dokumente aus einem Überwachungsstaat

EDITION
Noack & Block

ISBN 978-3-86813-016-4



Herstellung durch das atelier eilenberger, Taucha bei Leipzig.

www.noack-block.de

# Geleitwort

Vor bald fünfundzwanzig Jahren hat die friedliche Revolution zum Untergang der DDR und zur Wiedervereinigung Deutschlands geführt. Die Menschen haben sich für die Freiheit entschieden. Sie wollten nicht länger in einem Unrechtsstaat leben. Mit dem Ausspruch „Wir sind das Volk" hat die Demokratie gesiegt. Die Zeit der Wende und die Geschichte der SED-Diktatur dürfen wir nicht vergessen. Wir müssen sie aufarbeiten und lebendig halten. Dafür sind Bücher wie dieses unverzichtbar.

„Die DDR – mein Absurdistan" zeigt eindrücklich, wie in der DDR die Verletzung von Menschenrechten und der Eingriff in die Privatsphäre der Bürgerinnen und Bürgern zum Alltag gehörten. Mit unglaublichem Aufwand hat die Stasi Menschen bespitzelt, Vertrauen untergraben und missbraucht, Menschenrechte verletzt. Peter Hampe hat den 17. Juni 1953 miterlebt und war 26 Jahre im Visier der Stasi. Er war 18 Monate in Stasi-Gefängnissen eingesperrt und hat jahrelang für seine Ausreise aus der DDR gekämpft. Er ist ein Opfer politischer Gewalt im 20. Jahrhundert.

Peter Hampe hat sich entschlossen, seine Geschichte aufzuschreiben für die nachfolgenden Generationen – nicht als laute Anklage, sondern als Dokumentation seiner eigenen leidvollen Erfahrungen. Sein Schicksal steht für viele Menschen, die unter und in der DDR gelitten haben – weil sie ihre Meinung nicht sagen durften, weil sie auf Schritt und Tritt kontrolliert wurden, weil sie ihre Persönlichkeit nicht entfalten konnten.

Peter Hampe leistet mit seinem Buch einen wichtigen Beitrag zu einer lebendigen Erinnerungskultur in unserem Land. Was hat die DDR tatsächlich ausgemacht? Warum war sie ein Unrechtsstaat?

Diese Fragen müssen wir stellen und beantworten. Gerade junge Menschen müssen mehr über die jüngere deutsche Geschichte wissen, um diese Fragen klar beantworten zu können. Der Umgang mit unserer Geschichte entscheidet darüber, wie wir heute und morgen leben werden. Dazu gehört auch eine klare Identifizierung jener, die zu den Tätern gehörten. Dazu gehören der Respekt und die Anerkennung des Mutes all jener Menschen, die sich 1989 und davor widersetzt haben. Wir sollten mit diesen Zeitzeugen im Gespräch bleiben und sie befragen – nach ihren Motiven und ihren Hoffnungen, nach ihrer Angst vor Repression und ihrer Bereitschaft, für ihre Ideale persönliche Gefahren in Kauf zu nehmen.

Ich wünsche dem Buch von Peter Hampe viele Leserinnen und Leser. „Die DDR – mein Absurdistan" ist das eindrückliche Dokument eines kritischen Zeitzeugen.

*Prof. Dr. Johanna Wanka*
*Bundesministerin für Bildung und Forschung*

## Inhalt

# Ein neuer Anfang

## Ausgereist!

Endlich! Ein aufregendes Jahr ständiger Auseinandersetzungen mit den Behörden der DDR war vorbei. Mit eisiger Miene teilte mir eine Genossin der Volkspolizei mit: „Ihrem Ersuchen auf Übersiedlung in die Republik Österreich wurde stattgegeben." Ende Mai 1985 konnten wir, meine Familie und ich, die DDR verlassen. Wir sind allerdings nicht nach Österreich, sondern in die Bundesrepublik Deutschland, unserem wahren Ziel, ausgereist. Mit der Bahn fuhren wir über die innerdeutsche Grenze bei Wolfsburg nach Gießen und meldeten uns im dortigen Notaufnahmelager. Zunächst durchliefen wir das obligatorische Aufnahmeverfahren. Die Lagerleitung war bemüht, stets freie Betten für Neuankömmlinge bereit zu halten. Deshalb wurden die neuen Bundesbürger schnellstmöglich auf weitere Heime im Bundesgebiet verteilt. Wir wählten ein Wohnheim in Pfungstadt (Hessen). Nach drei Monaten verzogen wir nach Berlin (West), da ich in der damaligen Schering AG eine Anstellung erhielt. Erstmalig sahen wir die andere Seite der Mauer.

Berlin (West) lag zwar inmitten der DDR, aber das Größenverhältnis von Ost- und Westberlin, wie Abb. 1 zeigt, war mir vorher nie bewusst.

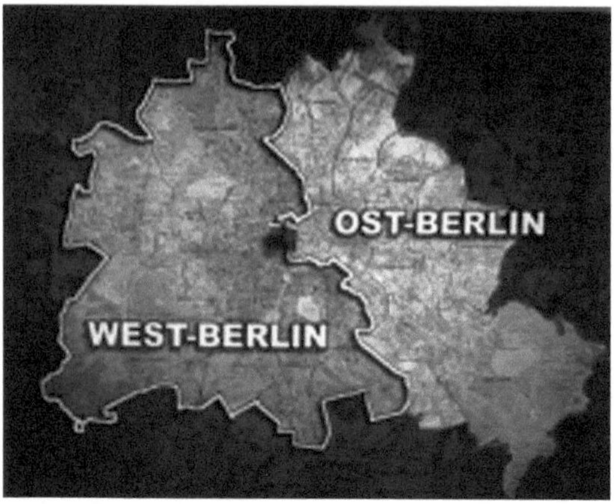


Abb. 1: West- und Ostberlin.

Berlinpläne der DDR zeigten „Westberlin" lediglich am Seitenrand als eine nichtssagende, meist in Grau gehaltene Fläche ohne irgendwelche Bezugspunkte, ohne Stadtbezirke und Straßen.

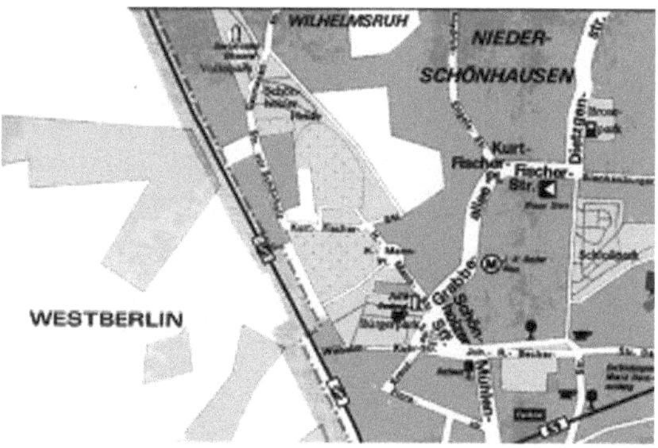


Abb. 2: Ausschnitt aus dem Plan „Berlin, Hauptstadt der DDR" (VEB Landkartenverlag der DDR, 1. Auflage 1976).

In der Propaganda der DDR spielte Westberlin hingegen eine große Rolle. Während der Krisen in den Jahren 1958 und 1961 war meist von der „Frontstadt Westberlin" oder von der „Agentenzentrale Westberlin" die Rede. Eine besonders kuriose Schlagzeile in der „Volksstimme“, der damaligen Magdeburger Lokalzeitung, habe ich bis heute in Erinnerung: „Westberlin – fauler Pfahl im gesunden Fleisch der DDR“. Die Berliner Westsektoren in die Bundesrepublik einzubeziehen, war ein sensibles Politikum. Schilder mit der Aufschrift: „Einreise in die besondere politische Einheit Westberlin“, unterstrichen dies auffällig an und im Grenzbahnhof Friedrichstraße.

## Merkwürdiges Berlin (West)

Die Einwohner von Berlin (West) waren über Jahrzehnte an „ihre“ Mauer gewöhnt. Sie hatten es sich in ihrem ökonomischen Biotop, kurz „Ökotop“, gemütlich eingerichtet. Dadurch, dass die Bundesregierung Berlin unterstützte, flossen Jahr um Jahr beachtliche Geldmittel in die Kassen. Die monatlich auf jedem Lohn- und Gehaltszettel erscheinende Berlin-Zulage versüßte allen das Inselleben ungemein.

Das Unnormale war zu einer Normalität geworden, über die sich niemand mehr wunderte. Die jüngeren Berliner waren mit der Grenze aufgewachsen und kannten nicht das Berlin vor 1961. Trotzdem, die Mauer hatte sogar ihre attraktiven Seiten. Als kurioser Hintergrund in Erinnerungsfotos kannte man sie bald in der ganzen Welt. Da sie mal mehr, mal weniger kunstvoll bemalt oder mit allerlei Parolen besprüht wurde, wirkte sie im Fernsehen, auf unzähligen Fotos und Postkarten zwar etwas unheimlich, aber zugleich auch ausgesprochen dekorativ.

Abb. 3: Die mit Graffiti dekorierte Mauer.

Die Mauer war mitunter sogar nützlich! In der „Abendschau“ des Berliner Fernsehens gab es manchmal Schrebergärten zu sehen, deren Grundstück an die DDR grenzte. In der Sommerhitze konnte man im Schatten der Mauer eine himmlische Ruhe genießen. Obendrein brauchte man sich dort nicht vor Einbrechern zu fürchten oder um einen Zaun zu kümmern. Praktisch denkende „Laubenpieper“ dübelten sogar Haken für ihre Wäscheleinen ein.

Wir Neuberliner staunten über die Verhältnisse und empfanden sie bei unserer nüchternen Betrachtungsweise absurd. Und das waren sie ja schließlich auch! Allein mein Arbeitsweg vom südlichen Stadtbezirk Marienfelde zum nördlich gelegenen Wedding war ein Abenteuer.

Hier der kuriose Teil meines Heimweges: Zuerst nahm ich die U-Bahn, Linie U6. Nach dem Einfahren des Zuges wurde ausgerufen: „Reinickendorfer Straße! Achtung, letzter Bahnhof in Berlin-West!“ Mit erhobener, deutlich warnender Stimme wurde „Letzter Bahnhof in Berlin-West“ noch einmal wiederholt. Ehemalige Flüchtlinge aus der DDR oder andere für die Stasi „interessante" Fahrgäste der U-Bahn sollten so eindringlich auf ihre mögliche Gefährdung hingewiesen werden. Diese Lautsprecherdurchsagen haben hoffentlich in allerletzter Minute manchen Betroffenen aufgeschreckt und unangenehme Folgen erspart.

Danach begann eine weltweit einzigartige Fahrt unter den Straßen und Häusern der DDR. Die U-Bahn durchfuhr ohne Halt sogenannte „Geisterbahnhöfe". Ab und zu tauchten notdürftig beleuchtete, menschenleere Bahnsteige hinter den U-Bahnfenstern auf. Die Ausgänge zur Straße waren vermauert. Auf meiner Strecke waren das: „Stadion der Weltjugend", „Nordbahnhof" und „Oranienburger Tor". Diese Stationen wurden von DDR-Posten bewacht. Manchmal sah ich sie im Halbdunkel mit Wachhunden. Kurz darauf hielt der Zug in dem meist stark belebten Grenzbahnhof Friedrichstraße. Dort begrüßte mich täglich diese Leuchtschrift: „Willkommen in der Hauptstadt der Deutschen Demokratischen Republik!" Von der U-Bahn führte ein zur DDR abgeschottetes, insbesondere für Nichtberliner verwirrendes System von Treppen und einem langen Tunnel zur S-Bahn. Deren Streckenteil durch den Osten verlief ebenfalls unterirdisch. Regelmäßig schlenderten auf meinem Weg zwei, meist drei mit Maschinenpistolen bewaffnete Grenzsoldaten oft hautnah und wortlos an den Reisenden vorbei. Einen einzelnen Soldaten habe ich nie gesehen. Wahrscheinlich haben sich die Bewacher auch gegenseitig bewachen müssen. Im oberirdischen Teil des Bahnhofs patrouillierten auf einer erhöhten Galerie mit freier Sicht über alle Bahnsteige weitere, bedrohlich aussehende Bewaffnete. Der Ostteil der Bahnhofshalle war mit Metallwänden hermetisch vom Westteil abgeschottet. Das gesamte Labyrinth wurde darüber hinaus bis in die letzten Winkel von Kameras überwacht. George Orwells beklemmender Roman „1984" war hier Realität und ein leichtes Gruseln begleitete mich auf meinem Weg.

Im riesigen Geisterbahnhof „Potsdamer Platz" klebten an den Wänden uralte, verstaubte DDR-Werbeplakate. Hier war im August 1961 mit einem Schlag die Zeit stehen geblieben. Zwischen „Potsdamer Platz“ und dem im Westen liegenden „Anhalter Bahnhof“ lag ein unheimlicher Streckenteil, bei dem der Boden ständig mit Wasser bedeckt war. Vermutlich wurden die im Osten liegenden Tunnelabschnitte über Jahrzehnte nie richtig gewartet. Hier wurde ich manchmal an die schrecklichen Wassereinbrüche in den letzten Kriegstagen erinnert. Ich dachte an die Menschen, die in den U-Bahnschächten Schutz vor Bomben gesucht hatten und in der grausigen Dunkelheit ertranken.

Viele Westberliner schienen einen auffallend geringen, manche gar keinen Bezug zum Ostteil der Stadt zu haben. Für Wochenendausflüge wurden meist der Elm-Lappwald bei Helmstedt, das bayerische Fichtelgebirge um Hof oder im Norden das Wendland gewählt. Bei Transitreisen durch die DDR herrschte immer eine gewisse Spannung. Manchen Autofahrer befiel sogar eine diffuse Angst. An den Grenzkontrollpunkten versuchte jeder, die Abfertigungsschlange zu erwischen, bei der man am zügigsten vorankam. Sehr unangenehm waren die Gesichtskontrollen mit: „Setzen Sie die Sonnenbrille ab! Schauen Sie nach rechts! Schieben Sie die Haare beiseite!“ Aus Aufforderungen in sächsischer Mundart: „Können Sie mal den Kofferraum aufmachen?“ wurde das geflügelte Wort: „Gänsefleisch mal'n Gofferraum offmach'n?“

Gelegentlich überprüften die Genossen mittels Messlatten Autos auf doppelte Böden. Einmal wies man mich ohne ersichtlichen Grund in eine Nebenhalle. Dort musste ich auf eine Bühne fahren. Mein Auto wurde angehoben und genauestens inspiziert. Sogar in die Hohlräume der Türen wurde geleuchtet. Da nichts Verdächtiges gefunden wurde, durfte ich ohne eine Erklärung nach fast einer Stunde weiterfahren.

Auf den DDR-Autobahnen war es sehr ratsam, die obere Geschwindigkeitsgrenze von 100 km/h und einige willkürliche Geschwindigkeitsbegrenzungen einzuhalten. Hinter Sträuchern, Kurven und Brücken lauerte – ähnlich Raubrittern oder Wegelagerern aus der Vergangenheit – die Volkspolizei, kurz „Vopo“, auf Verkehrssünder, bevorzugt auf westliche. Durch Abkassieren von Bußgeldern in harter D-Mark suchte die DDR ihre ewig knappe Devisenlage aufzubessern. Die Illustrierte „Stern" veröffentlichte im Jahre 1986 für Transitreisende einen Autobahn-Streckenplan mit bekannten Fallen der Volkspolizei. In meiner Arbeitsstelle wurden Kopien von diesem Plan an interessierte Mitarbeiter verteilt.

Die meisten Berliner passierten uninteressiert das östliche Umland von Berlin. Wie durch einen Tunnel durchfuhren die Autofahrer die Transitstrecke. Jeder hoffte, sicher und ohne unangenehme Überraschungen im Westen anzukommen. Einer meiner Arbeitskollegen, ein Familienvater, verbot seinen Kindern sogar die Toilettenbenutzung während der Transitfahrt. „Jetzt müsst ihr bis Helmstedt durchhalten!" waren seine Worte an der Grenze bei Berlin-Dreilinden. Von einer anderen Familie hörte ich Ähnliches. Hier war es für Mutter und Tochter besonders unangenehm, wenn der Vater verordnete: Nichts mehr trinken! Keine Toilette benutzen und möglichst keine Pause bei den Kommunisten! Der größte Albtraum der Familie war eine Autopanne unterwegs im „Feindesland". So nannte der Vater die DDR.

Der ursprüngliche Zusammenhalt der Menschen zwischen Ost und West schien einer weit zurückliegenden Vergangenheit anzugehören. Einmal erlebte ich aber doch eine gewisse Verbundenheit zur DDR. Das war, als mir ein Arbeitskollege sagte: „Mir schmeckt das Pils aus der DDR-Brauerei Wernesgrün besonders gut. Da es hierher exportiert wird, kaufe ich mir regelmäßig einen Kasten im Supermarkt!"

Eine andere Berlinerin erzählte mir einmal, dass sie und ihre Kommilitonen während der Studentenzeit ausgesprochen ignorant über „die da drüben" dachten. Unangenehm fand ich die abwertende Bezeichnung „Zonendödel" für DDR-Bürger, zu denen ich schließlich auch einmal gehörte. Die Bezeichnung „Dunkeldeutschland" für die DDR gefiel mir auch nicht.

Die meisten Berliner in Ost und West schienen von der Mauer abgeschirmt, ohne Berührungspunkte nebeneinander her zu leben. Für die meisten Westberliner war die DDR etwas Uninteressantes im

Fernsehen und hatte mit dem eigenen Leben herzlich wenig zu tun. Ihre Existenz wurde gelegentlich von Politikern in offiziellen Reden erwähnt – das war alles. Auch die Musik der DDR war bis auf wenige Schmachtfetzen und Ohrwürmer der Musikgruppen „Puhdys“ und „Karat“ unbekannt. Während wir im Osten öde politische Versammlungen und schwachsinnige Parolen mühevoll ertrugen, amüsierten sich die jungen Leute in Berlin-Kreuzberg in rauchigen Kneipen bei wild-revolutionärer Tanzmusik. Kult-Arbeiterhemden, Jeans und lange Haare sollten ihr „fortschrittliches Denken“ unterstreichen. Sie waren bewegt von gesellschaftlichen Umbrüchen fernab in aller Welt, spendeten Geld für die Revolutionäre in Nicaragua – jedoch war ihnen das Unmittelbare, der Ostteil Berlins und die ganze DDR, so fern wie der Mond.

In noch nicht abgerissenen menschlichen Ost-West-Verbindungen befremdeten manche DDR-Bürger durch seltsame Konsumwünsche ihre Freunde im Westen. Die schienen für sie eine Art „reiche Onkel aus Amerika“ zu sein. Ein Arbeitskollege erzählte mir einmal verwundert von einem Ost-Verwandten, der sich dringend ein „Partyhemd“ wünschte, dessen Aussehen er selbst nicht kannte. Ich kannte es übrigens auch nicht. Nach einem populär gewordenen Wort des Berliner Kabarettisten Günter Neumann fühlten sich die Westberliner als „Insulaner“. Die angenehmen Verbindungen zum Festland, dem so genannten „Wessiland“, wollte selbstverständlich niemand missen.

Ich hörte mitunter merkwürdige Ansichten über die Menschen in der DDR. Man lebte gewissermaßen Tür an Tür und wusste trotzdem wenig von der anderen Seite. Eine überzeugte Meinung, die mich außerordentlich erstaunte, war die: „Durch die von Jugend an permanent erhaltene Gehirnwäsche, der lückenlosen Überwachung und des allmächtigen Staatsapparates bestehen fast alle DDR-Bewohner aus angepassten Mitläufern und gläubigen Kommunisten.“ Spätestens im Herbst 1989 zeigte sich allerdings, dass dem nicht so war.

## In der ungewohnten westlichen Arbeitswelt

Der Eintritt in die westliche Arbeitswelt war für mich ein Kulturschock. Zwischen den modern ausgestatteten Laboratorien des damaligen Schering-Konzerns und den mir bekannten Labors in der DDR lagen Welten. Zudem waren meine englischen Sprachkenntnisse sehr bescheiden.

Dazu folgendes Erlebnis: Gleich zu Beginn meiner Tätigkeit schickte mich mein neuer Vorgesetzter zu einem wissenschaftlichen Vortrag, damit ich die Wirkung eines neuen Medikamentes im menschlichen Organismus besser verstehen könne. Ich war verblüfft, als ein amerikanischer Professor diesen Vortrag in Englisch hielt. Meine Sitznachbarn im Auditorium verfolgten seine Ausführungen angespannt aufmerksam. Ich hingegen habe nur wenige Wörter, die Zusammenhänge jedoch überhaupt nicht verstanden. Völlig erschlagen gab ich dies einem der Zuhörer vorsichtig zu erkennen. Der hatte aber nicht richtig wahrgenommen, was ich meinte, und sagte zu mir: „Ja, der Professor sprach einen ziemlich starken amerikanischen Südstaaten-Slang und da ist mir auch manches entgangen!“ Betreten schwieg ich. Für westliche Hochschulabsolventen war es normal, die englische Sprache in Wort und Schrift perfekt zu beherrschen. Obwohl ich aus der DDR kam, zweifelte mein neuer Chef nur ansatzweise an meinen Englischkenntnissen. Für ihn war ich ein Hochschulabsolvent, für den Englisch kein Problem sein dürfte. Während meines Studiums gab es aber hauptsächlich Russisch- und kaum Englischunterricht. Um solch einen Vortrag verstehen zu können, reichten meine Sprachkenntnisse bei weitem nicht aus. Russisch galt im Ostblock als Weltsprache. Vom fünften Schuljahr bis zum Hochschulabschluss besuchten wir ununterbrochen den Russischunterricht, allerdings ohne großen Nutzen. Das Verstehen und Bedienen komplizierter Software auf den allgegenwärtigen Computern war für mich ein Sprung ins kalte Wasser. War mir vorher ein Computer nur vom Wort her bekannt, so saß ich plötzlich vor einem Schreibtisch mit PC.

Vom ersten Tag an war ich einer ungewohnten Arbeitsintensität und einem starken Leistungsdruck ausgesetzt. Ich konnte mich anfänglich nur sehr mühselig damit anfreunden. Meine neue Situation war unvergleichbar mit den Arbeitsbedingungen in der DDR. In den ersten Monaten seufzte ich erschlagen: „Oh Gott, so habe ich noch nie arbeiten müssen!“ Und das stimmte wirklich! In Magdeburg machte dieser Spruch die Runde:

*Jeder macht, was er will – keiner, was er soll – aber alle machen mit.*

In den 60er Jahren erlebte ich als Arbeiter im Schichtdienst, wie die Kollegen der Nachtschicht regelmäßig über geheime Schleichwege Bier heranschafften und ungefähr ab drei Uhr früh schliefen. Niemals war die Frühschicht darüber erstaunt, dass nachts vergleichsweise nur Minimales geleistet und manchmal überhaupt nicht gearbeitet wurde. In drei Wochen war man ja selbst in der Nachtschicht, also, „wer im Glashaus sitzt …“ Ein anderer Spruch lautete:

*Aus unseren Betrieben lässt sich noch viel mehr herausholen!*

Damit war aber nicht Leistung gemeint, sondern Material für alle möglichen privaten Zwecke, zum Bau von Datschen und Bungalows. Hilfreich unterstützte man sich gegenseitig beim Diebstahl. Der Spötter Wolf Biermann drückte es sarkastisch so aus:

*In der DDR gibt es eine hoch entwickelte Form der Selbsthilfe der Arbeiter, nämlich, dass sie sich persönlich bereichern, dass sie dort klauen, wo sie arbeiten.*

## Wie dieser Bericht entstand

Im November 1989 fiel die Mauer und das verloren gegangene Zusammengehörigkeitsgefühl der Menschen aus Ost und West flammte strohfeuerartig auf. Es ebbte aber dann beim Auftauchen der ersten neuen Probleme und vieler Missverständnisse schnell wieder ab. Das bisherige ruhige und beschauliche Leben in Berlin (West) war mit einem Mal empfindlich gestört worden. Busse, Bahnen und Supermärkte waren plötzlich mit Fahrgästen und Kunden zeitweise überfüllt und nicht mehr so angenehm leer wie in den Tagen vor dem Fall der Mauer.

1991 wurde durch das Stasi-Unterlagengesetz die Möglichkeit zur Einsichtnahme in die persönlichen Geheimdienst-Akten geschaffen. Ich stellte einen Antrag, erhielt nach längerer Wartezeit einen Termin und kam aus dem Staunen nicht heraus. Sorgfältig hatte die Stasi Jahrzehnte meines Lebens dokumentiert. Lange Vergessenes wurde wieder wach. Mich verblüffte, mit welchem bis ans Wahnhafte grenzenden Arbeits- und Materialaufwand ich beobachtet und verfolgt wurde. Dabei war ich in keinem Sinne prominent, sondern nur ein völlig „normaler" Bürger der DDR. Lediglich meine Einstellung zum „ersten Arbeiter- und Bauernstaat auf deutschem Boden", so nannten die Machthaber gern ihr kleines Reich, gab dazu Anlass. Fast lückenlos vom Ende meiner Schulzeit im Jahre 1963 bis zum Untergang der DDR, also 26 Jahre, war ich in ihrem Visier. Allein die von mir ausgewählten Kopien aus meinen Stasi-Akten füllen drei stattliche Ordner.

Das Stasi-Gefängnis Potsdam öffnete im Jahre 1990 zur ersten öffentlichen Besichtigung seine Türen. Die Bevölkerung zeigte reges Interesse an dem, das sich hier einst hinter diesen Mauern – direkt im Stadtzentrum – abspielte. Auch ich gehörte zu den neugierigen Besuchern, die in den ehrwürdigen holländischen Rohziegelbau aus dem Jahr 1734 strömten.

Abb. 4: Öffnung des Stasi-Gefängnisses in Potsdam 1990.

Abb. 5: Aufrufe an die ersten Besucher.

Brauner sowie roter Terror konnte sich hier in Deutschlands finstersten Jahren hemmungslos austoben. In seiner wechselvollen Geschichte war es ab 1943 das politische Gefängnis des Potsdamer Volksgerichtshofes, nach dem Krieg das zentrale sowjetische Geheimdienstgefängnis und dann bis zum Ende der DDR das Stasi-Gefängnis von Potsdam.

Heute ist der Bau mit dem dahinter versteckten Gefängnis eine sehenswerte Gedenkstätte für die Opfer politischer Gewalt im 20. Jahrhundert.

Bei einem späteren Besuch kam ich mit der Kuratorin der Gedenkstätte, Frau Gabriele Schnell, ins Gespräch. Sie regte mich an, über folgende Frage zu schreiben: Wie konnte trotz permanenter politischer Beeinflussung meine DDR-kritische Einstellung entstehen?

Während längerer Aufenthalte in Manila, der Hauptstadt der Philippinen, in Shekou (Volksrepublik China) und in Kiew (Ukraine) wurde ich als Zeitzeuge in „International Schools" eingeladen, um im Geschichtsunterricht jungen Menschen aus Asien und Europa über mein Leben in der DDR zu erzählen. Über das starke Interesse war ich insbesondere wegen der großen Entfernung Südostasiens zur winzigen DDR überrascht. Die Schüler hatten sich mit interessanten Fragen sorgfältig vorbereitet und hörten gespannt zu. Danach erhielt ich Sammelmappen mit rührenden Schülerkommentaren.

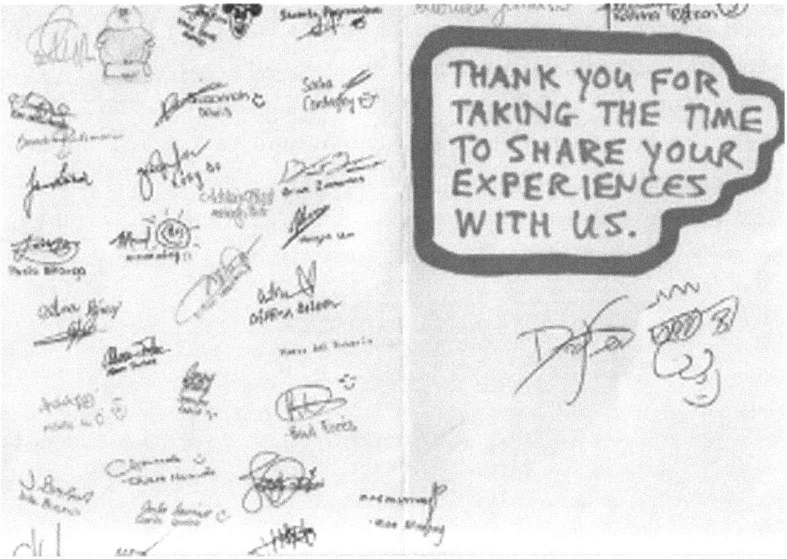


**Abb. 6: Eine Sammelmappe mit Schülerkommentaren.**

Stellvertretend für alle Kommentare:

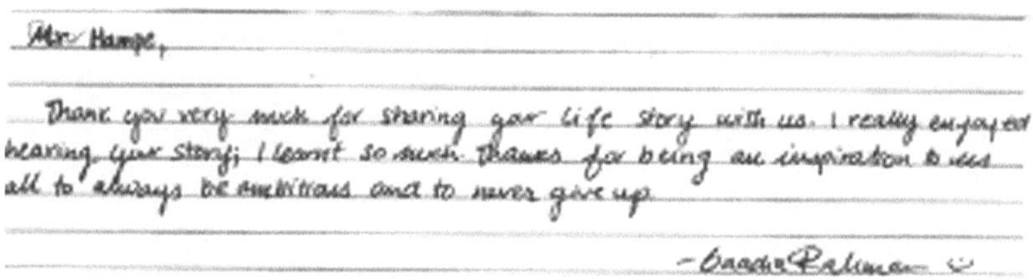
Mr. Hampe,

Thank you very much for sharing your life story with us. I really enjoyed hearing your story; I learnt so much. Thanks for being an inspiration to us all to always be ambitious and to never give up.

– [illegible]

Sinngemäß und gekürzt ins Deutsche übertragen: „Vielen Dank für Ihre Lebensgeschichte. Es war eine Freude, Ihnen zuzuhören. Sie haben uns dazu inspiriert, immer ehrgeizig zu sein und nie aufzugeben."

Einige Lehrer äußerten sogar den Wunsch, meine DDR-Erlebnisse einmal in englischer Übersetzung lesen zu können. Darauf entschloss ich mich zum Schreiben dieses Berichtes.

Alle von mir verwendeten Stasi-Kopien vollständig im Dokumententeil aufzuführen, würde wegen der ausgesprochenen Schreibwut der Genossen jedes vernünftige Maß sprengen. Deshalb habe ich mich vielfach darauf beschränkt, in den fortlaufenden Text Original-Stasi-Textpassagen einzublenden.

Die von mir nachfolgend geschilderten Erlebnisse sind authentisch, also keine Mischung aus Dichtung und Wahrheit. Ein Dokumentenanhang komplettiert diesen Bericht mit Fotos, einigem Schriftverkehr, einer Mitteilung der Evangelischen Kirche und lesenswerten Seiten aus meinen Stasi-Unterlagen.

# Bilder aus einem Absurdistan

## Die DDR mit Kinderaugen gesehen

Um ein möglichst klares Bild zu zeichnen, beginne ich mit meinen frühen Kindheitseindrücken von der DDR. Ich bin in Magdeburg aufgewachsen. Wir Kinder am Breiten Weg, einer Hauptstraße Magdeburgs, und in den anliegenden Seitenstraßen erlebten Anfang der fünfziger Jahre häufig bombastisch aufgemachte Demonstrationen. Sie waren für uns beim Spiel auf der Straße sehenswerte Abwechslungen. Zunächst vernahmen wir schon von weitem monotone Paukenschläge im Marschrhythmus: „Bumm, Bumm, Bumm-Bumm-Bumm." Spielmannszüge mit Schalmeien, Schellen und Trommeln erschienen. Darauf folgten in langen weißen Hosen und Blauhemden FDJ-Fanfarenbläser. Der Zug stoppte etwa alle 100 Meter. Die Fanfarengruppe marschierte zwei-, dreimal auf der Stelle, blieb dann stehen und blies durchdringend das ewig wiederkehrende Standardlied: „Bau auf – Bau auf, Bau auf – Bau auf, Freie Deutsche Jugend, bau auf ..." Ein Nachbarskind sang mir einmal den simplen Text und die einfache Melodie voller Stolz vor.

Riesige Porträts von Stalin, Wilhelm Pieck und anderen Politikern sowie für uns unverständliche Spruchbänder wurden vorbeigetragen. Auf Lastkraftwagen rollten meterhohe Zahnräder und andere bunt angestrichene Maschinenteile vorüber. Die Leistungsfähigkeit des Magdeburger Schwermaschinenbaus sollte so überzeugend dargestellt werden. Die pompösen Beweihräucherungen nahmen kein Ende und langweilten uns bald. Oft warteten wir das Ende der Umzüge gar nicht mehr ab und spielten lieber wieder mit unseren Münzen und kleinen Murmeln. Den Kontrast zwischen dem aufgesetzten, pompösen Jubel und der Realität des grauen DDR-Alltags konnten wir noch nicht wahrnehmen.

Es ist der jungen DDR in den mageren 50er Jahren hoch anzurechnen, dass sie unterernährten Stadtkindern Aufmerksamkeit und Fürsorge schenkte. Nach einer obligatorischen Reihenuntersuchung – es muss im Jahre 1950 gewesen sein – wurde bei mir erhebliches Untergewicht festgestellt. Daraufhin wurde ich zu einem sechswöchigen Erholungsaufenthalt in ein Kindererholungsheim in der Ortschaft Wieck auf der Ostseeinsel Rügen geschickt. Aus heutiger Sicht war dieses Heim eine Nachahmung des berühmten sowjetischen Pionierlagers „Artek" auf der Halbinsel Krim am Schwarzen Meer. Alle Kinder wurden nach Alter in Gruppen aufgeteilt und in weißen Holzhäusern untergebracht.

Regelmäßig fanden Fahnenappelle statt. Morgens mussten wir antreten, uns in Marschblöcken zum Appellplatz begeben und vor einem Fahnenmast aufstellen. Dort wurden für mich unverständliche, pathetische Ansprachen gehalten. Ich hatte nie die geforderte Geduld, ruhig zuzuhören. Auch das Annehmen einer strammen Haltung beim theatralischen Hinaufziehen eines Fahnentuches gefiel mir überhaupt nicht. Es hätte nur noch Uniformen gebraucht und das Kindererholungsheim hätte wie eine Kadettenanstalt ausgesehen. Während der öden Fahnenappelle habe ich oft zum Leidwesen der Gruppenleiter herumgealbert. Konsequenz: Wegen „undisziplinierten Verhaltens" wurde ich von einer Gruppenfahrt zu den berühmten Kreidefelsen Rügens, dem Königsstuhl und der Stubbenkammer ausgeschlossen. Die Stubbenkammer war in meiner Vorstellung eine von Feen bewohnte, geheimnisvolle Höhle. Ausgerechnet die nicht sehen zu dürfen, hat mich sehr getroffen.

Nach dem Abendessen hieß es einmal: „Die Kleinen gehen zu Bett und mit den größeren Schulkindern, werden wir jetzt einige wichtige Dinge besprechen." Beim Hinausgehen aus dem Speisesaal hörte ich noch, wie ein Erwachsener die Kinder fragte: „Wer von euch weiß denn schon, was die Buchstaben DDR bedeuten?" Diese Frage hat mich nicht weiter interessiert und ich begab mich mit den anderen Kleinen in den Schlafsaal. Bereits in einem Kindererholungsheim begann also schon die staatlich verordnete „Aufklärung".

Nach der Rückreise beim Empfang am Magdeburger Hauptbahnhof fragte mich meine Mutter sogleich: „Na, wie hat es dir gefallen?" Ich antwortete mit dem mit dem dazu passenden Gesichtsausdruck: „Mist". Es waren der ständige Drill, in Gruppen zu marschieren und die langweiligen Fahnenappelle, die mich damals gestört haben. Wie erstaunt war meine Mutter in diesem Moment! Ich sehe noch heute ihr enttäuschtes Gesicht.

## Mein erstes politisches Erwachen

1951 begann mein erstes Schuljahr in der Magdeburger Leibniz-Schule. Als Schüler der ersten Klasse kam ich eines Tages aufgeregt nach Hause und schwärmte begeistert von Stalin, Mao Tse-Tung, Ernst Thälmann und Wilhelm Pieck. Die Worte unserer Lehrerin, sie seien die großartigsten Menschen auf der ganzen Welt, hatten mich restlos überzeugt.

Meine Mutter machte eine abwertende Handbewegung und meinte zu meinem großen Erstaunen, dass über diese Personen in der Schule doch nur lauter „Quatsch" erzählt wird und endete mit: „Da musst Du doch gar nicht hinhören!" Mein Großvater setzte hinzu: „Jetzt fangen sie schon wieder an, die Kinder zu verblöden. Es ist ja genau dasselbe wie damals bei den Nazis!"

Natürlich hatte ich nicht die geringste Ahnung, wer oder was „Nazis" waren, aber trotzdem ist mir dieser Moment auch nach vielen Jahrzehnten deutlich in Erinnerung geblieben. Bis zu diesem Tag waren für mich die Erwachsenen fast gottähnliche Wesen. Alles, was ich von ihnen hörte, hielt ich zweifellos für die reine Wahrheit. Dass es aber nun auch Erwachsene gab, die „Quatsch" erzählen oder „Kinder verblöden", hat mich vollkommen überrascht. Diese eher beiläufigen Bemerkungen meiner Mutter und meines Großvaters waren für mich jedoch ein tiefer Einschnitt und haben mich im Alter von etwa sieben Jahren hellhörig und aufmerksam gemacht. Eine solch starke Wirkung ihrer Worte haben sie sicher nicht geahnt.

Trotzdem ich bin ihnen noch heute für ihre ungeschminkte Meinung dankbar. Sie könnten ja ebenso gut unter den rigiden, politischen Verhältnissen in den Anfangsjahren der DDR aus Angst vor meinem losen Kindermund geschwiegen haben. Dann hätten sie in der Tat meiner politischen Verblödung Tür und Tor geöffnet und genau das wollten sie nicht.

Was sie erlebt hatten, lag zwar Jahre zurück, aber die sichtbaren Folgen des „1000-jährigen Reiches" hatten sie, wie viele andere Menschen, nachdenklich gemacht. Die zerbombten Häuser und Trümmerfelder brauchte man nicht näher erklären, sie sprachen für sich. Viele Spuren sind noch heute in Magdeburg und in anderen Städten sichtbar. Alle Deutschen, nicht nur die von der braunen Ideologie Verblendeten, mussten nach dem Krieg mit den bitteren Konsequenzen leben, die der blinde Glauben an die Nazi-Ideologie eingebracht hat. Auch wir waren betroffen.

Zwei Monate vor der Befreiung Magdeburgs durch US-Streitkräfte wurde unser Wohnhaus in der Magdeburger Lessingstraße während eines britischen Nachtangriffs mit Sprengbomben bis auf das Erdgeschoss total zerstört. Unsere Wohnung existierte plötzlich nicht mehr. Fassungslos standen die Überlebenden vor einem Schutthaufen, zu dem das einst stattliche Haus zusammengefallen war.

Abb. 7: Unser Wohnhaus vor der Zerstörung.

Abb. 8: Das gleiche Haus am 14. Februar 1945.

Drei Wochen nach unserer Ausbombung bekam meine Mutter einen „Ausweis für Fliegergeschädigte", allgemein kurz „Fliegerschein". Jeder Betroffene bewahrte ihn sorgfältig auf und war davon überzeugt, dass dieses Papier einmal sehr wertvoll werden würde. Nach dem Krieg war der rötliche Schein allerdings ohne Wert und allenfalls für Historiker interessant.

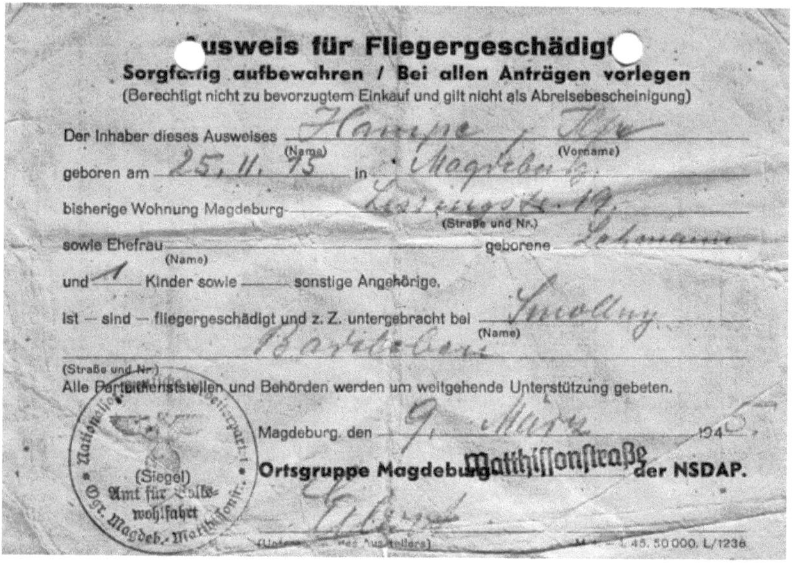

**Ausweis für Fliegergeschädigte**

**Sorgfältig aufbewahren / Bei allen Anträgen vorlegen**

(Berechtigt nicht zu bevorzugtem Einkauf und gilt nicht als Abreisebescheinigung)

Der Inhaber dieses Ausweises ______ (Name) ______ (Vorname)

geboren am 25. 11. 75 in Magdeburg

bisherige Wohnung Magdeburg ______ (Straße und Nr.)

sowie Ehefrau ______ (Name) geborene ______

und 1 Kinder sowie ______ sonstige Angehörige,

ist — sind — fliegergeschädigt und z. Z. untergebracht bei ______ (Name)

(Straße und Nr.)

Alle Parteidienststellen und Behörden werden um weitgehende Unterstützung gebeten.

Magdeburg, den 9. März 1945

(Siegel)

Ortsgruppe Magdeburg Matthissonstraße der NSDAP.

(Unterschrift des Ausstellers)

Abb. 9: Unser „Fliegerschein".

Viele Menschen waren nach diesen Erfahrungen nicht mehr so leichtgläubig wie in den zwölf Jahren der braunen Diktatur. Sie waren nunmehr weniger bereit, ihre Kinder neuen Parolen und demagogischen Verführungen auszuliefern. Unmittelbar nach dem Krieg wieder Fahnen zu schwenken, Marschlieder zu singen und politische Phrasen nachzubeten, dagegen waren zwar nicht alle, aber viele Deutsche immun geworden.

## Eindrücke aus meiner Grundschulzeit

Natürlich verstand ich als kleiner Junge nichts von Politik. Mein Weltbild setzte sich lediglich aus den unmittelbaren Eindrücken in der Schule und beim Spielen auf der Straße zusammen. Puzzleartig entstand daraus für mich ein sehr seltsames Land, ein Absurdistan mit dem Namen DDR.

Unsere wachen Kinderaugen registrierten messerscharf die Qualitätsunterschiede von Ost- und Westerzeugnissen. Ein kleines Beispiel aus dem Zeichenunterricht: Es gab Schüler, die malten mit einem Tusch- bzw. Malkasten der Marke „Pelikan", der aus solidem Blech hergestellt und glänzend weiß lackiert war. „Deckfarben" stand darauf und das Firmenlogo von „Pelikan" prangte oben rechts. Die wundervoll leuchtenden Farben zogen die Blicke von uns Kindern an. Mit einem geschmeidigen Pinsel zauberten diese glücklichen Mitschüler satte Farben auf das Papier. Ich hingegen besaß einen Tuschkasten aus dem Osten, der – wie typisch für fast alle Ost-Produkte – äußerlich sehr lieblos gestaltet war: Mein Malkasten bestand aus schäbig mausgrauem Kunststoff, der Deckel war bereits nach kurzer Zeit zerbrochen und die Farben waren zementartige Scheiben. Nach einigem verzweifelten Schruppen auf den Scheiben brachen die Haare und der Ost-Pinsel verwandelte sich in ein hartes, struppiges Büschel. Das ursprünglich lustvoll begonnene Malen verging mir nach kurzer Zeit gründlich. Auf das Papier brachten wir mit solchem Arbeitsmaterial nur Pfützen dünnen Farbwassers, das Papier quoll auf und wellte sich unansehnlich. Unsere kleinen Aquarelle wirkten hässlich blass und waren nach der ganzen Mühe eine einzige Enttäuschung. Solche Ergebnisse dämpften meinen Elan beim Malen gehörig. Bei den Radiergummis sah es nicht viel besser aus. Mancher Mitschüler besaß einen riesigen, meist bunten West-Radiergummi in angenehm weicher Qualität. Das Wegradieren von missglückten Bleistiftstrichen war problematisch, denn die dunkelroten harten Ost-Radiergummis rissen sehr leicht Holzfasern aus dem Papier und wenn man nicht ganz vorsichtig zu Werke ging, war –

ruckzuck – ein Loch im Blatt. Also borgte man sich lieber von einem Mitschüler für einen Moment den Weichen aus dem Westen, sofern er einen besaß und auch großzügig war.

In punkto Kleidung standen auf der Wunschliste kleiner Jungen „Niethosen“ ganz weit oben (das Wort „Jeans“, wie alle heutzutage gängigen Anglizismen, war noch nicht in die deutsche Sprache eingedrungen). Andere hochbegehrte Wünsche waren Wasserpistolen, Schuhe mit auffällig dicken Sohlen aus dem damals so genannten Porokrepp, bunte Cowboy-Hemden, Kaugummi, Lakritz, Schokolade usw. usf. – alles für Kinderaugen lustig gestaltet und nett verpackt. So etwas sah ich hin und wieder nur bei Kindern von Eltern mit Westbeziehungen. Diese Sachen konnten weder aus einem der staatlichen HO-Geschäfte (HO war die Abkürzung für „Handelsorganisation“) oder einem Konsumgeschäft, einer ebenfalls staatlichen Verkaufskette, stammen. Die wenig attraktiven Erzeugnisse der DDR-Produktion kannte so ziemlich jedes Kind. Allmählich etablierten sich bei uns Schülern zwei allgemein anerkannte Wertkategorien. Die erste hieß „von drüben“ und damit war Westqualität gemeint. Die zweite hieß „von früher“ und bedeutete gute Ware aus der Vorkriegszeit. Wollte ein Schüler einmal mit irgendeinem Artikel angeben, dann gehörte er mit Sicherheit zu einer dieser beiden Kategorien. Einmal habe ich selbst mit dieser, allerdings sehr unsinnigen, Steigerung geprahlt: „Von früher und aus dem Westen!“

Hin und wieder tauchte auch „Schundliteratur“ in der Schule auf. Das war die DDR-offizielle Bezeichnung für bunte MickyMaus- oder Tarzan-Hefte. Später kamen Wildwest-Romane von Billy Jenkins und Tom Prox oder Kriminalromane aus der Reihe „Erdballromane“ hinzu. Sie wanderten heimlich von Schüler zu Schüler durch die Klasse. Eine unangenehme Morgenüberraschung war die „Mappenkontrolle“. Ein Lehrer kam in den Klassenraum und befahl in strengem Ton: „Alle Schultaschen sofort auf den Tisch legen und den gesamten Inhalt ausbreiten!“ Dann ging der Lehrer scharfäugig „Schundliteratur“ suchend durch die Tischreihen. Jedes erwischte Heftchen wurde sofort weggenommen. Peinlich war es für den, der sich gerade einen West-Schmöker geborgt hatte und nun nicht mehr dem Freund zurückgeben konnte. Ausgesprochen hektisch wurde nach Propaganda-Flugblättern aus dem Westen gefahndet. Mit Ballons wurden damals Flugblätter in großer Höhe ostwärts transportiert und dann über der DDR verstreut. Ich kann mich noch an Flugblätter aus dem „Ostbüro der SPD“ erinnern. Einmal fragte unsere Klassenlehrerin gezielt nach der „Tarantel“, einer Propagandabroschüre, die wir unbedingt in der Schule abgeben müssten, falls wir sie einmal im Gelände finden sollten. Eine „Tarantel“ habe ich nie gesehen. Nach der Wende kaufte ich mir aus Neugier einen Nachdruck in der Stasi-Dokumentationsstelle in Magdeburg. Aus heutiger Sicht war die West-Propaganda im Kalten Krieg der 50er Jahre ausgesprochen simpel.

Abb. 10: Titelbild einer „Tarantel“.

In dieser Zeit veranstaltete einmal das Ministerium für Staatssicherheit in einem Zelt auf dem Magdeburger Domplatz eine Ausstellung unter dem Titel: „Geheime Front – durchbrochen!" Ein vermutlich abgestürzter West-Ballon, beladen mit dicken Flugblätterpaketen und einer technischen Vorrichtung zum Verstreuen über dem DDR-Gebiet, war das imposanteste Paradestück. Eine große Wirkung der Flugblätter konnte ich mir nicht vorstellen und sie trat ja auch nicht ein. Außerdem präsentierten die Veranstalter ein Röhrenelement des berühmten amerikanischen Spionagetunnels. Die Amerikaner gruben sich von Berlin-Rudow aus in den Osten, um dort heimlich Telefonleitungen anzuzapfen und die Russen zu belauschen. Weitere Ausstellungsstücke waren „Tote Briefkästen" mit raffinierten Ausrüstungen für in der DDR agierende West-Spione.

Oft, insbesondere nach den Sommerferien, fehlten in unserer Klasse ein, manchmal sogar mehrere Mitschüler. Sie waren zusammen mit ihren Eltern in den Westen geflüchtet. Das Verlassen der DDR hieß „rüber gehen", in den Westen „abhauen" oder kurz und bündig „türmen". In einem Jahr türmten sogar zwei unserer Lehrer. Es war gang und gäbe, dass in unserem Wohngebiet hin und wieder eine Familie verschwand. Vor der Errichtung der Mauer war das gewöhnlicher DDR-Alltag und wurde völlig unspektakulär, fast als normal angesehen. Nie habe ich gehört, dass über Flüchtlinge missbilligend geredet wurde, etwa so: „Schon wieder hat eine Familie unseren schönen Arbeiter- und Bauernstaat im Stich gelassen!" Eher spürte ich einen gewissen Respekt, eine stille Achtung vor dem Mut der Menschen, die allen Besitz stehen und liegen ließen, um nur mit einem Koffer oder Rucksack ein neues und ungewisses Leben im Westen zu beginnen. Man hatte das Gefühl: „Diese Menschen machen uns eigentlich das Richtige vor, aber wir sind eben zu unentschlossen und können uns zu diesem Schritt nicht durchringen!" Um sich darüber hinweg zu trösten, hörte ich oft von den Erwachsenen solche beruhigenden Sprüche: „Wer weiß, wie es denen drüben ergeht?" oder „Mit offenem Armen wird man dort ganz sicher nicht empfangen." und „Im Westen ist auch nicht alles Gold, was glänzt." Natürlich waren solche Meinungen durchaus berechtigt.

Von reumütig zurückgekehrten, enttäuschten Flüchtlingen habe ich jedoch nie gehört. Das gab schon zu denken. Gelegentlich war in der Zeitung von einem Aufnahmeheim in der Ortschaft Barby (Elbe) für Rückkehrer aus Westdeutschland zu lesen. Die günstige Gelegenheit, einmal „ganz schlimme Schicksale im Westen“ auszuschlachten, haben die Medien der DDR merkwürdigerweise wenig genutzt. Waren die Rückkehrer jedoch Menschen, mit denen sich kein besonderer Staat machen ließ, dann verstehe ich diese Zurückhaltung.

Alle Flüchtlinge verschwanden stets ohne ein vorheriges Anzeichen von einem Tag auf den anderen aus der DDR. Um nicht aufzufallen, ließen sie Ihre gesamte Wohnungseinrichtung mit allem Hausrat zurück. Die verlassenen Wohnungen wurden daraufhin sehr schnell von staatlicher Seite leer geräumt. Alles Verwertbare beschlagnahmten die Behörden. Von Zeit zu Zeit gab es im Magdeburger Justizgebäude Verkaufstage, an denen Interessierte zurückgelassene Möbel preiswert erwerben konnten. Meine Mutter erstand dort dunkelbraune Wohnzimmermöbel, mit denen sie bis zu ihrem Tod im Jahre 2006 in Magdeburg lebte.

Die Bevölkerung stellte sich damals selbstironisch diese Witzfrage: „Weißt du schon, was die Abkürzung DDR bedeutet? Nein, wirklich nicht? Gut, dann sage ich es dir:

„**DDR** steht für **D**er **D**oofe **R**est und das sind wir, die noch hier bleiben!“ Leider verwandelte sich nach dem 13. August 1961 dieser Witz in bittere Realität.

In den fünfziger Jahren, aber auch später – es gab noch nicht die massenhaften Plattenbauten – war das Wohnen in der DDR unglaublich preiswert. Die Mieten bewegten sich meiner Erinnerung nach zwischen 20,- und 50,- Ostmark. Die Wohnsituation war aber auch dementsprechend schlecht. Als Ausgebombte lebten wir zunächst jahrelang als Untermieter in mehrfach belegten Wohnungen. Erst 1952 konnten wir eine eigene Wohnung in einem vom Krieg nicht zerstörten Haus beziehen (Abb. 11). Alle Fenster waren undicht und klapperten im Wind. Im Winter bildeten sich auf den Fensterscheiben dicke, milchige Eisblumen. Gucklöcher in das Eis zu hauchen, war ein allgemeines Kindervergnügen. Geheizt wurde mit Rohbraunkohle, einem Gemenge von Kohlepulver, Krümeln und einzelnen riesigen Brocken. Die Kohlelieferungen bestanden teils aus dieser Rohbraunkohle und zum kleineren Teil aus den wertvolleren Briketts. Das Heizen mit Braunkohle erforderte gewisse Kunstfertigkeiten. Gar zu leicht erstickte das Feuer durch das feine Braunkohlepulver. Dann quoll ein beißender blauer oder stickiger gelber Qualm aus den Ofenritzen ins Wohnzimmer. Rohbraunkohle brannte schlecht, entwickelte einen typisch unangenehm schwefligen Geruch, erzeugte viel Asche und wenig Wärme. Die kostbaren Briketts wurden trickreich in feuchtes Zeitungspapier eingewickelt, um den Verbrennungsprozess etwas zu verlängern. Ich entsinne mich noch genau, wie ich als Siebenjähriger in unserem bitterkalten Wohnzimmer meine Hände fröstelnd rieb und weinte. Trotz dieser nicht gerade angenehmen Verhältnisse harrten wir im Osten aus. Die wenigen Haushaltsgegenstände und Möbelstücke, die mein Großvater aus den Trümmern unseres zerbombten Hauses herausgezogen und notdürftig zusammengenagelt hatte, hielten uns vom „rüber gehen" ab. Natürlich spielte auch die Ungewissheit, wie der Start im Westen am absoluten Nullpunkt ausgehen könnte, eine große Rolle. Der winzige „Wohlstand" aus den geretteten Sachen gab uns das Gefühl, immer noch etwas Boden unter den Füßen zu haben. Den Menschen, die im Krieg buchstäblich alles verloren hatten, fiel das Verlassen der DDR sicherlich viel leichter.

Abb. 11: Typisch Magdeburg in den 50er Jahren. Wir wohnten im Erdgeschoss. (Foto: Archiv Schmietendorf, Magdeburg.)

Es gab in den fünfziger Jahren aber auch legale Übersiedlungen in den Westen. Dabei handelte es sich – so unsere Klassenlehrerin – um Familienzusammenführungen. Dieser Personenkreis konnte dann mit seinem gesamten Hausrat die DDR verlassen. Derartige Fälle waren recht selten. Während meiner Schulzeit verließen auf diese Weise 1956 ein Mitschüler und 1959 eine Mitschülerin unsere Klasse.

Was mich ärgerte, waren die politischen Umbenennungen von Straßen. Soweit es neu gebaute Straßen betraf, nahm ich die Namen hin. Aber als der ehrwürdige „Breite Weg", seit Jahrhunderten hieß er so, in Karl-Marx-Straße umgetauft wurde, kam bei mir keine Freude auf. Ich gehörte zu den Magdeburgern, die diesen Straßennamen nie akzeptierten und konsequent bei „Breiter Weg" blieben. Nach der Wende verschwand der Name Karl-Marx-Straße und der „Breite Weg" hat heute wieder seinen historischen Namen.

## Westpakete und „Schieber“

Die Rationierung mittels Lebensmittelkarten und die lakonische Antwort beim Einkauf: „Haben wir nicht!“ oder „Ausverkauft!“ war in den fünfziger Jahren DDR-Alltag. Jeder war bemüht, Mittel und Wege zu finden, irgendwie seinen Lebensstandard aufzubessern. Eine unserer Bekannten bekam einmal ein „Care-Paket“ entweder direkt aus den USA oder über einen Umweg aus Westdeutschland. Gar zu gern hätte meine Mutter auch einmal einen derartigen wahren Goldschatz erhalten. Die Bekannte verriet aber mit keiner Silbe, wie sie zu diesem Glück kam. Ein „Care-Paket“ das den Weg in die DDR fand, war vermutlich selten. Ich habe von anderen Personen nie davon gehört.

Wie bekam man aber an die begehrte Ware aus dem damals so genannten „Goldenen Westen“? Da gab es zwei Möglichkeiten. Hatte man „drüben“ mitfühlende Verwandte oder Freunde, bestand die Chance, zu Weihnachten und zu anderen Festen das berühmte „West-Paket“ zu bekommen. Hinsichtlich der Pakete gab es weit verbreitete Irrtümer auf beiden Seiten. Der West-Irrtum: Nachdem sich die Versorgungslage in der DDR, hauptsächlich hinsichtlich der Lebensmittel, deutlich gebessert hatte, enthielt manches gut gemeinte Paket zur Enttäuschung der Ost-Empfänger Nudeln, Mehl, Zucker, Trockenmilch und Marmelade. Die hoch geschätzte Westmark war in diesen Fällen für Dinge ausgegeben worden, die nun auch im Osten verfügbar waren. Um die Stimmung des Absenders nicht zu verderben, schrieben DDR-Bürger höfliche, aber nicht besonders ehrliche Dankesbriefe mit „1000 Dank, große Freude“ usw. nach „drüben“. Pakete mit Lebensmitteln wurden in der DDR-Presse höhnisch glossiert. Es wurde mit dem neuen, wenn auch bescheidenen DDR-Wohlstand überschwänglich geprunkt. Die Presse-Propagandisten ließen sich genüsslich darüber aus, dass die Bundesbürger über die gute Lebensmittelversorgung in der DDR aus politischen Gründen bewusst dumm gehalten wurden.

Der Ost-Irrtum bestand darin, dass man im Westen gar kein Geld für DDR-Pakete auszugeben brauchte. Man nahm an, dass die aufgewendeten Geldsummen irgendwelche Bundesbehörden in voller Höhe zurückzahlten. Pakete in den Osten konnten damals lediglich steuerlich geltend gemacht werden. Das ist ein großer Unterschied.

Die zweite Möglichkeit, Westartikel zu bekommen, bestand bis zum 13. August 1961 darin, sich in Westberlin zu versorgen. Bevor es ans Einkaufen ging, musste in einer der zahlreichen Wechselstuben Westgeld eingetauscht werden. Bei schwankenden Tageskursen erhielt man für vier bis fünf Ostmark eine Westmark. Die Ausfuhr von DDR-Geld war verboten und bei den Grenzkontrollen wurde das Reisegepäck oft danach durchsucht. Bei den mageren Verdiensten im Osten, meine Mutter verdiente als Schreibkraft damals monatlich etwa 240 Ostmark, waren für uns große Sprünge nicht möglich und es wurde nur das Allernötigste besorgt. Ich erinnere mich an Fahrradschläuche und -ventile. Meine Mutter besaß ein altes „Torpedo"-Fahrrad aus der Vorkriegszeit mit porösen Schläuchen der Größe „Halbballon". Flicken war nutzlos, neue Schläuche mussten her. Es war völlig illusorisch, sie in der DDR zu bekommen. Also fuhr meine Mutter nach Westberlin, um zwei passende Fahrradschläuche zu kaufen. Einkaufstouren nach Westberlin waren am 7. Oktober besonders beliebt. Das war der Gründungstag der DDR, ein Feiertag im Osten und normaler Werktag im Westen. Ich erinnere mich noch genau an einen 7. Oktober. Ich stand mit meiner Mutter in einem Waggon der S-Bahn in Richtung Westen. Er war mit Fahrgästen so überfüllt, dass buchstäblich kein Apfel zu Boden fallen konnte. Am Grenzbahnhof Griebnitzsee öffnete ein Grenzpolizist zur obligatorischen Ausweis- und Personenkontrolle die Wagentür. Ungläubig blickte er auf eine Wand dicht aneinander gedrängter Menschen. Das Betreten des Waggons und Kontrollieren der Fahrgäste war in diesem Moment unmöglich. Der hoffnungslos überforderte Polizist konnte nur von draußen in den Wagen hineinrufen: „Bitte die Ausweise hochhalten!". Alle taten dies und danach ging die Fahrt weiter. Nach einer Weile und in sicherer Entfernung dröhnte der ganze Wagen von herzlichem Gelächter. Das Passieren der Grenze fand ich immer bemerkenswert. In Zügen aus östlicher Richtung herrschte stets gespanntes Schweigen. Jeder Fahrgast verhielt sich vor dem Erreichen der Grenze betont unauffällig. Mit größerem Gepäck konnte man der geplanten „Republikflucht“ verdächtigt und von Grenzpolizisten zur näheren Überprüfung aus dem Zug geholt werden.

Überquerte dann die S-Bahn die Grenze zum Westen, lockerte sich die Stimmung. Es begann ein großes Aufatmen. Von allen Seiten ertönten Sprüche, wie: „Ah, endlich können wir jetzt frei atmen!“ oder „Endlich 'raus aus der Zone!“ Das Wort „Zone“ reizte die politischen Führer der DDR bis aufs Blut. Wegen ihres Defizits an Selbstbewusstsein mussten sie sich fast täglich neu einsuggerieren, dass die DDR ein demokratisch gewählter, souveräner Staat sei. Jeder wusste, dass die DDR von Anfang an ohne Legitimation durch demokratische Wahlen „regiert“ wurde. Ohne russische Panzer am 17. Juni 1953 hätte es die DDR binnen kurzer Zeit nicht mehr gegeben. Das steht fest.

Bestieg man jedoch im Westen die S-Bahn in Richtung Osten, herrschte eine gewisse Dauerspannung. Auch wenn die Grenze schon lange überquert war, wurde nicht aufgeatmet. Die Befürchtung, einer der in der Nähe sitzenden Fahrgäste könnte unter Umständen ein Polizist in Zivil sein, hing ständig in der Luft.

Es drohten dann sehr unangenehme Fahrtunterbrechungen mit verhassten Taschenkontrollen nach Ost-Geld bzw. nach so genannter „Schieberware“. Manche Menschen verstanden es nämlich, es handelte sich um die so genannten „Schieber“, einträgliche Ost-Westgeschäfte zum Ärger der DDR zu machen. Schiebergeschäfte liefen meiner Meinung so ab, dass gute Neuware, z. B. subventionierte Bettwäsche oder wertvolle Kameras mit Zeiss-Objektiven im Westen verkauft und im Gegenzug begehrte Ware aus dem Westen in den Osten eingeschmuggelt wurde. Sogar Lebensmittel passierten sorgsam versteckt die Grenze zum Verkauf im Westen. So waren die „Eierschieber“ sprichwörtlich bekannt. Schieber geißelte die DDR-Presse als böse Schmarotzer zum Schaden der DDR.

Zur Abschreckung berichtete einmal die „Magdeburger Volksstimme" von einem aufsehenerregenden Gerichtsprozess, der mit einer hohen Gefängnisstrafe endete. Ich kann mich deshalb daran so gut erinnern, weil der verurteilte Schieber, ein Herr Hoffmann, der Stiefvater einer meiner Spielkameraden war.

Doch einmal las ich in diesem Zusammenhang eine amüsante, mit einer lustigen Karikatur illustrierte Satire: Ein DDR-Bürger hatte sich danach im Westen einen neuen Anzug gekauft. Mit seinem dicken, auffälligen Paket bestieg er den Zug. Um die Grenze ungeschoren zu passieren, schloss er sich vorher in der Toilette ein. Dort zog er schleunigst seine alte Hose aus und warf sie kurzerhand aus dem Fenster. Als er dann sein Paket öffnete, enthielt es zu seinem Schrecken nur ein Jackett. Nun saß der arme Mann mit zwei Jacken aber ohne Hose ratlos auf der Toilette. Die Glosse endete damit, dass ein mitfühlender DDR-Polizist den beschämten Mann in eine Decke hüllte und so aus seiner peinlichen Situation erlöste.

## Der 17. Juni 1953 in Magdeburg

Dieser bemerkenswerte Tag begann für mich wie ein ganz normaler Schultag. Plötzlich stoppte während des Unterrichts direkt vor den Fenstern unseres im Erdgeschoss liegenden Klassenzimmers ein LKW. Männer in Arbeitskleidung sprangen von der Ladefläche, erkletterten die Fassade unseres Schulgebäudes und rissen zu unserer Verwunderung ein langes rotes Plakat mit einer politischen Parole ab.

Ohne eine Erklärung brach unsere Lehrerin den Unterricht ab und schickte uns nach Hause. Ich sah noch, wie zwei Lehrer das abgerissene Plakat in das Schulgebäude trugen. Zwar wunderte ich mich etwas, ging aber dann wie alle anderen Schüler nach Hause, ohne mir nähere Gedanken zu machen.

Auf dem Heimweg verblüfften mich auf dem freien Platz vor der Reichsbahn-Direktion verstreute Ordner, Haufen von Papieren, Wandzeitungen und Parteisymbolen. Dazwischen lag ein Kopf des großen Stalin aus schwarzem Marmor mit einer abgebrochenen Nase. Überrascht traf ich um die Mittagszeit meine Mutter zu Hause an. Normalerweise war sie zu dieser Zeit in ihrer Arbeitsstelle.

Sie nahm mich an die Hand und eilte mit mir ins Stadtzentrum. „Jetzt kommen wieder die Amerikaner, jetzt wird alles anders!“ waren ihre Worte. Da die US-Truppen im April 1945 Magdeburg befreit hatten, herrschte in der Bevölkerung die Annahme, dass die „Amis“ wieder zurückkommen „und uns helfen würden“. Das war natürlich eine Illusion, denn die politische Weltlage hatte sich nach dem Krieg entscheidend geändert. Derartige Hoffnungen waren völlig unrealistisch. Trotzdem, viele Magdeburger träumten davon.

Unterwegs sah ich auf den Straßen miteinander diskutierende und wild gestikulierende Menschen. Eine Frau sprach uns an und schimpfte erregt über die blöde „Volksstimme“, unserer Lokalzeitung und Parteiorgan der SED. Wir erreichten schließlich das Polizeipräsidium in der Halberstädter Straße.

Der angrenzende Sachsenring war von Menschen überfüllt. Auf einer nahen Eisenbahnbrücke stand eine dicht gedrängte Menge. Alle blickten gespannt auf das Polizeipräsidium mit dem Gefängnis. Es sollen sich dort ungefähr 8000 Magdeburger eingefunden haben, um Gefangene zu befreien. Jedes Mal, wenn ein Gefangener aus dem Gefängnis kam, wurde gejubelt und geklatscht.

Abb. 12: **Brücke am Polizeipräsidium am 17. Juni 1953 („Magdeburger Museumshefte", Nr. 2, 1993).**

Plötzlich rollte ein gepanzertes Auto im Schritttempo heran. Vom Turm des Fahrzeugs gab ein russischer Soldat mit eindeutigen Handzeichen zu verstehen: „Straße frei! Beiseite gehen!", worauf die Menge ängstlich Platz machte.

Auf dem Rückweg nach Hause erschreckte mich in der nahen Hallischen Straße eine lange Reihe russischer Panzer. Ein Panzer hatte eine Gaslaterne umgefahren und ich hörte empörte Passanten mit Kraftausdrücken über die Russen schimpfen. Vor den Hauseingängen des Breiten Wegs diskutierten kleine Gruppen, meist etwa fünf bis acht Personen. Immer, wenn ein Panzer auftauchte, verzogen sich die Menschen in den Hauseingängen. Einmal blieb ein Panzer stehen und richtete drohend sein Geschützrohr auf einen Hauseingang. Geschossen wurde aber nicht. Wenig später fuhr um den Hasselbachplatz ein russisches Militär-Motorrad mit Seitenwagen. Der Beifahrer warf dicke Papierstöße mit Bekanntmachungen auf die Straße.

Der Ausnahmezustand war über Magdeburg verhängt worden.

## Befehl

### des Militärkommandanten der Stadt Magdeburg

Für die Herbeiführung einer festen öffentlichen Ordnung wird befohlen:

1. Ab 14 Uhr des 17. Juni 1953 wird für die Stadt Magdeburg der Ausnahmezustand verhängt.
2. Alle Demonstrationen, Versammlungen, Kundgebungen und Ansammlungen über drei Personen werden auf Straßen, Plätzen sowie vor öffentlichen Gebäuden verboten.
3. Jeglicher Verkehr von Fußgängern, Kraftfahrzeugen und Fahrzeugen wird von 21 Uhr abends bis 5 Uhr morgens verboten.
4. Diejenigen, die gegen diesen Befehl verstoßen, werden nach dem Kriegsgesetz bestraft.

**Militärkommando für die Stadt Magdeburg**

Abb. 13: Ausnahmezustand über Magdeburg („Magdeburger Museumshefte“, Nr. 2, 1993).

Nun war schwarz auf weiß zu lesen, wer in der DDR wirklich das Sagen hatte.

An den folgenden Tagen errichteten die Russen auf einem freien Platz in der Fürstenwallstraße ein Militärlager mit etwa 10 bis 20 LKW. Die Soldaten vertrieben sich mit Rauchen, allerhand Späßen und Ballspielen die Zeit. Nicht der geringste Kontakt zur deutschen

Bevölkerung entstand. In der ganzen Zeit der DDR habe ich nie von privaten Kontakten zwischen russischen Soldaten und Deutschen gehört. Neben den offiziell politisch organisierten „Prasdniks" (russisch: Feiertage) mit viel Wodka gab es keine privaten Treffen. Sich zum Beispiel einen russischen Soldaten zu Weihnachten in den Kreis der Familie einzuladen, war unvorstellbar. In Westdeutschland kenne ich hingegen eine Familie, die sich in manchen Jahren einen US-Soldaten zum Weihnachtsfest einlud. Die Ereignisse des 17. Juni 1953 festigten meine Ablehnung der DDR. Heute erinnert an diesen bemerkenswerten Tag eine kleine Tafel am Polizeipräsidium.

## Ich soll ein „Junger Pionier" werden? Niemals!

Ständig erhöhte sich in der Schule der Druck, die Kinder in die Pionierorganisation „Ernst Thälmann" zu pressen. Ich persönlich habe keinen Sinn darin gesehen, ein „Junger Pionier" zu werden. Bald war es für fast alle Schüler die Regel, Pionier zu sein. Es dauerte nur ein paar Jahre und ich blieb als letzter Nichtpionier der Klasse übrig. Ein Mitschüler zeigte mir einmal voller Stolz seinen neuen Pionierausweis. Das konnte ich überhaupt nicht verstehen. Mich erfüllte hingegen ein heimlicher Stolz, als einziger Schüler der Klasse einen eigenen Standpunkt zu haben und kein Pionier zu sein.

Im fünften Schuljahr bat mich daraufhin der Pionierleiter unserer Schule, einmal an einem Pioniernachmittag teilzunehmen. So könnte ich selbst erleben, wie interessant es sei, gemeinsam mit den Mädchen und Jungen zusammen zu spielen oder in einem Labor Fotos herzustellen. Was ich dort erleben musste, verstärkte meine bisherige Ablehnung nur noch mehr. Eine unserer unauffälligsten Mitschülerinnen, die man im Unterricht kaum wahrnahm, war, was ich vorher nicht wusste, „Gruppenratsvorsitzende". Sie setzte sich an den Lehrertisch und begann mit lauter Stimme für mich völlig unverständliches Zeug zu schwafeln. Da war von einem Grußtelegramm des Zentralrates aus Berlin an den Freundschaftsratsvorsitzenden der Schule die

Rede. Es wirbelten für mich völlig unbekannte Begriffe ohne erkennbaren Zusammenhang durch den Raum: Gruppenratsvorsitzende, Freundschaftsrat, Pionierdelegation, seltsame Pioniergesetze, von denen eines lautete: Alle Pioniere sind Freunde der Sowjetunion (wie das konkret aussehen sollte, wurde nicht gesagt) – ich bekomme heute nicht mehr zusammen, worüber unsere Mitschülerin hohl und sinnlos daher schwadronierte. Die übrigen Schüler hörten, wie mir schien, mit verständigen Gesichtern aufmerksam zu. Daraus entnahm ich, dass alle – ausgenommen ich – gut informiert waren. Ich wollte nicht als Unwissender ausgelacht werden und brachte deshalb nicht den Mut zum Nachfragen auf. Am Ende war das ganze Gerede für mich langweilig und vor allem nicht überzeugend.

Unser Klassenlehrer nahm nach einem Elternabend meine Mutter diskret beiseite. Er riet ihr eindringlich, mich zum Eintritt in die Pionierorganisation „Ernst Thälmann“ zu bewegen, weil das seiner Ansicht nach wichtig für die Zulassung zur Erweiterten Oberschule sei. Es wäre doch sehr schade, wenn mein weiterer Bildungsweg zum Abitur blockiert würde, meinte er. Die Erweiterte Oberschule konnte man nach dem 12. Schuljahr mit dem Abitur beenden und das genoss damals eine wesentlich höhere Wertschätzung als heutzutage.

Zu meinem großen Erstaunen wollte mich meine Mutter eines Abends tatsächlich überreden, Pionier zu werden. In diesem Moment war ich von ihr grenzenlos enttäuscht, dass sie sich dafür hergab. Ich kann mich noch genau an meine empörte Reaktion als Zwölfjähriger erinnern.

„In diesen Idiotenverein gehe ich niemals!“ entgegnete ich. Sie gab ihre Überzeugungsarbeit sogleich auf und redete mit mir nicht mehr über dieses Thema. Es hätte auch nicht ihrer Gesinnung entsprochen. Natürlich war klar, dass sie es mit mir nur gut gemeint hatte. An einem der nächsten Tage ging sie in die Schule, suchte meinen Klassenlehrer auf und sagte ihm: „Ich habe wirklich alles versucht, aber der sture Junge will einfach kein „Junger Pionier“ werden!“ Er ließ das Thema fallen und rührte es danach auch nicht wieder an. Durch solche toleranten älteren Lehrer, wie er einer war, war das politische

Klima an den Schulen in den fünfziger Jahren noch einigermaßen erträglich. Als ich in die achte Klasse versetzt wurde, gab es ein neues Fach: Staatsbürgerkunde. Unser neuer Staatsbürgerkundelehrer faselte endlos in einem mir fremden Vokabular über die Diktatur des Proletariats, über die fortschrittlichste Klasse in der Gesellschaft, der Arbeiterklasse und deren Avantgarde. Das war die SED, die er marxistisch-leninistische Kampfpartei nannte. Es kam mir äußerst befremdlich vor, wenn Schüler während des Unterrichts solche inhaltslosen Phrasen wie Papageien nachplapperten und dafür Lob und gute Noten ernteten. Vom Eintritt in die Pionierorganisation war aber nun nicht mehr die Rede. Ab dem Alter von 14 Jahren war der Eintritt in die Jugendorganisation FDJ (Freie Deutsche Jugend) aktuell.

Eines Tages sprach eine unserer Lehrerinnen über die möglichen Zulassungen zur Erweiterten Oberschule. Zu mir sagte sie: „Peter, dein Vater lebt im Westen. Deshalb kommt für dich die Oberschule nicht in Frage!" Das teilte ich meiner Mutter abends beiläufig mit. Ich glaube, damals ihr fatalistisches Lebensmotto: „Man muss alles so nehmen, wie es gerade kommt!" übernommen zu haben.

Mein Vater war von Beruf Kammermusiker, von der Lebenseinstellung her ein Bohèmien mit einem Hang zum Abenteuer. Für eine normalbürgerliche Ehe schien er nicht geschaffen. Als er aus dem Krieg nach Hause kam, stellten meine Eltern dies glücklicherweise schnell fest. So sind mir unschöne Erinnerungen aus ihrem Eheleben erspart geblieben. Wenn er zwar als Vater total versagt hat, so finde ich es wiederum bewundernswert, dass er aus persönlicher Überzeugung und ohne einen finanziellen Nutzen daraus zu ziehen, jüdische Mitbürger über nächtliche Schleichwege aus Nazi-Deutschland in die neutrale Schweiz geleitete. In meinen Augen ehrt ihn ebenfalls dieser mutige und einsame Entschluss, den er mit niemandem besprechen konnte: Lange vor der deutschen Kapitulation desertierte er als Soldat in Italien von der faschistischen Wehrmacht zu den US-Streitkräften.

Die Stadt Potsdam zollte den vielen unbekannten Deserteuren, zu denen auch mein Vater gehörte, gebührenden Respekt. Eine diesen Männern gewidmete Skulptur ließ sie im Stadtzentrum aufstellen.

Abb. 14: Skulptur und Gedenkplatte in Potsdam

Nach einem kurzen, für beide unerfreulichen Zusammenleben in Magdeburg trennte er sich von meiner Mutter und zog wieder nach Bayern, seiner Heimat. Ich habe keine einzige Erinnerung an ihn. Im Jahre 1948 wurden meine Eltern auf dem Postweg gerichtlich geschieden. Später machte sich mein Vater, ohne eine Spur zu hinterlassen, völlig aus dem Staub. Vor seinen Unterhaltspflichten mir gegenüber hat er sich obendrein erfolgreich gedrückt. Meine Mutter war wiederum zu stolz, ihn deswegen behördlich verfolgen zu lassen. Das wäre möglich gewesen, jedoch verzichtete sie auf die Unterhaltszahlungen. Es bestand keinerlei Kontakt zu ihm. Ich bin daher gänzlich ohne Vater aufgewachsen und habe nur ein kleines, undeutliches Soldatenfoto von ihm.

Meine Mutter war über die Äußerung meiner Klassenlehrerin sehr ungehalten. Gleich am nächsten Tag sauste sie in die Schule und stellte unmissverständlich klar, dass wir keine Verbindungen zu meinem Vater im Westen unterhalten. Das wurde akzeptiert. Ihrem konsequenten Eintreten danke ich meine Aufnahme in die Erweiterte Oberschule.

## „Demokratie“ in der Erweiterten Oberschule

1959 begann ich das 9. Schuljahr in der Otto-von-Guericke-Schule. Gleich am ersten Schultag kam einer unserer neuen Lehrer mit korrekt abgezählten Aufnahmeanträgen für die Freie Deutsche Jugend (FDJ) in unsere Klasse. „Bitte alle Anträge ausfüllen und sofort an mich zurückgeben“, ordnete er an. Brav füllten wir unsere Anträge aus, denn niemand von uns frisch gebackenen Oberschülern wollte sich gleich zu Beginn Probleme einhandeln.

Nach dem Unterrichtschluss kam die FDJ-Leiterin der Schule in unseren Klassenraum und forderte uns auf, als neue FDJ-Gruppe einen Sekretär zu wählen. Wir schauten uns verwundert an, da wir uns kaum kannten. Nach einigem hin und her einigten wir uns auf zwei Mitschüler als Kandidaten für die Wahl. Es waren Hans Krause (Name geändert) aus Wanzleben und Karl Lehmann (Name geändert) aus Magdeburg-Prester. Bei der Stimmabgabe entschied sich ein Teil der Klasse für Karl Lehmann, ein anderer Teil für Hans Krause. Was nun folgte, war unsere erste Lektion in sozialistischer Demokratie.

Die FDJ-Leiterin erklärte uns, ein FDJ-Sekretär müsse immer zu 100 % einstimmig gewählt werden. Wir begannen zu diskutieren und meinten, dass nach unserem Demokratieverständnis die Minderheit der Klasse den Vorschlag der Mehrheit ohne Wenn und Aber akzeptieren würde.

„Aber wir sind doch hier nicht im Bundestag! Das Wahlergebnis muss 100 % lauten. Etwas anderes kommt überhaupt nicht in Frage!“ donnerte die FDJ-Leiterin los. Als wir weiter diskutieren wollten, verkürzte sie die Angelegenheit sehr schnell auf ihre Art und sagte uns: „Also, ich schließe jetzt die Klassentür ab und ihr habt eine Schulstunde Zeit, euch zu einigen. Wenn ich wiederkomme, möchte ich ein 100%ig einstimmiges Wahlergebnis sehen und nichts anderes!“ Sie schloss tatsächlich die Klassentür ab und verschwand. Wir schauten uns verdutzt an. Nach Ablauf der Stunde gaben wir erschlagen unser einstimmiges Wahlergebnis für Karl Lehmann ab und durften erlöst das Schulgebäude verlassen.

## FDJ-Ordnungsgruppen, Staatsbürgerkunde und Westradio

Unmittelbar nach dem Bau der Mauer wehte in unserer Schule ein eiskalter ideologischer Wind. Unser Direktor forderte in einer scharfen Rede beim obligatorischen Fahnenappell das unbedingte Tragen des FDJ-Hemdes. In einem über den ganzen Schulhof dröhnenden Kommandoton wies er an, dass wir in dieser bedeutungsvollen Zeit durch das Tragen des Blauhemds dem ideologischen Gegner entschlossen Flagge zeigen müssen. Das Tragen von Jeans würde an der Schule nicht mehr geduldet werden.

Ich besaß gar kein FDJ-Hemd und befürchtete, deswegen von der Schule verwiesen zu werden. Dann wäre mein Abitur nur ein Wunschtraum geblieben. Am Nachmittag machte ich aufgeregt Jagd nach einem FDJ-Hemd und war glücklich, das letzte Exemplar in meiner Größe kurz vor Ladenschluss in einem Geschäft ergattert zu haben. Am nächsten Tag ging ich mit meinem neuen Blauhemd in die Schule und war völlig perplex, als ich beim Fahnenappell eine nicht geringe Anzahl von Schülern ohne FDJ-Hemd in ganz normalem Zivil und sogar einige Jeans sah. Das wurde von den Lehrern bewusst übersehen und nicht gerügt. Nach der Schule habe ich mich zu Hause sofort umgezogen. Das FDJ-Hemd flog in die Ecke und wurde nie wieder angezogen. Somit habe in meinem ganzen Leben ein FDJ-Hemd genau einen halben Tag getragen. Vorsichtshalber habe ich das Hemd noch einige Zeit aufbewahrt, denn man konnte ja nicht wissen, ob eine gespannte Situation wie nach dem 13. August wieder eintreten würde. Später dachte ich daran, das Blauhemd vielleicht einmal als Faschingskostüm zu nutzen. Bei näherer Überlegung wurde mir aber klar, dass ich mich – selbst im Ulk – darin nie wohl fühlen könnte. So landete es eines Tages im Müll.

Ab jetzt ging es in der DDR Schlag auf Schlag weiter. Die Machthaber konnten ungehindert schalten und walten, denn es gab kein Entrinnen mehr. Schnell wurden FDJ-Ordnungsgruppen gegründet und mit speziellen Armbinden kenntlich gemacht. Sie sollten ideologische Gefahren abwehren, was immer diese auch sein mochten. Durch die Stadt streifend sollten sie unter anderem mit „amerikanischen Nietenhosen“ bekleidete Jugendliche auffordern, nach Hause zu gehen und sich umzuziehen. Nur einmal sah ich eine solche Ordnungsgruppe mit Armbinden. Diese Gruppe machte auf mich einen ziemlich unmotivierten und müden Eindruck. Lustlos schlenderten die FDJler um den damaligen Magdeburger Boleslaw-Bierut-Platz herum.

Dann gab es eine Aktion mit dem seltsamen Namen „Ochsenkopf“. FDJ-Ordnungsgruppen wurden beauftragt, auf die Häuserdächer zu steigen und nach dem Westen ausgerichtete Fernsehantennen gewaltsam herunterzureißen. Mein Onkel in Leipzig versteckte daraufhin, seine Antenne unter dem Dach in einem alten Kleiderschrank. Da die Ordnungsgruppen beim Entfernen von Antennen oft rüde vorgingen, wollte er Beschädigungen an Antenne und Dach vorbeugen. Für einige Zeit hat er deshalb lieber auf das Westfernsehen verzichtet. In Magdeburg hingegen war durch die Ausrichtung der Antennen die Identifizierung von Ost- oder West-Empfang nicht möglich. Die Fernsehsender vom Brocken (Ostfernsehen) und vom Sender Torfhaus (Westfernsehen) lagen von Magdeburg aus gesehen in der gleichen Richtung. Deshalb wurden in Magdeburg keine

Antennen entfernt und man musste sich mit Propaganda begnügen. Auf Häuserwänden erschienen Aufkleber mit der Karikatur eines einfältig wirkenden Rundfunkhörers. Darunter war zu lesen:

*Zum Ochsenkopf wird der gekört,*
*der NATO-Sender sieht und hört!*

Alle Schüler wurden in jenen Tagen aufgerufen, „NATO-Sender", also alle Westsender, weder zu hören noch zu sehen. Klassenweise mussten wir dazu eine Verpflichtung unterschreiben. Wir unterschrieben brav, befolgten die Verpflichtung aber nie. Eine Unterschriftenliste unserer Lehrer wurde auf dem Schulhof in einem Schaukasten sichtbar ausgehängt. Unsere scharfsichtigen Augen bemerkten sogleich, dass unser damaliger Zeichenlehrer auf der Liste fehlte. Natürlich fragten wir ihn mit Unschuldsmiene beim nächsten Zeichenunterricht nach seiner fehlenden Unterschrift. Mit einem Lächeln, jedoch ohne jeden Kommentar, gab er zu: „Ja, ihr habt richtig gesehen, meine Unterschrift steht nicht auf der Liste." Das war alles, was er sagte, und für mich wieder eines von unzähligen Beispielen, wie man in der DDR mit etwas Zivilcourage gefahrlos Haltung bewahren konnte. Unserem Zeichenlehrer ist nichts passiert und sein Unterricht ging ungestört weiter.

Ich kann mich nur an zwei Schüler unserer Klasse erinnern, die diesen ganzen DDR-Polit-Unsinn glaubten oder glauben wollten. Eine unserer Mitschülerinnen redete im Staatsbürgerkundeunterricht stets in dem für uns befremdlichen SED-Vokabular. Wir tauften sie kurz und bündig „Schnitzler". (Karl-Eduard von Schnitzler war der Kommentator der schwer erträglichen Propagandasendung „Schwarzer Kanal" im Ostfernsehen). Jedes Mal, wenn sie sich zu Wort meldete, ging ein Stöhnen durch die Klasse: „Oh Gott, schon wieder Schnitzler!" Der andere Schüler kam 1962 als Neuer in unsere Klasse. Er war durch das Abitur gefallen und musste das 12. Schuljahr wiederholen. Er war schon 18 Jahre alt und trug als SED-Kandidat sogar ein „Bonbon" am Revers seiner Jacke, manchmal auch auf seiner

Strickjacke, was sehr komisch aussah. „Bonbon“ wurde das ovale SED-Parteiabzeichen in der Bevölkerung scherzhaft genannt. Auch er führte im Staatsbürgerkunde- und Geschichtsunterricht unerträgliche Reden im Parteijargon. Dieser Schüler war für mich widersprüchlich. Trotz seiner SED-Mitgliedschaft legte er großen Wert auf seine Zugehörigkeit zu der von den Kommunisten verpönten Adelsschicht. Am Ringfinger trug er stets einen goldenen Siegelring mit seinem Familienwappen.

Im 12. Schuljahr war die künftige berufliche Entwicklung nach dem Abitur bei allen Schülern „das Thema“. Unser Adliger gab an, sich für eine Laufbahn in der „Nationalen Volksarmee“ entschieden zu haben und dass für ihn nur eine langjährige Verpflichtung in Frage käme. Er dachte in für uns unvorstellbar langen Zeiträumen von 15 Jahren und länger. Nach dem Abitur ging jeder seiner Wege und wir hörten nichts mehr voneinander. Das ist bis heute leider so geblieben, weil wir es nicht geschafft haben, regelmäßige Klassentreffen zu organisieren. Bei zufälligen Kontakten mit ehemaligen Mitschülern erfuhr ich Jahre später, dass unser Adliger ein Theologiestudium aufgenommen hatte. Das erstaunte mich ungemein, denn dieses Studium stand in krassem Widerspruch zu seinem früheren Auftreten in der Schule. Ich habe dazu sehr persönliche Gedanken, die ich aber in keiner Weise belegen kann. Bekannt ist, dass die Stasi großes Interesse daran hatte, die Kirchen zu unterwandern und dort Spitzel einzuschleusen. Das war nicht einfach, denn religiös gebundene Menschen ließen sich, wenn überhaupt, nur schwer missbrauchen. Ich könnte mir vorstellen, obwohl es keinen echten Anhaltspunkt dafür gibt, dass die Stasi unseren Mitschüler als willfähriges Opfer für ihre Zwecke skrupellos ausnutzte. Hier ein Beispiel für die Einschleusung eines Spitzels: Der langjährige Kirchenjurist mit seinem Büro direkt am Magdeburger Dom, Dr. Detlef Hammer, nahm sich nach der Wende das Leben, nachdem er zweifelsfrei als Offizier des MfS im besonderen Einsatz (OibE) enttarnt wurde. Schon als Student hatte er eine Verpflichtungserklärung für die Stasi unterschrieben. Dieser Fall kann nachgelesen werden in dem Buch von Waltraud Zachhuber und Harald Schultze „Detlef Hammer: Stasi-Offizier im Konsistorium Magdeburg“, erschienen im Evangelischen Büro Sachsen-Anhalt (siehe auch Anhang 1).

Unser Adliger war später lange Jahre, auch nach der Wende, in einem altmärkischen Dorf als Pfarrer tätig. Das löst meine Vermutung trotzdem nicht auf. Die Kirche soll nicht selten den barmherzigen Mantel des Schweigens über ihre schwarzen Schafe gelegt haben. Lässt sich mein Verdacht überzeugend widerlegen, würde ich mich sehr freuen und meine anrüchige Vermutung selbstverständlich widerrufen.

Unsere Klasse bestand zum größten Teil aus vorsichtigen Schülern, die sich, um nicht aufzufallen, mit politischen Äußerungen zurückhielten. Dann gab es den kleineren „reaktionären Haufen“. In der DDR hießen alle „reaktionär“, die nicht DDR-konform dachten. Natürlich gehörte ich dazu. SED-Mitglieder nannte unser reaktionärer Haufen verächtlich „kommunistische Bonzen“ oder kurz „die Bonzen“. Politische Witze machten häufig die Runde. So ziemlich alles, was die DDR betraf, wurde von uns ins Lächerliche gezogen. Dieses merkwürdige Staatsgebilde machte es uns aber auch leicht. Die in fast alle Lebensbereiche hineingetragene Ideologie verspotteten wir zum Beispiel mit diesem Witz: Eine Frau besucht einen Kochkurs. Nach einer Weile wurde sie gefragt, ob sie denn schon ein Schnitzel braten könne. „Nein“, war ihre Antwort, „wir sind erst bei Lenin und der Oktoberrevolution!“

Mit unserem Staatsbürgerkundelehrer diskutierten wir oft über seine „wissenschaftlich begründete“ Zukunftsvision, dem Kommunismus. Er besprach mit uns ausführlich diese These von Karl Marx: „Jeder nach seinen Fähigkeiten, jedem nach seinen Bedürfnissen!" Die Arbeit wäre ohnehin immer das erste Lebensbedürfnis des Menschen und im Kommunismus ganz besonders. Dann würden alle Menschen mit Hingabe und Begeisterung für die Gesellschaft arbeiten. Das Geld würde später als überflüssig abgeschafft werden, da sich ja jeder nur das besorgt, was er wirklich braucht. Durch sorgfältige Planung würden dann sämtliche Gebrauchsgüter für alle Menschen immer in ausreichender Menge verfügbar sein. Vergeudung von Volksvermögen durch Überproduktion wäre unmöglich. So sahen die Wunschträume der Kommunisten aus.

„Aber", warf ich einmal ein, „es gibt doch in jeder Gesellschaft auch Faulpelze und Alkoholiker, die sich morgens lieber eine Flasche Schnaps holen und an alles Mögliche, nur nicht an Arbeit denken!" Darauf gab der Lehrer folgendes von sich: „Im Kommunismus wird ein neuer Geist in die Menschen einziehen. Dann wird alles so sein, wie ich es erklärt habe." Auf diese hochtönende Antwort schwieg ich lieber vorsichtshalber.

Bald aber folgte ein Vorfall, der, wie seinerzeit gern gesagt wurde, „ein Ding aus dem Tollhaus" war. Wie ich hinter der vorgehaltenen Hand hörte, veruntreute genau dieser Staatsbürgerkundelehrer gemeinsam mit einem Chemielehrer Gelder aus der Kasse des Freien Deutschen Gewerkschaftsbundes (FDBG) beziehungsweise eines Sportvereins. Sie kauften dafür die im Westen seinerzeit hoch geschätzten Kameras mit Zeiss-Objektiven, fuhren nach Westberlin und verhökerten sie dort im Gebrauchtwarenhandel. Das eingenommene Westgeld steckten sie sich in die eigene Tasche. Die Sache kam heraus. Der Chemielehrer als Haupttäter soll eine langjährige Gefängnisstrafe erhalten haben und unser Staatsbürgerkundelehrer soll mit einer Bewährungsstrafe davon gekommen sein. Dieser Vorfall wurde schamhaft unter den Teppich gekehrt. Uns erreichten lediglich bruchstückhaft Informationen aus der Gerüchteküche. Deshalb kann ich den Vorfall nicht exakt wiedergeben. Beide Lehrer wurden an unserer Schule nie wieder gesehen. Für mich war es ein Paradebeispiel der allgegenwärtigen Verlogenheit und der doppelten Moral vieler Vertreter des SED-Staates. Zu dieser Geschichte sei mir eine sarkastische Anmerkung erlaubt: Vielleicht war in diese beiden ideologischen Vordenker bereits der neue Geist des Kommunismus eingezogen! Nach der These von Karl Marx hatten sie ihre persönlichen Bedürfnisse im Jahre 1960 nur etwas zu früh befriedigt!

Wir bekamen nach diesem Zwischenfall Herrn Bodenstein als neuen, sympathischen Staatsbürgerkundelehrer. Er führte den Unterricht nicht so verbissen dogmatisch durch.

Wir diskutierten mit ihm freimütig über die aktuellen politischen Tagesereignisse, über Gott und die Welt. Kamen wir dabei im Eifer an ideologische Grenzen, dann hörten wir mit einem drohenden Unterton: „Jetzt ist aber Schluss! Bei uns wird nicht schief diskutiert!" Mitunter tauchten in unseren Redegefechten Begriffe aus dem westlichen Sprachgebrauch auf. Einmal fiel in einer Diskussion das Wort „Rot-China". Es gehörte nicht zum offiziellen DDR-Wortschatz. Das kommunistische China hieß immer „Volksrepublik China". Mein Banknachbar, aus dessen Mund dieser verräterische Ausdruck kam, erhielt eine Standpauke, weil dieses Wort nur aus den westlichen Medien stammen konnte. Das war wieder eine Gelegenheit, um lang und breit über die Quelle allen Übels, die Westsender, zu wettern. Den uns begeisternden Rock 'n' Roll nannte Herr Bodenstein „dekadente Tanzmusik". Diese sozialistische Wortschöpfung erheiterte uns über alle Maßen. Es wurde sogar allen Ernstes behauptet, die „entmenschende Wirkung" der amerikanischen Tanzmusik verfolge nur den Zweck, die Jugend „um den Verstand zu bringen" und in „rasende Bestien" zu verwandeln, um sie für die NATO und einen neuen Weltkrieg gefügig zu machen.

Über die Programme westlicher Rundfunksender tauschten wir uns rege aus. Einer unserer Mitschüler war besonders von Radio Luxemburg begeistert und schrieb minutiös die Wochenprogramme auf. Seine Lieblingssendung war die Hitparade, damals von und mit Camillo Felgen. Ein anderer Mitschüler, dessen Eltern einen der damals seltenen Fernsehapparate besaßen, berichtete uns von der Flucht des Grenzsoldaten Conrad Schumann, dessen spektakulärer Sprung über die Stacheldrahtrollen in Berlin ein weltberühmtes Foto wurde.

Als Präsident Kennedy in Berlin die unvergesslichen Worte „Ich bin ein Berliner!" sagte, waren wir alle fasziniert. Während Kennedys Berlinbesuch sollen Magdeburgs Straßen menschenleer gewesen sein.

Davon hörte ich nur, denn ich saß ja selbst gefesselt am Radiogerät. An der Außenmauer unserer Schule sah ich dieser Tag eine kleine mit Kreide gemalte Aufschrift: „Berlin bleibt frei!"

Bis auf die vorsichtigeren Schüler waren wir mit unseren politischen Witzen und Meinungen untereinander sehr offen, ja bis zu einem gewissen Grade leichtsinnig. Dass die „Sicherheitsorgane" auch einmal zuschlagen können, wurde uns schlagartig eines Tages bewusst. Wir hörten, dass in einer anderen Klasse eine staatsfeindliche Parole mit großen Lettern frühmorgens auf der Wandtafel stand. Angeblich sollte sie lauten „Weg mit Ulbricht!" beziehungsweise „Die Mauer muss weg!" Während der großen Pause auf dem Schulhof sah ich zwei finster aussehende Herren, die diese Wandtafel abgeschraubt hatten und aus der Schule wegtrugen. Einer der beiden war sogar mit dem berühmten Ledermantel bekleidet! Dieser Transport war für die beiden Herren ziemlich anstrengend. Es handelte sich nämlich um eine der verschiebbaren Doppeltafeln, die sie mit dem gesamten Halteapparat schleppen mussten. Da sie die Tafel geschickt und dicht an der Gebäudewand entlang trugen, konnte ich leider nicht sehen, was darauf geschrieben stand. Ich hätte den oder die Texte gar zu gern mit meinen eigenen Augen gelesen. Bei den finsteren Herren handelte es sich offensichtlich um Mitarbeiter der Stasi. Sie hatten, um den oder die Schreiber kriminaltechnisch zu ermitteln, die ganze Doppeltafel samt Mechanismus mitgenommen. Ich glaube und hoffe, dass sie ihr Ziel nicht erreicht haben. Von diesem Ereignis habe ich nie wieder etwas gehört – ein gutes Zeichen!

## Sowjetische Helden, Wissenschaftler und Neuerer

Die jüngere deutsche Geschichte wurde von offizieller Seite bewusst verzerrt dargestellt. Dass Magdeburg im April 1945 zunächst durch US-Streitkräfte von den Nazis befreit wurde, war fast nie zu hören oder zu lesen. Die Befreiung Deutschlands vom Faschismus war in unseren Geschichtsbüchern fast ausschließlich das Werk der Roten

Armee, deren Leistung ich jedoch keinesfalls verkleinern oder in Abrede stellen möchte. Dass die Alliierten auch einen Anteil am Niederringen des faschistischen Deutschlands geleistet hatten, ließ man mehr oder weniger unter den Tisch fallen. Der ungeheure Aufwand für die Invasion in der Normandie (Operation „Overlord") am 6. Juni 1944, dem „D-Day", wurde in unserem Geschichtsunterricht systematisch abgewertet. Die BBC hat zur „Operation Overlord" eine eindrucksvolle Dokumentation produziert. Es werden die enormen Schwierigkeiten bei der Erstürmung des von Waffen starrenden, mit unzähligen Bunkern und Kanonen befestigten „Atlantikwalls" gezeigt. In unseren Geschichtsstunden wurde uns hingegen vermittelt, dass die Westmächte über lange Zeit Stalins dringende Bitten zur Errichtung einer zweiten Front bewusst ignoriert hätten, um der Roten Armee die Hauptlast des Krieges zuzuschieben.

Die neuesten Fortschritte in Wissenschaft und Technik, ebenso wie historische Forschungsleistungen kamen selbstverständlich fast nur aus der Sowjetunion bzw. Russland. Das Periodensystem der Elemente in der Chemie hat zwei Gründungsväter, den Deutschen Lothar Meyer und den Russen Mendelejew. In der Schule und im Studium war nur vom Periodensystem nach Mendelejew die Rede. Das erste Radio stammte aus der Werkstatt des Russen Popow und hatte nichts mit den Entdeckungen von Heinrich Hertz zu tun. Schulgärten wurden Mitschurin-Gärten genannt.

Im Biologieunterricht wurde das so genannte Jarowisierungsverfahren von Lyssenko als eine bahnbrechende neue Methode in der sowjetischen Landwirtschaft gefeiert. Mittels gezielter Kälteschocks sollte normales Saatgut Getreideernten in einem noch nie da gewesenen Ausmaß erbringen. Zu jener Zeit beschäftigten sich amerikanische Wissenschaftler mit den Vererbungsmechanismen und der Aufschlüsselung der DNA. Als bevorzugtes Untersuchungsobjekt wählten sie dafür die Fruchtfliege Drosophila. Stalin, ein gläubiger Verehrer von Lyssenko, verkündete: „Mögen sich die Amerikaner ruhig mit der Fliegenforschung beschäftigen! Wir hingegen tun alles für die Erhöhung der Getreideerträge zum Wohle unseres Volkes!"

Dass Lyssenkos Erfolgsberichte aus systematisch gefälschten Daten zusammengebastelt waren, kam erst später ans Tageslicht.

Der erste überlieferte Raketenstart fand zwar bereits 1266 im chinesischen Kaiserreich statt, doch die sowjetischen Weltraumerfolge gründeten sich ausschließlich auf die Experimente des russischen Weltraumpioniers Konstantin Ziolkowski.

Später hörte ich sogar, dass bei der Bewertung von Doktorarbeiten die Anzahl zitierter sowjetischer Literaturstellen als wichtiges Kriterium herangezogen wurde. Die Vergötterung sowjetischer Neuerer haben wir mit folgender Witzfrage verspottet: „Kennt ihr schon den großartigen sowjetischen Neuerer Lokofeilow? ... Nein?" Hier die Antwort: „Es ist der hervorragende sowjetische Neuerer, dem es als erstem gelang, eine Lokomotive aus einem Stück Eisen zu feilen."

Ganze Seiten der „Volksstimme" galten der sozialistischen Landwirtschaft. Die Sprache in den Artikeln erinnerte nicht selten an Militärmeldungen. Von „Ernteschlachten" war die Rede und Mähdrescherfahrer wurde zu heroischen „Kapitänen" hochstilisiert. Obwohl die Zeitungen von Berichten über die Erfolge der sozialistischen Landwirtschaft überquollen, mussten Schüler und Studenten alljährlich in den Herbstferien als Erntehelfer einspringen. Diese Ferien nannten wir „Kartoffelferien", weil wir meist auf den gerodeten Feldern Kartoffeln einsammeln mussten.

„Von der Sowjetunion lernen heißt, siegen lernen!" Diese Parole galt immer und ständig. Plötzlich las man in den Zeitungen fast täglich von Rinderoffenställen, einer neuartigen Art der Rinderhaltung aus „dem Lande Lenins." Ob es Sinn hatte oder nicht – kam etwas aus der Sowjetunion, musste es sofort ungeprüft kopiert werden. Die Sache mit den Rinderoffenställen erwies sich als ein schlimmes Fiasko und verschwand eines Tages sang- und klanglos aus den Zeitungen. Die im Winter in offenen Verschlägen gehaltenen Kühe froren am Boden fest, zerrissen sich beim Aufstehen das Fell, erlitten schlimme Qualen und mussten deshalb vielfach notgeschlachtet werden.

Bis zum nächsten großartigen sowjetischen Impuls dauerte es nie sehr lange. Der damalige Partei- und Staatschef Chruschtschow kam 1959 in den Bezirk Magdeburg und stattete der Landwirtschaftlichen Produktionsgenossenschaft (LPG) in dem kleinen Dorf Schwaneberg einen Besuch ab. Chruschtschow hatte ein Faible für den Maisanbau und sprach den bedeutungsschweren Satz: „Der Maisanbau ist sehr wichtig, denn schließlich sei der Mais eine Wurst am Stängel!" Nun ging es in der Presse nur noch um den Maisanbau. Sogar ein Lied wurde für die Jungen Pioniere komponiert. Ich erinnere mich noch an die Melodie und an den Refrain, der etwa so lautete:

*Der Mais, der Mais, das ist ein strammer Bengel,*
*der Mais, der Mais, wie jeder weiß, das ist die Wurst am Stängel!*

Die Verherrlichung und das Nachahmen all dessen, was aus der Sowjetunion kam, grenzten ans Komische. Da gab es einmal den sowjetischen Bestarbeiter Stachanow. Alles drehte sich in der Propaganda nur noch um ihn und um die neu geschaffene „Stachanow-Bewegung". Jeder gute Arbeiter in der Sowjetunion wurde „Stachanowez" genannt. Natürlich gab es davon umgehend eine DDR-Kopie. Das war die „Aktivistenbewegung" mit dem männlichen Arbeitshelden Adolf Hennecke und der weiblichen Heldin Genossin Frida Hockauf, der Schöpferin der nach ihr benannten Frida-Hockauf-Methode.

Uwe, einer meiner Bekannten, durchforstete gern die Zeitungen nach skurrilen Meldungen aus dem „Lande Lenins", schnitt diese aus und klebte sie in einen Ordner. An eine Kuriosität kann ich mich noch gut erinnern: Dem 90-jährigen Aserbaidschaner Shirali Ogli nahmen besorgte Enkel den Führerschein für seinen PKW weg. Dadurch keineswegs entmutigt, erwarb er einen neuen Führerschein, kaufte ein Motorrad und brauste dann darauf durch die Gegend. Uwes kuriose Sammlung war so grotesk, dass wir entweder den Kopf schütteln oder herzlich lachen mussten.

Sehr viel später, daher nicht zeitlich, aber sachlich hierher passend, wurde mit viel propagandistischer Begleitmusik die „Neuererbewegung“ aus der Taufe gehoben. Es ist unglaublich, was dabei an Unsinn produziert wurde. Die für mich stärkste Glanzleistung war diese: Der handwerklich geschickte Rentner Otto Mehlhorn hatte für den VEB Minol in mühevoller Feierabendarbeit in seinem privaten Bastelkeller ein Zukunftsmodell für eine Tankstelle gebaut. Nachdem er es fertig gestellt hatte, wurde es offiziell zu einem „Jugendobjekt“ erklärt und auf der „Messe der Meister von morgen“ (MMM) in der Magdeburger Ausstellungshalle „Hyparschale“ der Öffentlichkeit vorgestellt. Als Neuerer wurden zwei oder drei „Vorzeige-Jugendliche“, die mit dem Modell vorher nie etwas zu tun hatten, in FDJ-Hemden vor dem Modell präsentiert. Als Otto Mehlhorn davon erfuhr, war ihm anzusehen, wie peinlich ihm das neue „Jugendobjekt“ war. Ich will nicht in Abrede stellen, dass durch Neuerervorschläge mitunter nützliche Verbesserungen im Arbeitsprozess zustande kamen. Aber um dem Druck staatlicher Vorgaben gerecht zu werden, wurden oft simple Veränderungen am Arbeitsplatz als großartige „Neuererleistungen“ bejubelt und eine hohe prozentuale Beteiligung von Jugendlichen frei erfunden. Dem staatlichen Druck nachgebend habe ich, wie andere Leiter der Neuererbewegung, die geforderten Zahlen lediglich auf dem Papier „erfüllt“.

Die „von oben“ geforderte prozentuale Beteiligung von Jugendlichen und FDJ-Mitgliedern an Neuererprojekten waren in der Realität fast nie erfüllbar. Deshalb habe ich, wie üblich, diese Zahlen frei erfunden und später in einem schriftlichen Bericht an unseren Chef der Magdeburger Neuererbewegung, einem Herrn Schmitt, weitergegeben. Der nahm diesen erlogenen Zahlenwust von „Erfolgen“ entgegen, kontrollierte ihn aber wohlweislich nicht, denn er konnte sich an seinen fünf Fingern sehr leicht abzählen, dass die Berichte überwiegend Dichtung waren und wenig Wahrheit enthielten. Sämtliches Zahlenmaterial meldete er ungeprüft weiter und wollte damit glänzen. Dieses perfekte System der Schönfärberei war in der DDR allgegenwärtig und zog sich hin bis zu den „Volkswahlen“ mit der gewohnten 99%igen Zustimmung der Bevölkerung zur Politik der DDR.

Mehrmals im Jahr musste ich so genannte „Neuererkonferenzen" organisieren und leiten. Eine dieser Konferenzen ist mir noch heute als ein besonders lächerliches Beispiel in Erinnerung. Ich leitete die besagte Konferenz mit einem kleinen Vortrag ein. Meine Rede bestand ausschließlich aus den üblichen abgedroschenen politischen Phrasen und inhaltslosen Worthülsen. Weiterhin faselte ich im Laufe der Konferenz von der enormen Begeisterung der Jugendlichen und FDJ-Mitglieder bei der Mitarbeit an Neuerervereinbarungen und Neuerervorschlägen. Während meines Vortrags erwartete ich zwischendurch gelangweiltes Gähnen oder vielleicht auch einen verärgerten Zwischenruf in der Art, dass ich doch bitte endlich mit der Schwafelei aufhören möge. Nun erlebte ich aber voller Erstaunen, dass die Zuhörer hin und wieder mit den Köpfen zustimmend nickten und sehr aufmerksame Gesichter zeigten! Es war eine ähnliche Situation wie sie Hans Christian Andersen in seinem bekannten Märchen „Des Kaisers neue Kleider" wundervoll geschildert hat. In der DDR hätte die Geschichte allerdings nicht so fröhlich geendet. Das im Märchen den ganzen Schwindel aufdeckende Kind hätte man zur Verantwortung gezogen und niemand hätte gelacht.

Auch hörte ich einmal von einem SED-Genossen, dass es in Parteiversammlungen sogar Menschen gegeben haben soll, die die Fähigkeit besaßen, sich in Versammlungen interessiert zuhörend zu stellen, aber in Wahrheit – Hasen sollen das auch können – mit offenen Augen fest schliefen.

Als ich am Ende meiner sinnlosen Rede einen kleinen Beifall erhielt, dachte ich bei mir: „Bin ich jetzt verrückt, sind die Zuhörer verrückt oder sind wir hier allesamt in einer Klinik?" Die nachfolgende Passage aus dem Bericht vom 19. April 1984 von IM „Stella Hoffmann" zeigt, wozu diese gehört.

*Herr Dr. Hampe war gesellschaftlich in unserer Poliklinik sehr aktiv und war Vorsitzender der Neuererbewegung in unserer Poliklinik.*

*Diese Funktion hat er gewissenhaft, ordentlich und mit viel Enthusiasmus durchgeführt.*

Mit ihrem Gesinnungsterror, dem größten Spitzelapparat, den es in der deutschen Geschichte je gab, der politischen Willkürjustiz, den Gefängnissen, der Mauer, Stacheldraht, Minen und Schießbefehl, mit „Repräsentanten" wie Ulbricht, Honecker und Stasi-Minister Mielke an der Spitze war die DDR für unabhängig denkende Menschen ein wahres Gruselkabinett.

Nimmt man jedoch die Absurditäten der Neuererbewegung im real existierenden Sozialismus aufs Korn, dann gab es – allerdings nur im sicheren Nachhinein! – auch reichlich Stoff zum Lachen.

## Nicht endende Engpässe in der Versorgung

Die Konsequenzen der überhasteten Zwangskollektivierung, in den Medien propagandistisch als „sozialistische Umgestaltung auf dem Lande" gefeiert, stellten sich in den frühen sechziger Jahren in Magdeburg ein. Milchprodukte wurden knapp. Schlagsahne verschwand aus den Regalen und für Butter wurde eine so genannte Kundenbindung eingeführt. Man erhielt von der Lebensmittelverkaufstelle, in der man gewöhnlich einkaufte, für Butter eine Kundenkarte. Nur in dieser Verkaufsstelle konnte man Butter kaufen. Um Mehrfachkäufe zu unterbinden, wurde jeder Butterkauf mit Datum in einer Kundenliste eingetragen. Ohne die Lebensmittelkarten der Nachkriegszeit einführen zu müssen, war so die Butter zeitweise wieder rationiert worden. Gerade in diese Zeit fielen die spektakulären Raketen- und Weltraumerfolge der Sowjetunion. In der DDR machte sofort folgender Spottreim die Runde:

*Keine Butter, keine Sahne – auf dem Mond 'ne rote Fahne!*

Die allgemein schlechte Versorgungssituation auf allen Gebieten war ein nicht endender Anlass für zahllose Witze. Geräucherten Aal habe ich nie in einer Fischverkaufsstelle gesehen. Das Gerücht ging um, Räucheraal ließe sich vom DDR-Außenhandel gut im Westen verkaufen und wäre eine willkommene Einnahmequelle für die begehrte harte Westmark. Dies war vielleicht nur ein Gerücht. Tatsache ist jedoch, dass über Versandhäuser, wie „Quelle“ und „Genex“, Artikel aus der DDR-Produktion gegen Westgeld verkauft und dadurch dem DDR-Markt entzogen wurden. Über den fast unbekannten Räucheraal erzählte der Volksmund folgenden Witz:

Ein Mann kam in eine Fischverkaufsstelle und fragte nach Räucheraal. Nachdem der Mann das Geschäft verlassen hatte, rief der Verkäufer aus: „Eben konnte sich ein Kunde sogar an Räucheraal erinnern! Ist es nicht phantastisch, welch fabelhaftes Gedächtnis der Mensch hat?“

Hier ein anderer variabler Witz aus dieser Zeit: Ein Kunde fragt im Erdgeschoss eines Warenhauses nach Gardinen und erhält die Antwort: „Nein, hier haben wir keine Teppiche, keine Gardinen finden Sie in der ersten Etage!“ Bei jedem neuen Versorgungsengpass brauchte man nur die Artikel zu ändern und der Witz war wieder brandaktuell.

Wieder einmal greife ich zeitlich vor, da die Versorgungsengpässe in der DDR niemals aufhörten und sich nur ständig änderten. Bei der Beschaffung dringend benötigter Autoersatzteile war der Mangel besonders deutlich. Einmal brauchte ich für meinen „Trabant Kombi“ Radbremszylinder, dann wieder ein Scharnier für die Hecktür oder ein neues Türschloss. Jede Reparatur war ein Drama für sich. Ein Beispiel: Kurz vor meinem Jahresurlaub war der Nachschalldämpfer meines „Trabants“ durchgerostet und musste ersetzt werden. Ich bin verzweifelt auf der Suche nach diesem Ersatzteil von Werkstatt zu Werkstatt gelaufen, meist ohne Erfolg. Die Kfz-Schlosser lächelten mich jedes Mal nur müde an. Diese fortwährende Bettelei war einfach demütigend. Zuletzt bot mir ein Kfz-Schlosser einer kleinen Werkstatt einen alten mit drei (!) aufgeschweißten Blechflicken versehenen Nachschalldämpfer an und meinte: „Also, der hat noch viel Arbeit gemacht – 120 Mark muss er bringen!“ Dankbar ließ ich dieses Stück fast zum Neupreis einbauen, um den Familienurlaub zu retten.

## Ernüchterndes aus „Bruderländern"

Im Sommer 1959 reiste ich über das Reisebüro „Jugendtourist" in unser sozialistisches Bruderland CSSR. Die Reiseziele waren ein tschechisches Zeltlager in Horny Smokovec (Hohe Tatra) und Prag. Leider spielte das Wetter nicht mit und das Zeltlager versank förmlich im Schlamm. Das war höhere Gewalt und sehr schade, jedoch der interessante Pragbesuch entschädigte uns wieder. Hin und wieder kamen wir in Prag mit der Bevölkerung ins Gespräch. Stets kam recht schnell die Standardfrage: „Seid ihr aus dem Osten oder aus dem Westen?" Es war immer wieder von neuem peinlich, wenn wir etwas kleinlaut „Osten" angeben mussten und unter einem abwertenden Abwinken ein gelangweiltes: „Ach so!" vernahmen. Das zunächst interessiert begonnene Gespräch endete dann plötzlich. Einmal sagte uns ein Bauarbeiter auf der Straße: „Ja, ihr in Deutschland habt es doch sehr einfach. Ihr setzt euch bequem in die S-Bahn und – schwupp – seid ihr im Westen. Unsere Fluchtversuche in Richtung Österreich nachts und mit Strohmatten über Minen und Stacheldrahtzäune sind da wesentlich gefährlicher!" Da war sie wieder, die Kluft zwischen dem ideologischen Anspruch des Systems und der Realität!

1960 führte mich meine zweite Auslandsreise über „Jugendtourist" für eine Woche nach Budapest. Der dritte Tag war für einen Besuch der Kathedrale und der Stadt Esztergom vorgesehen. Wir reisten mit dem Bus dorthin und waren von der riesigen Kathedrale, einem Oktogon, sehr beeindruckt. Anschließend ging es zum Mittagessen in ein Restaurant. Wir nahmen an weiß gedeckten Tischen Platz. Alles war sehr schön mit Blumen dekoriert. Verschieden große Weingläser und die Bestecke waren wie nach einem Lehrbuch der Gastronomie vorschriftsmäßig auf den Tischen angeordnet. Wir fühlten uns großartig. Plötzlich erschien der Oberkellner, bat uns aufzustehen und in einem anderen Speisesaal Platz zu nehmen. Er entschuldigte sich für seinen Irrtum, uns in einen Saal geführt zu haben, der für eine Reisegruppe aus Westdeutschland reserviert war.

Im Nebenraum empfing uns wieder das übliche Jugendtourist-Ambiente: Ungedeckte grobe Tische, Kästen mit Bestecken, Geschirrtürme und Selbstbedienung. Da die Reise preiswert war, fanden wir das angemessen und haben den Irrtum ohne Murren hingenommen. Heute sind für mich die vielfach peinlichen Ost-West-Unterscheidungen in einem unserer so genannten sozialistischen Bruderländer eine lustige Erinnerung.

## Schwer erträglich: Die Medien der DDR

Die plumpe sozialistische Propaganda in Presse und Rundfunk mit ihrer realitätsfernen langweiligen Sprache, dem so genannten „Parteichinesisch", wirkte auf mich abstoßend. Eine unabhängige Presse gab es nicht, unsere Lokalzeitung, die „Volksstimme", war das „Organ der Bezirksleitung Magdeburg der Sozialistischen Einheitspartei Deutschlands", der SED. Tagtäglich erlebte ich die riesige Diskrepanz zwischen der abgehobenen Propaganda, einer Welt leerer Phrasen und Worthülsen, und der wahren DDR.

Die Mauer in Berlin erhielt von der SED einen Namen, der in der Bevölkerung, wenn überhaupt, nur in einem ironischen Ton gebraucht wurde: „Antifaschistischer Schutzwall."

Eine in vollem Ernst von Walter Ulbricht vorgetragene und im Rundfunk gesendete Begründung des Mauerbaus (Tonbandmitschnitt im O-Ton (!) liegt vor) kann man mit gutem Recht als „grotesk" bezeichnen:

„Die Maßnahmen unserer Regierung haben dazu beigetragen, den in diesem Frühherbst 1961 durch die westdeutschen Militaristen und Revanchepolitiker bedrohten Frieden in Europa und der Welt zu retten. Mögen auch die Bürger Westdeutschlands und Westberlins begreifen, dass es sehr wohl möglich ist, dass ihnen durch unsere Maßnahmen das Leben gerettet wurde."

Die Presse jener Zeit war voll von maßlos übertriebener, dick aufgetragener Jubelpropaganda. Unerträglich fand ich die endlosen Meldungen über die Zustimmung und Freude der Bevölkerung zum Bau der Berliner Mauer.

Die DDR-Medien berichteten in jener Zeit unentwegt, dass amerikanische Panzer von Westberlin aus an einem Tag „X" die DDR „aufrollen" wollten und dass dann die Bundeswehr mit klingendem Spiel durch das Brandenburger Tor in die friedliebende DDR einmarschieren würde. Heute kann man über solchen Unfug nur den Kopf schütteln.

Damals las ich gern die Kinderzeitschrift „Fröhlich sein und Singen", später „Frösi". Mich faszinierten Bastelideen, Bauanleitungen für Winddrachen und Kreuzworträtsel. Langweilige Polit-Märchen nahmen aber stets einen großen Raum ein. Da gab es Heldensagen aus der russischen Oktoberrevolution, Berichte über Ernst Thälmanns Leben und vom berühmten „Kleinen Trompeter" aus Halle an der Saale oder heroische Geschichten aus dem Großen Vaterländischen Krieg der Sowjetunion, dem Zweiten Weltkrieg.

Äußerst beliebt waren Ausblicke in die großartige sozialistische Zukunft. In einer Geschichte meldeten zum Beispiel die Bauern einer Landwirtschaftlichen Produktionsgenossenschaft (LPG) bei Hamburg (!) ihre Ernteerfolge stolz „unserer Regierung". Regiert wurde ein wiedervereintes, selbstverständlich sozialistisches Deutschland.

Die bandwurmlangen Titel der „Repräsentanten des ersten Arbeiter- und Bauernstaates auf deutschem Boden" wurden mit der Zeit immer monströser. Hier eine Kostprobe aus der späteren Honecker-Zeit: „Der Vorsitzende des Staatsrates der Deutschen Demokratischen Republik, Vorsitzende des Nationalen Verteidigungsrates der DDR und 1. Sekretär der Sozialistischen Einheitspartei Deutschlands, Genosse Erich Honecker erklärte, dass …" Anfang der 80er Jahre habe ich einmal auf der Titelseite der Magdeburger „Volksstimme" die Namensnennungen von Erich Honecker markiert. Mein Auszählen ergab unglaubliche 21 Treffer! (Leider kann ich den Ausgabetag dieses Exemplars nicht angeben!) Während der letzten Atemzüge der DDR waren die Berichte der Medien, gelinde gesagt, haarsträubend:

Die Magdeburger „Volksstimme“ übernahm vom „Neuen Deutschland“ (ND), dem Zentralorgan der SED, im September 1989 eine unglaubliche Geschichte. Danach sollte der leichtgläubige Eisenbahnkoch Hartmut Ferworn von westdeutschen Menschenhändlern mit einer Zigarette betäubt und dann von Budapest in den Westen verschleppt worden sein.

Zur Ehre des „Neuen Deutschland“ möchte ich jedoch nicht unterschlagen, dass es sich sechs Tage vor dem Fall der Mauer, am 03. November 1989, wegen dieser unglaublichen Räuberpistole eines Besseren besann und sich bei den Lesern entschuldigte. Dieser etwas späte Lichtblitz in den Köpfen der Genossen kann aber nicht vergessen machen, welchen Unsinn DDR-„Journalisten“ über Jahrzehnte hinweg fabrizierten.

Deren Ergüsse haben die Bewohner der neuen Bundesländer, die sich sehnlichst die alte DDR zurückwünschen, offenbar vergessen!

Unbewusst bildete sich bei mir im Laufe der Jahre beim Zeitungslesen eine feste Gewohnheit heraus. Ich begann mit dem Lesen beim Lokalteil auf der letzten Seite, blätterte dann langsam zurück und vor dem Erreichen der Propagandaseiten mit den politischen Phrasen, Parolen und dümmlichen Kommentaren legte ich die Zeitung beiseite.

Diesen Teil ersparte ich mir. Überrascht stellte ich einmal fest, dass meine intuitiv entwickelte Methode des Zeitungslesens auch unter vielen Bekannten verbreitet war.

## Frischluft aus dem Westen

Vor dem Bau der Mauer wurden oft, z. B. nach Verwandtenbesuchen, Illustrierte aus dem Westen in die DDR geschmuggelt. Es waren meist „Stern“ und „Quick“, die in den Betrieb, in dem meine Mutter arbeitete, gelangten und dann von Hand zu Hand weitergereicht wurden. Meist vereinbarte man ein oder zwei Tage bis zur Rückgabe, um dann ungestört zu Hause lesen zu können. So gelangten West-Zeitschriften auch in meine Hände. Allein die lebendige Sprache war ein Genuss für mich. Welch frische Luft wehte da herüber! Welch himmelweiter Abstand zu der Hofberichterstattung der Magdeburger „Volksstimme" mit ihren öden Parteiphrasen, sinnlosen Parolen und unlesbaren Kommentaren!

In den Illustrierten fanden sich oft bebilderte Berichte, die mich fesselten. Insbesondere ist mir eine Reportage in Erinnerung geblieben: Eine ganze Abiturklasse verließ geschlossen die DDR. Auf großformatigen Fotos sah ich die Schüler fröhlich im Westen Volleyball spielen. Daraufhin reifte in mir der feste Entschluss: „Also, wenn ich 18 Jahre alt, damit volljährig bin und das Abitur in der Tasche habe, ist für mich Schluss mit dieser idiotischen DDR! Dann haue ich aber endgültig ab!"

Es sollte leider anders kommen, denn als ich 16 Jahre alt war, wurde in den großen Sommerferien am 13. August 1961 die Bevölkerung der DDR fest eingemauert. In den wenigen Tagen danach gelang es nur noch einigen Berlinern mit guter Ortskenntnis zu flüchten. Für mich in dem etwa 150 km entfernten Magdeburg war das völlig illusorisch. Nun war ich ab diesem Zeitpunkt für eine unabsehbar lange Zeit hilflos in der Hand der SED und deren Helfer. Zwei Jahre waren es nur, die mir fehlten. Mein Leben wäre ohne den Mauerbau völlig anders verlaufen!

## Der RIAS und mein Hörerbrief

Wie alle politischen Druckerzeugnisse, insbesondere die Tagespresse, fand ich auch die DDR-Radiosendungen ungenießbar. Wäre man ausschließlich unter der Dunstglocke der DDR-Propaganda aufgewachsen, hätte sich vielleicht zwangsläufig ein verengtes Weltbild wie im Fall des Kaspar Hauser in den Köpfen gebildet.

Zum Ärger der Machthaber konnten aber die Funkwellen nicht an der Grenze aufgehalten werden! Mit unserem alten Vorkriegsradio der Marke „Nora“ lernte ich zuerst den Nordwestdeutschen Rundfunk (NWDR), damals kurz „Hamburg“ genannt, kennen.

Über das Weltgeschehen informierten wir, meine Mutter und ich, uns von dorther fast täglich. Die Sendung „Das Echo des Tages“ brachte brandneu Aktuelles aus aller Welt. Sonntags gab es den interessanten „Internationalen Frühschoppen“ mit Werner Höfer – alles Sendungen, die sich in ihrer lebendigen Sprache von der stupiden SED-Propaganda meilenweit abhoben.

Aber auch Musiksendungen sprachen mich an. Die wöchentliche Sendung „Spielereien mit Schallplatten“ von und mit Chris Howland war eine meiner Lieblingssendungen.

Bei einem Besuch meiner Tante in Potsdam lernte ich den dort klar zu hörenden RIAS kennen. Ich fand diesen Sender interessanter als den NWDR, weil er wesentlich stärker auf die Hörer in der „Zone“ einging. Natürlich wollte ich „RIAS Berlin“ nun auch in Magdeburg empfangen. Das war aber gar nicht so einfach. Die Mittelwellensender des RIAS wurden von Störsendern mit schrillem Pfeifen und anderen seltsamen Geräuschen so stark überlagert, dass das Verstehen einer Sendung schlichtweg unmöglich war.

Für die beiden UKW-Sender „RIAS 1“ und „RIAS 2“ war Magdeburg für einen klaren Empfang zu weit entfernt. Ich bewegte meine Mutter zum Kauf eines leistungsstärkeren Radios. Leider brachte das neue Radio nur zum Teil den gewünschten Erfolg. Bei regnerischem Wetter – Nebel war am schlimmsten – hörte ich zu meiner Enttäuschung an Stelle einer RIAS-Sendung nur an- und abschwellendes monotones Rauschen.

Mit meterlangen Wurfantennen und schließlich der größten UKW-Antenne, die ich im Fachhandel bekommen konnte und auf dem Dach installierte, kämpfte ich um einen besseren Empfang von „RIAS Berlin“. Die Hörqualität verbesserte sich zwar deutlich, jedoch gegen die starke Wetterabhängigkeit war ich weiterhin machtlos. Ich musste diesen Mangel hinnehmen, da mir weiter nichts übrig blieb.

Dennoch war ich sehr zufrieden, denn nun hatte ich ihn endlich, „meinen“ Rundfunksender!

Die Stimmen der Sprecher und Kommentatoren waren mir Laufe der Zeit sehr vertraut. Bei der neuen Programmvielfalt, die mir nun zur Verfügung stand, lachte mein Herz.

Sogar Kindersendungen, die meinem Alter gar nicht mehr entsprachen, z. B. „Die RIAS-Kinder besuchen Onkel Tobias“, amüsierten mich durch die ausdrucksvollen Sprüche, den originell verstellten Stimmen und Späßen.

Ich erinnere mich deutlich an die Krimi-Serie „Es geschah in Berlin“ oder an die lustigen Folgen der Serie „Pension Spreewitz“ mit der unverkennbaren Stimme von Edith Hancke und ihrer typischen „Berliner Schnauze“. Die Kabarettsendung „Günter Neumann und seine Insulaner“ war jedoch ein besonderes Bonbon. Wenn darin SED-Parteiversammlungen mit einem überaus konfusen „Jenosse Funzionär“ und dem russischen „Professor Quatschnie“ köstlich verspottet wurden, lachte ich begeistert auf.

Nicht zu vergessen sind die „Schlager der Woche“ mit Fred Ignor! Die dort gesendete Musik, z. B. der schmissige Rock ’n’ Roll, war natürlich viel anziehender als die langweilige Ostmusik. 1959 wurde aus diesem Grund in Leipzig der „Lipsi“, eine künstliche Tanzmusikerfindung, aus der Taufe gehoben. Lipsi sollte das Gegengift zur West-Musik werden und erhielt sogar den Nationalpreis der DDR. In einer Folge des „Augenzeugen“, der DDR-Wochenschau im Kino, erlebte ich, wie der neue „Lipsi-Tanz“ überschwänglich gefeiert wurde. Dass aber der Song der DDR-Sängerin Helga Brauer „Heute tanzen alle jungen Leute im Lipsi-Schritt, ja nur im Lipsi-Schritt…“ jemals Realität wurde, kann ich mir auch beim besten Willen nicht vorstellen.

Speziell für Hörer in der DDR sendete der RIAS besonders interessante politische Sendungen. Das waren „Aus der Zone – für die Zone“ und die Hörerbriefsendung „Die Zone spricht für die Zone“, oft mit dem Kommentator Peter Herz. Eine ausführliche zweiseitige

Beschreibung und Einschätzung des RIAS und seiner Sendungen befindet sich als Stasi-Dokument im Anhang 2.

Regelmäßig wurden Westberliner Privatadressen für interessierte Briefschreiber gesendet. Über diese wechselnden Adressen gelangten Hörerbriefe aus der DDR in die Sendezentrale des „RIAS“ und wurden teils verlesen, teils kommentiert. Die Briefschreiber blieben anonym und haben sich zur Erkennung lediglich ein fiktives Kennwort gegeben. Kam ein Brief in die Sendung, wurde vorher das Kennwort genannt. Zum Abschluss der Sendung wurde eine Reihe von Kennwörtern durchgegeben. Das waren die Empfangsbestätigungen für Briefe, die zwar angekommen, jedoch nicht in die Sendung aufgenommen wurden.

Ich habe auch einen Hörerbrief an den RIAS geschrieben. Das geschah aus folgendem Grund: Eine Unterrichtsstunde in der Schule empörte mich über alle Maßen. Unser Staatsbürgerkundelehrer, Herr Bodenstein, verlangte von uns, dass wir, falls wir zu Hause einmal staatsfeindliche Äußerungen hören sollten, diese Personen dem Ministerium für Staatssicherheit melden müssten. Aufgebracht diskutierten wir mit dem Lehrer über widerliches Denunziantentum. Diese aufregende Unterrichtsstunde blieb mir noch lange Zeit in Erinnerung.

In einer Abendsendung beschäftigte sich der RIAS mit der ausufernden Bespitzelung in der „Zone“. Spontan setzte ich mich an den Tisch und schrieb einen Hörerbrief. Als Kennwort wählte ich das Motto des Dramas „Die Räuber“ von Friedrich Schiller: „In tyrannos“ (Gegen die Tyrannen).

Dieser Brief landete zu meinem großen Unglück auf den Schreibtischen der Stasi. Mein handschriftlich verfertigtes Schreiben wurde zunächst mit einer Schreibmaschine abgetippt.

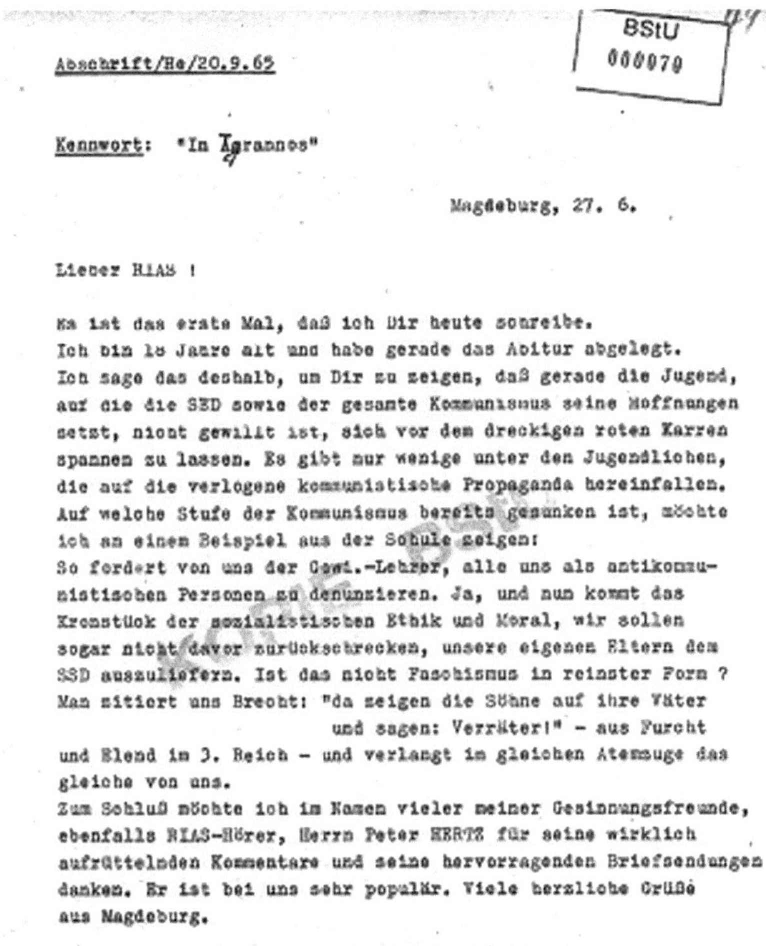

Abschrift/He/20.9.65

BStU 000079

Kennwort: "In Tyrannos"

Magdeburg, 27. 6.

Lieber RIAS !

Es ist das erste Mal, daß ich Dir heute schreibe.
Ich bin 18 Jahre alt und habe gerade das Abitur abgelegt.
Ich sage das deshalb, um Dir zu zeigen, daß gerade die Jugend, auf die die SED sowie der gesamte Kommunismus seine Hoffnungen setzt, nicht gewillt ist, sich vor den dreckigen roten Karren spannen zu lassen. Es gibt nur wenige unter den Jugendlichen, die auf die verlogene kommunistische Propaganda hereinfallen.
Auf welche Stufe der Kommunismus bereits gesunken ist, möchte ich an einem Beispiel aus der Schule zeigen:
So fordert von uns der Gewi.-Lehrer, alle uns als antikommunistischen Personen zu denunzieren. Ja, und nun kommt das Kronstück der sozialistischen Ethik und Moral, wir sollen sogar nicht davor zurückschrecken, unsere eigenen Eltern dem SSD auszuliefern. Ist das nicht Faschismus in reinster Form ?
Man zitiert uns Brecht: "da zeigen die Söhne auf ihre Väter und sagen: Verräter!" – aus Furcht und Elend im 3. Reich – und verlangt im gleichen Atemzuge das gleiche von uns.
Zum Schluß möchte ich im Namen vieler meiner Gesinnungsfreunde, ebenfalls RIAS-Hörer, Herrn Peter HERTZ für seine wirklich aufrüttelnden Kommentare und seine hervorragenden Briefsendungen danken. Er ist bei uns sehr populär. Viele herzliche Grüße aus Magdeburg.

Abb. 15: Mein Hörerbrief.

Da ich das Original des Briefes nicht in meinen Akten der Bundesbehörde für die Stasi-Unterlagen fand, können die darin enthaltenen Flüchtigkeitsfehler auch von dem Abschreiber stammen. Aber das ist eigentlich unwichtig.

Erklären muss ich jedoch zwei in meinem Hörerbrief gebrauchte Abkürzungen: Der Staatssicherheitsdienst hieß damals im „RIAS“ oft kurz „SSD“. Mit der hochtrabenden Bezeichnung „Gesellschaftswissenschaftler“ verzierte die SED ihre Ideologen. Ein Lehrer in diesem Fach war demzufolge im verkürzten Sprachgebrauch ein „Gewi-Lehrer“.

Wie selbsternannte Götter bildeten sich die Gewi-Experten ein, seit Karl Marx die Entwicklungsgesetze der menschlichen Gesellschaft erstmalig erkannt zu haben. Analog Naturgesetzen wären sie allgemeingültig. Ausgestattet mit diesen bahnbrechenden Erkenntnissen wären sie nunmehr in der Lage, die gesellschaftliche Entwicklung bewusst und intelligent zum Wohl der Bevölkerung zu steuern. Im Brustton der Überzeugung brüsteten sie sich, dass ihre „wissenschaftliche“ Weltanschauung allen anderen und den Religionen himmelweit überlegen sei. Selbstverständlich waren diese „Philosophen“ bestens informiert über die gesetzmäßig zu erwartende helle Zukunft, in der alles Geld überflüssig wäre und es nur noch glückliche Menschen gäbe. Dann wäre nämlich die Menschheit in ihrem Wolkenkuckucksheim namens Kommunismus angekommen.

Ehrlicherweise muss ich zugeben, am Schluss meines Briefes etwas zu dick aufgetragen zu haben. Ich hatte zwar Freunde gleicher Gesinnung, aber eine direkte RIAS-Hörergemeinde kannte ich nicht. Mit dieser Bemerkung wollte ich mich damals, so sehe ich es heute, ein wenig wichtig gebärden.

Unvorsichtigerweise gab ich an, gerade die Abiturprüfungen in Magdeburg abgelegt zu haben.

Die Stasi hat in einem unglaublichen Aufwand Schriftproben sämtlicher Abiturklassen des Jahrgangs 1963 aller Magdeburger Oberschulen mit meinem Brief verglichen. Ein fleißiger Schriftsachverständiger der Stasi identifizierte mich schließlich als den Schreiber des „Hetzbriefes“.

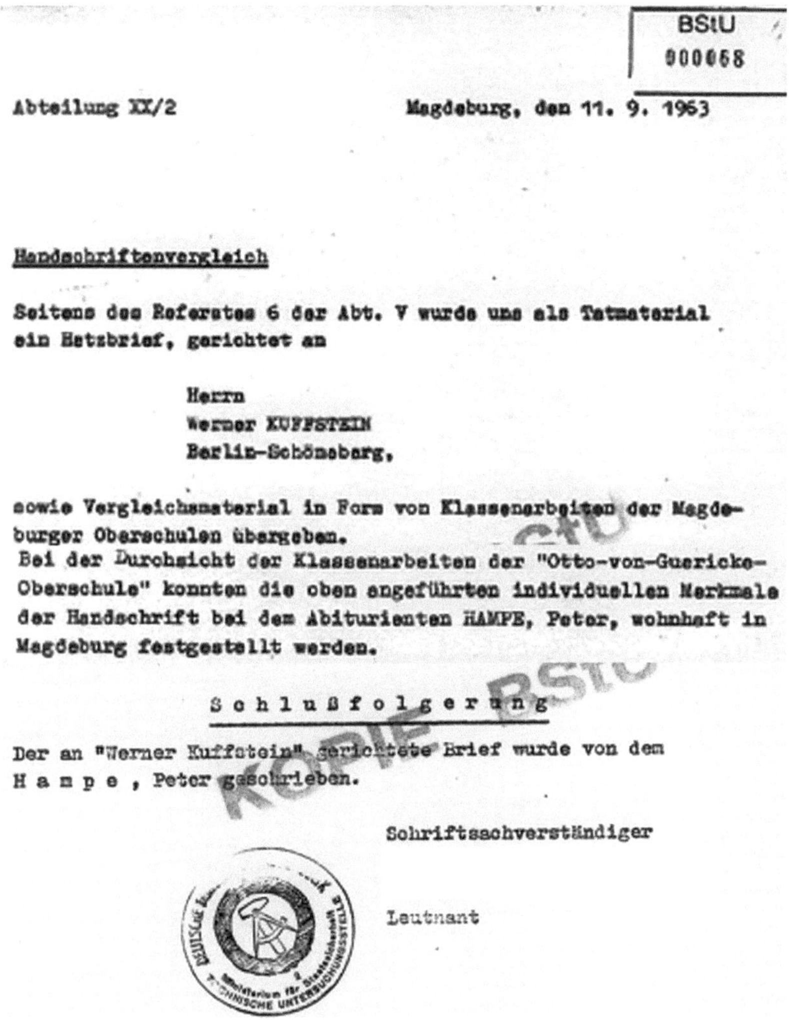

BStU
000068

Abteilung XX/2 Magdeburg, den 11. 9. 1963

Handschriftenvergleich

Seitens des Referates 6 der Abt. V wurde uns als Tatmaterial ein Hetzbrief, gerichtet an

Herrn
Werner KUFFSTEIN
Berlin-Schöneberg,

sowie Vergleichsmaterial in Form von Klassenarbeiten der Magdeburger Oberschulen übergeben.
Bei der Durchsicht der Klassenarbeiten der "Otto-von-Guericke-Oberschule" konnten die oben angeführten individuellen Merkmale der Handschrift bei dem Abiturienten HAMPE, Peter, wohnhaft in Magdeburg festgestellt werden.

S c h l u ß f o l g e r u n g

Der an "Werner Kuffstein" gerichtete Brief wurde von dem H a m p e , Peter geschrieben.

Schriftsachverständiger

Leutnant



Der in meinem Brief geschilderte Hauptvorwurf gegen die DDR bestand in der Forderung des „Gewi-Lehrers", nicht davor zurückzuschrecken, sogar Familienangehörige der Stasi zu melden. Dem ging während meiner Untersuchungshaft der Vernehmer Vietze (Name geändert) nach und fuhr nach Magdeburg. Er hat meinen früheren

Lehrer, Herrn Bodenstein, aufgesucht und mit ihm eine „Aussprache geführt“:

*Am heutigen Tage wurde vom Unterzeichnenden mit dem Staatsbürgerkundelehrer …, wohnhaft in Magdeburg, … im Lehrerzimmer der Oberschule „Otto v. Guericke“ eine Aussprache zum Beschuldigten Hampe, Peter geführt. Es ging im wesentlichen um die Bestätigung der Aussage des Hampe im Zusammenhang mit den Darlegungen von … im Staatsbürgerkundeunterricht über die Anzeigepflicht.*

Die Anzeigepflicht von Familienangehörigen passte wohl nicht so recht in das menschenfreundliche, offizielle Bild, das die DDR gern von sich selbst zeichnete. Daher nehme ich an, dass das Ziel des Herrn Hauptmann Vietze war, mir als weiteren Straftatbestand die berüchtigte „Staatsverleumdung“ zur Last zu legen. Herr Bodenstein hat sich aber an die betreffende Unterrichtsstunde erinnert und zu meinem Glück die Wahrheit gesagt. Am 22. Dezember 1965 hielt der Hauptmann in einer Aktennotiz fest:

*Als … auf bestimmte Anfragen bejahte, daß man auch Familienangehörige, die sich einer feindlichen Tätigkeit schuldig machen, zur Anzeige bringen muß, gab es viele Schüler, die damit nicht einverstanden waren. Seiner Erinnerung müßte auch Hampe darunter gewesen sein.*
*Diese dagegen gerichteten Stellungnahmen sind zum Teil darin begründet, daß in der damaligen 12. Klasse viele Schüler stark religiös gebunden waren.*

Die Begründung, dass viele Schüler unserer Klasse „stark religiös gebunden waren“ und deshalb die vom Lehrer geforderte Anzeigepflicht ablehnten, war an den Haaren herbeigezogen. Die Religion spielte in unserer Klasse kaum eine Rolle. Aber die eigenen Eltern wegen einer politischen Äußerung bei der Stasi anzuzeigen, darauf wäre keiner meiner Mitschüler gekommen. In den Köpfen der Stasi-

Mitarbeiter war offensichtlich normaler menschlicher Anstand etwas Unbegreifliches. In seiner Not benutzte Vietze die Religion als eine fadenscheinige Erklärung.

Der Brief an den RIAS führte noch nicht zu meiner Verhaftung. Schließlich musste die Staatsführung auch abwägen. Würde jedes kleine politische Vergehen mit Haft bestraft werden, wären die Gefängnisse bald überfüllt. Außerdem würde die Wirtschaft in noch größere Probleme als sonst geraten. Großzügigkeit war aber für die Stasi ein Fremdwort. Ich wurde akribisch registriert. Seit dem Ende meiner Schulzeit bis zum 28. Februar 1990 (!) war ich in ihren Unterlagen präsent, zuletzt nicht als Person, sondern laut Stasi-Jargon als „F-Objekt" (das F steht für „Fahndung").

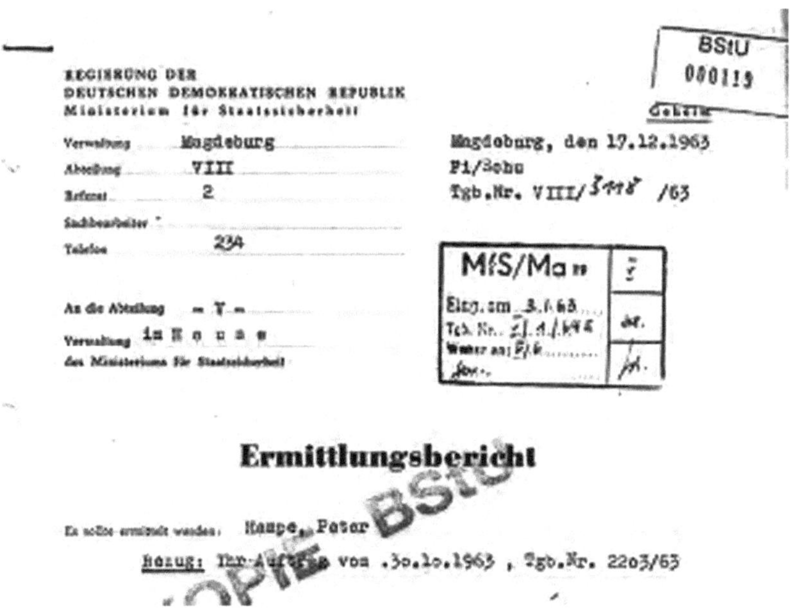
BStU 000119

REGIERUNG DER
DEUTSCHEN DEMOKRATISCHEN REPUBLIK
Ministerium für Staatssicherheit

Verwaltung Magdeburg
Abteilung VIII
Referat 2
Sachbearbeiter
Telefon 234

Magdeburg, den 17.12.1963
Pi/Scho
Tgb.Nr. VIII/3418 /63

An die Abteilung – V –
Verwaltung im Hause
des Ministeriums für Staatssicherheit

MfS/Ma
Eing. am 3.1.63
Tgb. Nr. 21.1.1964

**Ermittlungsbericht**

Es sollte ermittelt werden: Hampe, Peter

Bezug: Ihr Auftrag vom 30.10.1963, Tgb.Nr. 2203/63

KOPIE BStU

Politische Nichtigkeiten verfolgte die Stasi mit einem fast heilig zu nennenden Eifer. Selbst um den unbedeutenden Brief eines Schülers wurde ein völlig unangemessener Aufwand getrieben. Gab es wirklich nichts Wichtigeres in der DDR zu tun?

Für meine Meinungsäußerung als 18-Jähriger wurde ich später zu einem vollen Jahr Gefängnis ohne Bewährung verurteilt. Nach offizieller Lesart gab es in der DDR keine politischen Gefangenen. Wie es darum wirklich bestellt war, zeigt der folgende Text:

*Richtig ist, daß der Angeklagte H a m p e zur Tatzeit 18 Jahre und mit ideologischen Unklarheiten behaftet war. Die Herstellung des hetzerischen Briefes ist aber ein Ausdruck der politischen Einstellung des Angeklagten zu unserer Arbeiter- und Bauernmacht.*

So war das damals in der DDR!

An dieser Stelle fällt mir eine passende Bemerkung von Friedrich Nietzsche (1844–1900) ein:

*Wahnsinn bei Individuen ist selten, aber in Gruppen, Nationen und Epochen die Regel.*

## Kleine Aktionen und Fluchtträume

„Jetzt nach dem 13. August 1961 sitzen wir in der DDR wie in einer Falle ohne Aussicht auf Entkommen! Hoffnungslos sind wir den Machthabern der SED ausgeliefert!“ Diese Gedanken beherrschten mich und meine Freunde. Heute können sich viele Deutsche die niedergedrückte Stimmung der meisten DDR-Bürger nach dem Bau der Mauer kaum vorstellen.

Aus schierer Verzweiflung wuchs in uns eine ohnmächtige Wut und Empörung, die wir irgendwie äußern mussten. Zu unserer seelischen Erleichterung begingen wir abends, immer im Schutze der Dunkelheit harmlose, staatsfeindliche Streiche. Natürlich war uns deren Sinn- und Wirkungslosigkeit völlig klar, aber wichtig war für uns: Wir hatten etwas „dagegen“ getan, uns Luft gemacht und unsere Herzen erleichtert! Nach unseren „Taten“ fühlten wir uns großartig! Davon möchte ich berichten.

Im Oktober 1963 sollte wieder einmal die unsinnige Farce „Volkswahlen“ stattfinden. Ein Wahlergebnis um 99 % stand schon von vorn herein fest. Niemand nahm das ernst, aber die Machthaber und vor allem ihre Schreiberlinge berauschten sich Wochen vorher in Presse und Rundfunk an ihren Traumzahlen. Vor der „Wahl“ klebten überall in der Stadt Plakate für die Einheitslisten der Kandidaten der „Nationalen Front“. In der Dunkelheit zogen wir mit Malstiften los. Ein Freund „stand Schmiere“ und beobachtete die Straße. Hastig kritzelten wir mit groben Strichen ein dümmliches, aber durch den Spitzbart unverkennbares Gesicht des damaligen Staatschef Walter Ulbricht auf Plakatsäulen und an den Eingang einer Kaufhalle. Darunter setzten wir unsere Wahlparole. Das sah dann etwa so aus:

**Abb. 16:** **Unser Wahlplakat zur „Volkswahl“ 1963 (nachgezeichnet).**

In der Magdeburger Leiterstraße schrieb mit riesigen Lettern mein Freund Rolf Keiser „**WEG MIT DER MAUER!**“ an eine Hauswand. An einem anderen Abend rissen wir eine DDR-Fahne herunter und warfen sie in Fetzen aus einer fahrenden Straßenbahn. Vor dem Kulturhistorischen Museum in der Otto-von-Guericke-Straße hoben wir in der Dunkelheit eine meterhohe Propagandatafel aus der Verankerung, schleppten sie quer über den unbeleuchteten Domplatz und warfen sie in die Elbe. Das Aufklatschen der Tafel auf dem Wasser erfüllte mich mit so großer Genugtuung, dass ich mich noch heute daran erinnere. Glücklicherweise wurden wir bei unseren Aktionen nicht erwischt. Wie unbedeutend und wirkungslos dies alles auch war, die Stasi hätte das ganz anders gesehen! Jede unserer lächerlichen Taten war gefährlich. Schon das Zerreißen einer DDR-Fahne wurde mit Gefängnis bestraft. Zwar fühlten wir uns nach unseren kleinen staatsfeindlichen Aktionen stolz, aber es änderte nichts an der Realität, an unserem Gefangensein in der DDR.

Eines Tages im Jahre 1964 hielt der damalige SED-Chef von Magdeburg neben dem Magdeburger Rathaus eine Rede. Der Platz war voller Menschen und ich mischte mich darunter. Der SED-Chef geißelte die „Bonner Ultras", die nach seinen Worten einen dritten Weltkrieg planten. „Bonner Ultras" war damals ein beliebter Ausdruck der SED für bundesdeutsche Politiker. Ich klatschte wie wild Beifall und rief laut: „Jawohl, nieder mit den Bonner Ultras!" und dergleichen Unsinn mehr. Damit wollte ich die Umstehenden animieren, auch in einen „stürmischen Beifall" auszubrechen, um den SED-Chef durch eine nicht enden wollende „Begeisterung" zu verstören. Zu meiner großen Enttäuschung beteiligte sich niemand. Kurz darauf packte mich ein junger Mann am Arm, zog mich fort und ließ mich dann nach etwa 100 Metern laufen. Offenbar handelte es sich um einen Stasi-Mann, der nichts Staatsfeindliches an meinem „enthusiastischen Beifall" finden konnte und mich deshalb losließ.

Der Gedanke, die DDR zu verlassen, beschäftigte mich fortwährend, tags wie nachts. Ich war der Meinung, dass es an der Zeit wäre, ein tragfähiges Lebenskonzept zu entwerfen und dementsprechend meine Zukunft zu planen. Ein fremdbestimmtes, vorgedachtes Leben in der geistigen Einöde der DDR war für mich ein Albtraum. Das beklemmende Gefühl, dass mir die Lebenszeit in der DDR davonläuft, wurde ich nicht mehr los. Ich konnte mich nur mit meinen Freunden darüber austauschen. Wir brüteten die abenteuerlichsten Fluchtpläne aus und träumten nächtelang davon.

Gemeinsam mit meinem Schulfreund Rudolph Jäger (Name geändert) überlegte ich, ein Faltboot zu kaufen und über die Ostsee nach Bornholm zu paddeln. Auf einer Karte in unserem Schulatlas hielten wir die Strecke zwischen Rügen und Bornholm für durchaus überwindbar. Wir suchten und fanden in Magdeburg einen Verkäufer eines Faltbootes, besahen uns das Boot und konnten uns letztendlich zu diesem gewagten Unternehmen doch nicht entschließen. Wir ließen diesen Plan hauptsächlich wegen unserer Unerfahrenheit fallen. Da wenig bedeutsam, gaben wir diese Fluchtidee in unseren späteren Verhören preis (s. auch Haftbefehl in Anhang Nr. 5). Die Stasi vernahm daraufhin sogar den unschuldigen Bootsanbieter in Magdeburg. Der hatte von unserem Vorhaben natürlich nichts geahnt.

Unsere nächste Idee war, einen Alliiertenzug zur Flucht zu benutzen. Britische und amerikanische Aliiertenzüge passierten auf der Strecke Helmstedt – Berlin (West) täglich mehrmals Magdeburg. Wir stellten uns viele Male in Erwartung eines amerikanischen oder britischen Zuges gegen 21 Uhr in der Dunkelheit an einem Signal vor der Eisenbahnbrücke am Magdeburger Lorenzweg neben den Gleisen auf. Wir wollten bei einem möglichen Stopp vor dem Signal im Bruchteil einer Sekunde auf den Zug aufspringen. Nicht ein einziges Mal blieb der Zug stehen, sondern fuhr meist mit hoher Geschwindigkeit an uns vorüber. Enttäuscht traten wir dann viele Male wieder den Heimweg an. Mein Schulfreund Jürgen Blume hatte jedoch bei einem Alleingang eines Abends Glück. Er konnte die Waggontür eines britischen Militärzuges öffnen und blitzschnell einsteigen. Sein Glück währte jedoch nur Bruchteile einer Minute. Ein Brite in Uniform zwang ihn gnadenlos, den noch stehenden Zug zu verlassen. Zum Glück wurde er beim Aussteigen nicht von der Volkspolizei oder von Stasi-Leuten gesehen. Anderenfalls wäre er verhaftet worden und hätte eine saftige Gefängnisstrafe bekommen. Später wurde ein solcher auf Tatsachen basierender Fluchtversuch verfilmt und vom Fernsehen ausgestrahlt. In diesem Film gelangte meiner Erinnerung nach ein junger Mann erfolgreich in einen Alliiertenzug, wurde dabei aber vom DDR-Fahrpersonal gesehen. Unmittelbar vor der Grenze wurde dieser Zug auf ein Abstellgleis geschoben. Die Weiterfahrt sollte nur unter der Voraussetzung erlaubt werden, dass der

Mann den Zug verlässt. Nach Stunden verlor der junge Mann meiner Erinnerung nach die Nerven und versuchte, aus dem Zug in einen Wald zu flüchten. Da das gesamte Gelände inzwischen von Soldaten weiträumig umstellt war, wurde er sofort festgenommen. Wir dachten uns, dass man mit solchen Unternehmungen den Alliierten nur Probleme bereitet und dass die Züge bei ihren Transitfahrten unter scharfer Beobachtung standen. Im Alliiertenmuseum in Berlin-Dahlem kann ein Original-Waggon eines ehemaligen französischen Militärzuges besichtigt werden.

Später dachten wir über eine Flucht mit einem Ballon, entweder mit Wasserstoff oder mit Heißluft gefüllt, nach. Der Gedanke war nicht utopisch, denn viele Jahre später ist zwei Familien aus Thüringen eine solche Ballonflucht geglückt. Für uns blieb es allerdings nur ein theoretisches Projekt. Beim genaueren Durchdenken fielen uns unendlich viele Schwierigkeiten ein, die wir als Schüler unmöglich bewältigen konnten. Diese Fluchtvariante blieb ein unerfüllbarer Wunschtraum.

Meine in Potsdam wohnende Tante berichtete mir einmal von abenteuerlichen Fluchten über die Grenze nach Westberlin. So hätten sich zum Beispiel junge Leute in Bettlaken eingehüllt und wären im Entengang über das Eis des zugefrorenen Jungfernsees gewatschelt. Für die Grenzsoldaten wären sie unerkannt als „Schwäne“ erfolgreich an das Westberliner Ufer gelangt. Für mich war es aussichtslos, die Grenze von Potsdam nach Berlin (West) zu überwinden. Bei einer vorsichtigen Inspektion hinter dem Schloss Cecilienhof schoss ich heimlich ein heute bereits historisches Foto, das dies bestätigte. Die Grenzbefestigungen begannen mit einem Maschendrahtzaun, es folgten Stacheldraht, Lichtmasten, Alarmanlagen, ein Fahrstreifen für Militärfahrzeuge und eine Betonmauer. Eine viersprachige Tafel warnte: „Fotografieren ist nicht gestattet!“

Abb. 17: Die Grenze unmittelbar hinter dem Schloss Cecilienhof.

Die „Berliner Vorstadt“, ein Randbezirk der Stadt Potsdam, endete an der Grenze zu Westberlin mit der weltberühmten Glienicker Brücke, „Brücke der Einheit“ in der DDR genannt. Jede Annäherung auf etwa 200 Meter ohne plausible Erklärung hätte mit einer Festnahme wegen versuchter Republikflucht geendet. Fluchtversuche wurden mit dem Wort „Passvergehen“ umschrieben, weil die festgenommene Person ohne gültige Reisepapiere die Grenze passieren wollte. Das war insofern ein schlechter Witz, weil ausschließlich nur Rentner oder Begünstigte des Systems (Sportler, Diplomaten, Wirtschaftsmanager) einen Reisepass erhielten. Unterhalb des Rentenalters kam der normale DDR-Bürger gar nicht auf die aussichtslose Idee, für sich einen Reisepass zu beantragen. Seltene Ausnahmen waren Reiseanträge für herausragende Familienangelegenheiten, wie z. B. Beerdigungen. In solchen Fällen wurde jeder Antragsteller hinsichtlich seines möglichen Bleibens im Westen sorgfältig unter die Lupe genommen. Bei geringstem Zweifel wurde ein Antrag selbstverständlich abgelehnt.

# Ideologie plus Bürokratie

## Mein unerfüllter Studienwunsch

Beginnend mit dem 8. Schuljahr fand einmal pro Woche der „Unterrichtstag in der Produktion („UdP"), auch polytechnischer Unterricht genannt, statt. Unsere Klasse besuchte hierzu das Magdeburger Armaturenwerk „Karl Marx". An diesen Tagen lernten wir in verschiedenen Produktionshallen Metall verarbeitende Maschinen, wie Drehbänke, Bohrwerke und Bügelsägen, aber auch ganz normale Reparatur- und Schlosserwerkstätten kennen. Im wöchentlichen Wechsel erhielten wir Berufsschulunterricht. Im 11. Schuljahr war der weitere Weg nach dem Abitur bei allen Schülern das beherrschende Thema. Unser Klassenlehrer teilte uns mit, dass wir uns nicht zum Studium an einer Hochschule oder Universität bewerben dürfen. Unbedingte Voraussetzung für jedes Studium wäre neuerdings ein Facharbeiterbrief. Ohne diesen wäre jede Bewerbung zwecklos. Würden wir jedoch die im polytechnischen Unterricht begonnene Berufsausbildung im VEB „Karl Marx" nach dem Abitur über ein Jahr weiterführen, dann bekämen wir einen regulären Facharbeiterbrief. Erst dann würden wir alle Bedingungen zur Aufnahme eines Hochschulstudiums erfüllen. Ich nahm diese Information für bare Münze und bewarb mich daher nirgends. Wie erstaunt war ich, als in der Mitte des 12. Schuljahres mehrere Schüler stolz von ihrer Zulassung zum Hochschulstudium erzählten. Sie hatten sich im 11. Schuljahr stillschweigend beworben. Wahrscheinlich wurden diese Schüler von ihren Eltern oder gut informierten Freunden beraten. Meine Mutter konnte mir in dieser Hinsicht leider nicht helfen, denn als einfache Schreibkraft hatte sie keine Erfahrung mit Hochschulen oder Universitäten. Hilfreiche Informationen hatte ich leider von niemand erhalten. Nach dem Überraschungsschock durch die Studienzulassungen meiner Mitschüler begab ich mich sofort zur

Medizinischen Akademie Magdeburg und bewarb mich dort um ein Medizinstudium. Medizin und Chemie waren damals meine Hauptinteressen. Kurz darauf nahm ich an einer Eignungsprüfung teil und erhielt wenig später ein ganzseitiges, sehr positiv klingendes Schreiben. Nach der Einschätzung des Prorektors für Studienangelegenheiten und Vorsitzenden der Zulassungskommission war ich für das Medizinstudium geeignet und lediglich aus Kontingentsgründen zurückgestellt worden. Der Brief endete mit diesem hoffnungsvollen Schlusssatz:

*Die Zulassungskommission wird im Februar/März 1964 die Möglichkeit der Direktzulassung zum Studienjahr 1964 prüfen und Sie dabei besonders berücksichtigen.*

Ich überlegte mir daraufhin, dass im Gegensatz zu einer Schlosserausbildung die Tätigkeit eines Hilfspflegers in einem Krankenhaus eine wesentlich bessere Vorbereitung für ein Medizinstudium sei, da ich quasi „von der Pike auf" dienen würde. Im Krankenhaus Magdeburg-Altstadt begann ich deshalb ab September 1963 als Hilfspfleger zu arbeiten. In der Klinik für Innere Medizin wurde ich einer Station zugeteilt, die überwiegend mit siechen Patienten belegt war. Zu meinem Unglück hatte die Oberärztin der Klinik mit der für mich verantwortlichen Stationsschwester ein Liebesverhältnis. Dagegen ist ja nichts einzuwenden und ich hätte nie etwas gegen das Privatleben der beiden gehabt. Ihre Abneigung gegenüber Männern ließen sie mich allerdings sehr deutlich fühlen. Als unerfahrener 18-Jähriger, der gerade aus der Schule kam, war ich dieser Situation in keiner Weise gewachsen und wusste mich überhaupt nicht zu wehren. Mit subtilen Schikanen und Sticheleien wurde mir so mancher Arbeitstag vergällt. Doch ich hielt still, weil ich eine schlechte Beurteilung fürchtete. Ich glaubte, dass u. U. dann mein erhoffter Studienplatz gefährdet wäre. Das wussten beide und nutzten meine Lage weidlich aus. Noch vor dem in dem obigen Schreiben genannten Stichtag, dem 10. Januar 1964, begab ich mich mit meinen Bewerbungsunterlagen in das Prorektorat für Studienangelegenheiten der Medizinischen Akademie Magdeburg, um diesen Termin keinesfalls zu verpassen. Aber was musste ich da erfahren!

Ein Mitarbeiter des Prorektorates teilte mir kalt mit: „Wie bitte, Sie haben als Hilfspfleger gearbeitet und nicht den Facharbeiterbrief als Schlosser erworben? Ohne einen Facharbeiterbrief nehmen wir ihre Bewerbungsunterlagen überhaupt nicht entgegen!" Ich stand wie vom Donner gerührt da und ließ mich völlig deprimiert wie einen dummen Jungen davon schicken. Mit jeder neuen politischen Parole richtete sich in der DDR alles konsequent darauf aus. Es handelte sich wieder einmal um eine neue unsinnige Maßnahme, wie früher Rinderoffenställe, der Maisanbau, die Zwangskollektivierung usw. usf. Für ein Medizinstudium war ich im Jahre 1964 als Hilfspfleger mit gutem Abiturzeugnis und erfolgreich abgelegter Eignungsprüfung für das Medizinstudium ungeeignet. Was jetzt zählte, war ein Facharbeiterbrief als Schlosser in der Metall verarbeitenden Industrie!

Vielleicht hätte ich mit etwas Nachdruck und bei einem anderen Mitarbeiter des Prorektorates mehr erreicht. Doch meine damalige von meiner Mutter übernommene fatalistische Einstellung: „Man muss alles so nehmen, wie es gerade kommt!" veranlasste mich zum vorschnellen Aufgeben, denke ich heute. So habe ich akzeptiert, dass mir das Medizinstudium wegen des fehlenden Metallberufes verschlossen war. Nach diesem Erlebnis kündigte ich sofort meinen unerträglich gewordenen Arbeitsplatz im Krankenhaus. So lange ich auf das ersehnte Studium hoffte, hatte ich die Zähne zusammengebissen, tapfer durchgehalten und das unerquickliche Arbeitsklima stoisch ertragen. Nach einem halben Jahr als gepeinigter Hilfspfleger empfand ich meine Kündigung als eine wahre Erlösung.

## Als Hilfsarbeiter bei „Breithaupt & Philipp“

Bei einem abendlichen Bier in einer Kneipe gab mir jemand den Tipp, mich bei der Magdeburger Privatfirma „Breithaupt & Philipp“ vorzustellen und nach Arbeit zu fragen. Das tat ich am nächsten Tag und war nach der Beantwortung von zwei Fragen sofort eingestellt. Die erste Frage bezog sich darauf, ob ich körperlich schwer arbeiten könne, und die zweite, noch nie gehörte, ob ich vorbestraft sei. Auf meine verwunderte Rückfrage erhielt ich die Antwort, dass in diesem Betrieb so ziemlich alle Mitarbeiter vorbestraft seien. Ich beschloss, ein „harter Kerl“ zu werden und wurde Hilfsarbeiter bei „Breithaupt & Philipp, Geldschrank-, Maschinen- und Kesseltransporte“.

Dieser Betrieb war eine der letzten Magdeburger Privatfirmen, deren Existenz von staatlicher Seite nur deshalb geduldet wurde, weil sie körperlich schwere, unangenehme und gesundheitsschädigende Arbeiten in Einzelaufträgen entgegennahmen und ohne Murren ausführten. Die staatlichen Betriebe muteten ihren Arbeitern solche Tätigkeiten nicht zu. Tonnenschwere Maschinenteile mussten teilweise mit primitiven Werkzeugen, wie Brechstangen, bewegt werden. Aus unerträglich heißen Trockenkammern mussten wir Holzbretter herausziehen. Ausstaffiert mit Atemmasken und Schutzanzügen haben wir Säcke mit feinstem Graphitstaub für Stahlgießereien aus Waggons entladen, unter anderem auch in Räumen mit giftigen Lösungsmitteldämpfen gearbeitet und dergleichen mehr.

Die Arbeit in diesem Betrieb und mit diesem Mitarbeiterstamm war, um mit Heinrich Zille zu sprechen, eine Arbeit im „Milljöh“. Bei Auseinandersetzungen zwischen uns Hilfsarbeitern gab es keine subtilen Sticheleien. Dafür war der Umgangston ausgesprochen rau. Einmal brüllte ich sogar einen Kollegen an: „Komm sofort her, ich schlag dich tot!“ Unmittelbar nach dieser Drohung, die natürlich niemand ernst nahm, war unser Streit beigelegt und wir arbeiteten wieder freundlich zusammen weiter.

Für alles gab es bei „Breithaupt & Philipp“ humorvolle Namen. Das war ein typischer Brauch aus der Gefängniswelt. Die Mitarbeiter, die mit Brettern zu arbeiten hatten, wurden zu „Holzwürmern" erklärt. Ein Mitarbeiter mit etwas dickeren Wangen erhielt den Namen „Posaunenengel". Ein anderer Mitarbeiter, der sich mit einem „von" vor seinem Familiennamen schrieb, hieß „Der Baron". Ein neu eingestellter Mitarbeiter, dessen vorherige Arbeitsstelle eine Molkerei war, wurde „Milchplanscher" genannt. Ich, der vorher in einem Krankenhaus gearbeitet hatte, wurde „Doktor" getauft.

Ich muss noch heute schmunzeln, wenn ich an die Aufgabenverteilung zu Beginn eines Arbeitstages denke. Da hieß es: „Räuber, Zange und der Blasse, ab in die Nudelbude!" (die Nudelbude war eine Teigwarenfabrik) oder „Gangster, Opi und der Sanfte fahren heute zur Spritbude! Da wartet Arbeit auf euch." (die Spritbude war eine Schnapsfabrik).

Mussten Staubschutzanzüge angezogen und Atemmasken angelegt werden, hieß es: „Waschbär, Pongo und Doktor, 'raus zum Maskenball!"

Abb. 18: Mit Brechstange und Vorschlaghammer.

Der Arbeitsplatzwechsel zu „Breithaupt & Philipp“ tat mir in jeder Hinsicht gut. Mein Monatseinkommen war deutlich höher, gemeine Sticheleien gab es nicht und binnen kurzer Zeit wurden durch die schwere körperliche Arbeit meine Schultern sichtlich breiter und meine Arme muskulöser. Es tat mir gut, wenn meine Freunde dies anerkennend, manchmal fast ein wenig neidisch feststellten. Nun fühlte ich mich tatsächlich wie „ein ganzer Kerl“! Übrigens hat sich nach der Wende die Firma „Breithaupt & Philipp“ in Magdeburg ansehnlich gemausert und am Markt behauptet.

## Zwei Semester Pädagogikstudium in Potsdam

Mein monatliches Einkommen als Transportarbeiter sparte ich eisern für die Zukunft. Die Zeit bei „Breithaupt“ sah ich als Überbrückung zu einem Hochschulstudium, meinem eigentlichen Ziel. Um meine Ersparnisse zu schonen, fuhr ich per Anhalter durch die DDR und erkundigte mich an einigen Universitäten und Hochschulen nach Studienmöglichkeiten. Aber Eigeninitiative war in der DDR wenig gefragt, und ich blieb bei meinen Anfragen durchweg erfolglos.

An der Pädagogischen Hochschule in Potsdam wurde ich jedoch unerwartet freundlich empfangen. Ich erhielt sogleich die Zusage zur Teilnahme an einer Eignungsprüfung zum Pädagogikstudium in der Fachkombination Chemie/Biologie.

Kurze Zeit darauf wurde ich zu dieser Prüfung nach Potsdam eingeladen. Am Vormittag erhielten alle Studienbewerber Fragen zu Chemie und Biologie, die ausführlich schriftlich beantwortet werden mussten. Nach Abgabe und Auswertung unserer Ausarbeitungen führte man mit allen Studienbewerbern am späten Nachmittag ein kurzes Abschlussgespräch. Jeder erhielt eine persönliche Einschätzung. Mir teilte man mit, dass ich einer der wenigen Bewerber sei, die fest mit der Zusage zum Studium rechnen können. Hocherfreut fuhr ich nach Hause.

Im September 1964 startete ich an der damaligen Pädagogischen Hochschule „Karl Liebknecht", der heutigen Universität Potsdam, mit der feierlichen Immatrikulation im Auditorium maximum mein Studium.

Alle frisch gebackenen Studenten wurden Seminargruppen zugeteilt. Ich gehörte fortan zur Seminargruppe Chemie/Biologie II/1.

Dann wurden wir über allgemeine Abläufe förmlich überschüttet. Unser neuer Seminargruppenleiter beendete mit erhobener Stimme unsere erste Einführung so: „Also, wenn hier ein frisch immatrikulierter Student glauben sollte, es ginge nur darum, als künftiger Lehrer den Schülern Wissen in Chemie und Biologie zu vermitteln, dann hat er nichts verstanden. Unser Hauptziel ist es, junge Menschen zur Liebe zur DDR, zur Sowjetunion und zu begeisterten Sozialisten zu erziehen! Wer das nicht begriffen hat, soll seine Tasche nehmen und diesen Raum verlassen!" Im Stillen dachte ich bei mir: „Eigentlich müsste ich jetzt meine Sachen packen und gehen!" Da stand sie wieder vor mir die unterschwellig immer vorhandene Frage: „Diese DDR mit ihren absurden Vorstellungen und Maßnahmen ist einfach nicht mein Land! Ich will sie nicht, die sozialistische Zwangsbeglückung! Mit welchem Recht hält mich dieser Staat gegen meinen Willen wie einen Leibeigenen fest?"

Eine beklemmende Hilflosigkeit erfasste mich, weil ich keine akzeptable Alternative sah. So blieb ich still auf meinem Platz sitzen und begann, wie alle anderen Studenten mit dem Studium. Gleich am ersten Tag startete es mit der obligatorischen politischen Dressur, anspruchsvoll „Studium der Gesellschaftswissenschaften" genannt. Wir wurden in die Bibliothek des Institutes für Marxismus-Leninismus geführt und mussten dort ein „Konspekt" über den VI. Parteitag der SED mit einer wegweisenden Rede des Staatsratsvorsitzenden, des Genossen Walter Ulbricht, anfertigen. Ein Konspekt ist definitionsgemäß eine sinngemäße Zusammenfassung eines Textes. Der Begriff „Konspekt" war mir neu und außer beim „Studium der Gesellschaftswissenschaften" habe ich ihn nie wieder gehört. Jeder Student erhielt Parteibroschüren, deren Inhalt – ausnahmslos politische Phrasen – schriftlich nachgebetet werden musste. Die Bibliothek durfte nur verlassen, wer vorher an der Tür sein Konspekt abgab. Ich bezweifele, dass unsere Geschreibsel jemals geprüft wurden, denn wir haben nie wieder davon gehört. Dass ein Mitarbeiter des Institutes die märchenhafte Geduld besaß, das hochtönende SED-Geschwafel ungefähr zwanzigmal erneut durchlesen zu müssen, konnte ich mir nicht vorstellen. Deshalb dachte ich kurz an den kleinen Scherz, mitten in meinen Text den Satz „Wer bis hierher gelesen hat, erhält von mir 5 Mark!" einzufügen, aber dazu fehlte mir dann doch der Mut. Der humorlose SED-Staat hätte diese kleine Respektlosigkeit sicher ernst genommen. Uns in der Bibliothek mit Parteiphrasen als „wegweisende, auf wissenschaftlicher Basis erarbeitete Pläne für die nächsten Jahre" über Stunden zu quälen, sollte uns vom ersten Studientag an klar machen, worauf die Pädagogische Hochschule Wert legte.

Die Vorlesungen und Seminare zum obligatorischen Fach „Philosophie" (wörtlich übersetzt „Liebe zur Weisheit") waren keine Anregungen zum Denken, sondern Beiträge zur Verdummung und geistigen Abschottung. Diese Art von „Philosophie" empfand ich als eine Beleidigung des menschlichen Geistes. Alles, was dort geboten wurde, lief nur auf das armselige Ziel hinaus, den Machtanspruch der SED zu propagieren – auf weiter nichts. Als besonders unangenehm sind mir Lenins Schriften in Erinnerung geblieben. Sein „Materialismus und Empiriokritizismus" war für mich lediglich ein grobes Verreißen anderer Philosophen, um dann zu dem Resümee zu kommen, das ich mit meinen eigenen Worten abkürze zu: „Es hat nur einer recht und das bin ich, Lenin!" Sehr viel später las ich, dass dem Philosophen Max Horkheimer (1895 -1973) „Lenins Ignoranz und Impertinenz" gerade in dieser Schrift fürchterlich auf die Nerven ging.

So wurde ich gesehen:

*Bei politischen Diskussionen war Hampe unsicher und meist nur in der Lage, formal die eingeprägten Leitsätze der marxistisch-*

*leninistischen Theorie darzulegen.*
*Von Hampe wird hierzu ausgesagt, daß er sich im wesentlichen nur mit seinem Fachstudium beschäftigte und wenig Interesse für politische Probleme hatte.*

Und meine Bereitschaft zu politischen Veranstaltungen wurde so glossiert:

*Aus der Chemiker-Zeitung, die anläßlich des Chemikerballes am 26.11. angefertigt wurde, wird u.a. zu HAMPE sinngemäß ausgesagt:*
*„Wer Hinweise zum besten Ausschalten jeglicher gesellschaftlicher Arbeit benötigt, richte sich an den Studenten HAMPE"*

Seinerzeit hatte mich diese humoristische Anmerkung amüsiert, jedoch auch etwas besorgt.

# Missglückte Republikflucht

## Abenteuer Transit-Autobahn

Ich bin ohne eigenes Taschengeld aufgewachsen, war daran gewöhnt und empfand das nie als Mangel. Ich sah, dass das Wirtschaftsbudget meiner sparsamen Mutter sehr schmal war. Von meiner Mutter für überflüssige Wünsche Geld zu erbitten, fiel mir nie ein. Während der Schulzeit begann ich an Wochenenden und in den Ferien unzählige Arbeiten anzunehmen, um mir Extrawünsche zu erfüllen. Stellvertretend für alle Jobs nenne ich Straßenbahnschaffner, Telegrammbote, Lagerarbeiter, Obst- und Gemüsepacker und Reinigungskraft. In meiner Studentenzeit erlaubte mir mein monatliches Stipendium von 120 Mark keine großen Sprünge. Um meinen Geldbeutel zu schonen, habe ich meine Reisen vorzugsweise per Anhalter unternommen. In meiner Potsdamer Zeit war für regelmäßige Besuche meiner Mutter und meiner Freunde die stark befahrene Autobahn zwischen Michendorf bei Potsdam und Magdeburg eine ideale Verbindung.

Diese Strecke war nicht nur eine normale DDR-Autobahn, sondern auch eine der drei Transitstrecken zwischen Berlin (West) und der Bundesrepublik Deutschland. Stand ich am Rande der Autobahn, dann zog an mir ein buntes Band von unbekannten, zum Teil exotisch anmutenden Fahrzeugen vorbei. Der endlose Strom bestand nicht nur aus ost- und westdeutschen, sondern auch aus Fahrzeugen aus vieler Herren Länder und hin und wieder aus Militär-Konvois der Alliierten. Oft dachte ich: „Hier ist wirklich ein Stück Welt!“

Abb. 19: Als Anhalter 1964 auf der Autobahn.

Hielt auf mein Winken an der Autobahn ein Fahrzeug an, musste ich flugs einsteigen, denn Transitautobahnen wurden permanent überwacht. Hin und wieder wurde ich von einer Polizeistreife erwischt, von der Autobahn verwiesen und zweimal sogar in den Ort Michendorf zurückgebracht. Dort wurden meine Personalien aufgenommen, jedoch zum Glück ohne weitere Konsequenzen. Das hat mich nicht entmutigt und so entwickelte sich zwischen mir und der Volkspolizei ein aus heutiger Sicht lustiges, damals aber ziemlich aufregendes Versteckspiel. Eines Tages hielt auf mein Winken ein westlicher Wagen der französischen Marke „Dauphine" an. Der Fahrer, ein Westberliner, nahm mich in Richtung Magdeburg mit. Während der Fahrt haben wir uns über Gott und die Welt und insbesondere über die Ost-West-Unterschiede angeregt unterhalten. Ich erlebte allein von der Sprache her eine deutliche Diskrepanz zwischen der westlichen Offenheit und dem kleinkarierten DDR-Denken. Meine Ohren hörten viele Anglizismen und unbekannte Begriffe aus dem täglichen westlichen Leben. Er erzählte mir von der zwanglosen Vielfalt nebeneinander bestehender politischer

Ansichten und berichtete von einer kurz zuvor unternommenen Studienreise durch die USA. An der Universität Berkeley in Kalifornien sei der Campus in Aufruhr gewesen. Maoistische Studenten aus dem Umfeld von Herbert Marcuse und Angela Davis hätten den normalen Lehrbetrieb teilweise zum Erliegen gebracht. Das stehe den Universitäten in Westberlin wahrscheinlich noch bevor. Für einen DDR-Studenten wäre so etwas undenkbar gewesen. Das ganze Gespräch führte mir wieder mein dumpfes Eingemauertsein in einem repressiv-autoritären Staat, der alles Denken zwanghaft zu bestimmen suchte, deutlich vor Augen. Dass Reisen in andere Länder und Kontinente selbstverständlich waren, fiel mir besonders auf. Zufälligerweise hatte ich an diesem Tag in meiner Tasche zwei Bände einer Auswahl der Schriften von Karl Marx, die ich noch nicht und später höchstwahrscheinlich nie gelesen hätte. Zu Beginn des Studiums wurden wir gedrängt, diese Bücher unbedingt zu kaufen, da sie für uns überaus wichtig wären. Spontan schenkte ich sie dem interessierten Herrn und freute mich, dass sie nun tatsächlich einen Leser gefunden hatten. Bevor ich an der Autobahnausfahrt Magdeburg ausstieg, tauschten wir unsere Adressen aus und beschlossen, in Kontakt zu bleiben. Der Fahrer des Autos war der damals 34-jährige Jurist und Politikwissenschaftler Dr. Hartmut Jäckel vom Otto-Suhr-Institut der Freien Universität Berlin.

Wir trafen uns einige Male in Ostberlin. An einem unserer Treffen nahm mein ebenfalls fluchtbereiter Freund Rudolph Jäger teil. Unser Treffpunkt war das Berliner Ensemble in der unmittelbaren Nähe des Bahnhofs Friedrichstraße. Wir suchten dann gemeinsam das Restaurant „Sofia“, das sich 1965 an der Friedrichstraße befand, auf. Dort unterhielten wir uns angeregt bei Kaffee und Kuchen. Unvorsichtigerweise sprach ich am Tisch offen über unser Herzensanliegen, die Flucht in den Westen. Als 19-Jähriger schmiedete ich die abenteuerlichsten Pläne. Zum Beispiel bat ich Dr. Jäckel um ein Tauchgerät, mit dem ich als unerfahrener Schwimmer im Winter unter dem Eis der Elbe den Westen erreichen wollte. Von diesem risikoreichen Unternehmen riet er mir konsequent ab. Glücklicherweise kam es nicht zu dieser lebensgefährlichen Aktion. Abenteuerliche Fluchtgedanken schwirrten aber zu jener Zeit nicht nur durch meinen Kopf. Besucht man einmal das Mauermuseum in Berlin, dann wird man staunen, welche phantasievollen Fluchten damals zu Wasser, zu Lande und durch die Luft geplant wurden. Leider glückten sie nur zum Teil.

Direkt an unserem Nebentisch nahmen, unmittelbar nachdem wir uns gesetzt hatten, eilig einige Herren Platz. Mich wunderte das ein wenig, weil das ganze Restaurant fast menschenleer war und einer der Herren mich fest in den Blick nahm. Da ich jedoch in das Gespräch mit Dr. Jäckel sehr vertieft war, läuteten bei mir leider nicht die berühmten Alarmglocken. Die Herren am Nebentisch waren Stasi-Leute, die uns schon über zwei volle Tage im Visier hatten und darüber einen minutiösen Beobachtungsbericht verfassten! Nach bewährter Stasi-Manier erhielt jeder von uns einen Decknamen. Ich war darin „Gregor", Rudolph Jäger erhielt den Namen „Magdeburg" und Dr. Jäckel wurde „West" getauft.

Personenbeschreibung "West" - männliche Person

| | |
|---|---|
| Alter: | ca. 32 - 35 Jahre |
| Größe: | ca. 1,73 - 1,75 m |
| Figur: | schlank, sportlich |
| Gesicht: | rundes, volles Gesicht, große markante Nase, schwarze starke Hornbrille |
| Haar: | mittelblond, links gescheitelt |

Bekleidung

Grauer Anzug, weißes Hemd, grauer Binder, grau-weiß gemusterter Stoffschal, hellgrauer Gabardinemantel ohne Gurt, graue Halbschuhe.



Leiter der Abteilung VIII

Oberstleutnant                    Unterleutnant

(BStU= Bundesbehörde für die Stasi-Unterlagen)

Bei meinen ersten Vernehmungen in der Untersuchungshaft wurde mir unser gesamtes Gespräch, auch die Sache mit dem Tauchgerät, in allen Einzelheiten vorgehalten. Es fiel mir plötzlich wie Schuppen von den Augen, als ich mich an das Treffen im Café „Sofia“ und an die merkwürdigen Herren zurückerinnerte. Doch da war es zu spät und Leugnen war zwecklos.

Nach dem Verlassen des Restaurants „Sofia“, wollten wir gemeinsam den in der Chausseestraße 131 wohnenden Liedermacher Wolf Biermann besuchen. Herr Biermann war aber zu diesem Zeitpunkt leider nicht zu Hause. Ich habe ihn daher nicht, aber 1967, also zwei Jahre später, unter völlig anderen Umständen kennengelernt. Dieses Treffen beschreibe ich ausführlich in einem späteren Abschnitt. Nach dem seinerzeit verpatzten Besuch bei Herrn Biermann gingen wir zum Bahnhof Friedrichstraße zurück und verabschiedeten uns von Hartmut Jäckel. Es folgt ein Auszug aus dem siebenseitigen Stasi-Beobachtungsbericht:

| | |
|---|---|
| 17,25 Uhr | bezahlte "Magdeburg" dkie Rechnung. Man ging zur Garderobe, zog sich die Mäntel an und "Gregor", "Magdeburg" und "West" verließen das Hotel Sofia um |
| 17,3o Uhr. | Sie gingen bis zur Friedrichstraße Ecke Reinhardstraße. Dort blieben sie stehen. "West" ging zurück und sah in das Hotel Sofia. Er ging wiederzurück zu "Gregor" und "Magdeburg". Alle drei gingen weiter bis Friedrichstraße Ecke Hannoversche Straße und betraten um |
| 17,4o Uhr | das Haus Chausseestr. 131, II. Aufgang. Dort gingen sie die Treppe hoch. |
| 17,45 Uhr | verließen alle drei wieder das Haus und gingen in dem gleichen Haus den ersten Aufgang hinauf, und zwar auch wieder eine Treppe hoch. Der Aufgang zum Haus 131 imst in Richtung Chausseestraße. In der zweiten Fensterreihe rechts wurde Licht eingeschalten. |
| 18,15 Uhr | verließen alle drei das Haus und gingen zurück zum Bahnhof Friedrichstraße. Um den Bahnhof gingen sie herum und dann in die Georgenstraße. Dort betraten sie um |
| 18,36 Uhr | die Verkaufsstelle Intershop. Nach 1o Minuten kamen sie wieder heraus, gingen durch die Brücke am Bahnhof Friedrichstraße, überquerten den Taxenplatz und standen dann vor dem Übergang für Ausländer und Bundesbürger. Seit dem Verlassen des Hotels Sofia, trug "Gregor" den Papierbeutel und "West" das von "Gregor" und "Magdeburg" gekaufte Buch. Um |
| 18,5o Uhr | verabschiedeten sich "Gregor" und "Magdeburg" vom "West". "West" ging zum Übergang nach Westberlin und passierte diesen um |
| 18,53 Uhr | durch die Kontrollstelle. "Gregor" und "Magdeburg" gingen zurück über den Taxenplatz und betraten den Bahnhof Friedrichstraße. Dort kauften sie S-Bahnfahrkarten und gingen dann zum Bahnsteig. |

## Unser dilettantischer Fluchtversuch in Ungarn

Bei allen Treffen mit meinen Magdeburger Freunden war die Flucht in den Westen das beherrschende Thema. Die deutsch-deutsche Grenze mit ihrer Sperrzone von fünf Kilometern, den Beobachtungstürmen, raffinierten Alarmanlagen, Minengürteln, Stacheldrahtzäunen, Schnellfahrstreifen und bewaffneten Grenzsoldaten erfolgreich überqueren zu können, hielten wir für unmöglich. In unserer Vorstellung war Ungarn ein wesentlich freieres Land als die DDR. Ohne genauere Informationen zu besitzen, nahmen wir blauäugig an, dass die Grenze von Ungarn nach Jugoslawien kein unüberwindbarer „Eiserner Vorhang" wäre. In unserem jugendlichen Leichtsinn glaubten wir, mit Hilfe einer Landkarte und einem kleinen Kompass Jugoslawien leicht erreichen zu können. Von Jugoslawien dachten wir, ohne größere Probleme nach Österreich und dann weiter in die Bundesrepublik Deutschland zu gelangen.

Bei einem weiteren Treffen mit Hartmut Jäckel trug ich ihm unsere Fluchtpläne über Ungarn vor und bat ihn um Unterstützung. Er übergab mir spontan 60,- DM West und ein paar Tage später kam bei mir im Studentenheim in Potsdam ein Päckchen aus Ostberlin an. Es enthielt einen serbokroatischen Sprachführer und eine Wanderkarte des Karawanken-Gebirges. Entlang des Hauptkammes der Karawanken verläuft nämlich die Grenze zwischen dem österreichischen Bundesland Kärnten und Slowenien. Beides wurde bei der späteren Hausdurchsuchung in der Wohnung meiner Mutter gefunden und beschlagnahmt. Für die Wegzehrung in Richtung der österreichischen Grenze befanden sich außerdem versteckt in einer leeren Zigarettenschachtel 5000,- jugoslawische Dinare. Damit hielten wir uns für die Flucht perfekt ausgerüstet und reisten optimistisch gestimmt im August 1965 von Magdeburg über Leipzig zu viert nach Budapest.

Unser Geld war knapp bemessen, weil die Tagesumtauschsätze von Ostmark in ungarische Forint sehr begrenzt waren. Ein Hotelzimmer konnten wir uns nicht leisten. Deshalb übernachteten wir kurz entschlossen mitten in Budapest im Park des zentral gelegenen Gellertberges. Unter freiem Himmel zu übernachten, war für uns ein aufregendes Abenteuer.

An jedem Morgen wuschen und rasierten wir uns fröhlich lachend am Straßenrand an einer Pumpe. Die vorbeifahrenden Autos haben uns nicht gestört. Unsere kuriose Morgenwäsche hielten wir als lustige Szenen in Fotos fest.

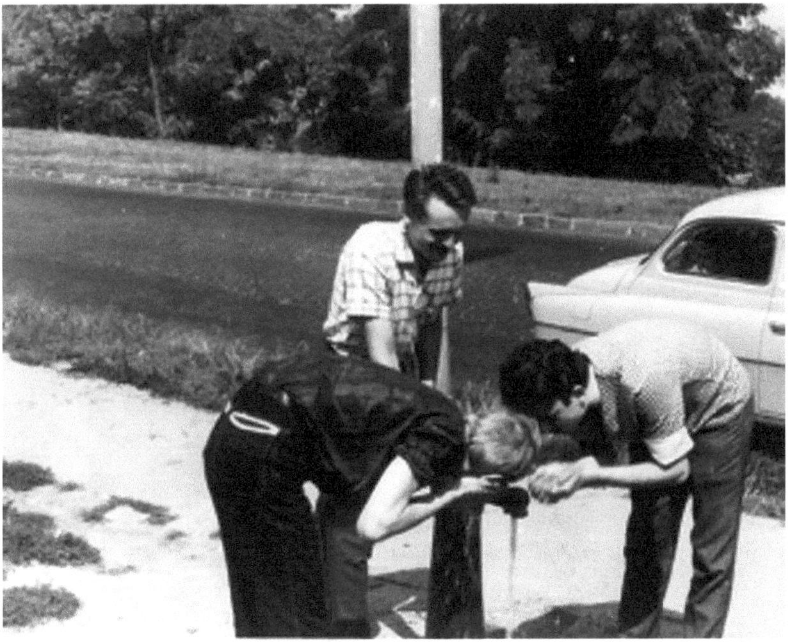

Abb. 20: Unsere Morgenwäsche am Straßenrand.

Nach drei Tagen Aufenthalt in Budapest reisten wir mit der Bahn zum Baden und Erholen an den Plattensee (ungarisch: Balaton). Gegen Ende unseres Urlaubs wollten wir dann dem Osten endgültig den Rücken kehren. Wegen ihrer Nähe zur ungarisch-jugoslawischen Grenze hatten wir in unserer Ungarn-Landkarte die Stadt Nagykanisza als Reiseziel ausgewählt und fuhren mit der Bahn dorthin. Als wir aus dem Zug ausstiegen, stellten wir erschrocken fest, dass das Bahnhofsgebäude von Uniformierten wimmelte. Wir wurden als unübersehbar auffällige Fremde mit eindeutigen Handzeichen und ein paar deutschen Brocken befragt, wen wir in Nagykanisza besuchen wollten. Spontan gab Rolf Keiser an, mit dem nächsten Zug nach Szombathely weiterzufahren. Am Plattensee hatte er nämlich ein nettes Mädchen, eine Kati aus Szombathely, kennengelernt und deren Adresse erhalten. Er legte den Zettel mit Katis Adresse den Uniformierten vor. Sie ließen uns daraufhin ziehen. Wir bestiegen den nächsten Zug nach Szombathely und waren froh, einer ersten Gefahr entronnen zu sein. Als wir auf der Landkarte von Ungarn entdeckten, dass Szombathely nahe der österreichischen Grenze lag, waren wir glücklich überrascht. „Jetzt sparen wir uns den komplizierten Umweg über Jugoslawien mit zwei zu überwindenden Grenzen und flüchten einfach direkt nach Österreich!“ entschieden wir nach kurzer Überlegung. Es handelte sich allerdings um eine Landkarte in einem riesigen Maßstab, auf der vor unseren Augen Szombathely direkt an Österreich zu grenzen schien. Das war aber ein verhängnisvoller Irrtum. In Szombathely angekommen suchten wir unverzüglich, da es schon dunkel wurde, das Haus von Kati auf. Ihre Eltern fielen aus allen Wolken, als abends vier unbekannte junge Männer aus Deutschland vor ihrer Tür standen. Zu unserem Glück sprach die Familie deutsch und nach einigen Erklärungen wurden wir gastfreundlich aufgenommen. Jeder von uns erhielt einen provisorischen Schlafplatz. Am nächsten Tag teilten wir uns in zwei Gruppen. Rolf Keiser und Hartmut Teufel (Name geändert) blieben im Ort bei den Mädchen. Rudolph Jäger und ich unternahmen eine erste vorsichtige Inspektion der westlichen Umgebung von Szombathely, dem Grenzgebiet vor Österreich. Wir vereinbarten, bei einer etwaigen Befragung oder Festnahme vorzugeben, uns als harmlose Spaziergänger verirrt zu haben. Ich führte einen kleinen Kompass bei mir, mit dessen Hilfe wir die genaue Richtung nach Westen einschlugen. Bald lag Szombathely hinter uns und wir marschierten über freies unbebautes Gelände auf einen Waldrand zu.

Wir waren noch nicht sehr weit gegangen, da hörten wir plötzlich hinter uns ein lautes Kommando in ungarischer Sprache, vermutlich: „Halt, sofort stehen bleiben!" Darauf folgte ein knackendes Geräusch. Wir sahen uns um und blickten direkt in die schwarze Mündungsöffnung einer Maschinenpistole. Diesen Augenblick werde ich wohl in meinem ganzen Leben nicht vergessen!

Folgsam wie zwei Schafe ließen wir uns abführen. In Bruchteilen von Sekunden schoss es mir glasklar durch den Kopf: „Keine unbedachte Bewegung, kein Weglaufen, kein böses Gesicht, jede Aufforderung befolgen – wir werden anderenfalls kurzerhand über den Haufen geschossen, mein ganzes Leben – alles wäre mit einem Schlag vorbei. Obendrein bekommt der Kerl auch noch bescheinigt, rechtens gehandelt zu haben." Unvergesslich diese Sekunden, unvergesslich meine Gedanken!

In einem Abstand von ungefähr fünf Metern und unter fortwährender Bedrohung mit seiner Kalaschnikow trieb der Soldat uns vor sich her zu einer Straßenkreuzung. Während wir uns auf den Boden setzen mussten, sprach er über ein Feldtelefon, das an einem Pfosten hing. Nach etwa 30 Minuten mussten wir in ein kleines Militärfahrzeug einsteigen und wurden in eine Kaserne gebracht. Nach längerem Warten unter ständiger argwöhnischer Bewachung kam zu uns ein deutsch sprechender Uniformierter, dem wir unser Verirren in der fremden Gegend glaubhaft machen und auch Katis Adresse nennen konnten. Daraufhin wurden wir frei gelassen. Zu einer erneuten Inspektion des Grenzgebietes war uns nach diesem Zwischenfall jeglicher Mut ausgegangen.

Wir beendeten nach ein paar Tagen unsere erfolglose Ungarnreise und fuhren in die DDR zurück. Ich nahm im September 1965 wieder mein Studium in Potsdam auf und bemerkte jedoch nicht, dass ich bereits unter intensiver Stasi-Beobachtung stand. Die ungarischen Genossen hatten sich zwar mit uns nicht weiter beschäftigt, aber unverzüglich ihre deutschen Kampfgefährten von der Stasi über unserem Fluchtversuch informiert. Aus den Stasi-Akten erfuhr ich, dass wir in Nähe der Ortschaft Torony festgenommen wurden.

Abb. 21: Unsere Festnahme erfolgte bei Torony.

Ich glaube, dass unser Leben tatsächlich an einem seidenen Faden hing. Im Jahre 2007 las ich in der Presse über tödliche Schüsse auf fliehende DDR-Bürger an der bulgarischen Grenze zu Zeiten des Kalten Krieges. Zur Belohnung erhielten die Grenzbeamten Urlaub und Armbanduhren. Warum sollte es 1965 in Ungarn anders gewesen sein? Vielleicht wäre im schlimmsten Fall unser Tod ebenfalls mit Sonderurlaub und Armbanduhr belohnt worden.

Der ungefähre Ort unserer Festnahme war, wie ich beim Ausmessen feststellte, nicht – wie wir damals glaubten – in unmittelbarer Nähe von Österreich. Es waren bis zur tatsächlichen Grenze etwa 7 km Luftlinie! Das wäre für uns ein langer, unsicherer Fußmarsch durch ein fremdes Land gewesen.

Ich habe im Spätsommer des Jahres 2007 eine persönliche Erinnerungsreise nach Szombathely unternommen. An einem Nachmittag habe ich ungefähr den gleichen Weg wie 1965 in Richtung Westen eingeschlagen und wollte ihn dieses Mal bis zur Grenze gehen. Wie hatte sich doch nach 42 Jahren die Landschaft völlig verändert!

Wo früher einmal freies unbebautes Gelände war, befand sich nun ein Neubaugebiet mit unzähligen Plattenbauten, wie sie seinerzeit im ganzen Ostblock errichtet wurden. Nichts glich dem Bild von 1965, das ich in Erinnerung hatte.

Ich marschierte zwischen den Plattenbauten hindurch und erreichte schließlich das Ortsende von Szombathely. Der Weg schien endlos zu sein. Ich musste den lang gezogenen dörflich anmutenden Ort Torony passieren und nun begann es obendrein unangenehm zu regnen. Am Ende des Dorfes fragte ich auf der Straße einen jungen Mann, wie weit es bis Österreich wäre. Er wies auf eine Bergkette am Horizont und erklärte mir: „Dort beginnt Österreich!" Von dieser Bergkette machte ich ein Foto und kehrte lustlos um, weil sich der Regen inzwischen verstärkte und ich keinen Schirm bei mir hatte.

1965 wären wir auf dieser langen Strecke mit hoher Sicherheit viele Male angehalten oder festgenommen worden. Die Chancen für eine geglückte Flucht in dieser Gegend lagen im Jahr 1965 nach meiner heutigen Einschätzung ungefähr bei null.

# Untersuchungshaft bei der Stasi

## Verhaftung in Potsdam

Hartmut Teufel, unser vierter Fluchtwilliger, erhielt den Bescheid, im November 1965 seinen „Ehrendienst in der Nationalen Volksarmee“ anzutreten. Alles wollte er, aber niemals für die DDR eine Uniform anziehen oder gar eine Waffe tragen! Er erzählte uns aufgeregt, dass er versuchen will, noch vor dem Einberufungstermin mit einem Weihnachtsbaumtransport in den Westen zu flüchten. Die DDR exportierte alljährlich in der Vorweihnachtszeit auf offenen Güterwagen Tannenbäume durch Magdeburg und dann über den Grenzübergang Marienborn in die Bundesrepublik. Hartmut wollte sich in der Dunkelheit, vor einem Haltesignal der Bahn aufstellen und bei einem kurzen Stopp des Zuges aufspringen und sofort unter die Weihnachtsbäume kriechen. An der Grenze würden die dort eingesetzten Spürhunde durch den starken Harzgeruch der frisch geschlagenen Bäume keinen menschlichen Körpergeruch wahrnehmen, meinte er. Aus Gesprächen wussten wir von speziell auf Menschen abgerichteten Spürhunden und dass Flüchtlinge deshalb bei Fluchtversuchen ihren Körpergeruch gründlich mit stark riechendem Dieselkraftstoff überdeckten. Im Gegensatz zu Hartmut waren wir zögerlicher. Wir standen ja auch nicht unter dem Druck einer bevorstehenden Einberufung zur Armee. Völlig überraschend erhielt an einem der ersten Novembertage des Jahres 1965 unser Freund Rolf Keiser von Hartmut Teufel eine Grußkarte aus dem Notaufnahmelager in Gießen. Wir vermuten, dass Hartmuts Flucht mit einem Weihnachtsbaumtransport gelang. Leider haben wir zu ihm keinen Kontakt herstellen können. Unter seinem Namen gibt es eine Unzahl von Telefonbucheinträgen, die man unmöglich alle anrufen kann. Die Karte aus Gießen muss für die Stasi ein Alarmsignal gewesen sein. Vermutlich dachte man: „Jetzt haben die vier eine sichere Fluchtmöglichkeit gefunden!" Dann lagen noch die Informationen von der ungarischen Grenzpolizei und die detaillierten Spitzelberichte meines Kommilitonen vor. (Über den Spitzel IM „Rüdiger Berg" berichte ich später ausführlich.) Diese drei Gründe veranlassten die Stasi zuzuschlagen.

Am 18. November 1965 erhielt die Hausmeisterin unseres Studentenwohnheimes einen Telefonanruf vom Sekretariat der Pädagogischen Hochschule. Sie richtete mir aus, dass ich mich unverzüglich im Prorektorat für Studienangelegenheiten, wenn ich mich recht erinnere, im Zimmer 28 melden solle. Ich sagte meinen Kommilitonen darüber Bescheid und ging dorthin. Ich klopfte an und öffnete die besagte Tür. Vor mir standen zwei Herren mit ernsten Gesichtern und fragten mich nach meinem Namen. Dann wurde mir ein Dienstausweis vor die Nase gehalten und ich vernahm: „Ministerium für Staatsicherheit, Sie sind verhaftet!"

Die Worte Friedrich Nietzsches (1844–1900) vom Staat, „dem kältesten aller Ungeheuer" war für mich in dieser Minute eiskalte Realität.

## Im Stasi-Untersuchungsgefängnis Potsdam

Ich wurde aus dem Gebäude in hautnahem Kontakt abgeführt und in einem unauffälligen Personenauto auf die hintere Sitzbank zwischen zwei Stasi-Männer gezwängt. Dann ging die Fahrt unverzüglich in die damalige Otto-Nuschke-Straße 54, dem Untersuchungsgefängnis der Stasi. Ich war völlig apathisch und fühlte mich wie in einem bösen Traum.

Nachdem das Einfahrtstor hinter dem Fahrzeug geschlossen wurde und ich aussteigen musste, befand ich mich in einem riesigen Eisenkäfig, einer Schleuse. Eine seitliche Gittertür wurde beiseite gerollt und ich wurde zur Feststellung meiner Personalien in einen winzigen Raum geführt.

Abb. 22: Gitterkäfig hinter der Einfahrt, eine so genannte Schleuse. (Foto aus dem Jahre 1990. Die Schleuse wurde später entfernt.)

Anschließend brachte mich ein Uniformierter über einen langen Korridor zu einer unscheinbaren Holztür. Dort erhielt ich in barschem Ton das Kommando für mein zukünftiges Verhalten an Türen: „Neben die Tür stellen, Hände auf den Rücken, Gesicht zur Wand!" Dann ging es durch die Holztür, danach durch eine Eisengittertür und ich war im Gefängnistrakt.

Zwischen den Etagen waren Maschendrahtnetze gespannt, die offensichtlich verzweifelte Menschen bei Selbstmordversuchen auffangen sollten.

Mein erster Eindruck war: „Das ist ja hier wie im Kino! Das sieht ja aus wie das Gefängnisinnere in dem DEFA-Film „Ernst Thälmann, Sohn seiner Klasse“ mit Günter Simon in der Hauptrolle!“ Noch fühlte ich mich wie in einem bösen Traum, jedoch wurde mir nach und nach bewusst, dass mein weiteres Schicksal ab jetzt seinen eigenen Lauf nehmen würde.

In der ersten Zelle unmittelbar neben der vergitterten Eingangstür wurde ich hinter eine hölzerne Balustrade gewiesen und barsch angeherrscht: „Nackend ausziehen und alle Sachen herüberreichen!“ Ich glaubte erst, nicht recht gehört zu haben und fragte erstaunt: „Wie bitte?“, worauf ich das gleiche Kommando, nur etwas lauter, zu hören bekam.

**Abb. 23: „Sofort nackend ausziehen!“ hieß es hier 1965.**

Sämtliche Taschen und Nähte meiner Kleidung wurden sorgfältig untersucht. Nachdem ich eine Weile nackt und verschämt hinter dem Holzzaun stand, erhielt ich meine neue Anstaltskleidung: Filzpantoffeln, Armeeunterwäsche, eine ausrangierte Uniformjacke ohne Schulterstücke und eine oben viel zu weite, in den Beinen zu kurze Hose. So ausstaffiert muss ich ausgesprochen lächerlich gewirkt haben. Ich bin davon überzeugt, dass diese Kostümierung bezwecken sollte, das Selbstwertgefühl der Häftlinge zu untergraben. Diese Idee war nicht neu und wurde bereits im Volksgerichtshof unter Roland Freisler bewusst angewendet.

Im Jahre 1990, bei meinem ersten Besuch des Gefängnisses, im Volksmund auch sarkastisch „Lindenhotel" genannt, war noch sehr viel vom Originalzustand erhalten. Das hat sich inzwischen leider geändert. Heute ist beispielsweise die erste Zelle, in der man sich hinter dem Lattenzaun entkleiden musste und Anstaltskleidung erhielt, zu einem einfachen Lagerraum umfunktioniert geworden.

Das obige Foto (Abb. 23) aus dem Jahr 1990 ist daher bereits eine historische Aufnahme. Als Häftling in Anstaltskleidung wurde ich zur Nummer 8 erklärt, in den 1. Stock abgeführt und in die Zelle Nr. 25 gebracht.

Abb. 24: Die Tür „meiner" Zelle Nr. 25 von außen und innen.

Hinter mir flog die Zellentür zu. Ein Schloss rasselte und zwei Riegel wurden krachend vorgeschoben. Von nun an war ich mutterseelenallein.

Später wurde ich dem Haftrichter vorgeführt und dann auf einem per Hebel drehbaren Stuhl erkennungsdienstlich fotografiert.

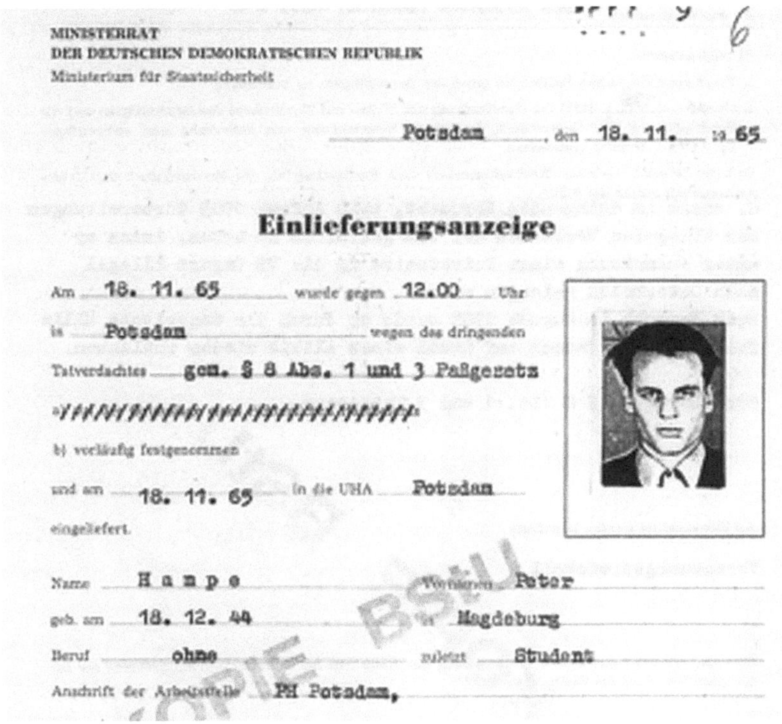

MINISTERRAT
DER DEUTSCHEN DEMOKRATISCHEN REPUBLIK
Ministerium für Staatssicherheit

Potsdam, den 18. 11. 19 65

**Einlieferungsanzeige**

Am 18. 11. 65 wurde gegen 12.00 Uhr
in Potsdam wegen des dringenden
Tatverdachtes gem. § 8 Abs. 1 und 3 Paßgesetz
a) ////////////////////////////
b) vorläufig festgenommen
und am 18. 11. 65 in die UHA Potsdam
eingeliefert.

Name Hampe Vorname Peter
geb. am 18. 12. 44 in Magdeburg
Beruf ohne zuletzt Student
Anschrift der Arbeitsstelle PH Potsdam,



Abb. 25: **Meine Verhaftung am 18. November 1965.**
**(BStU= Bundesbehörde für die Stasi-Unterlagen)**

Anschließend ging es zum „Klavierspielen". So wurde das Übertragen der Fingerabdrücke von einer schwarzen Farbplatte auf ein Formular von den Gefangenen scherzhaft genannt.

Der Zellenalltag im Lindenhotel war nicht heiter. In den sechziger Jahren gab es dort noch keine Spültoiletten wie sie heute in der Gedenkstätte zu sehen sind. Zur Verrichtung der Notdurft stand in der Ecke ein emaillierter Fäkalienkübel, ich erinnere mich noch an das Fabrikat „Marke Geithain“. Dieser Kübel war ein hoher Eimer mit einem Topfdeckel. Das Sitzen auf dem kantigen Rand war alles andere als angenehm. Weibliche Gefangene bekamen eine „Komfort-Ausführung“ mit Sitzbrillen. Morgens riefen die Schließer laut hörbar: „Fertigmachen zum Kübeln!“ Dann mussten die Insassen separat Zelle für Zelle, ohne einen anderen Gefangenen zu Gesicht zu bekommen, in einem Raum mit einem riesigen Ausguss die Fäkalienkübel entleeren und spülen. Zum Schluss wurde je Kübel etwa ein halber Liter einer desinfizierenden, stark rauchenden Chlorkalkbrühe gegossen. Nach der Kübelbenutzung brannte stets mein Gesäß von den aufsteigenden Salzsäurenebeln.

**Abb. 26: Zelle mit „Komfort“-Kübel.**

Ein Keramik-Waschbecken, wie heute in den Zellen angebracht, gab es 1965 auch nicht, sondern lediglich einen Wasserkrug und eine Schüssel zum Waschen. Die Seife, die ich bekam, kannte ich aus den frühen fünfziger Jahren in Magdeburg. Es war eine nicht schäumende Seife. Aufgrund ihres kompakten Gewichtes fiel sie sofort auf den Grund des Waschbeckens. Weil sie wie ein Stein mit einem dumpfen Plumps auf den Grund des Beckens fiel, nannte man sie auch Tonseife. Zum Zähneputzen erhielt ich eine, wie mir schien, uralte Zahnbürste und keine Zahnpasta, sondern einen vorsintflutlichen Zahnputzstein der Firma Nacke & Wolke aus Dresden. Vor dem Zähneputzen musste man mit der angefeuchteten Zahnbürste auf dem Stein, eine Art rosa Kreide, herum schruppen. Ich vermute, dass diese Zahnputzsteine Uraltbestände aus der Nazizeit waren oder sogar noch aus der Kaiserzeit stammten. Die rohen Holzpritschen waren rotbraun gestrichen.

Abends um 21 Uhr durfte man Matratzen ausbreiten, morgens um 5 Uhr musste man die Schlafdecke zusammenlegen und auf den Matratzenteilen stapeln. Das sah dann so aus wie in Abbildung 27. Das Zellenfenster war mit Glasbausteinen vermauert. Ein Blick nach draußen war nicht möglich.

Liegen war ab 5 Uhr morgens bis abends 21 Uhr verboten. Man konnte nur entweder in der Zelle auf- und abgehen oder auf einem am Boden festgeschraubten Hocker sitzen. Die feste Verankerung im Boden verhinderte, dass ein Häftling unter Umständen den Hocker als Waffe verwenden konnte. An alles war gedacht!

Die dunkelbraunen Schlafdecken waren von einer derartig schlechten Qualität, wie ich sie weder vorher noch später gesehen habe. Sie waren kratzig und so schwer, dass ich meinte, sie bestünden aus einer Art Holzwolle. Diese obendrein löchrigen Decken wärmten nicht und lagen bleischwer auf dem Körper. Es war kalt geworden. Am 19. November 1965, meinem zweiten Tag im Gefängnis fiel der erste Schnee. Jeden Morgen stand ich von nun an fröstelnd vor den vier Heizrippen, die den Raum nur zeitweise spärlich erwärmten. Die Zellenausstattung mit reduzierter Heizung im Winter und diesen uralten Schlafdecken schienen mir eine zusätzliche Schikane zu sein. Vermutlich stammten die Decken auch aus der Kaiserzeit. Sie sind nach den Worten des einstigen Hausmeisters sämtlich nach Rumänien geliefert worden. Leider ist kein einziges Exemplar zum Anfühlen und „Nachfühlen“ in den Zellen verblieben. Im Jahre 1965 bestand der Fußboden aus nacktem Beton, der wöchentlich einmal mit rotbraunem Bohnerwachs eingerieben werden musste. Linoleum, wie heute auf den Fußböden der Zellen, gab es damals nicht. Ich vermute, dass die Stasi in den letzten Tagen der DDR ihr hässliches Gefängnis für die Nachwelt mit großem Aufwand „geschönt" hat.

Abb. 27: **Eine Potsdamer Stasi-Zelle im Originalzustand. An der Zellentür klebte die Anstaltsordnung (s. Anhang 13).**

In unregelmäßigen Abständen sowohl tagsüber als auch nachts, hörte ich an der Tür ein leises Rascheln. Eine Klappe vor dem Spion wurde von außen vorsichtig zur Seite geschoben und in dem Loch erschien ein gespenstisches menschliches Auge. Die Bewachung und Kontrollen gingen rund um die Uhr. Nachts wurde dazu das Licht eingeschaltet.

Am ersten Abend nach meiner Verhaftung bin ich in der Zelle völlig verzweifelt pausenlos hin- und hergelaufen und habe wie ein kleiner Junge geweint. Der Schock, morgens noch ein relativ sorgloser Student und abends als Häftling hoffnungslos in einer Zelle eingeschlossen zu sein, war für mich einfach zu groß, um kaltblütig zu bleiben. Im April 2008 habe die Zelle ausgemessen: Vier Meter Länge bei einer Breite von 1,90 m. Da auf beiden Seiten Holzpritschen standen, hatte ich nur einen schmalen Gang zur Verfügung und fühlte mich wie ein eingesperrtes Tier in einem Käfig. Während meines kläglichen Weinens und Schluchzens öffnete sich plötzlich die Zellentür, ein Wachmann kam herein und schrie mich laut an. Wenn ich hier den Dummen spielen wolle, könne er noch ganz andere Saiten aufziehen, waren seine Worte. Das konnte mich aber am Weiterweinen nicht hindern. In meiner großen Verzweiflung, Rat- und Hoffnungslosigkeit kreisten sogar kurzzeitig – aber wirklich nur sehr kurzzeitig! – Selbstmordgedanken durch meinen Kopf. Später habe ich während der ganzen Zeit meiner Haft nur noch ein einziges Mal geweint. Das war ein paar Wochen später, als ich zur Vernehmung geführt wurde und dort völlig unerwartet meine Mutter sah. Da liefen noch einmal Tränen über mein Gesicht. „Reiß' dich zusammen, Hampe", schnauzte mich der Stasi-Vernehmer an.

Kurz vor 21 Uhr ertönte im ganzen Gefängnistrakt ein lautes Brummen. Das war für die Häftlinge das Signal „Nachtruhe!". Die tagsüber aufgestapelten Matratzen durften auf den Holzpritschen ausgebreitet werden und Liegen war ab jetzt erlaubt. Das Licht erlosch und ich fiel erschöpft in den Schlaf. Frühmorgens um 5 Uhr dröhnte zum sofortigen Aufstehen wieder das laute Brummen durch den Zellenbau. Glücklicherweise macht mir das Alleinsein nicht besonders zu schaffen. Ich erholte mich nach und nach vom ersten Schock und akzeptierte, ab jetzt Häftling Nr. 8 auf Zelle 25 zu sein. Es blieb mir ja auch nichts anderes übrig. Mit dem Kopf gegen die Wand zu rennen oder verzweifelt auf den Boden zu schlagen, hätte nichts gebracht. Das musste ich wohl oder übel einsehen.

Ich war noch gar nicht lange in der Zelle, da ertönten plötzlich Klopfzeichen von der rechten und auch von der linken Wand. Ich war ratlos und glaubte an eine Art komplizierte Geheimsprache. Nach einigem Grübeln vermutete ich, dass es mit A=1 bis Z=26 durch das Alphabet gehen könnte und so war es auch tatsächlich. Bald begriff ich auch das für die Verständigung wichtige zweimalige kurze Klopfen „Tack-Tack". Der Beginn einer Nachricht begann stets mit diesem „Tack-Tack", das auf der anderen Seite der Wand ebenso beantwortet wurde und damit „Gesprächsbereitschaft" anzeigte. Nach jedem geklopften Wort wurde mit „Tack-Tack" das Ende des jeweiligen Wortes angezeigt und damit auch gleichzeitig gefragt: „Wort verstanden?" was dann ebenso bestätigt wurde. Ein schabendes Kratzen gab dem „Sender" an: „Nicht verstanden, bitte das Wort wiederholen!" Später habe ich auch die Nachrichtenübermittlung durch eine Art „Klopf-Steno" verstanden. Statt den Buchstaben „Z" mit 26 Schlägen durchzugeben, wurde er durch das „C" (nur 3 Schläge!) ersetzt. Das „T" (20 Schläge!) wurde durch das „D" mit nur viermaligem Klopfen ersetzt. Doppelbuchstaben wurden nicht durchgegeben. „Gute Nacht" wurde auf „GN" verkürzt und die morgendliche Begrüßung hieß schlicht und einfach „GM". Durch das Außerkraftsetzen der deutschen Grammatik und Orthographie musste die Phantasie gehörig nachhelfen. Da passierten leicht Missverständnisse. Ich erinnere mich noch an einen für mich schwer lösbaren Irrtum. Mein Zellennachbar wollte mir mitteilen, dass er gerade von einer anderen Zelle in meine Nachbarzelle verlegt wurde. Im Klopf-Steno verstand ich das „Cele" so, dass mein Zellennachbar aus der niedersächsischen Stadt „Celle" käme. Er teilte mir dann weiter mit, dass er aus dem Ort Lehnin im damaligen Bezirk Potsdam stamme. Da war die Verwirrung komplett. Sie konnte nur durch umständliches, zeitraubendes „Nachfragen" gelöst werden. Aber wir hatten ja auch den lieben langen Tag die Zeit dazu.

Wenn morgens das allgemeine Klopfen begann, liefen die Schließer wütend durch die Gänge und brüllten: „Aufhören mit der Klopperei!" und versuchten mit Kontrollen durch die Gucklöcher in den Zellentüren, Klopfer zu ermitteln und zu bestrafen.

Manchmal, wenn die Wachleute nicht mehr Herr der allgemeinen Klopferei wurden, begannen sie unsere Kommunikation mit Dazwischenklopfen zu verhindern. Diese „Störsender" erschwerten die Verständigung so stark, dass man eine Zwangspause einlegen musste. Zu unserem Glück hatten die Schließer im Gegensatz zu uns Gefangenen nicht die Zeit und Geduld, ihre Störmanöver den ganzen Tag durchzuhalten und so begann recht bald unsere Klopf-Kommunikation munter von neuem. Es waren nur sehr einfache Informationen, die durch die Wand ausgetauscht wurden. Meist waren es simple Fragen, z. B.: Wie alt bist du? Wie heißt du? Wie lange bist du schon hier? Weswegen? Eine banale Mitteilung, jemand sei von einer anderen Zelle in meine Nachbarzelle Nr. 26 verlegt worden, ist nicht gerade spannend. Aber, wenn man mutterseelenallein 24 Stunden des Tages eingeschlossen ist und nicht einmal aus dem Fenster blicken kann, weil es statt eines Fensters nur die mit Glasbausteinen vermauerte helle Stelle an der Wand gibt, dann hat selbst solche Nachricht ihren Unterhaltungswert. Einen besonderen Reiz bekam die Klopfkommunikation auch dadurch, weil sie laut Hausordnung strikt verboten war. Es hieß unter anderem: **Es ist verboten:**

*d) Mit Häftlingen anderer Zellen durch Klopfen, Pfeifen oder andere Zeichen in Verbindung zu treten.*
*e) Die Lagerstätte ist in der Zeit von 5.00 bis 21.00 Uhr nicht zu benutzen.*

Klopfen war für uns Häftlinge der einzige unkontrollierbare, täglich praktizierte Freiraum in der Totalüberwachung. Eine andere Kommunikationsform habe ich durch Zufall entdeckt. Einmal pro Woche wurde wortlos ein Buch durch die Klappe in die Zelle gereicht. Die Literatur bestand ausschließlich aus schwer erträglichen kommunistischen Propagandaschinken. Mich hat erstaunt, welch krudes Zeug so mancher „Schriftsteller“ zu Papier gebracht hat. Es waren teilweise unglaublich dümmliche Politgeschichten aus der Zeit der russischen Oktoberrevolution und Heldengeschichten heroischer Kommunisten während der Nazi-Zeit. Ich habe mich immer wieder neu gewundert, dass dafür Papier und Druckerschwärze verschwendet wurde. Meist brachte ich nicht die Geduld auf, ein solches „Werk“ bis zu Ende zu lesen.

Bei einem Buch habe ich mich wiederum sehr über die Offenheit eines sowjetischen Autors gewundert. Ich erinnere mich noch heute daran, weil es so ziemlich das einzige lesenswerte Buch war. „Neue sowjetische Prosa“ hieß es. Eine Kurzgeschichte darin beschrieb ausführlich raffinierte Schwindeleien von Stahlwerken. Monatlich mussten danach Stahlproben nach Moskau zur Qualitätskontrolle geschickt werden. Oft konnten die geforderten Qualitätskriterien nicht erfüllt werden und es entwickelte sich daraufhin zwischen den Stahlwerken ein schwunghafter „Probenhandel“. Der Leiter eines Werkes, das schlechten Stahl produzierte, kaufte von einem anderen Werk eine Stahlprobe in Spitzenqualität. Diese schickte er nach Moskau und erhielt für seinen Betrieb eine Ehrenurkunde und Prämien. Dieses gesellschaftskritische Buch haben die Genossen höchstwahrscheinlich nicht gelesen. Der Titel „Neue sowjetische Prosa“ war wohl ausreichend für die Aufnahme in die Gefängnisbibliothek, vielleicht auch für Übersetzung und Druck.

Eines Tages sah ich in einem Buch mitten im Text unter einem Buchstaben einen kleinen Bleistiftpunkt, der mich neugierig machte. Ich begann das Buch systematisch vom Beginn an, Seite für Seite durchzublättern und die Buchstaben aneinanderzureihen. Es kam tatsächlich eine Botschaft heraus, die ich nicht vergessen habe. Sie lautete: „Du hast recht, aber es ist gefährlich.“ Ich habe nie herausbekommen, wer mit wem auf diese Weise kommuniziert hat. In anderen Büchern habe ich später keine Bleistiftpunkte gefunden, obwohl ich neugierig bei jedem Bücherwechsel danach gesucht habe.

Hatte man gesundheitliche Beschwerden oder den Wunsch nach Trinkwasser, konnte man einen an der Wand befindlichen Druckknopf betätigen. Dann sprang neben der Zellentür auf dem Gang eine rote Blechfahne mit einem lauten „Klack"-Ton heraus. Es war eine mechanische Vorrichtung, die vielleicht noch aus der Kaiserzeit stammte. An dem roten Blech konnte der Wachmann im Gang sehen, aus welcher Zelle das Signal kam.

Wurde das gleichzeitige Klappern mehrerer Signale den Wachleuten zu viel oder man war beim Hofgang ihrer Meinung nach zu langsam, dann schrien sie sehr gern und laut: „Das ist hier kein Sanatorium!"

Vormittags wurde jeder Gefangene, stets einzeln, für ungefähr zwanzig Minuten, das war die so genannte Freistunde, auf den Hof geführt. War ein Gefangener außerhalb der Zelle, leuchteten überall auf den Gängen rote Lampen. Kein Gefangener sollte einen anderen Gefangenen zu Gesicht bekommen. Es war für die Wachleute das Signal, in diesem Moment keine Zelle zu öffnen, um beispielsweise jemanden zum Verhör zu führen.

In der Freistunde blickte ich auf die Gebäudewand mit den Zellenfenstern. Außerdem war auf dem Hof ein riesiger Hund angekettet, der drohend knurrte oder bellte. Unerreichbar hoch flogen in mancher Freistunde über mir Flugzeuge mit der Aufschrift „Pan Am" oder eine typische französische „Caravelle" hinweg. Dann träumte ich, darin zu sitzen und weit weg von diesem Hof ein freier Passagier zu sein. Im wahrsten Sinne des Wortes unterschied sich meine Situation himmelweit von der der Fluggäste!

Alle Schließer waren bis auf die Dienstgrade für die Häftlinge anonym. Deshalb haben wir später, als ich nicht mehr in Einzelhaft saß, körperliche oder andere markante Merkmale als Namen für die Wachleute vergeben. Eine unangenehme Schließerin mit einem ausgesprochen verbiesterten Gesicht nannten wir „Frieda". Einen Schließer, der immer in einer viel zu engen Jacke eingezwängt herumlief, nannten wir „Jacken-Friedrich", ein starker Zigarrenraucher, war für uns „Zigarre".

Übrigens galt die Tätigkeit eines Schließers bei uns Gefangenen als eine verachtete Tätigkeit. Dieser oft zitierte Reim drückte es so aus:

*Wer nichts ist und wer nichts kann, fängt im Knast als Schließer an.*

Ob die Vernehmer der Stasi oder rüde Wachleute im Gefängnis, meist waren sie meiner Empfindung nach von der Natur mit unangenehmen Gesichtern ausgestattet worden.

Der sozialdemokratische Nachkriegspolitiker Kurt Schumacher hat die Kommunisten als „rotlackierte Nazis“ bezeichnet. Was die Behandlung von Gefangenen angeht, kann ich dem nicht zustimmen. Dazu muss ich an dieser Stelle das Schicksal meines Großvaters einflechten. Im 3. Reich befahl der Chef der Polizei, Reinhard Heydrich, in der Woche vom 13. bis 18. Juli 1938 eine Sonderaktion. Jede Polizeidienststelle musste „mindestens 200 arbeitsfähige, asoziale Personen unter schärfster Anwendung“ von Ordnungsvorschriften festnehmen. Sie wurden als Arbeitskräfte zur Erfüllung des volkswirtschaftlichen „Vierjahresplanes“ im Konzentrationslager Buchenwald bei Weimar benötigt.

Zwischenanmerkung:

Ist es nicht bezeichnend, dass die DDR im Jahre 1950 ihren „1. Fünfjahresplan“ mit unendlich viel Propaganda startete? Überall an den Wänden, in den Zeitungen, sogar auf Briefmarken prangte eine dicke Fünf, verziert mit Hammer, Zirkel und Ähren. Jeder kannte das Symbol. Diktaturen haben anscheinend immer gewisse Ähnlichkeiten.

Mein Großvater wurde in jener Juliwoche in Braunschweig verhaftet. Ich wollte vor Jahren den genauen Tatbestand ermitteln und ob er ein Gegner des Nazi-Regimes war. Ich beantragte dafür im Niedersächsischen Landesarchiv zu Wolfenbüttel eine Recherche. In den dortigen Dokumenten las ich, dass von der Kriminalpolizeistelle Braunschweig „insgesamt 214 asoziale Personen und Juden festgenommen wurden.“ Als „asozial“ galt zum Beispiel (Originalzitat!):

*... jemand, der sich der in einem nationalsozialistischen Staat selbstverständlichen Ordnung nicht fügen will.*

Mit dieser Formulierung war jeder Willkür Tür und Tor geöffnet. Von den 214 unglücklichen Menschen fand ich lediglich eine mit Bleistift gekritzelte Strichliste. Ohne schriftliche Begründung und ohne Namen waren sie verhaftet, in das KZ Buchenwald verbracht und erst dort namentlich registriert worden. Die Anlässe für die Festnahmen waren sicher so nichtig, dass man sie gar nicht zu Papier bringen konnte. Ich kann mir vorstellen, dass bereits das Überqueren einer Straße bei „Rot" zur Festnahme gereicht hat. Insofern war mein intensives Durchforsten des Archivs nach dem wirklichen Tatbestand erfolglos.

Die erhalten gebliebenen Unterlagen des KZ Buchenwald, die ich später ebenfalls zu durchsuchen bat, ergaben, dass mein Großvater als „ASR" eingestuft war, jedoch keinen Hinweis auf einen einschlägigen Grund. Ein im Internet abrufbarer Artikel aus den Informationen der Bundeszentrale für politische Bildung half mir weiter. Am 18.08.2006 schrieb Wolfgang Benz über das Thema „Asoziale":

*1938 gab es eine Verhaftungswelle mit Einweisung in Konzentrationslager (Aktion ‚Arbeitsscheu Reich'), die weit über 10 000 Personen traf. Die Einstufung einer Person als ‚arbeitsscheu' war willkürlich, sie erfolgte oft durch Denunziation.*

Die Abkürzung ASR bedeutete also „Arbeitsscheue aus dem Reich". Üblicherweise grenzte die NS-Diktatur mit zynischen Diffamierungen alle Menschen aus, die nicht in ihr Konzept passten. Beispielsweise war die mildeste Strafe für Wehrmacht-Deserteure eine Versetzung in den so genannten „Verlorenen Haufen" (VH). Diese Unglücklichen kamen an Frontabschnitte mit den geringsten Überlebenschancen. Im Dezember 1938, also fünf Monate nach seiner Deportation in das KZ, verstarb mein Großvater an „Lungenödemen". Das war Deutschland im Jahre 1938!

Verglichen mit den Heydrich-Maßnahmen und dem gesamten braunen Terror in Deutschland betrachte ich meine Zeit im Stasi-Gefängnis Potsdam wahrhaftig als einen Kuraufenthalt, obwohl die Schließer häufig laut riefen: „Das ist hier kein Sanatorium!"

## Die Verhöre

Zunächst „schmorte" ich einsam als Nr. 8, ohne eigenen Namen und von jeglicher Information abgeschnitten, etwa zwei Wochen in der Zelle. Ich vermute, dass diese Methode bewusst dem „Weichkochen" diente. Glücklicherweise macht mir Einsamkeit nicht viel aus – im Gegenteil – meine Stimmung besserte sich und ich richtete mich auf meine neue Situation ein. Dann begannen die Verhöre durch einen „Herrn Hauptmann". Die vorgeschriebene Anrede für die Gefangenen bestand aus „Herr" plus Dienstgrad und nicht etwa „Genosse", der in der DDR üblichen Anrede in Partei, Polizei und Militär. So wurde zwischen den Häftlingen und den Stasi-Leuten eine deutliche Distanz hergestellt. Die Anrede „Genosse" wurde ausdrücklich verboten. Das war plausibel, weil wir Häftlinge dann ja als „Mitgenossen" der Stasi im gleichen Boot säßen! Für Armeeangehörige, die von morgens bis abends an die Anrede „Genosse" gewöhnt waren, muss die Umstellung schwierig gewesen sein. Ich hingegen fand das „Herr" passender, weil es mir ein Gräuel gewesen wäre, Stasi-Leute mit dem verbindlichen „Genosse" anzureden. Bis auf die Dienstgrade waren sie durchweg für uns Gefangene anonym. Erst 1992 erfuhr ich aus meinen Stasi-Akten, dass mein Vernehmer Jürgen Vietze (Name geändert) hieß.

Vietzes erstes Verhör begann mit den Worten: „Warum sie hier sind, wissen sie wohl!" „Nein!" antwortete ich mit einem unschuldigen Gesicht, worauf er in ein höhnisches Gelächter ausbrach. Mir war mir in diesem Moment allerdings nicht sehr heiter zumute.

Zwischen Vietzes Stuhl und meinem Hocker standen ein Schreibtisch sowie ein schmaler, langer Tisch, so dass die Entfernung zu ihm etwa drei bis vier Meter betrug. Ich wollte bei den ersten Vernehmungen jegliche Fluchtabsicht in den Westen bestreiten. Da verwandelte sich plötzlich der sich zuerst umgänglich, fast leutselig gebende Hauptmann in ein tobendes Ungeheuer. Er gab wahrlich das Bild eines feuerspeienden Drachen ab. Erregt sprang er von seinem Stuhl auf, rannte auf mich zu und schrie mich gellend an: „Ich hau' dir gleich 'was in die Fresse, jetzt aber 'raus mit den Schmalzstullen, aber dalli!" Solche Worte, wie auch die ganze Situation werde ich nie vergessen! Meine Reaktion war aber nicht die von ihm erhoffte angsterfüllte Gefügigkeit. Von diesem Moment an gab ich nämlich auf die einfachsten Fragen keine Antworten mehr. Mit gesenktem Blick, weder nach links oder rechts schauend, saß ich auf meinem Hocker und blieb stumm wie ein Fisch. Ich wusste nicht, was weiter passieren würde und mit welchen Überraschungen, möglicherweise sogar Schlägen, der „Herr Hauptmann" aufwarten könnte. Voll dunkler Ahnungen und Vermutungen saß ich gespannt auf meinem Hocker. Trotzdem war mir in diesen Minuten alles, was noch weiter folgen könnte, ziemlich egal. Ich hatte nur den einen, mich beherrschenden Gedanken im Kopf: „So lasse ich mit mir nicht umspringen! So nicht!" und schwieg beharrlich weiter. Dieses Verhalten, das ich rein intuitiv annahm, hat, wie ich heute weiß, die einschlägige Bezeichnung „passiver Widerstand". Natürlich weiß ich heute nach Jahrzehnten nicht mehr, wie lange ich diesen Widerstand durchhielt. Nach meinem Gefühl war es aber beachtlich lange. „Herr Hauptmann" wurde nach einiger Zeit sichtlich nervös, lief im Zimmer auf und ab und schlug mir plötzlich völlig überraschend vor, doch wieder vernünftig miteinander zu sprechen. „Man kann ja bei ihrer Sturheit verrückt werden, Hampe!" erklärte er mir sanft, fast entschuldigend. Möglicherweise habe ich ihn mit meinem konsequenten Stillschweigen in eine gewisse Bedrängnis gebracht. Vermutlich stand er unter zeitlichem Erfolgszwang und hat mich deshalb danach nie wieder angeschrien. Hätte er es dennoch getan, dann hätte ich – wie ich mich kenne – wahrscheinlich auf „total stur" geschaltet. Vielleicht hätte ich noch etwas in der Art gesagt: „Mit ihnen rede ich ab jetzt überhaupt kein Wort mehr." Aber so weit ist es dann doch nicht gekommen. Als psychologisch Geschulter hat er vielleicht eine solche Reaktion von mir geahnt. Wäre er dann in seinem Job keinen Schritt weitergekommen, hätte mich ein anderer Stasi-Vertreter als Untersuchungsfall übernehmen müssen. Das hätte den „Herrn Hauptmann" seinen Vorgesetzten gegenüber gewisse Erklärungsnöte über seinen Arbeitsstil bringen können. Dies sind allerdings nur meine eigenen Spekulationen. Leider fand ich zu diesem kleinen Zwischenfall in meinen Stasi-Unterlagen keinen Hinweis. Vietzes Tobsuchtsanfall war für mich dramatisch, für ihn offenbar eine normale Verhör-Variante und keinerlei Erwähnung wert. Schade, gern hätte ich darüber Näheres gelesen! Es hätte mich nämlich nachträglich stolz gemacht, mit 20 Jahren einem psychologisch geschulten Stasi-Vernehmer die Stirn geboten und vielleicht sogar etwas unter Druck gesetzt zu haben!

Mein „Mittäter" Rudolph Jäger war ebenfalls in die gleiche Untersuchungshaftanstalt des MfS in Potsdam gebracht worden und wurde von Vietze parallel verhört. Wir waren viel zu jung und unerfahren, um seinen raffinierten Verhörmethoden gewachsen zu sein. Fortwährend wurden wir darüber verunsichert, was die Stasi schon wusste, was sie vielleicht nur zu wissen vorgab oder was angeblich der Mittäter schon längst zugegeben haben soll. So gab Hauptmann Vietze in einem Verhör überlegen von sich, dass ihm aus Ungarn ein detaillierter Bericht über unseren gescheiterten Fluchtversuch vorlag. Das war zum Beispiel gelogen. In meinen Unterlagen habe ich lediglich den Hinweis gefunden, dass wir bei der Ortschaft Torony (s. Karte in Abb. 21) festgenommen wurden und dass wir uns erfolgreich herausgeredet hatten:

*Durch das falsche Alibi ungarischer Staatsbürgerinnen und entsprechende Aussagen des 2. Magdeburger Jugendlichen gelang es ihm, die ungarischen Sicherheitsorgane zu täuschen.*

Vietze befand sich dennoch in einer sehr komfortablen Lage. Die Spitzelberichte des „IM-Kandidaten Herbert Dunkel (Name geändert)" enthielten alles, was er für seine „Arbeit“ brauchte. Herbert Dunkel war einer meiner Kommilitonen. Leider habe ich mich von ihm in blindem Vertrauen aushorchen lassen. Mit seinen ungezählten Berichten und detaillierten Informationen zu meiner Person hat Dunkel mich ganz unzweifelhaft ins Gefängnis gebracht. Es tut mir noch heute herzlich leid, dass ich meinem ehrlichen Freund Klaus Grunert wegen seiner politischen Überzeugung und seiner SED-Mitgliedschaft misstraut habe. Herbert Dunkel hingegen, später IM „Rüdiger Berg“, habe ich blindlings mein Vertrauen gegeben. Mit Klaus Grunert bin ich trotz unserer Meinungsunterschiede über die DDR aufgrund unserer beiderseitigen Toleranz noch heute befreundet.

Ständig wiederholte Vietze die Drohung, dass ein weiteres Abstreiten meine Lage vor Gericht erheblich verschlimmern würde und dass mein Mittäter mit seinen Zugeständnissen viel einsichtiger als ich sei. Dasselbe hat er natürlich auch Rudolph Jäger erzählt. Bald gaben wir zu, dass wir über Ungarn nach Österreich flüchten und von dort in die Bundesrepublik Deutschland gelangen wollten.

Mein Hörerbrief an „RIAS Berlin“ war ebenfalls sehr schnell abgehandelt. Ich war über die Schriftproben einwandfrei identifiziert worden. Ohne Zögern gab ich das Schreiben meines Hörerbriefes zu. Es hätte meiner Ansicht nach wenig Sinn gehabt, bei dieser klaren Beweislage alles stur abzustreiten. Im Endeffekt hätte das Gericht „auf eine höhere Strafe erkannt“ oder mir die Zeit der Untersuchungshaft nicht angerechnet, da ich die „Untersuchungsarbeit der Staatsorgane böswillig behindert“ und somit verlängert hätte. Das hat mich Vietze oft wissen lassen, um zusätzlichen Druck auf mich auszuüben. Nun hatte der Herr Hauptmann in etwa zwei Monaten seine Schmutzarbeit für das DDR-Unterdrückungssystem erfolgreich zu Ende gebracht. Hochzufrieden ließ er Seite für Seite seiner Vernehmungsprotokolle unten rechts von mir unterschreiben. Noch heute sehe ich sein feistes Gesicht strahlen. Am Ende seiner erfolgreichen Tätigkeit las er mir eine Passage aus seinem Abschlussbericht an den Staatsanwalt vor. Einer der letzten Sätze lautete etwa so, dass ich peinlichst darum bemüht war, keinen Kommilitonen und niemanden aus meinem Freundes- und Bekanntenkreis zu belasten. Richtig, Vietze! Daran lag mir in der Tat sehr viel! Seinen Bericht an den Staatsanwalt hätte ich gern in voller Länge gelesen. Leider fand ich ihn nicht in meinen Stasi-Akten oder ich habe ihn übersehen. Ich sah den „Herrn Hauptmann" dann auch nicht mehr wieder. Da er in unserem Fall ziemlich schnell und leicht seine Ziele erreichte, sind uns vermutlich im Gegensatz zu anderen Häftlingen nächtliche Verhöre erspart geblieben.

Vietze bemerkte in seinen Verhören, dass ich mir ernsthafte Sorgen um meine alleinstehende Mutter machte. Er überlegte und schrieb:

*Da Hampe sehr empfindlich auf seine Mutter reagiert, ist dieser Umstand ebenfalls taktisch mit auszunutzen.*

Die Frage, was der Hauptmann mit „taktisch ausnutzen" meinte, können nur „Stasi-Spezialisten" beantworten. Ich will diese Texteinblendung nicht weiter kommentieren. Seine „Gedanken" erinnern mich allerdings an Deutschlands finsterste Jahre.

Einen Misserfolg in seiner „Arbeit" hatte Hauptmann Vietze zu meiner Freude doch. Zu gern hätte er den Namen desjenigen herausbekommen, der zuerst die Fluchtidee gehabt hat (das war übrigens ich) und als Anstifter gegolten hätte. Liebend gern hätte er es erlebt, wenn wir uns gegenseitig persönlich belastet hätten. Seine Versuche und Verlockungen, uns gegenseitig auszuspielen, gingen leer aus. In diesem Punkte verhielten wir uns wie echte Freunde und erklärten unabhängig voneinander – wir haben uns während der Untersuchungshaft nie gesehen – gebetsmühlenartig stets von neuem, dass wir den ersten Gedanken an eine Flucht gleichzeitig gehabt hätten. Das hatten wir vor unserer Reise nach Ungarn so abgesprochen und vom Beginn in der Stasi-Untersuchungshaft bis vor Gericht durchgehalten.

An einem anderen Tag öffnete sich, wie üblich geräuschvoll mit Schlüsselrasseln und Riegelschieben, meine Zellentür. Nach der

Zellenordnung musste ich mich sofort mit dem Gesicht zur gegenüber liegenden Wand, die Hände auf dem Rücken, aufstellen. Dann hieß es barsch: „Nr. 8! Mitkommen!“ Ich wurde in das mir seit Wochen bekannte Vernehmungszimmer in der 1. Etage des Lindenhotels wie immer in hautnaher Begleitung eines Wachmanns geführt.

Am Schreibtisch des „Herrn Hauptmann“ saß an diesem Tage ein mir unbekannter jüngerer Herr mit einem freundlichen Gesicht, das mir sehr künstlich aufgesetzt vorkam. Er gab vor, mir „helfen“ zu wollen und erklärte verständnisvoll, fast mitleidig, dass ich viel für die Verbesserung meiner derzeitig unangenehmen Situation tun könne. Er stellte sich als der Verbindungsoffizier des Ministeriums für Staatssicherheit zur Pädagogischen Hochschule vor und wolle einige Fragen an mich richten. Binnen einer Minute war mir klar, worauf sein Gespräch mit mir hinauslaufen sollte. Er wollte über die politische Einstellung jedes einzelnen Studenten meiner Seminargruppe Bescheid wissen und mich darüber aushorchen! Ich dachte bei mir: „Deine plumpen Versuche rühren mich überhaupt nicht.“ Ich wollte auf keinen Fall andere junge Leute unglücklich machen, nur weil sie einen politischen Witz erzählt oder eine abfällige Bemerkung über die DDR fallen gelassen haben. Mit diesem festen Gedanken im Kopf blockte ich jede lockere, für meine Kommilitonen gefährliche Plauderei ab.

An einem anderen Tage wurde ich wieder aus der Zelle abgeholt und in das Vernehmungszimmer geführt. Dieses Mal saß eine mütterlich wirkende Dame am Schreibtisch und begann mit sanfter Stimme, dass sie mir auch nur „helfen“ wolle, denn das, was ich getan hätte, wäre schließlich kein Verbrechen, sondern nur ein Vergehen – also gar nicht so furchtbar schlimm. „Dafür sägt man bei uns doch nicht gleich den Kopf ab! Nur – ein wenig mehr kooperativ müssen sie schon sein!“ setzte sie hinzu. Aus ihrer erwünschten „Kooperation“ wurde nichts und ich saß binnen kurzer Zeit wieder als Nr. 8 in meiner Zelle.

Dass ich trotz aller intensiven Verhöre, teils unter erheblichem Druck, keinen einzigen Menschen in Schwierigkeiten gebracht habe, stimmt mich heute sehr zufrieden.

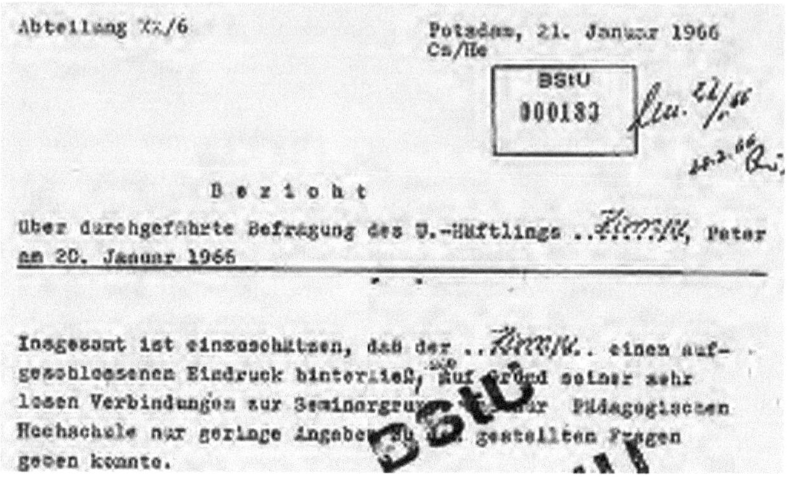

Abteilung XX/6

Potsdam, 21. Januar 1966
Cs/He

BStU
000183

Bericht

über durchgeführte Befragung des U.-Häftlings ..[illegible], Peter
am 20. Januar 1966

Insgesamt ist einzuschätzen, daß der ..[illegible].. einen auf-
geschlossenen Eindruck hinterließ, auf Grund seiner sehr
losen Verbindungen zur Seminargruppe der Pädagogischen
Hochschule nur geringe Angaben zu den gestellten Fragen
geben konnte.

Eine weitere Perfidie der Stasi bestand darin, dass zunächst niemand von meiner Verhaftung in Kenntnis gesetzt wurde. Da bei der Stasi grundsätzlich jeder Schritt sorgfältig überlegt, geplant und durchgeführt wurde, handelte es sich selbstverständlich nicht um Gedankenlosigkeiten oder Nachlässigkeiten. Ich war von einem Tag auf den andern spurlos verschwunden und niemand konnte sich darauf einen Reim machen. Die Stasi hoffte, aus den einsetzenden Spekulationen der Studenten weitere, für sie nützliche Erkenntnisse, z. B. über etwaige Mitwisser zu gewinnen.

102

Abteilung XX/6 Potsdam, den 2. 12. 1965

BStU 000111

Situationsbericht nach der Festnahme des Studenten ..HAMPE...
in der Seminargruppe Chemie/Biologie 2/1

Von der erfolgten Festnahme hatten die Studenten bis zum 22. 11. 1965 keine Kenntnis. Erst nach Nachforschungen, die durch den Studenten und FDJ-Sekretär der Seminargruppe , bei der Staatsanwaltschaft angestellt wurden, sowie dem Erscheinen der Mutter des Inhaftierten und der durchgeführten Hausdurchsuchung, erhielten die Studenten von der Festnahme des ..HAMPE... Kenntnis. Durch PK, die über das gesamte Internat Gregor-Mendel-Str. ße 10 eingeleitet wurde und durch inoffizielle Angaben wurde folgender Sachverhalt über die Inhaftierung bekannt.:
Von den Studenten werden die verschiedensten Spekulationen zu der Festnahme angestellt. Diese Spekulationen haben folgendenInhalt:

(PK = Personenkontrolle)

Es wurde, da nichts Besonderes herauskam, nur viel Papier beschrieben. Ich erspare dem Leser diese Banalitäten.

Meine Mutter fuhr nach der bei ihr durchgeführten Hausdurchsuchung nach Potsdam und holte meine persönlichen Sachen aus unserem Studentenwohnheim ab. Dabei hörte sie von einem meiner Kommilitonen diesen Kommentar und schrieb ihn mir in einem Brief:

*Ja, der Peter war schon immer etwas weltfremd gewesen!*

Die Einschätzung, in einem solchen Staat wie der DDR, weltfremd gewesen zu sein, hat mir sehr gefallen.

## Stasi-Ärger: Die Geldsammlung der Studenten

Nach meinem unerklärlichen Verschwinden erkundigte sich Klaus Grunert, mein treuer Studienfreund, im Prorektorat für Studienangelegenheiten nach meinem Verbleib. Er hat aber dort keinerlei Auskunft erhalten. Darauf ging er zum Volkspolizeikreisamt und fragte dort gleichfalls erfolglos nach mir. Schließlich begab er sich in die Friedrich-Ebert-Straße zu einer ihm persönlich bekannten Richterin im Bezirksgericht. Sie war sehr entgegenkommend und führte einige Telefonate, zuletzt mit dem Ministerium für Staatssicherheit. Dort wurde sie „fündig". Der am anderen Ende der Leitung sitzende Stasi-Mann forderte die Richterin auf, Herrn Grunert in das nahe gelegene Haus Otto-Nuschke-Straße 54, einem der Potsdamer Stasi-Gebäude zu schicken. Dort wurde er von einem uniformierten Posten in Empfang genommen und in Vietzes Vernehmungszimmer geführt. Vietze empfing Klaus sehr freundlich, fragte ihn so ganz nebenbei, ob er vielleicht von meinen Absichten, die DDR zu verlassen, gewusst habe. Beim Bejahen hätte sich Klaus der Mitwisserschaft schuldig gemacht und das wäre nicht ohne Konsequenzen für ihn geblieben. Das konnte er in aller Ruhe verneinen, weil er ja wirklich nichts wusste. Seine SED-Mitgliedschaft hatte mich davon abgehalten, ihn in meine Fluchtpläne einzuweihen. Als SED-Mitglied war er mir immer etwas fremd gewesen, obwohl er sonst in jeder Hinsicht mein bester Freund in Potsdam war. Wenn Klaus hin und wieder zu mir sagte: „Peter, aus dir mache ich bald einen guten Genossen!" war er mir besonders fremd. Ich spürte dann ein leichtes Gruseln und einen tiefen Graben zwischen uns. Mir erschien die SED immer wie ein merkwürdiger Geheimbund. Allwöchentlich wurden geheimnistuerisch Parteiversammlungen abgehalten, über deren Inhalte nie gesprochen wurde. Das Mitgliedsbuch der SED wurde zum wichtigsten Dokument erklärt. Es sollte den allerhöchsten Status besitzen, also weit über dem Personalausweis stehen. Wie ich hörte, durfte es niemandem gezeigt werden, um „Missbrauch", was immer das auch sein sollte, vorzubeugen. Der Verlust des Parteibuches war ein ganz schwerer Fall. Wegen der sich um das Parteibuch rankenden Legenden habe ich ehemalige Genossen darüber befragt und unterschiedliche Versionen gehört. Klaus Grunert meinte, dass die Vorschriften um das Parteibuch in Wirklichkeit gar nicht so dramatisch gewesen wären. Wahrscheinlich hatte jeder Parteisekretär seine eigene Parteibuchphilosophie. Ich selbst habe nie ein SED-Mitgliedsbuch zu Gesicht bekommen.

Doch zurück zur Stasi: Zum Abschluss seines Besuches fragte Klaus meinen Vernehmer, ob man irgendetwas für mich tun könne. Hauptmann Vietze gab zur Antwort, dass Geld für beschränkte Einkäufe, beispielsweise für Tabakwaren, Süßigkeiten oder Lebensmittel für mich abgegeben werden könne. Unverzüglich informierte er die Studenten meiner Seminargruppe darüber. Daraufhin initiierte laut Mitteilung einer Mitstudentin Klaus Grunert eine Geldsammlung für mich. Das entsprach aber nicht den Tatsachen.

- Abteilung XX/6- Potsdam, 6. Dezember 1965.

BStU 000319

Information

Am 6. 12. 1965 informierte mich der Gen. Ultn. CZESHAT, daß in der Seminargruppe Chemie/Biologie II/1 der PH Potsdam eine Sammlung für den inhaftierten HAMPE, Peter durchgeführt wird.

Als Initiator dieser Sammlung trat der FDJ-Sekretär der Seminargruppe

auf.

Es wird beabsichtigt, dem HAMPE zu Weihnachten ein Geschenk zukommen zu lassen.

Herr Grunert erklärte mir im April 2008, dass dieser Vorschlag nicht von ihm, sondern spontan von einem anderen Studenten gekommen sei. Die Stasi-Unterlagen enthalten eben auch nicht immer die pure Wahrheit! Laut Protokoll kamen bei der Geldsammlung 70,- Mark zusammen (Anhang 8). Dieser Betrag wurde zusammen mit einer Namensliste der Spender im Stasi-Gefängnis für mich abgegeben. Das muss die Herren sehr gestört haben, denn diese Sammlung machte auf sie den Eindruck einer Sympathieerklärung, was sie ja im Grunde genommen auch war. Herr Grunert wurde von unserem damaligen Seminargruppenbetreuer befragt, wieso die Geldsammlung überhaupt zustande kommen konnte. Darauf konnte er seelenruhig antworten, dass der Vernehmer Vietze ihm selbst die Möglichkeit der Geldübergabe genannt hätte. Kurz darauf kam von der Stasi die Anweisung, das gesammelte Geld an die Spender zurückzugeben. Das ist dann aber offensichtlich nur zum Teil geschehen. Ich vermute, dass einer meiner ehemaligen Kommilitonen die Sache persönlich in die Hand nahm und sich für die Geldüberweisung die Genehmigung der Staatsanwältin einholte. Nur so kann ich mir den Betrag von 40,- Mark erklären.

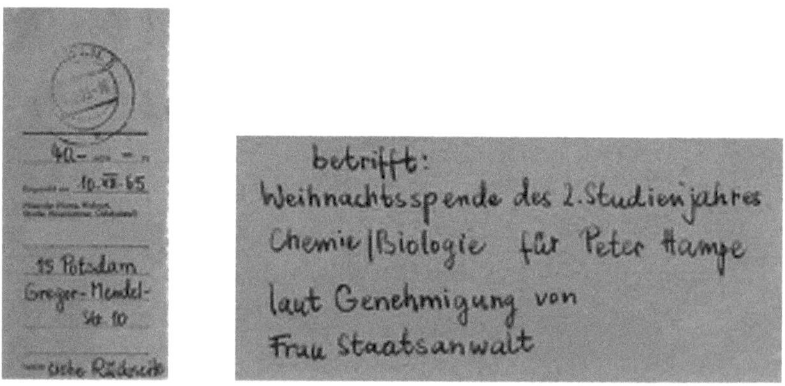


**Abb. 28: Einzahlungsbeleg der Weihnachtsspende meiner Seminargruppe.**

Eines Tages informierte mich ein Schließer durch die Klappe meiner Zellentür, dass auf meinem Einkaufskonto 40,- Mark zu meiner

Verfügung stünden. Jemand habe mir diesen Betrag, den er mir schuldete, auf mein Gefangenenkonto überwiesen. Da mir niemand Geld schuldete, verstand ich diese Information nicht. Erst nach meiner Haftentlassung habe ich von Klaus Grunert die Zusammenhänge um die 40,- Mark erfahren. Es war der Stasi sicher ein Dorn im Auge, dass meine Seminargruppe, trotz finanzieller Nöte, die jeder Student damals hatte, für mich gesammelt hatte.

## Drei überraschende Grüße von „draußen"

In meiner Zelle ohne jegliche Nachricht von draußen war ich fest davon überzeugt, dass sich von nun an jeder Student ängstlich von mir abwenden würde, um sich nicht selbst und den Fortgang seines Studiums zu gefährden. Für diesen Selbstschutz hätte ich zu jeder Zeit, auch heute noch, absolutes Verständnis gehabt. Umso überraschter war ich, als mir nacheinander drei Briefe von Studenten meiner Seminargruppe durch die Türklappe wortlos in meine Zelle geschoben wurden. Ein Kommilitone schrieb mir einen zweiseitigen Brief und berichtete allerlei Unverfängliches von sich und vom Studium. Zwei andere Kommilitonen schickten mir Weihnachtskarten mit allen guten Wünschen in die Zelle. Damit hätte ich nie gerechnet. Ich konnte es gar nicht fassen, dass diese drei den Mut dazu aufbrachten. Ich habe ihre Briefe als versteckte, sehr vorsichtige Sympathiebekundungen verstanden. Andernfalls hätten sie mir doch nie geschrieben!

Abb. 29: Briefumschlag eines Weihnachtsgrußes an mich
(Der Stasi-Code 8/25 bedeutet: Häftling Nr. 8 in Zelle 25)

Schon einen Briefumschlag mit dieser Anschrift in einen Postkasten zu werfen, war sicherlich mit großer Überwindung und einem beachtlichen Mut verbunden. Diesen Mut möchte ich auch deshalb besonders würdigen, weil in der zuvor stattgefundenen Versammlung die Studenten von der Stasi und dem Staatsanwalt wie folgt instruiert wurden (vollständiges Protokoll im Anhang 10):

*Danach wurde zu der Straftat des Hampe die Diskussion begonnen und die von Hampe begangene strafbare Handlung als verurteilungswürdig eingeschätzt, wovon man sich distanzieren muß.*

Später hat sich die Stasi hinter einer anonymen Postfachnummer versteckt, um zu verhindern, dass über den Briefverkehr die Namen von Stasi-Häftlingen bekannt werden. Solange die Stasi existierte, wollte sie ihr Wirken immer möglichst geheim halten.

Ich kann mir die unangenehmen Gefühle meiner ehemaligen Kommilitonen unmittelbar vor dem Postkasten sehr gut vorstellen. Ohne viel Phantasie waren erhebliche Konsequenzen vorstellbar. Man könnte dadurch leicht ins Fadenkreuz der Stasi geraten und vorgeladen werden. Sehr unangenehm wäre auch die Aufforderung, ins Prorektorat für Studienangelegenheiten zu einem „Gespräch" einbestellt zu werden und sich vielleicht Fragen dieser Art stellen zu lassen:

„Weshalb schreiben Sie diesem Hampe, der sich nicht ohne Grund bei den Untersuchungsorganen des Ministeriums für Staatssicherheit befindet? Sympathisieren sie vielleicht mit dieser Person? Warum distanzieren sie sich nicht klar und deutlich von ihm? Schließlich wurde das am 14. Dezember 1965 in der Studentenversammlung so vereinbart (Protokoll in Anhang 10)? Wie können sie ein solches Verhalten mit ihrer Aufgabe als zukünftiger Lehrer in einer sozialistischen Schule vereinbaren? Sie wollen doch noch ein Lehrer werden, **oder …?"**

Dieses gedachte Szenario passt exakt zum folgenden Protokollausschnitt:

*Gleichzeitig wurde vom Staatsanwalt … daraufhin gewiesen, daß sich die Studenten der Pädagogischen Hochschule ihrer Pflicht als künftige Lehrer unserer Kinder bewußt sein müssen und zur DDR sowie den von der Regierung eingeleiteten Maßnahmen den richtigen politischen Standpunkt einnehmen müssen. Durch … wurde darauf verwiesen, daß man nicht aufgrund von Annahmen und vom Hörensagen die Dinge beurteilen kann, sondern dazu ein Klassenstandpunkt notwendig ist.*

Zur damaligen Zeit konnten diese Aussichten einem Pädagogik-Studenten ordentlich das Frösteln beibringen. Trotzdem haben mir diese drei Kommilitonen geschrieben. Nochmals: Alle Achtung für diesen Mut!

# Vor Gericht

## Im Untersuchungsgefängnis des MfS in Neustrelitz

Rudolph Jäger, mit dem ich gemeinsam vor der ungarischen Grenze festgenommen war, erhielt für November 1965 die Einberufung zur Nationalen Volksarmee. Automatisch war für ihn ab diesem Zeitpunkt die Militärgerichtsbarkeit zuständig und ich der „Mittäter" eines Militärangehörigen. Ahnungslos wurde ich eines Morgens auf dem Stasi-Gefängnishof in Potsdam zu einem für Häftlingstransporte umgebauten Barkas-Lieferwagen vom Typ „B 1000" geführt. Das Wageninnere war mit fünf winzigen fensterlosen Dunkelzellen und einer Sitzbank für zwei Bewacher ausgerüstet. Mir wurden Handschellen angelegt und ich musste mich in einem Kasten auf ein schmales Sitzbrettchen setzen. Der Kasten wurde verschlossen und ab ging die Fahrt in absoluter Dunkelheit und ohne jegliche Information über das Ziel.

Abb. 30: Häftlingstransporter.

Nach stundenlanger Fahrt, hin- und her geschüttelt in absoluter Finsternis war ich, wie ich erst später erfuhr, in das Stasi-Gefängnis Neustrelitz „überführt" worden. Ohne Kommentar kam ich dort sofort „auf Zelle".

Später bekam ich einen Mitgefangenen in meine Zelle. Wir haben uns prima verstanden und uns von morgens bis abends über Gott und die Welt und natürlich auch über unsere völlig verschiedenen Lebensläufe unterhalten. Als früherer Berufssoldat der DDR sollte er – seinen Worten nach – von der Nationalen Volksarmee als Militärausbilder in den afrikanischen Staat Angola entsandt worden sein. Das MPLA war eine angolanische, sozialistisch ausgerichtete Untergrundbewegung, die in den 1960er Jahren Verbindungen zum damaligen Ostblock aufnahm. Sie erhielt Unterstützung von der Sowjetunion, Kuba und anderen sozialistischen Ländern, einschließlich der DDR. Angola war seinerzeit ein großer Hoffnungsträger. Man sah in diesem Land eine Art sozialistische Keimzelle für ganz Afrika.

Eberhart, ein eingefleischter Waffennarr, wusste viel über das Preußentum. Friedrich II., den er oft ehrfürchtig „Fridericus rex" nannte, war sein Lieblingsthema. Er hatte ins Auge gefasst, über ihn zu forschen, um später ein Buch darüber zu schreiben.

Eberhart erzählte mir auch, dass er sich freiwillig zu einer medizinischen Untersuchung bereit erklärt hatte. Sein Stasi-Vernehmer hatte ihm einen Straferlass in Aussicht gestellt, falls bei der Analyse seiner Rückenmarksflüssigkeit „etwas" (?) gefunden werden sollte. Voller Hoffnung ließ er sich darauf ein. Eines Morgens bekam er Zivilkleidung und wurde für die Untersuchung in eine Klinik gebracht.

Nach etlichen Stunden öffnete sich die Zellentür und Eberhart stand stocksteif wie ein Gespenst im Türrahmen. Schwerfällig wankte er zu seiner Pritsche und legte sich sofort hin, was eigentlich tagsüber verboten war. „Eberhart, was ist los mit dir?" rief ich, bekam aber keine Antwort. Er konnte seinen Hals nicht bewegen, kaum sprechen und vor Schmerz nicht schlafen. Am nächsten Morgen klagte er über quälende Schmerzen und einen steifen Hals. Tagelang stöhnte er fortwährend: „Nie, niemals das wieder!"

Später berichtete er mir, dass die Ärzte mittels einer Kanüle zwischen seine Halswirbel in den Rückenmarkskanal eingedrungen waren. Für eine spezielle Untersuchung haben sie von seiner Rückenmarksflüssigkeit eine Probe genommen. Über den Sinn der „Untersuchung“ konnte er als Zellengenosse wie auch 1999 bei meinem Besuch nichts Näheres berichten. Kurz und gut, Genaues wissen wir nicht und wir werden es wohl kaum erfahren. Es ist aber anzunehmen, dass Eberhart nicht umfassend aufgeklärt wurde. Ein paar Tage später wurde ich in einer besonderen Besucherzelle dem Militärstaatsanwalt vorgeführt. Formal-juristische Gründe aus dem DDR-Strafrecht zwängen ihn dazu, Rudolph Jäger als Soldaten und mich als Zivilisten gemeinsam vor ein Militärgericht zu stellen, erklärte er mir langatmig. In Wirklichkeit war er nur ein Handlanger der Stasi und erfüllte wie ein Lakai deren Anweisung aus Potsdam, wie das folgende Dokument zeigt:

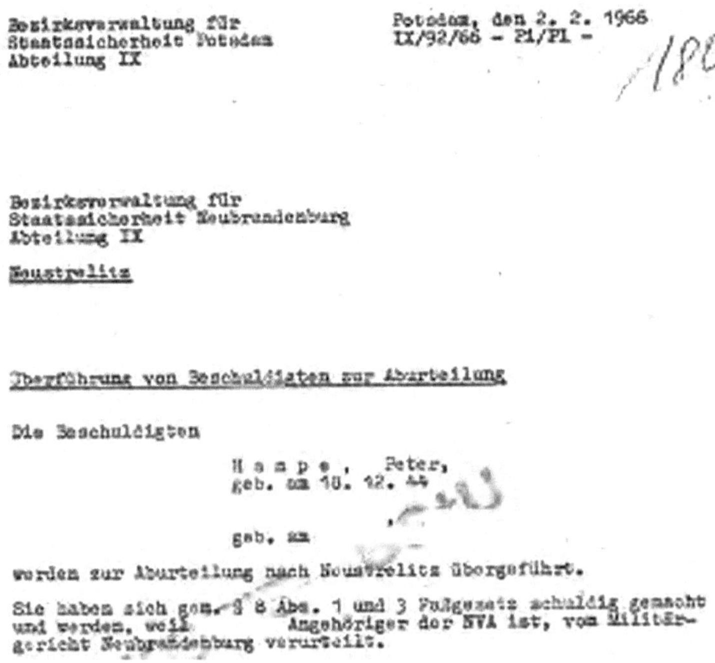

Bezirksverwaltung für
Staatssicherheit Potsdam
Abteilung IX

Potsdam, den 2. 2. 1966
IX/92/66 - Pi/Pl -

/180

Bezirksverwaltung für
Staatssicherheit Neubrandenburg
Abteilung IX

Neustrelitz

Überführung von Beschuldigten zur Aburteilung

Die Beschuldigten

H a m p e , Peter,
geb. am 18. 12. 44

,
geb. am

werden zur Aburteilung nach Neustrelitz übergeführt.

Sie haben sich gem. § 8 Abs. 1 und 3 Paßgesetz schuldig gemacht und werden, weil Angehöriger der NVA ist, vom Militärgericht Neubrandenburg verurteilt.

Dann begann er von seinen beiden wohlgeratenen Kindern zu schwärmen, die niemals auf solche absurden Gedanken wie ich kämen. Moralisierend setzte er hinzu, dass sie im Gegensatz zu mir alle Vorzüge der DDR schätzen würden und die großzügigen Entwicklungsmöglichkeiten dankbar angenommen hätten. Derzeit würden sie noch studieren und seien gerade dabei, sich – ganz im Gegensatz zu mir – eine erfolgreiche Zukunft in der DDR aufzubauen.

Für uns beschloss er eine gemeinsame Gerichtsverhandlung vor dem Militärobergericht Neubrandenburg am 10. und 11. März 1966.

## Das Militärobergericht in Neubrandenburg

An beiden Verhandlungstagen wurden wir in Handschellen gefesselt in die engen Dunkelzellen des Kleintransporters eingepfercht und zum Militärobergericht nach Neubrandenburg gefahren.

Die Gerichtsverhandlung fand ich tödlich langweilig, da unsere Vernehmungsprotokolle der Stasi Wort für Wort erneut über Stunden wiedergekäut wurden. Ein widerlicher Militärschöffe suchte sich während der Verhandlung ständig mit hämischen Bemerkungen zu profilieren. Bei jeder passenden Gelegenheit geißelte er unsere Undankbarkeit gegenüber der ach so großzügigen DDR.

Mein Hörerbrief an den RIAS und unser gescheiterter Fluchtversuch waren in meinen Augen einfach abzuhandeln, jedoch das Gericht nahm sich für die moralische Verurteilung unserer Denk- und Handlungsweise die Zeit eines ganzen Vormittags. Zwei Studenten aus Potsdam waren zur „Mitwirkung" zur Verhandlung hinzugezogen worden: ein so genannter gesellschaftlicher Ankläger und Klaus Grunert, unser FDJ-Sekretär, als gesellschaftlicher Verteidiger.

Gegen Ende der Verhandlung verlas Klaus Grunert eine schriftliche Stellungnahme meiner Seminargruppe Chemie/Biologie. Ich war mehr als erstaunt, nach allen bisherigen Verunglimpfungen zum ersten Mal eine sympathische Beurteilung meiner Person zu hören. In einem mit der Stasi abgekarteten Verfahren hätte ich viel eher erwartet, als vollkommen verabscheuungswürdig geschildert zu werden. Auch das „Hohe Gericht“ hatte, ebenso wie ich selbst, die entrüstete Empörung meiner Kommilitonen und Verurteilung meines verwerflichen Handelns erwartet. Nun wurde ich plötzlich als ein strebsamer, kameradschaftlicher und beliebter Student beschrieben. Ich war ebenso überrascht wie die Herren des Gerichts. Sie räusperten sich und schauten etwas ungläubig in den Saal. Selbstverständlich musste dann die Verurteilung des Fluchtversuches folgen. Etwas anderes wäre für die Studenten nicht möglich gewesen! Zuletzt äußerten die Studenten in ihrer Stellungnahme sogar die Absicht, nach Verbüßung meiner Haftstrafe wieder Kontakt mit mir aufzunehmen, um mir bei der Rückkehr in ein Leben mit Zukunftsperspektiven zu helfen. Dazu ist es nach meiner Entlassung nach 18 Monaten nicht gekommen, was ich sehr gut verstehe. Jeder Student muss im ständigen Lern- und Prüfungsstress sein persönliches Programm bewältigen und hat kaum freie Valenzen. Diese sicherlich ehrlich gemeinte Absicht war eine weitere unüberhörbare Sympathieerklärung, die dem „Hohen Gericht“ wenig geschmeckt hat. Dessen Reaktion: Versteinerte Gesichter und eisiges Schweigen.

Im April 2008 habe ich Klaus Grunert in Brandenburg besucht, um hierzu Genaueres zu erfahren. Hier seine Erinnerungen:

Vor meiner Gerichtsverhandlung wurde für die 25 Studenten meiner Seminargruppe im Studentenwohnheim Gregor-Mendel-Straße 10 eine FDJ-Versammlung im großen Aufenthalts- und Versammlungsraum anberaumt. Der Seminargruppenbetreuer und Klaus Grunert als FDJ-Sekretär leiteten die Veranstaltung. Als Gäste waren der Bezirksstaatsanwalt und ein anonymer Stasi-Mann zugegen. Ziel der Veranstaltung war, zunächst „ideologische Unklarheiten“ unter den Studenten zu beseitigen und dann eine Beurteilung zu meiner Person zu erarbeiten. Bald gab es Meinungsverschiedenheiten. Es war für die Genossen gar nicht so einfach, die Studenten von den „notwendigen Reisebeschränkungen“ in der DDR zu überzeugen. Der Bezirksstaatsanwalt musste sich dazu richtig ins Zeug legen, wie aus dem nachträglich angefertigten Protokoll deutlich hervorgeht. Dann kam man zu meiner Beurteilung. Besonders der Stasi-Mann ohne Namen drängte penetrant darauf, eine möglichst schlechte Beurteilung zu bekommen. Als es auf seinen Druck hin dazu kommen sollte, dass ich in jeder Hinsicht eine negative Person gewesen sei, wehrten sich die Studenten, zwei sogar ziemlich lautstark. Sie zogen eine klare Trennlinie zwischen meiner Zeit als Student vor der Festnahme und meinem Fluchtversuch, der so genannten „Tat". Der Stasi-Mitarbeiter soll nach Klaus Grunerts Worten über die Reaktion der Studenten ziemlich erbost gewesen sein. Zu meiner Person gab ein Student eine herrliche Einschätzung ab, die protokolliert wurde. Schöner lässt sich das allgemeine politische Klima in der DDR nicht wiedergeben:

*Von dem Studenten ... wurde gesagt, daß Hampe praktisch zwei Leben führte. Einmal als Student, den man sich zum Vorbild nehmen konnte und zum anderen sein Leben außerhalb der Pädagogischen Hochschule in Magdeburg. Scheinbar ist die Tat von Hampe in seiner Entwicklung begründet. Er hatte vielleicht während seiner Schulzeit in den politischen Fächern Lehrer, die stures Auswendiglernen duldeten, ohne auf die Probleme der Schüler, womit sie nicht fertig wurden, einzugehen.*

*(Vollständiges Protokoll der FDJ-Versammlung siehe Anhang 10).*

Wie wahr! Die Ursache des allgemeinen Doppellebens lag eben darin, dass die DDR-Realität und die per Zwang verordnete SED-Sicht nicht zusammenpassten. Das wollten oder konnten die Genossen einfach nicht begreifen. Ich zitiere zum zweiten Mal den Ausspruch von Friedrich Nietzsche (1844–1900), weil er an dieser Stelle wieder bestens passt:

*Wahnsinn bei Individuen ist selten, aber in Gruppen, Nationen und Epochen die Regel.*

Doch zurück zur Gerichtsverhandlung:

„Das Hohe Gericht möge doch bitte bei der Urteilsfindung berücksichtigen, dass es sich bei den beiden Straftätern um noch sehr junge Menschen handelt." Das war die einzige uns verteidigende Äußerung unseres Pflicht-„Verteidigers" in dem ganzen Verfahren. Die meiste Zeit der Gerichtsverhandlung verbrachte er als stummer Statist schläfrig auf seinem Stuhl. Ich nehme an, dass er, selbst bei ehrlichem Willen uns zu helfen, nichts für uns hätte tun können. Er spielte in der ganzen Unrechtsveranstaltung nur eine Theaterrolle als demokratisches Feigenblatt.

Die Urteilsverkündung am darauf folgenden Tag erwartete ich mit derartig hoher Spannung, dass ich mich unmittelbar vor dem Transport zum Gericht erbrechen musste. Sie verlief ähnlich wie tags zuvor die Hauptverhandlung, nur nicht so unerträglich lange. Den breitesten Raum nahmen moralische Anschuldigungen ein. Unsere verwerfliche Tat wurde endlos ausgewalzt und unsere Undankbarkeit gegenüber dem Staat, der uns doch alles geboten hätte, beklagt. Wir hätten uns weit von der sozialistischen Gesellschaft entfernt und müssten dafür eine gerechte Strafe bekommen, hieß es.

Durch die andauernden moralischen Verurteilungen unsers Handelns fühlte ich mich schon fast wie ein Schwerverbrecher und in meiner Phantasie wuchs mein zu erwartendes Strafmaß von Minute zu Minute beängstigend an. Nach etwa einer Stunde wurde der Gerichtsbeschluss verlesen. Ich klammerte mich voller Spannung am Stuhl fest und dachte bei mir: Hoffentlich bleibt das Urteil unterhalb der Grenze des Erträglichen von fünf, vielleicht sogar nur drei Jahren. Alles was an Haftzeit darunter liegt, ist ein überschaubarer Zeitraum, den ich schon überstehen werde! Am Schluss seines Plädoyers forderte der Staatsanwalt wegen „staatsgefährdender Propaganda und Hetze" (das war der Inhalt meines Briefes) mit „Verbindungsaufnahme zu verbrecherischen Organisationen und Dienststellen" (das war der RIAS) ein Jahr Gefängnis und wegen „versuchten Passvergehens" (unser Fluchtversuch) 10 Monate Gefängnis. Durch den in der Strafprozessordnung vorgeschriebenen Strafzusammenzug wurde die Gesamtstrafe um 4 Monate reduziert: Summa summarum: 18 Monate

Gefängnis ohne Bewährung! Diese „geschenkten" 4 Monate hätte ich mir durch fortwährendes Abstreiten meiner „Taten" bei der Stasi mit Sicherheit verscherzt. Nach dem Antrag des Militärstaatsanwaltes ordnete der Militärrichter eine Verhandlungspause an, in der sich das Gericht sich zu einer Beratung zurückzog. Anschließend wurden mit der Juristenformel „zu Recht erkannt" unsere Strafen verlesen.

*Das Militärobergericht schloß sich im vollen Umfang den Anträgen des Militärstaatsanwalts an. Die Strafanträge entsprechen den Umständen der Tat und der Persönlichkeit der Angeklagten und werden auch der politisch-moralischen Verwerflichkeit ihres Handelns gerecht. Wenn von der Verteidigung vorgebracht wurde, daß die Einsatzstrafe für die staatsgefährdende Propaganda und Hetze überhöht ist, so kann dieser Auffassung nicht gefolgt werden. Richtig ist, daß der Angeklagte H a m p e zur Tatzeit erst 18 Jahre und mit ideologischen Unklarheiten behaftet war. Die Herstellung des hetzerischen Briefes ist aber ein Ausdruck der politischen Einstellung des Angeklagten zu unserer Arbeiter- und Bauernmacht. Daß er auch in der Folgezeit seine Einstellung nicht änderte zeigt sich in den strafbaren Handlungen, die er anschließend beging.*

In meinem Gerichtsurteil las ich sehr dramatisch klingend, „dass ich die Sicherheit des Staates angegriffen hätte". Womit? frage ich mich heute. Mit einem simplen Schülerbrief? Nie kam mir der Gedanke, die Sicherheit des Staates anzugreifen oder ihn irgendwie verändern zu wollen. Ich hatte lediglich meine persönliche Ansicht über eine Unterrichtsstunde im Staatsbürgerkundeunterricht geäußert und mochte nicht in der DDR leben. Das allein war ausreichend für eine Gefängnisstrafe von 18 Monaten!

Trotzdem war ich nach der Verlesung meines Urteils fassungslos glücklich! 18 Monate waren in diesem Moment in meinen Augen gegenüber den befürchteten drei bis fünf Jahren ein fast lächerlicher Zeitraum. Die Untersuchungshaft bei der Stasi wurde mir erfreulicherweise angerechnet. Auch das hätte mir der Vernehmer Vietze vereiteln können! So lagen „nur" noch 14 Monate Gefängnis vor mir.

Rudolph Jäger kam mit 10 Monaten für unseren Fluchtversuch davon. Er hatte ja nicht wie ich einen „Hetzbrief“ an den RIAS geschrieben.

Nach der offiziellen Beendigung der Urteilsverkündung fühlte ich mich ausgesprochen heiter. Völlig unerwartet kam sogar der Pflichtverteidiger, ein älterer Herr, freundlich auf uns zu, schüttelte jedem von uns die Hand und sagte: „Ich freue mich, heute einmal junge Menschen zu sehen, die nicht die Köpfe hängen lassen!“ Ich muss ehrlich sagen, dass mich das überrascht hat, denn aus dieser Äußerung und seiner freundlichen Geste glaubte ich, eine leise Sympathie für uns herauszuhören. Mit Rudolph Jäger und dem Zeugen Rolf Keiser konnte ich mich nach langer Zeit wieder einmal, allerdings nur für ein paar Minuten locker und gelöst unterhalten.

Abschließend hierzu eine Bemerkung von Johann Gottfried Seume (1763–1810). Er schrieb in den Jahren 1806/1807 in seinen „Apokryphen“ unter anderem:

*Wenn etwas hart bestraft wird, so beweist das gar nicht, dass es unrecht ist; es beweist bloß, dass es dem Vorteil der Machthaber nachteilig ist.*

Dann wurden uns schnell die Handschellen angelegt und in den dunklen Zellen des Transportautos ging es zurück ins Stasi-Untersuchungsgefängnis Neustrelitz. Für diese „Gerichtsverhandlung“ musste ich später bezahlen.

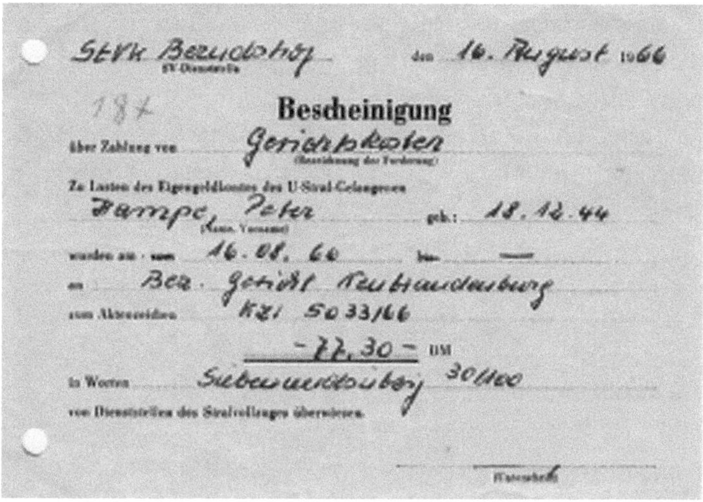

den 16. August 1966

**Bescheinigung**

über Zahlung von Gerichtskosten

Zu Lasten des Eigengeldkontos des U-Straf-Gefangenen

Peter geb.: 18.12.44

wurden am 16.08.66 bis —

an Bez. Gericht Neubrandenburg

zum Aktenzeichen KZI 50 33/66

-77,30- DM

In Worten Siebenundsiebzig 30/100

von Dienststellen des Strafvollzugs überwiesen.

Abb. 31 : Meine Gerichtskosten.

## Ein Schlaglicht auf den „Rechtsstaat DDR“

Nun ein kurzes Schlaglicht auf die bei mir angewendete sozialistische Rechtspraxis: Vor der Gerichtsverhandlung wurde ich in eine andere Zelle, die bis auf einen Hocker vollkommen leer war, geführt. Ein Wachmann übergab mir meine Anklageschrift des Staatsanwaltes und schloss mich für einen Zeitraum von etwa 30 Minuten ein. Es bestand nicht die geringste Möglichkeit, dieses Papier irgendwo, z. B. in einer Matratze, sicher zu verstecken. Danach musste ich die Anklageschrift zurückgeben und wurde wieder in „meine“ Zelle gebracht. Dasselbe Verfahren wurde auch nach der Urteilsverkündung praktiziert. Ich habe daher die Anklageschrift und mein eigenes Gerichtsurteil erst Jahrzehnte später, nach der Öffnung der Stasi-Akten in Kopie bekommen können. Dass die DDR-Justiz wegen ihrer politischen Urteile ein schlechtes Gewissen hatte, halte ich für ausgeschlossen. Sie scheute jedoch die Öffentlichkeit wie der Teufel das Weihwasser. Wären solche völlig ungerechten und unangemessenen Gerichtsurteile allgemein und vor allem im Westen bekannt geworden, bliebe das andauernde Demokratiegeschwafel der SED bestenfalls ein schlechter Witz. Außerdem wäre die ständig wiederholte Behauptung, in der DDR gäbe es keine politischen Gefangenen, unhaltbar gewesen. Nur aus diesem Grund haben die DDR-Machthaber eine politische Geheimjustiz zur Stützung ihres Unrechtssystems unterhalten.

# Im Gefängnis

## Kurzer Zwischenaufenthalt im Gefängnis Alt-Strelitz

Nach der gerichtlichen Urteilsverkündung war meine Untersuchungshaft beendet. Ich wurde danach für einige Wochen in die Strafvollzugsanstalt Alt-Strelitz verlegt. Es ging dort viel lockerer zu als bei der Stasi. Ich sah viele neue Gesichter, auch merkwürdige Menschen. Da es nach offizieller Lesart in der DDR keine politischen Gefangenen gab, wurde ich unterschiedslos mit kriminellen Straftätern aller Couleur zusammengesperrt. So kam ich erstmals in meinem Leben mit dem vielseitigen, teils sogar interessanten Spektrum der Kriminalität in allernächsten Kontakt. Es handelte sich in der Hauptsache um Gewalttäter, Diebe, Einbrecher, Homosexuelle (sie wurden seinerzeit noch mit Gefängnishaft bestraft) und Sittlichkeitstäter. Von Zeugen Jehovas hörte ich auch.

Die Zellen waren mit 3-stöckigen Militärbetten ausgestattet. Wer auf dem obersten Bett – es waren bestimmt über 2 Meter, wenn nicht sogar 2,50 Meter Höhe – liegen musste, schlief gefährlich. Ab jetzt hatte ich vielfältige menschliche Kontakte und dadurch auch viel Unterhaltung. Vormittags konnte man sich zum Kartoffelschälen melden. Das tat ich immer sehr gern. Zum einen war es gegenüber dem ganztägigen Aufenthalt in der Zelle eine angenehme Abwechslung, zum anderen erhielten die Kartoffelschäler Sonderrationen an Wurst und Margarine zum Abendbrot. Das war attraktiv.

## Im Strafvollzugskommando Berndshof

Wieder überraschend und ohne jegliche Information wurde ich in das Strafvollzugskommando Berndshof bei Ückermünde verlegt. Dort verbrachte ich die längste Zeit meiner 18-monatigen Haft. Das Strafvollzugskommando Berndshof war als Haftarbeitslager der Kategorie III speziell für Militärangehörige eingerichtet worden. Infolge meines Prozesses beim Militärobergericht in Neubrandenburg kam ich dort hin. Es gab drei Kategorien von Strafvollzugseinrichtungen, wobei in der Kategorie I (strengste Haft) Schwerstkriminelle und Spione einsitzen mussten.

In Berndshof lernte ich die Abkürzung „UE" für „Unerlaubtes Entfernen von der Truppe" kennen. UEs waren in Berndshof am häufigsten vertreten. Diese Soldaten haben eigenmächtig ihren Urlaub verlängert oder sind nach dem Urlaub einfach nicht in die Kaserne zurückgekehrt. Mit einem riesigen Aufwand wurden solche Soldaten gesucht, eingefangen und mit Haft bestraft.

Eine andere, etwas kleinere Gruppe waren die Wehrdienstverweigerer. Hauptsächlich waren das überzeugte Christen und Zeugen Jehovas. Im Jahre 1966 lernte ich in Berndshof eine Gruppe der neuen Armee-Kategorie „Bausoldaten" kennen. Sie hatten sich aus Gewissensgründen geweigert, gegen ihre Überzeugung gerichtete Befehle auszuführen. Sie lehnten es u. a. konsequent ab, Bauarbeiten an offensichtlichen Militärobjekten wie Schießstände, Bunker und Panzersperren zu leisten. Daraufhin wurden sie wegen Befehlsverweigerung verurteilt und kamen nach Berndshof. Diese Gefangenen wurden schnell meine Freunde. So lange die Türen der Hafträume vor dem „Einschluss" um 21 Uhr noch offen waren, tauschten wir uns gern über Literatur aus. Ich erinnere mich an sehr interessante Gespräche über Puschkins „Eugen Onegin" und Dostojewskis „Schuld und Sühne".

Einmal kam ich mit einem für mich bemerkenswerten politischen Gefangenen ins Gespräch. Er kam gerade aus dem Stasi-Gefängnis in Berlin-Hohenschönhausen und hatte eine langjährige Haftstrafe wegen Militärspionage erhalten. Mir imponierte die Gelassenheit und Ruhe, die dieser junge Mann, in meinen Augen eine starke Persönlichkeit, ausstrahlte. Ich habe ihn verwundert auf seine ruhige Heiterkeit trotz seiner für mich unfassbar langen Strafe angesprochen. Lächelnd antwortete er mir mit diesem Reim:

*Weißt Du, alles ist vergänglich,*
*selbst das Urteil „Lebenslänglich"!*

Ganz im Gegensatz zu diesem gelassenen Gefangenen habe ich auch sehr verbitterte politische Häftlinge gesehen. Ich erinnere mich noch genau an einen jungen Mann, dem der Hass auf die DDR förmlich aus dem Gesicht und fast aus jedem Satz sprang, den er sprach. Er hatte in Berndshof heimlich einen anklagenden und die DDR schmähenden Brief an den Justizminister der Bundesrepublik Deutschland verfasst und wurde bei dem Versuch, diesen bei einem Verwandtenbesuch hinauszuschmuggeln, erwischt. Noch am gleichen Tage wurde er in ein Untersuchungsgefängnis der Stasi gebracht. Diesem jungen Mann war der berüchtigte „Nachschlag", so wurde eine sofort angehängte neue Strafe genannt, sicher. Von ihm habe ich nichts wieder gehört.

Im Sommer 1966 wurden für die Gefangenen in Berndshof politische Schulungen eingeführt. Die von den Wachmannschaften ausgewählten gesellschaftspolitischen Themen wurden in einer lächerlichen und niveaulosen Art vorgetragen. Merkwürdigerweise wurden hierzu die Gefangenen, was sonst nie geschah, in Deliktgruppen eingeteilt und an verschiedenen Tagen geschult. Sonderbar, obwohl nach offizieller Lesart in der DDR keine politischen Gefangenen existierten, gab es plötzlich hier im Gefängnis eine Extraschulung für die „Politischen"! Lustig fand ich, als einige Gefangene, die vorher allen lauthals erzählt hatten, wegen Republikflucht einzusitzen, plötzlich in der Gruppe der „Sittlichkeitsdelikte" geschult wurden. Im Werturteil der Gefangenen standen Sittlichkeitstäter an unterster Stelle, „Republikflucht" hingegen galt als nicht ehrenrührig. Um Schmähungen zu entgehen, haben sich die allgemein so genannten Sittenstrolche als politische Gefangene ausgegeben und mussten nun nach ihrer Entlarvung tiefste Verachtung und zusätzlichen Spott erdulden.

## Der DDR-Strafvollzug, eine Welt für sich

Der Einblick in die Häftlingswelt war in vieler Hinsicht abstoßend, andererseits aber auch lehrreich. Im „normalen Leben" trifft man kaum auf engstem Raum zusammengeballt so viele kriminelle Zeitgenossen.

Mehr oder weniger lebten alle „Berufsgruppen" in ihrer eigenen Sphäre. Die Gewalttäter protzten mit ihrer Gefährlichkeit, ihrer körperlichen Größe und ihren Ehrfurcht gebietenden Muskeln. Das nicht endende Thema bei ihnen war, mit wie vielen Gegnern sie es schon aufgenommen haben und welche Körperverletzungen sie bei ihren Prügeleien angerichtet haben. Den Gesichtern dieser Gefangenen war oft unmissverständlich anzusehen, dass mit ihnen im Ernstfall nicht gut Kirschen essen ist. Ein Gefangener hatte sich sogar stolz die beiden Buchstaben „BV" auf den Unterarm tätowiert, im Gefängnisjargon „gepeikert". Diese aus den 20er Jahren stammende Abkürzung steht für „Berufsverbrecher".

Diebe brüsteten sich gern mit eindrucksvollen Beuten und würzten ihre Taten mit abenteuerlichen Geschichten. In ihrer Wertschätzung standen die in der DDR sehr seltenen Bankräuber wie eine Art Hochadel an oberster Stelle.

Betrüger prahlten gern mit ihrer Gerissenheit und Schläue. Da war ein Kellner aus Berlin, der voller Stolz erzählte, wie er mit seinem „Team" in einer bekannten Berliner Bar Billigweine und -schnäpse als erlesene Tropfen an die „dummen Gäste" ausschenkte. Unsummen hätten sie auf diese Weise über lange Zeit „verdient". Doch eines schönen Tages kamen die Betrügereien ans Tageslicht. Dann wurde vor Gericht noch einmal abgerechnet – diesmal etwas anders.

Politische Häftlinge waren den Kriminellen ominös. Wieso handelt man sich auf einem Gebiet, in dem keine persönlichen Vorteile zu holen waren, eine Strafe ein? Das war für sie einfach nicht zu begreifen. Die bei einer versuchten Republikflucht gefassten Gefangenen wurden zwar ein wenig bedauert, aber nie so recht verstanden. Die Ansicht der Kriminellen war etwa so: „Nun gut, es gibt im Westen schönere Autos, tolle Kleidung und anderen Luxus, aber arbeiten muss man dort ganz sicher härter als hier im Osten. Mehr arbeiten? Nee, da finde ich die DDR doch viel gemütlicher und bleibe lieber hier!"

Bei allen verurteilten Republikflüchtigen, so auch bei mir, war jegliches Schuldgefühl bei Null angesiedelt. Einen bei einem Fluchtversuch in den Westen gefassten Deserteur der Volksarmee begrüßte ich stets mit: „Hallo, Vaterlandsverräter, ich wünsche dir einen schönen Tag!" Stets grüßte er fröhlich lachend zurück und nannte mich ebenfalls „Vaterlandsverräter". Oftmals beendeten wir die trostlosen Gefängnistage mit: „Heute wieder mal 10 DM (West) verdient!" Wir waren nämlich der festen Ansicht, irgendwann für unsere ungerechten Strafen entschädigt zu werden.

Die friedfertigen und umgänglichen Homosexuellen ließen alle in Ruhe. Sie mussten keine Häme erdulden und wurden nie gedemütigt. Im Jahre 1966 waren die Strafgefangenen in Berndshof offensichtlich der Zeit voraus und toleranter als der Staat, der Menschen aufgrund ihrer sexuellen Orientierung einsperrte.

Nur die Sittlichkeitstäter hielten sich mit ihren Berichten auffallend zurück und erzählten meist unglaublich harmlose Geschichten, die sie ins Gefängnis gebracht hätten. Ich erinnere mich an einen Mann, der behauptete, er sei aus einer Gaststätte gekommen, habe hinter einer Straßenbahn uriniert und wurde unglücklicherweise dabei von einer Frau gesehen. Nach seinen Worten soll er dafür eine Strafe von 3 Jahren und 6 Monaten Gefängnis bekommen haben. Niemand hat das geglaubt.

Was mich besonders beeindruckte war, dass es Gefangene gab, die sich im Gefängnis ausgesprochen wohl fühlten. Ein Gefangener, ich sehe noch heute sein Gesicht vor meinem geistigen Auge und höre seinen im Brustton der Überzeugung geäußerten Vorwurf: „Ich verstehe euer Jammern überhaupt nicht. Hier ist es doch schön!!! Wir haben hier täglich unsere drei Mahlzeiten, zwar nicht immer sehr schmackhaft, jedoch stets ausreichend. Im Winter wird hier mollig warm geheizt, freitags gibt es frische Wäsche, samstags können wir unter warmem Wasser herrlich duschen und alles ohne Bezahlung! Einen Nachteil muss ich allerdings zugeben: Es gibt hier kein Bier! Selbstverständlich ist es draußen zur warmen Jahreszeit weitaus angenehmer. Man muss es sich eben so einrichten, dass man im Oktober „einfährt" und etwa im Mai, wenn es draußen wieder schön warm ist, entlassen wird."

Als seine bewährte Methode empfahl er wärmstens weiter: „Zur beginnenden Winterzeit müsst ihr ein Schaufenster, am besten das eines Juweliers, einschlagen und so lange vor dem Geschäft warten, bis ihr verhaftet werdet. Dann kommt ihr auf eine ungefähre Strafe von fünf Monaten und seid im Frühling wieder draußen."

Ein anderer „Wohlfühl-Gefangener" machte diesen unglaublichen Vorschlag: Wir sollten einen Teil unseres Geldes, das wir für unsere harte Arbeit auf dem Bau erhielten und für kleinere Einkäufe nutzen konnten, zusammenlegen und Gardinen für die Zellenfenster bestellen. Dann würde es doch abends nach der Arbeit hier richtig heimisch und gemütlich werden, meinte er. Dieser seltsame Vorschlag wurde aber von keinem Gefangenen ernst genommen.

Da die Wachmänner durchweg uns namentlich nicht bekannt waren, erhielten sie von uns meist komische, aber treffende Spitznamen. „Säbelbein" hieß einer mit auffällig dünnen Beinen. Einen korpulenten Vollzugsangestellten nannten wir „Sparschwein", einen mit etwas eigentümlich schwankenden Gang „Segelschiff", ein anderer, der uns fortwährend antrieb, war der „Avanti". Einen sehr kleinwüchsigen Wachmann nannten wir den „Abgehackten". Mein Stationsleiter wurde aufgrund seiner faltigen Gesichtshaut „Knitterbacke" getauft. Ein Wachmann mit Hund, dessen Gesicht sich nach und nach seinem Gefährten erstaunlich anzugleichen schien, hieß „Hunde-Paul".

Unter den Gefangenen waren ebenfalls sarkastisch-witzige Spitznamen verbreitet. Ein Gefangener mit Vollglatze war „Lockenkopf". Meist waren die Namen kurz und griffig, wie Erdbeernase (er hatte eine) oder Tarzan, ein auffallend muskulöser Mensch. Andere Namen waren wiederum poetisch lang, z. B. „Der Fischer von Sylt" (er war von Beruf wirklich Fischer) und „Die Deutsche Dogge" war ein

Ehrfurcht erregender Hüne. Nichtssagende Namen wie Lasche, Tüte, Ape oder Muffe wurden auch vergeben.

Nach der obligatorischen ärztlichen Untersuchung wurden die Gefangenen entsprechend ihrer körperlichen Konstitution den drei Arbeitsbereichen Gleisbau, Landbau und Hausarbeit zugeteilt. Den Lagerarzt nannten wir „Herr Dr. Husten". Er „untersuchte" die Gefangenen flüchtig mit einem Seitenblick, erstellte seine Diagnose aus: „Husten sie mal!" und war fertig! Sein Ergebnis hieß kurz und knapp: „Arbeitsfähig!" Die kräftigsten Strafgefangenen wurden zum Gleisbau abkommandiert. Ich wurde Hilfsarbeiter bei der Errichtung von Kuhställen.

In aller Frühe nach Frühstück und Zählappell ging es per Reisebus über Ückermünde, Eggesin, Torgelow, Pasewalk und Strasburg zum etwa 50 km entfernten Woldegk und nach der Arbeit wieder zurück.

Für die Gefangenentransporte wurden fabrikneue Busse der ungarischen Marke „Ikarus" eingesetzt. Sämtliche Sitze waren zum Schutz vor etwaigen Verschmutzungen durch uns Gefangene mit Plastikfolien überzogen. Die Busse wurden zur Probe eingefahren und sollten fabrikneu aussehen, bevor sie an die Kunden ausgeliefert wurden.

Jede Busfahrt war ein Hochgenuss. Sahen wir doch ein Stück normalen Lebens beim Durchfahren von Dörfern, den Wechsel der Jahreszeiten in der Natur und … und … und … – allerdings von allem völlig abgeschnitten. Ich erlebte dieses „draußen" durch das Busfenster wie ein hochinteressantes Fernsehprogramm.

In der Ortschaft Woldegk wurde eine neue Milchviehanlage errichtet, die noch heute existiert. Wir Gefangenen wurden an das VE (Volkseigene) Landbaukombinat als Hilfskräfte verliehen. Es waren körperlich schwere, teilweise auch gesundheitsschädigende Arbeiten zu verrichten. Auf Schubkarren bugsierte ich monatelang über unebene Pfade tonnenweise halbflüssigen Beton.

Bei der Betonherstellung wurde ich zeitweise zum Zementschippen abkommandiert. Der feine Zementstaub durchdrang einfach alles, die Haare wurden brüchig-filzig, das Gesicht aschgrau und um die Augen, Lippen und Nasenlöcher bildeten sich harte Zementkrusten. Nach meiner Gefängniszeit musste ich für längere Zeit in eine Lungenklinik und vermute als eine Ursache auch dieses Zementschippen. Bei einer Sportuntersuchung im Jahre 2006 wurde immer noch eine Beeinträchtigung meiner Lungenfunktion festgestellt. Ich muss aber auch mein, wenn auch bereits vor mehr als 30 Jahren eingestelltes Rauchen als lungenschädigend berücksichtigen.

Besonders widerwärtig war mir das Kochen von Teer unter ekelhafter Geruchs- und Rauchentwicklung. Flüssiges, kochend heißes Bitumen musste ich in Eimern über unwegsames Gelände für Isolationsanstriche von Grundmauern heranschleppen.

Nur eines war gut: Das wohlschmeckende Mittagessen. Es wurde in Kübeln vom Landbaukombinat geliefert, war sehr schmackhaft und unterschied sich himmelweit von der schäbigen Gefängniskost.

Die allgemeine Einstellung zum so genannten Volkseigentum in der DDR charakterisiert dieser Vorfall: Zur Errichtung der Kuhställe wurde Baumaterial aller Art in Hülle und Fülle geliefert. Ein Wachmann, meiner Erinnerung nach war es „Totenkopf“, erneuerte gerade in seinem privaten Garten das Dach seiner Laube. Dafür konnte er die auf der Baustelle verwendeten Asbestzementplatten bestens gebrauchen. Auf sein Geheiß luden wir in unseren Gefangenenbus für seine Datsche einige riesige Platten ein. Er hatte sie sich vorher sorgfältig ausgesucht und natürlich nicht bezahlt. Die DDR-Doppelmoral reichte bis in die Wachmannschaften der Gefängnisse hinein und niemand störte sich daran. Nein, das war völlig normal! Wieder einmal passte der oft gebrauchte Spruch:

*Aus unseren Betrieben lässt sich noch viel mehr herausholen!*

Leistung war damit selbstverständlich nicht gemeint.

Eines Abends hatten wir während der Rückfahrt etwa einen Kilometer vor dem Gefängnis eine ernste Autopanne. Die Weiterfahrt war unmöglich. Wir mussten aussteigen und uns zu einer Marschgruppe aufstellen. Zufällig kam eine junge Mutter mit ihrer kleinen Tochter vorbei. „Mutti!“, rief das kleine Mädchen, „was sind denn das für

Leute in dieser komischen Kleidung mit den gelben Streifen?" Die Mutter antwortete ihr: „Guck da nicht hin, das sind böse Männer!" In diesem Moment wurde mir schlagartig bewusst, dass ich mich in der sozialistischen Gesellschaftsordnung ganz unten befand. Aufgrund der dunkelblauen Uniformen mit den auffälligen gelben Streifen nannten wir uns selbst „Kartoffelkäfer".

Abb. 32: Eine „Kartoffelkäfer"-Jacke.

Nach der finsteren Zeit bei der Stasi habe ich mich im Strafvollzug seelisch wieder vollkommen aufgerappelt. Man durfte von Zeit zu Zeit, allerdings abhängig vom Verhalten im Gefängnis, einen Verwandtenbesuch beantragen. Der erste Besuch meiner Mutter war für sie sehr überraschend. Sie hatte einen abgehärmten, verweinten Sohn erwartet und wer kam ihr entgegen: Ein fröhlich lachender junger Mann! Wie konnte ich denn nur in dieser Zeit so fröhlich sein?, wird sich vielleicht der Leser dieses Berichtes ungläubig fragen. Der Grund dafür ist aber ganz einfach:

Da ich niemals das Gefühl hatte, schuldig, sondern widerrechtlich inhaftiert zu sein, verstand ich meinen Gefängnisaufenthalt zu keiner Zeit als eine persönliche Schande. In meinen Augen befand ich mich in einer absurden Lage in einem absurden Staat. Ein Staat, der auf seine eigenen Menschen schießen lässt, wenn sie gehen wollen, oder Menschen mit abweichenden Meinungen ins Gefängnis steckt, ist für mich ein kein Rechtsstaat, sondern eine menschenverachtende Diktatur. Es gab die eine Möglichkeit, daran zu verzweifeln oder mit Humor das Ganze leicht zu nehmen und darüber zu lachen. Mir lag der Humor, wie der von Werner Finck (1902–1978), näher:

*Wer lachen kann, dort wo er hätte heulen können,*
*bekommt wieder Lust zum Leben.*

Bald begann ich, mir sogar einen Spaß daraus zu machen, die Wachmannschaften bewusst zu reizen und zu ärgern. Dieses aufmüpfige Verhalten tat mir psychisch außerordentlich gut und stabilisierte mein inneres Gleichgewicht. Meine Späße bewegten sich aber durchweg im Kindergartenniveau. Das musste auch so sein, denn beispielsweise eine persönliche Beleidigung eines Wachmannes konnte leicht mit dem Paragraphen „Staatsverleumdung“ geahndet werden. Dieser Gummiparagraph drohte in einem speziellen Absatz Gefängnisstrafen für Beleidigungen der Vertreter des Staates an. Die Konsequenz wäre in einem solchen Fall eine zusätzliche Verlängerung der Gefängnisstrafe, der allgemein gefürchtete „Nachschlag“ gewesen.

Den wollte ich mir keinesfalls einhandeln und gestaltete meine Disziplinlosigkeiten überwiegend harmlos, zuweilen jedoch hart an der Obergrenze. Zwei meiner Eskapaden möchte ich an dieser Stelle berichten:

Der Hauptwachtmeister Bäurich (Name geändert), dessen richtiger Name nur durch Zufall bekannt war, trug bei uns den merkwürdigen Spitznamen „Eierbatz". Er hat ihn gekannt und gehasst. Tauchte Bäurich auf, so ertönte oft aus irgendeiner Ecke zu unser aller Vergnügen der kurze Ruf „Eierbatz". Natürlich war ich immer gern mit von der Partie. Eierbatz hat nie einen Rufer fassen können, obwohl er sich immer blitzschnell umdrehte und mit flinken Augen die Gefangenen durchmusterte.

Morgens vor der Ausfahrt zur Arbeit fand auf dem Gefängnishof der obligatorische Zählappell statt. Wir mussten uns dazu nach Baracken geordnet in Marschblöcken aufstellen. Der wachhabende Polizist, an diesem besagten Tage war es Eierbatz, rief von einer Liste die Namen der Gefangenen der Reihe nach auf. Jeder musste seine persönliche Gefangenennummer unüberhörbar zurückrufen. Wenn also Hauptwachtmeister Bäurich laut rief: „Strafgefangener Hampe!", musste ich sofort laut zurück rufen: „100733!" Diese Zahl war meine damalige Gefangenennummer, die ich wohl nie vergessen werde. Plötzlich ertönte aus einem der Marschblöcke in künstlich verstellter Stimme der höhnische Ruf „Eierbatz!" und dann gleich wieder von einer anderen Seite mit einer unnatürlich tiefen Stimme. So ging es eine Weile lustig hin und her. Eierbatz tobte und schrie, dass wir zur Strafe kein Frühstück bekommen würden. Ich verließ meinen Marschblock, ging quer über den Hof und rief laut: „Fresst doch euren Sch… allein!" Darauf schrie Eierbatz wütend: „Sind Sie wahnsinnig? Kommen Sie sofort zurück!" Dieses „Sind Sie wahnsinnig?" gehörte zum ständigen Repertoire des Wachpersonals. Ich musste sofort für einen Tag oder zwei Tage in den Arrest. Arrest bedeutet strenge Einzelhaft. Die nahm ich gelassen hin. Der tägliche Gefängnisstress blieb vor der Arresttür und ich genoss die seltene himmlische Ruhe. Ich hing ungestört meinen Träumen nach, in denen abenteuerliche Fluchtpläne in den Westen die größte Rolle spielten. Sie tat mir seelisch ausgesprochen gut, diese stille Einsamkeit.

Hier eine andere Episode aus meiner Erinnerung:

Begegnete man im Strafvollzug einem Angehörigen des Wachpersonals, musste man sofort stehen bleiben und Haltung annehmen. Das vorschriftsmäßig zu tragende dunkelblaue Käppi war abzunehmen und eine Meldung zu machen, z. B. „Herr Hauptwachtmeister, Strafgefangener Hampe auf dem Weg zur Toilette!" Nach einer Handbewegung, einem kurzen Nicken oder einem gebrummten „In Ordnung..." durfte man weitergehen. Eines Tages sah ich schon von weitem im langen Gang der Gefängnisbaracke den Lagerleiter des Strafvollzugskommandos. Ihn bewusst übersehend und ohne die geringste Notiz von ihm zu nehmen ging ich in einer Entfernung von etwa drei Schritten an ihm vorbei. Diese offensichtliche Provokation verstärkte ich noch, indem ich fröhlich ein Liedchen pfiff. Natürlich kam sofort wieder das übliche: „Sind Sie wahnsinnig? Kommen Sie sofort zurück!" Ich schrie ihn – ebenso laut, aber innerlich vergnügt – an, dass ich ihn nicht gesehen hätte und er nicht so brüllen solle, schließlich habe er es mit einem Menschen zu tun und befände sich nicht auf einem Viehhof. Wegen solcher Frechheit blieb ihm der Mund offen stehen. Natürlich bekam ich sofort wieder Arrest. Im Laufe der Zeit handelte ich mir noch weitere Arresttage und kleinere Strafen durch bewusstes Provozieren der Bewacher ein. Die meisten harmlosen Späßchen habe ich über die Jahre vergessen. Jedoch kein einziger verbüßter Arrest tat mir weh. Im Gegenteil, die Freude, die ich vorher an dem Ärger der Wachleute genoss, tat meiner Seele gut und war mir jeder Tag im Arrest wert! Auch aus der Trostlosigkeit der Einzelhaft im Arrest vermochte ich, Gewinn zu ziehen.

Ich nutzte die Freizeit nach der Arbeit durchweg zum intensiven Lesen. Die Gefängnisbibliothek war zu meiner Freude insbesondere mit den aus der Sicht der DDR politisch unverdächtigen Klassikern gut bestückt. Nach meiner Erinnerung, habe mich fast an jedem Abend den Dramen Schillers, Werksausgaben von Goethe, Heinrich Heine, Johann Gottfried Herder, Alexander Puschkin und ... und ...

und vielen Biographien gewidmet. Insbesondere erwärmten Schillers Freiheitsgedanken mein Herz. Heinrich Heines Ironien las ich mit besonderer Freude und zitierte in einem Brief an meine Mutter aus den „Fresko-Sonetten an Christian S.“

*Ich lache ob den abgeschmackten Laffen,*
*die mich anglotzen mit den Bocksgesichtern ...*

Dieser Brief passierte anstandslos die obligatorische Postkontrolle. Offenbar wurde außer der Begeisterung für Heine meine Bissigkeit gegen die Genossen nicht wahrgenommen. Wahrer Hass gegen die DDR kochte in mir bei der Lektüre des tapferen und geradlinigen Ulrich von Hutten hoch. Sein pathetisches „Exoriare aliquis nostris ex ossibus ultor“ (zu Deutsch: Möge ein Rächer aus unseren Gebeinen erstehen!) war einige Zeit mein Lieblingszitat, das ich gern vor den anderen Gefangenen deklamierte. Mit diesem Spruch schloss ein humoriger Mitgefangener ein lustiges Charakterbild, das er im Januar 1967 über mich verfasste:

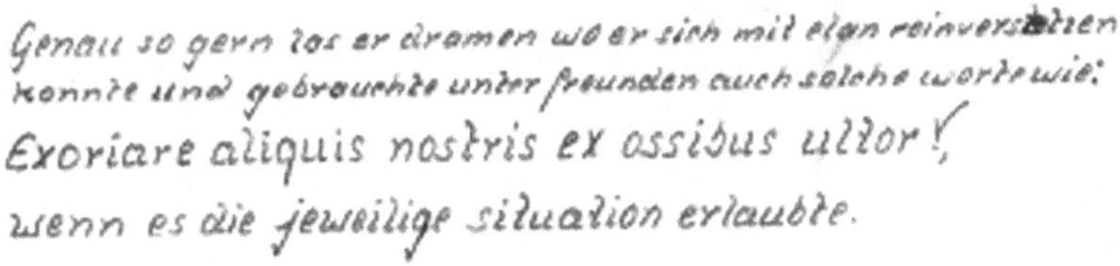
Genau so gern las er dramen wo er sich mit elan reinversetzen konnte und gebrauchte unter freunden auch solche worte wie:
Exoriare aliquis nostris ex ossibus ultor!,
wenn es die jeweilige situation erlaubte.

Auf diesen Rächer müssen unsere Gebeine allerdings nicht mehr warten. Im Herbst 1989 kollabierte die DDR ohne einen Rächer und ohne äußeres Zutun ganz von selbst. Meine Literaturkenntnis kommentierte später einmal ein Arbeitskollege im Westen so, dass ich der DDR-Justiz dafür dankbar sein müsste. An seinem Schmunzeln sah ich, dass dies ein Witz sein sollte. Es war allerdings ein Witz, der mir nicht sonderlich schmeckte.

Die meisten Strafgefangenen nahmen die Möglichkeit des Lesens nicht wahr und trieben allerhand kindischen Unsinn. Anders kann man es wohl nicht nennen, wenn erwachsene Männer Abend für Abend mit Hingabe „Blindekuh“ spielen und sich dabei köstlich amüsieren. Um 21 Uhr war „Einschluss“. Ein Wachtmeister betrat den Raum, alle Insassen mussten eine militärische Haltung annehmen und ein Strafgefangener, der sogenannte Zellenverantwortliche, meldete: „Herr Wachtmeister, Raum 15 mit 12 Strafgefangenen zum Einschluss bereit. Es meldet Strafgefangener XYZ.“

## Die „Gefangenenmeuterei“

Wenige Wochen vor meiner Entlassung erlebte ich ein im Grunde genommen unbedeutendes Vorkommnis, das jedoch von der Gefängnisleitung als Gefangenenmeuterei übertrieben hoch eingestuft und viel zu ernst genommen wurde. Wahrscheinlich hoffte der Lagerleiter, endlich einmal für saftige „Nachschläge“ zu sorgen. Folgendes ereignete sich:

Für den Moment des Einschlusses hatte sich der Strafgefangene mit dem Spitznamen „Tarzan“ eine Überraschung ausgedacht. Dem diensthabenden Wachtmeister sollte ein gehöriger Schreck eingejagt werden. Alle Häftlinge waren hell begeistert und jubelten vor Vergnügen. Genau in dem Moment, wenn der Wachhabende den Raum betrat, sollte durch einen elektrischen Kurzschluss ein Stromausfall und damit plötzlich Dunkelheit erzeugt werden. Dazu hatte „Tarzan“ eine Glühlampe aus der Deckenbeleuchtung herausgedreht und hielt sich, auf einem Tisch stehend mit einem feuchten Stück Brot bereit. Als der Polizist eintrat, drückte er das Brot in die Lampenfassung und „Bumm!“ war Kurzschluss! Unerkannt im Dunkel tanzten sofort einige Gefangene mit lautem Geschrei und Rufen, wie: „Zieht ihm die Hosen aus!“, um den Wachmann herum und um ihn anständig zu ängstigen. Ihm wurde aber kein einziges Haar gekrümmt. Meiner Ansicht nach war das eine gefährliche Situation und deshalb blieb ich mit meinem Buch vorsichtshalber auf meinem Bett liegen. Wenige Minuten, vielleicht auch nur Sekunden später waren Strom und Licht wieder da. Der Wachmann identifizierte sofort die in seiner Nähe herumtanzenden Gefangenen. Nach einer Weile wurden alle Insassen des Raumes, jeder einzeln von einem Polizisten eskortiert, in den riesigen Versammlungs- und Schulungsraum gebracht. Um jeden Wortwechsel, Zeichengeben oder gar Absprachen zu unterbinden, mussten wir uns auf weit auseinander stehende Stühle setzen. Kein Gefangener durfte sprechen. Nach etlichen Stunden, es war bereits tiefe Nacht, rollte ein vergitterter LKW in den Gefängnishof. Wir mussten einsteigen und die lange Fahrt ins Ungewisse endete im Untersuchungsgefängnis Prenzlau.

Jeder Gefangene erhielt sofort Einzelhaft. Am nächsten Morgen begannen die Verhöre, um die Initiatoren und Teilnehmer der „Gefangenenmeuterei“ zu ermitteln. Für diese Gefangenen war ein „Nachschlag“ sicher. In allen Verhören war ich völlig gelassen. Schließlich lag ich ja bewegungslos und stumm während der „Meuterei“ auf meiner Pritsche. Mir konnte keine Teilnahme nachgewiesen werden. Auch konnte mich kein anderer Strafgefangener in böser Absicht oder, um sich selbst rein zu waschen, belasten. Obwohl ich den Hergang genau schildern und „Tarzan“ als Anstifter hätte angeben können, verlor ich darüber kein Wort. Stereotyp gab ich an, dass plötzlich beim intensiven Lesen meines Buches das Licht ausging und ich in der Dunkelheit nichts gesehen hätte. Warum sollte ich wegen dieser harmlosen Geschichte jemanden belasten?

Da ich bei den endlosen, sich ewig um den gleichen Punkt drehenden Verhören bei meiner Aussage blieb, schrie mich plötzlich der vernehmende Kriminalist entnervt an: „Sie wissen sehr wohl über die Meuterei Bescheid und solidarisieren sich mit den allerschlimmsten Strafgefangenen!“

Kühl gab ich zurück: „Ich habe Ihnen gesagt, dass ich nichts über den Hergang der Meuterei weiß“ und setzte bissig hinzu: „Wollen Sie jetzt tatsächlich meinen bisherigen Umerziehungsprozess im sozialistischen Strafvollzug in Frage stellen?“ Er sah mich verdutzt an, bekam kein Wort mehr heraus und beendete das Gespräch.

Am nächsten Tag beim morgendlichen Zählappell auf dem Gefängnisgang kam er auf mich zu und sagte: „Strafgefangener Hampe, ich möchte mich bei Ihnen entschuldigen!“ Mit einem betont finsteren Gesicht und ohne ihn anzuschauen, brummte ich nur: „Hmm!“ Dass ich mich dabei köstlich amüsierte, ließ ich mir natürlich nicht anmerken. Obwohl meine Lage alles andere als heiter war, erlebte ich den gesamten DDR-Sozialismus wie ein großes Kasperle-Theater.

Da bei den Ermittlungen zur „Gefangenenmeuterei“ mit mir nichts anzufangen war, wurde ich zur Fortsetzung meiner Haftstrafe wieder nach Berndshof zurücktransportiert. Wie die ganze Angelegenheit letztendlich ausging, ob und welche Strafen verhängt wurden, habe ich nicht erfahren.

Gefangenentransporte über weite Strecken erfolgten im so genannten „Grotewohl-Express“. So hieß ein Eisenbahnwaggon, der von außen nicht als Gefängniswagen erkennbar war und an Fernzüge angehängt wurde. Ich selbst habe den „Grotewohl-Express“ nicht kennengelernt. Zurück nach Berndshof ging es in einem vergitterten Polizei-LKW.

## Vorzeitige Haftentlassung? Nein, vielen Dank!

Etwa Mitte Februar 1967 wurde ich in das Dienstzimmer unseres Stationsleiters „Knitterbacke“ einbestellt. Überraschend eröffnete er mir, dass er beschlossen habe, mich wegen guter Führung nach Paragraph 346 vorzeitig aus dem Strafvollzug zu entlassen.

Ich überlegte, dass eine vorzeitige Entlassung von vielleicht zwei bis drei Monaten mir eine zweijährige Bewährungszeit einbringen würde. Für diese zwei Jahre hätte ich eine Anzahl von Auflagen erhalten, deren Ausmaß ich nicht übersah und die ich nach der vorzeitigen Haftentlassung konsequent zu erfüllen hätte. Mit Sicherheit würde mir ein unattraktiver Arbeitsplatz zugewiesen werden,

den ich ohne Wenn und Aber annehmen müsste. Das bedeutete die Fortsetzung allen Zwangs, nur „draußen“ im „Großen Knast“. So nannten wir politischen Häftlinge die DDR.

„Herr Stationsleiter“, sagte ich zu Knitterbacke, „ich habe mir meine Suppe selbst eingebrockt und die löffle ich jetzt auch bis zu Ende aus. Ich möchte nicht früher entlassen werden!“ Er begann etwas verblüfft sich zu wiederholen. Ich unterbrach seine Rede mit:

„Also, wenn Sie mich wirklich entlassen, dann mache ich hier vorher einmal richtig BAMBULE oder falls sie mich gegen meinen Willen ’rausschmeißen, bleibe ich so lange vor dem Tor sitzen, bis Sie mich wieder ’reinholen!“ Meine Beurteilung am Ende der Haft sah dann auch dementsprechend aus.

*Beurteilung*

*Strafgefangener Hampe zeigte anfangs eine zufriedenstellende Führung. In unserem Kommando hatte Hampe bis Ende des Jahres 1966 eine schlechte Führung. Es fiel ihm sehr schwer, sich den Weisungen des Aufsichtspersonals zu fügen und die bestehende Lagerordnung einzuhalten. Auf Grund einiger Verstöße gegen die Kommandoordnung mußte er in drei Fällen disziplinarisch zur Verantwortung gezogen werden. Hampe fällt es heute noch schwer, sich unterzuordnen. Zu anderen Strafgefangenen hat er einmal geäußert, daß er nicht zur Armee geht.*

Jeder kannte meinen festen Entschluss, für die DDR niemals eine Waffe in die Hand zu nehmen.

„Bambule machen“ oder den „Knastkoller kriegen“ sind extreme Anfälle von Zerstörungswut. In solchen Momenten wird alles in der Nähe Greifbare kurz und klein geschlagen, Waschbecken werden aus der Wand gerissen usw. usf. Knitterbacke stufte nach mich nach dieser Antwort als einen Strafgefangenen ein, „bei dem Hopfen und Malz verloren sei.“ Von meiner vorzeitigen Entlassung war fortan nie mehr die Rede.

Die zu erwartende Bewährungszeit mit ihren nicht einschätzbaren Konsequenzen war aber nicht der entscheidende Grund zur Ablehnung meiner vorzeitigen Entlassung. Sehr viel schwerer wog für mich folgendes: Eine vorzeitige Entlassung konnte nicht durch die Gefängnisleitung veranlasst werden. Ich hätte meinen Militärrichter oder -staatsanwalt (?), also die DDR, voller „Reue" demütig und schriftlich um Gnade anbetteln müssen! Obendrein müsste ich wortreich in einem derartigen Bittgesuch meine „Verfehlungen" als Unrecht anerkennen. Das kam für mich nicht in Frage. Das war unter meiner Würde. Nein, dazu war ich einfach zu stolz!

Für andere Strafgefangene schrieb ich hingegen auf deren Bitten als eine Art „Schriftgelehrter" – es gab sogar Analphabeten in Berndshof! – gegen einen kleinen Obolus in Form von zwei oder drei Zigaretten blumige Anträge auf vorzeitige Haftentlassung.

Für mich selbst kam das niemals in Betracht! Passend dazu ein Wort von Erich Kästner (1899–1974):

*Was auch immer geschieht, nie dürft ihr so tief sinken*
*von dem Kakao, durch den man euch zieht,*
*auch noch zu trinken.*

Einmal erzählte mir ein Strafgefangener von dem später berühmten Rechtsanwalt Dr. Armin Fischer (Name geändert) in Berlin. Zuversichtlich berichtete er, dass seine Mutter bereits mit ihm Kontakt aufgenommen habe. Nach seiner Haftentlassung würde seine Ausreise in den Westen erfolgen. Dr. Fischer würde dazu alles vorbereiten. Von Häftlingsfreikäufen durch die Regierung der Bundesrepublik Deutschland und der Vermittlung durch Dr. Fischer hatte ich noch nie gehört. Deshalb stufte ich diese Mitteilung als eine Illusion aus dem Reich der Wunschträume ein. Ich hatte eher die Befürchtung, dass ich mit dem Anliegen des Verlassens der DDR bei einem Rechtsanwalt den Straftatbestand der versuchten Republikflucht erfüllen würde. Das gesamte Rechtssystem der DDR, einschließlich aller Anwälte, bestand für mich ausschließlich aus Lakaien der SED.

Die würden unverzüglich, so vermutete ich, für mein erneutes „Einfahren" sorgen und ich säße dann wieder im „Kahn". („Einfahren" bedeutete im Gefangenenjargon ins Gefängnis kommen und der „Kahn" war das Gefängnis). „Nein, bloß das nicht!" ging mir bei dieser Vorstellung durch den Kopf.

Insbesondere, weil diese Information zu Dr. Fischer hinter der vorgehaltenen Hand und von einem Gefangenen stammte, hielt ich sie für unglaubwürdig und bin ihr nicht weiter nachgegangen. So habe ich – wie wir heute wissen – eine reale Chance aus Unkenntnis und zu großer Skepsis nicht weiter verfolgt. Im Mai 1967 wurde ich daher leider nicht in den Westen, sondern in die DDR entlassen.

# Nach der Haftentlassung: Wohin, was nun?

## Ratlosigkeit und eine böse Überraschung

Am 17. Mai 1967, einem freundlichen Mittwoch, erhielt ich die Zivilkleidung, die mir meine Mutter für die Entlassung Wochen vorher geschickt hatte. Ich musste noch einige Papiere unterschreiben und konnte nun endlich das Strafvollzugskommando Berndshof bei Ückermünde verlassen.

Bei hellem Sonnenschein ging durch das letzte große Eisentor hinaus auf die Straße und unter den Bäumen entlang, die ich über mehr als ein Jahr nur aus dem Fenster unseres Gefangenenbusses kannte. Ich blickte auf das hinter mir liegende Gefängnis zurück. Kein Uniformierter folgte mir und niemand beobachtete mich. Das war in den ersten Minuten ein völlig neues Gefühl. Jedoch die erhebende und von vielen Gefangenen gepriesene Stimmung, nun endlich wieder „FREI" zu sein, kam bei mir nicht auf. War ich doch nur aus dem „Kleinen Knast" in den großen Knast namens DDR übergewechselt!

Aber wie soll es nun weitergehen? Klar war nur, dass ich mich nach Magdeburg zu meiner Mutter begebe. Die Richtung für mein künftiges Leben war jedoch alles andere als klar.

Mir kam ein schwermütiges Bild in den Sinn. Es zeigt den deutschen Schriftsteller Fritz Reuter (1810–1874) nach seiner Entlassung aus der Festungshaft in Dömitz im August 1840. Mit seinem Hund verließ er zu Fuß die Festung, kam an eine Weggabel und fragte sich: „Welchen Weg wähle ich nun, rechts oder links?". Er setzte sich unschlüssig auf einen Stein und ließ die Frage seinen Hund entscheiden. Ein alter Holzstich aus Fritz Reuters „Ut mine Festungstid" gibt meine damalige Stimmung eindrücklich wieder.

Abb. 33: Fritz Reuter, Holzschnitt aus „Ut mine Festungstid“
(aus: Hiddemann/Lüders: Illustrationen zu Fritz Reuter's Werken. Mit einer Einleitung. 3. verb. Auflage. Berlin: G. Grote 1881.)

In Magdeburg angekommen, bezog ich wieder mein früheres Jugendzimmer in der Wohnung meiner Mutter. Ein Brief von der Pädagogischen Hochschule Potsdam lag auf dem Tisch. Ich riss das Kuvert auf und las erschrocken, dass ich von nun an und für dauernd von allen Hochschulen und Universitäten der DDR vom Studium ausgeschlossen war. Das Eisenbahngleichnis von Erich Kästner (1899–1974) kam mir in den Sinn:

*Wir sitzen alle im gleichen Zug und viele im falschen Coupé.*

Allerdings hatte ich mir mein Coupé nicht ausgesucht, es war hoffnungslos verriegelt und nannte sich DDR!

Mit der Gefängnisstrafe gab sich der Staat aber nicht zufrieden. Mir sollte mit einer Relegation zusätzlich die berufliche Zukunft auf

Lebenszeit verbaut werden. Eigentlich sollte das nur wenig wundern, denn Bildungsverbote waren seither beliebte Bestrafungen und Druckmittel des SED-Staates. Hier das Schreiben:

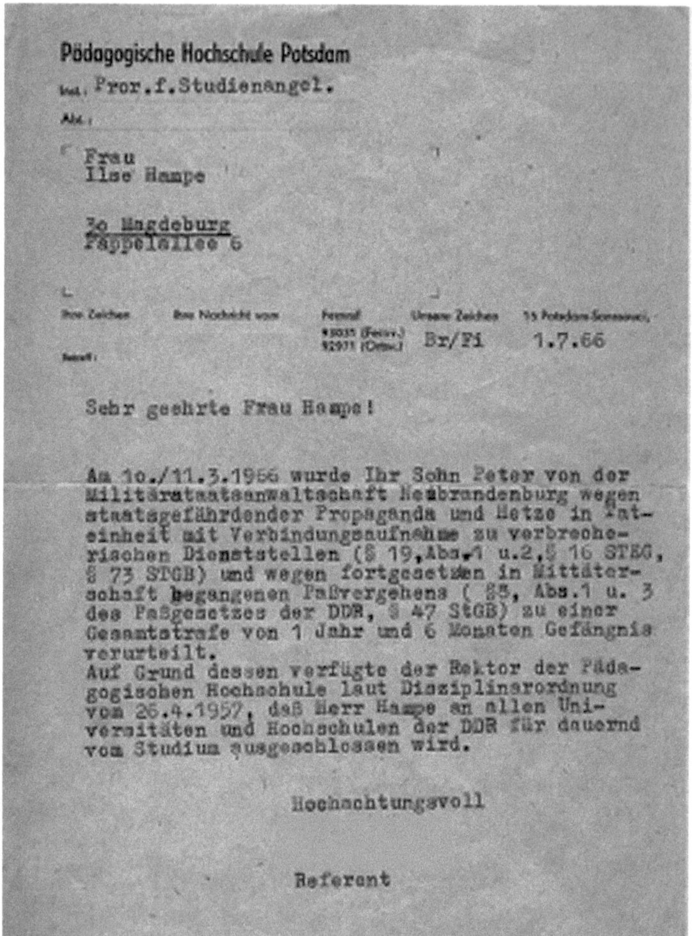

Pädagogische Hochschule Potsdam

Pror.f.Studienangel.

Frau
Ilse Hampe

3o Magdeburg
Pappelallee 6

Br/Fi 1.7.66

Sehr geehrte Frau Hampe!

Am 10./11.3.1956 wurde Ihr Sohn Peter von der Militärstaatsanwaltschaft Neubrandenburg wegen staatsgefährdender Propaganda und Hetze in Tateinheit mit Verbindungsaufnahme zu verbrecherischen Dienststellen (§ 19, Abs.1 u.2, § 16 STEG, § 73 STGB) und wegen fortgesetzten in Mittäterschaft begangenen Paßvergehens ( §5, Abs.1 u. 3 des Paßgesetzes der DDR, § 47 StGB) zu einer Gesamtstrafe von 1 Jahr und 6 Monaten Gefängnis verurteilt.
Auf Grund dessen verfügte der Rektor der Pädagogischen Hochschule laut Disziplinarordnung vom 26.4.1957, daß Herr Hampe an allen Universitäten und Hochschulen der DDR für dauernd vom Studium ausgeschlossen wird.

Hochachtungsvoll

Referent

Abb. 34: Meine Relegation.

Nach 18 Monaten Gefängnis und einem lebenslänglichen Studienverbot beherrschten mich nur diese beiden Gedanken: „Bloß raus aus diesem Staat!" und „Aber wie?" Die Grenze zur Bundesrepublik war inzwischen mit einem Riesenaufwand an Alarmvorrichtungen, Minen, Gräben und Selbstschussanlagen perfektioniert worden. Unsichere Unternehmungen oder die Gefahr, Krüppel zu werden, wollte ich nicht eingehen. Ein gescheiterter Fluchtversuch würde mir als uneinsichtigen Wiederholungstäter obendrein eine sehr lange Gefängnisstrafe einbringen. Noch einmal und dann gleich für mehrere Jahre ins Gefängnis kommen? Nein, solch Risiko war mir zu groß! Ich sah keine einzige realistische Möglichkeit. Ein Fluchtversuch zu Fuß über die grüne Grenze schied daher für mich aus.

Vom Brockenmoor im Harz vernahm ich einmal das Gerücht, dass man dort erfolgreich flüchten könne. Den Grenzsoldaten wäre das Moor so unheimlich, das sie nachts die Bewachung nicht so ernst nähmen und sich kaum bewegen würden. Als Magdeburger kannte ich aber nur bekannte Kurorte im Harz wie Wernigerode oder Blankenburg und hatte nicht die geringste Ahnung von geheimen Fluchtwegen durch das Brockenmoor. Wie sollte ich nähere und vor allem präzise Informationen erhalten und wer sollte mir die auch geben? Mit den Fähigkeiten eines Winnetou könnte man sich vielleicht heranschleichen und die Grenze im Brockenmoor überwinden. Da ich über solche Voraussetzungen nicht verfügte, kam dieser Weg auch nicht in Betracht. Außerdem, die Vorstellung, nachts mutterseelenallein aufs Geratewohl durch das unbekannte Brockenmoor zu robben, fand ich zum Gruseln.

Früher beschriebene Fluchtmöglichkeiten, mit einem Alliiertenzug oder mit Weihnachtsbaumtransporten waren der Stasi bekannt und wahrscheinlich inzwischen wirksam verhindert worden. Sie kamen daher ebenfalls nicht mehr in Frage.

Dann hatte ich die Idee, mit einer Reisegruppe nach Prag zu reisen, um mich bei der erstbesten Gelegenheit von der Gruppe zu lösen und dann in der amerikanischen Botschaft um politisches Asyl zu bitten. Als Vorbild diente mir der ungarische József Kardinal Mindszenty, der während der Niederschlagung des ungarischen Volksaufstands 1956 in die Botschaft der USA in Budapest flüchtete und dort über 15 Jahre lebte. Jedoch als Nichtprominenter würde ich vielleicht vom amerikanischen Botschaftspersonal als unerwünschter Besucher mit dem Zusatz „Hausfriedensbruch“ vor die Tür gesetzt werden, fiel mir ein. Unter Umständen könnten mich die Botschaft beobachtende tschechische Polizisten ergreifen und ohne viel Federlesen ihren befreundeten Genossen von der Stasi übergeben. Dann müsste ich meine alten Erfahrungen im Gefängnis wiederholen. Nein, dieses Risiko mochte ich auch nicht eingehen! Trotz intensiven Grübelns fiel mir kein einziger Fluchtweg mit Aussicht auf Erfolg ein.

## In der sowjetischen Kommandantur in Magdeburg

Eines Tages kam ich auf einen sehr seltsamen, eigentlich schon verrückt zu nennenden Gedanken. Ich dachte: „Mit der DDR möchte ich nichts mehr zu tun haben und deshalb wandere ich legal in die Sowjetunion aus! Das ist doch schließlich etwas Neues und wegen versuchter Republikflucht kann ich mit diesem Anliegen nicht bestraft werden!“

Der Auslöser für dieses merkwürdige Vorhaben war der, dass ich von einem Moskau-Urlauber gehört hatte, dass in der Sowjetunion ost- und westdeutsche Reisegruppen völlig gleich behandelt würden. Deutsche Urlauber, einerlei ob sie aus dem Osten oder Westen stammten, galten demnach für die Russen unterschiedslos als „Deutsche“. Man unterzog sich in Moskau nicht der Mühe, sie gewissenhaft in DDR- und BRD-Bürger zu dividieren. So sollten sie nach der Erzählung sogar an großen Tischen gemeinsam die Mahlzeiten eingenommen haben. Dabei entwickelten sich natürlich oft interessante Ost-West-Gespräche. „Bin ich erst einmal dem Würgegriff der DDR und der Stasi entronnen, werde ich schon irgendwie aus den weniger streng geregelten russischen Verhältnissen, sei es direkt oder über Drittländer, in den Westen gelangen!“ So sahen meine verschwommenen Hoffnungen aus. Ich hatte noch nie gehört, dass jemand in Richtung Osten ausgewandert wäre. Also musste ich zu einer sowjetischen Dienststelle

Kontakt aufnehmen, um mir erste Informationen einzuholen. Ich ging deshalb in die Magdeburger Gerhart-Hauptmann-Straße und betrat das Gebäude der Sowjetischen Kommandantur.

Hinter der riesigen Eingangstür saß kein Pförtner, der mir eine Auskunft geben konnte. Niemand war zu sehen. Ratlos streifte ich durch lange leere Gänge. An den uralten, ungepflegten Türen gab es keine Namensschilder oder irgendwelche Hinweise. Es herrschte in dem ganzen Gebäude eine beklemmende Stille.

In einem der Korridore sah ich haufenweise übereinander gehängte dicke sowjetische Uniform-Filzmäntel und durch ein Fenster auf dem Hof defekte Motorräder und Maschinenteile. Besonders einladend sah das alles nicht aus. Die Wände waren mit der typisch grünen russischen Militärfarbe dilettantisch gestrichen. Es roch nach einem muffigen Gemisch aus altem Tabakrauch und Desinfektionsmitteln. Alles wirkte auf mich kalt, abstoßend und unfreundlich. Urplötzlich wurde mir angst und bange und ich dachte bei mir: „Oh Gott, wo bist du denn jetzt hingeraten? Bloß raus aus diesem unheimlichen Haus!“ Ich habe tief Luft geholt und eilte, glücklicherweise ohne von jemandem bemerkt zu werden, schnell wieder auf die Straße. Der Gedanke, ins „Land Lenins“ auszuwandern, war an diesem Tag auch ohne nähere Informationen über das „Wie?“ und „Wohin?“ für mich erledigt.

## Ein Besuch beim Liedermacher Wolf Biermann

Im Herbst 1965 wollte ich mit Dr. Hartmut Jäckel den Liedermacher Wolf Biermann besuchen. Herr Biermann war gerade nicht zu Hause und ich habe ihn deshalb damals nicht kennenlernen können. Vielleicht konnte ich jetzt nach meiner Entlassung aus dem Gefängnis von Herrn Biermann nützliche Informationen bekommen? An seine Wohnung in der Berliner Chausseestraße 131 konnte ich mich noch gut erinnern.

Auf gut Glück fuhr ich im Juni 1967 mit dem Zug von Magdeburg nach Berlin und hatte Erfolg. Auf mein Klingeln öffnete Wolf Biermann persönlich und bat mich freundlich herein.

Wir nahmen in einem großen hellen Zimmer Platz. Die Schauspielerin Eva-Maria Hagen kam aus der Küche mit einer Kanne Tee herein und setzte sich für ein paar Minuten zu uns. Ich begann zu erzählen, dass ich wegen des Versuches, die DDR zu verlassen, vor kurzem aus dem Gefängnis entlassen sei und noch nicht recht wüsste, wie es in meinem Leben weitergehen soll. Eva-Maria Hagen war sehr nett. Mitfühlend seufzte sie: „Oh, Gott!", was mir sehr gut tat. Ich erzählte dann weiter, dass ich am liebsten in den Westen gehen wolle, aber nur nicht wüsste, wie? „Aber was wollen Sie denn im Westen, junger Mann?" entgegnete Wolf Biermann und setzte drastisch hinzu: „Wissen Sie, die SED-Bonzen würden sich doch ein Loch in den A… freuen, wenn ich zum Beispiel in den Westen ginge. Nein, ich bleibe hier und mache denen das Leben noch richtig schön schwer. Außerdem haben wir hier auch eine Aufgabe. Wer soll denn die DDR zum Positiven verändern, wenn alle in den Westen gingen?"

„Wie bitte?" dachte ich und glaubte, nicht recht gehört zu haben. Etwas für eine positive gesellschaftliche Veränderung der DDR tun? Für eine DDR, die ich für absolut unverbesserlich hielt? Also, danach stand mir in diesem Moment am allerwenigsten der Sinn. Mir ging es eher darum, meinem eigenen unklaren Leben eine Richtung zu geben. Passend dazu fiel mir in diesem Moment ein Wort des weisen Philosophen Arthur Schopenhauer (1788–1860) ein:

*Wer auf die Welt gekommen ist, sie ernstlich und in den wichtigsten Dingen zu belehren, der kann von Glück sagen, wenn er mit heiler Haut davon kommt.*

Doch das sagte ich Herrn Biermann nicht.

Er hatte in diesen Minuten halt Höheres im Sinn, also etwas, das mit meinen Problemen herzlich wenig zu tun hatte. Nach einer Weile fragte er mich, was ich zuerst zu tun gedenke und welche berufliche

Richtung ich einschlagen wolle. Ich sagte ihm, dass mir ein Chemiestudium vorschweben würde. „Aber was soll denn das?" rief Wolf Biermann. „Wollen Sie wirklich später einmal in der chemischen Industrie arbeiten und dort vielleicht solche Sachen wie Einkaufsbeutel herstellen? Nein, das ist doch wirklich nichts! Ich rate ihnen zu einem Theologiestudium! Da wird der Geist durch Philosophie erweitert, man lernt Diskutieren und Debattieren. Wir, die Deutschen, sind doch ein viel zu grobes und ungebildetes Volk! Das hat schon Friederich Hölderlin (1770–1843) in seinem „Hyperion" geschrieben."

Er zog einen Band Hölderlin aus dem Regal und zitierte daraus eine Stelle, in der von den Deutschen mit ihren groben Händen und ihrem ungehobelten Geist die Rede ist. Unser Gespräch verlor an Schwung, da kaum Gemeinsames zwischen uns vorhanden war. Um die einsetzende, etwas peinliche Stille zu überbrücken, nahm Wolf Biermann eine an der Wand hängende Gitarre in die Hand, spielte und sang dazu in seiner unnachahmlichen Art ein Lied über Francois Villon. Es enthielt spöttische Anspielungen auf die Berliner Mauer. Amüsiert hat mich danach ein Vortrag seines Gedichtes zum „Internationalen Kampftag der Arbeiterklasse", dem 1. Mai. Köstlich, wie er sich darin über die DDR-Banalitäten dieses „Kampftags" mit HO-Würstchenständen, mit Bier und Schnaps mokierte.

Sein zweites Lied, das er für mich sang, war das „Lied von der Hundeblume". Der Text seines Liedes hat mich tief ergriffen. Wolf Biermann endete seinen Gesang, indem er seine Stimme ausdrucksstark zu einem Refrain anhob, der auf meinem Rücken eine Gänsehaut erzeugte:

*Und doch: Die Freiheitsblume blüht*
*Auch in der Regenpfütze!*

Ja, ganz genau, das war mein Gefühl! Jawohl, die Freiheitsblume blühte weiter in mir, selbst in der stickigen Pfütze namens DDR!

Wolf Biermann habe ich danach nicht wieder besucht. Ich wollte nur raus und nicht die DDR in irgendeiner Weise umkrempeln oder verbessern.

Seine beiden von mir erwähnten Lieder sowie das Gedicht zum 1. Mai sind in dem Paperback-Bändchen „Die Drahtharfe“ (erschienen 1965 im Verlag Klaus Wagenbach Berlin) abgedruckt. Sie sind außerdem im Internet abrufbar.

## Ein Besuch beim Magdeburger Domprediger Dr. Wuttke

Nach einigem Nachdenken fand ich die Anregung von Wolf Biermann, ein Theologiestudium aufzunehmen, gar nicht so unbrauchbar. Vielleicht ist in der Nische der Kirche, fernab vom politischen Druck des Staates, eine persönliche Weiterentwicklung möglich, dachte ich. Ich ging zum Magdeburger Dom und suchte Herrn Dr. Wuttke, meinen früheren Pfarrer und Lehrer im Konfirmandenunterricht, in seiner dortigen Wohnung auf.

Glücklicherweise traf ich ihn gleich bei meinem ersten unangemeldeten Besuch an. Er nahm sich sogar Zeit für mich. Ich hatte ihn als kirchlichen Hardliner in guter Erinnerung. Allen Teilnehmern seines Konfirmandenunterrichtes, die an der Jugendweihe teilnahmen, verweigerte er die feierliche Konfirmation. Er hielt für diese jungen Menschen lediglich einen schmucklosen Abschlussgottesdienst ab. Ich gehörte mit dazu, denn ich war wie alle Schüler unserer Klasse, wie es damals normal war, Teilnehmer der Jugendweihe. Für Dr. Wuttke galt nur dies: „Entweder christliche Konfirmation – oder sozialistische Jugendweihe“. Das war im Jahre 1959 seine kompromisslose Meinung, einen Mittelweg akzeptierte er nicht.

Jetzt erlebte ich einen ganz anderen Dr. Wuttke. „Weißt du, Peter“ sagte er in einem väterlichen Ton zu mir, „ich war damals euch gegenüber etwas zu hart gewesen. Ich hätte mich viel mehr in die Sorgen und Nöte junger Menschen, die nun einmal in der DDR leben müssen und im Leben etwas erreichen wollen, einfühlen sollen. Den Druck des Staates, dem die jungen Menschen ausgesetzt waren, habe ich einfach nicht wahr haben wollen. Das habe ich damals nicht richtig gesehen.“ Das waren dem Sinne nach in etwa seine Worte.

Wir kamen dann auf meine aktuelle Situation zu sprechen. Als er von mir hörte, dass ich an eine Theologieausbildung gedacht habe, wehrte er ab. „Sicher, es gibt in Naumburg eine kirchliche Hochschule, an der du dich bewerben kannst. Aber ist denn die Theologie wirklich das Richtige für dich? Der alleinige Grund, dem Staat auszuweichen, ist für ein Theologiestudium etwas zu wenig. Sieh einmal, meine Tochter, die du ja noch von der Schule und vom Konfirmandenunterricht her kennst, studiert hier in Magdeburg Medizin. Jedes Jahr am 1. Mai marschiert sie mit den anderen Studenten im Demonstrationszug hinter einer roten Fahne her. Was sollte sie denn anderes tun? Also, durchdenke dir deine Entscheidungen bitte noch einmal gut und vor allem bis zu Ende.“

Damit war unser Gespräch beendet. Er war nicht mehr der Hardliner von 1959, von dem ich erhoffte, mit offenen Armen empfangen zu werden und der mir vielleicht hilfreiche Informationen über mögliche Zukunftsperspektiven im Rahmen der Evangelischen Kirche geben könnte. Meine Hoffnungen waren nach diesem Besuch völlig zerstoben. Ich, der nichts mehr mit der DDR zu tun haben wollte, war von seiner opportunen Haltung gegenüber dem Staat in diesem Moment überrascht und tief enttäuscht. Die Kirche als vermeintlich letztes Refugium in der DDR, kam für mich nach diesem Gespräch nicht mehr in Betracht.

# In den „Reihen der Arbeiterklasse“

## Eine ernste Drohung der Abteilung „Innere Angelegenheiten“

Meine sämtlichen Überlegungen, die ein radikales Ende meiner Beziehung zur DDR zum Inhalt hatten, also ein erneuter Fluchtversuch, das Auswandern in die Sowjetunion oder das Unterkriechen in der Evangelischen Kirche habe ich schweren Herzens als unrealistisch aufgeben müssen. Voller Bitterkeit sah ich keine einzige erfolgversprechende Möglichkeit zu entkommen. Ein nicht gewolltes, unabsehbar langes DDR-Leben lag nun vor mir. „Es gibt kein richtiges Leben im falschen“ schrieb einst der Philosoph Theodor W. Adorno (1903–1969) und genauso fühlte ich. Aber ich hatte keine Wahl und musste wohl oder übel versuchen, das Beste aus meiner Lage zu machen.

Mit dem Entlassungsschein vom Strafvollzugskommando Berndshof wurde mir ein Schreiben, das ich in der Medizinischen Akademie Magdeburg vorlegen sollte, mitgegeben. Dort war ich für eine Tätigkeit als Hilfspfleger eingeplant worden. Das war aber kein direktes „MUSS“. Meine Haftstrafe hatte ich zum letzten Tag abgesessen, es gab daher keine zwingenden Auflagen aufgrund vorzeitiger Entlassung. Ich war in einem gewissen Sinne „frei“. Das Papier war ein behördlich vorgeschriebenes Angebot für entlassene Strafgefangene und dafür gedacht, sie nicht in ein tiefes Loch fallen zu lassen, sondern ihnen zu ermöglichen, unmittelbar nach der Gefängniszeit Geld zu verdienen. Für den Start in ein normales Leben war das sicherlich für viele eine gangbare Brücke, jedoch nicht für mich. Meine zurückliegenden Erfahrungen im Krankenhaus Magdeburg-Altstadt erstickten jegliches Interesse an einer Tätigkeit als Hilfspfleger. Aus diesem Grund habe ich mich in der Medizinischen Akademie gar nicht gemeldet. Ich wusste zwar nicht wo und wie, aber eine irgendeine Berufsausbildung schwebte mir vor und ich suchte deshalb tagelang, leider durchweg erfolglos, verschiedene

Großbetriebe in Magdeburg auf. Mein weiteres Leben ohne alle Perspektiven als Hilfskraft in einem Krankenhaus zu verbringen, war für mich ein Albtraum. Wenn aber die Mitarbeiterinnen – ich traf ausschließlich Frauen in den Personalabteilungen (in der DDR „Kaderabteilungen" genannt) an – von mir hörten, dass ich direkt aus dem Gefängnis kam, reagierten sie abweisend. Einmal forderte mich im Magdeburger Karl-Marx-Werk eine junge Dame, sie saß gerade allein im Zimmer, zutiefst erschrocken auf, sofort den Raum zu verlassen. Sie hatte vielleicht einen schwergewichtigen Gewaltverbrecher in mir vermutet. Leicht belustig tat ich dies. Schuldgefühle wegen meiner Haftstrafe belasteten mich nie.

Zu glauben, dass mich ein Betrieb ohne eine „Steuerung von oben" einstellen würde, war natürlich eine Illusion. Ein entlassener Strafgefangener, der sein Leben eigenständig gestalten und anpacken möchte, war in der Vorstellungswelt der SED nicht vorgesehen – schlicht und einfach undenkbar. Zwar musste ich keine staatlichen Auflagen erfüllen, stand aber dennoch unter Kontrolle. Es vergingen etwa zwei Wochen erfolglosen Suchens nach einer geeigneten Arbeitsstelle. Dann war für den Staat der Zeitpunkt erreicht, aktiv zu werden. Dass es eine für entlassene Strafgefangene zuständige Abteilung „Innere Angelegenheiten" gab, wusste ich nicht. Sie forderte mich kurz und bündig auf, zu einer „Aussprache" zu erscheinen.

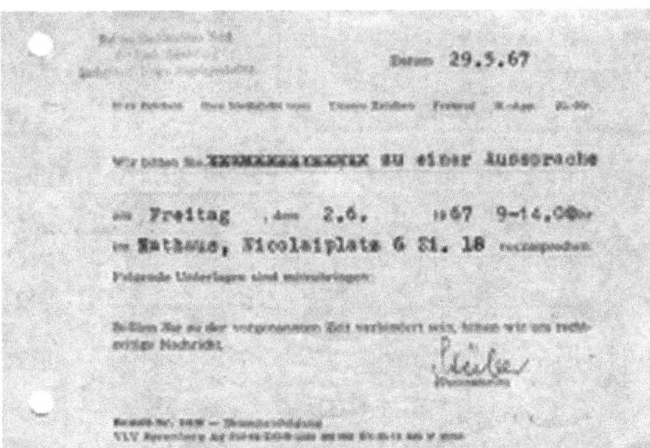
Datum 29.5.67

zu einer Aussprache

Freitag, 2.6. 1967 9-14.00

Rathaus, Nicolaiplatz 6 Zi. 18

Abb. 35: Vorladung vom Sachgebiet „Innere Angelegenheiten".

Mit klopfendem Herzen und der Frage im Kopf „Was wollen denn die von mir?" betrat ich pünktlich um 9 Uhr das Zimmer 18 im Rathaus. Anscheinend gut vorbereitet erwarteten mich der Leiter der Abteilung Inneres und seine Mitarbeiterin, Frau Stüber.

Nicht sehr freundlich begann der Abteilungsleiter: Ich hätte mich nicht zur Arbeitsaufnahme in der Medizinischen Akademie gemeldet und lebe bereits zwei volle Wochen ohne Arbeit. Mit einer Summe von etwa 500 Mark, die ich bei der Haftentlassung als Restbetrag von meinem Arbeitslohn erhalten habe, könne kein Mensch seine Zukunft neu gestalten und auf Dauer leben. Seiner Ansicht nach wäre ich ein „Asozialer" bzw. „Parasit". Mit solchen Personen habe er seine einschlägigen Erfahrungen. Damit ich Bescheid wüsste, wie es mit mir nun weitergeht, habe er mich zu dieser Aussprache bestellt.

Vor ihm lag ein Formular. Es war ein Antrag zur Einweisung in ein Lager zur „Arbeitserziehung", das er mit meinen Angaben zur Person ausfüllen wollte. Ich fiel aus allen Wolken. Nachdem ich mich etwas gefangen hatte, erklärte ich ihm, dass ich kostenlos bei meiner Mutter wohne und von ihr versorgt werde. Dann zählte ich ihm meine sämtlichen Versuche auf, einen Arbeitsplatz mit einer Entwicklungsperspektive zu finden. Die Anzahl konnte sich sehen lassen, denn ich war ernsthaft fast jeden Tag darum bemüht. Er ging nicht weiter darauf ein und blieb bei seinem Antrag. Da saß ich nun mit allen negativen Voraussetzungen für die Zukunft: Politisch vorbestraft, arbeitslos, ohne eine greifbare Perspektive, mit einem lebenslänglichen Studienverbot und nun auch noch mit der Aussicht auf die Einweisung in ein Arbeitslager. Die Dauer der „Arbeitserziehung" konnte ein bis fünf Jahre dauern. Man wusste, dass die Lagerleitungen die Entlassungszeitpunkte je nach „Erziehungserfolg", einem gummiartig dehnbaren Begriff, nach Gutdünken willkürlich festlegen konnten.

Ich bin im Grunde genommen ein sehr vorsichtiger und zurückhaltender Mensch, jedoch in entscheidenden Situationen entwickele ich mitunter einen Mut, über den mich hinterher selbst wundere. Genau jetzt war eine solche Situation eingetreten. Völlig ruhig sagte ich kühl zum Abteilungsleiter:

„Wenn Sie jetzt tatsächlich eine Arbeitserziehung für mich beantragen, dann werde ich morgen oder übermorgen an der Grenze zu Westdeutschland bei einem erneuten Fluchtversuch gefasst werden. Als Grund dafür werde ich sie (dabei zeigte ich mit dem Finger auf ihn!) und ihre Entscheidung, mich in ein Arbeitslager einzuweisen, angeben. Sie haben gerade gehört, dass ich mich intensiv um einen passenden Arbeitsplatz gekümmert habe, aber bislang leider keinen Erfolg hatte."

Es gab einfach nichts mehr, was ich in diesem Moment zu verlieren hätte.

Der Abteilungsleiter war verblüfft und sichtlich aus dem Konzept geraten. Er stammelte halblaut etwas von „sehr wenig Erfolg bei der Umerziehung im sozialistischen Strafvollzug" vor sich hin. Ich hatte den Eindruck, dass dem Mann eine derart kalt entschlossene Haltung selten vorgekommen ist, denn er sagte danach überhaupt nichts mehr. Er war einer jener seelenlosen Automaten, die selbst nicht denken und nur funktionieren. In unerwarteten Situationen, die nicht durch eindeutige Dienstvorschriften geregelt sind, tritt sogleich der Totalausfall ein.

In die entstandene peinliche Stille schaltete sich seine nette Mitarbeiterin, Frau Stüber, ein. Sie wollte mir offensichtlich wirklich helfen. Mir sagte ihr folgender Vorschlag zu: Ich solle mich in einem der Magdeburger Schwermaschinenbaubetriebe als Hilfsarbeiter bewerben und gleichzeitig an einer „Betriebsakademie" abends nach der regulären Arbeitszeit in einen Lehrgang für lernwillige Arbeiter ohne Berufsabschluss einsteigen. Würde ich einen solchen Lehrgang erfolgreich beenden, bekäme ich als Abschluss einen Facharbeiterbrief. „Das ist doch ein Anfang!" dachte ich bei mir und war sogleich einverstanden.

„Hoffe wenig und wirke viel, das ist der kürzeste Weg zum Ziel!" sollte mein Leitspruch für die nächsten 15 Jahre werden. Der Abteilungsleiter saß wortlos neben Frau Stüber. Sie schrieb mir die Adressen der beiden Magdeburger Schwermaschinenbaubetriebe „Georgij Dimitroff" und „Ernst Thälmann" sowie die der Verwaltung der Betriebsakademien, damals in der Karl-Schmidt-Straße in Magdeburg-Buckau, auf. Noch am gleichen Tag suchte ich die angegebenen Stellen auf.

## Als Hilfsarbeiter im Schwermaschinenbau

Im Schwermaschinenbau „Georgij Dimitroff" in Magdeburg-Buckau gab es erstaunlicherweise keine Schwierigkeiten bei meiner Einstellung. Hilfsarbeiter wurden dringend gebraucht. Nach einem Gespräch mit dem Abteilungsleiter und seinem Stellvertreter war ich binnen einer halben Stunde ein neuer „Dimitroffwerker". Hat vielleicht ein Anruf aus dem Rathaus bewirkt, dass ich plötzlich und völlig problemlos Hilfsarbeiter werden konnte? Ich weiß es nicht.

**Abb. 36: Mein neuer Kollegenkreis im Schwermaschinenbau.**

Gegen meine Freizeitbeschäftigung an einer Betriebsakademie hatten beide Leiter trotz meines gesellschaftlichen Status als Vorbestrafter nichts einzuwenden. Der erste Schritt war getan!

Der Verwaltungsleiter der Betriebsakademien hielt die Betriebsakademie der Deutschen Reichsbahn in Magdeburg-Salbke für geeignet. Ohne Zeit zu versäumen, fuhr ich nach meiner Einstellung als Hilfsarbeiter mit der Straßenbahn sofort dorthin.

Ich wurde freundlich empfangen. Der Direktor der Betriebsakademie nahm aus einem Regal ein Klassenbuch, trug meinen Namen ein und sagte mir: „Dieser Lehrgang hat zwar schon vor einem Monat begonnen, aber wenn sie am nächsten Montag von 18 bis 21 Uhr daran teilnehmen, dann ist es noch nicht zu spät für ihren Neueinstieg."

Natürlich war ich am nächsten Montag pünktlich an Ort und Stelle und erlebte eine große Überraschung. Der Direktor hatte mich versehentlich in das Klassenbuch eines Kurses eingetragen, der nicht vor einem Monat begann, sondern schon über ein volles Jahr lief. Die Kursteilnehmer waren überhaupt nicht erfreut, mich zu sehen. „Wir quälen uns hier schon ein Jahr herum und der Neue spart sich einfach diese lange Zeit! Das ist ungerecht!" hörte ich ihr Murren.

Für die nächste Unterrichtswoche waren zwei Klassenarbeiten geplant, eine in Mathematik zur Bruchrechnung und eine in Chemie über Atome und Moleküle. Ich bat beide Lehrer: „Bitte geben Sie mir die einmalige Chance, lassen Sie mich bitte beide Klassenarbeiten ohne jegliche Vergünstigung, also genau wie alle übrigen Teilnehmer des Kurses, mitschreiben!" Diese Chance wurde mir gewährt und ich blieb in der Klasse.

Durch meine Vorbildung konnte ich später meinen Klassenkameraden manches Nichtverstandene erklären. Das tat ich immer sehr gern. Bald war ich in der Klasse von allen akzeptiert und fühlte mich dort wohl.

Am 18. März 1968, also nur 10 Monate nach meiner Entlassung aus dem Gefängnis, wurde mir der Facharbeiterbrief als „Betriebsschlosser der Deutschen Reichsbahn" überreicht. Es stand unter anderem darin:

*Lobenswert war seine Hilfsbereitschaft gegenüber schwächeren Kollegen, die ihm die Achtung des Lernkollektivs einbrachte.*

*Wenn der Kollege Hampe weiterhin ernsthaft an sich arbeitet, so bietet sich eine weitere Qualifizierungsstufe für ihn an.*

Am Abend haben wir im Keller des Hauses der Deutsch-Sowjetischen Freundschaft, im Restaurant „Donezk", fröhlich unseren erfolgreichen Abschluss gefeiert. Die Hürde „Facharbeiterbrief" war genommen.

Ab jetzt arbeitete ich als Stahlbauschlosser im schweren Stahlbau des VEB Schwermaschinenbau „Georgi Dimitroff".

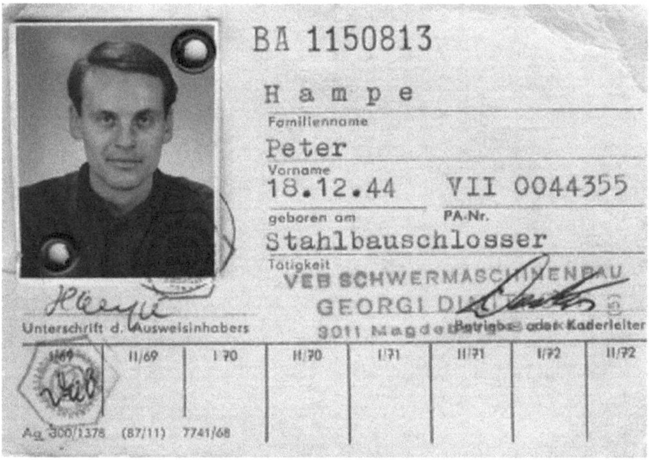


Abb. 37: **Mein neuer Betriebsausweis als Stahlbauschlosser.**

## Spaßiges aus der FDJ-Leitung

Unmittelbar nach meinem Start als Hilfsarbeiter setzte sich die FDJ-Betriebsgruppe mit mir in Verbindung, um mich anzuwerben. Ohne große Umstände war ich sofort bereit, Mitglied der FDJ zu werden und ließ mir obendrein den unattraktiven Posten des Kassierers „andrehen". Da ich beruflich weiterkommen wollte und als politisch Vorbestrafter ziemlich schlechte Karten besaß, beschloss ich, mich angepasst zu verhalten. Hin und wieder fanden im „Karl-Liebknecht-

Haus", der Partei- und FDJ-Zentrale des Werkes, überaus langweilige Leitungssitzungen der FDJ statt. Als Kassierer musste ich daran teilnehmen. Ich war darüber nicht unglücklich, denn bei der harten körperlichen Arbeit empfand ich diese Versammlungen als willkommene Erholungspausen. Kein Meister durfte mich an meiner „wichtigen gesellschaftlichen Arbeit" hindern. Eines Tages rief das „Karl-Liebknecht-Haus" dringend unseren Werksmeister an. Er möchte mich doch für eine wichtige FDJ-Leitungssitzung ab 14 Uhr von der Arbeit freistellen. Der Meister genehmigte meine Abwesenheit. Pünktlich erschien ich dort. Als ich das Leitungszimmer betrat, stellte ich verwundert fest, dass etliche Schnaps-, Bier- und Weinflaschen auf den Tischen standen. Ich bekam auch gleich unumwunden die Erklärung dazu: „Unsere FDJ-Leitung hat für eine Gruppenfahrt zur Besichtigung des ehemaligen faschistischen Konzentrationslagers Buchenwald bei Weimar das nötige Geld bei der Werksleitung beantragt und auch erhalten. Heute haben wir einen neuen FDJ-Leitungsbeschluss gefasst und werden das gesamte Geld versaufen. Den Reisebericht über unsere Fahrt nach Buchenwald können wir ja auch hier schreiben. Komm setz' dich her und trink erst mal einen Doppelten mit uns!" An diese Erklärung kann ich mich deshalb noch wortwörtlich erinnern, weil ich wahrhaft schockiert war. Nach Schnaps, insbesondere nach der billigen Weinbrandmarke „Grand mit Dreien", die überall auf den Tischen stand, während der regulären Arbeitszeit um 14 Uhr auf einen erfundenen Anlass anzustoßen, fand ich höchst verwerflich. Ich stahl mich unter Vorgabe fadenscheiniger Gründe davon und ging wieder in die Werkshalle zurück. Angeschwärzt habe ich die Jugendfreunde selbstverständlich nicht. Diese FDJ-Leitung war ein besonderes Völkchen. Ich hatte das Gefühl, dass sie mit ihren Berichten – sie bestanden ausnahmslos aus sinnlosen Phrasendreschereien – nur die Arbeitstage totschlugen. Hin und wieder wurden Besäufnisse veranstaltet. Das waren die ödesten FDJ-Veranstaltungen, die ich je erlebt und später konsequent gemieden habe. Es gab weder interessante Unterhaltungen noch lustige Witze. Meist waren nur der Ort und der Umfang des letzten Besäufnisses das Gesprächsthema. Der Alkohol wurde über Stunden nur so in sich hineingeschüttet. Am Ende hatten die Jugendfreunde teilnahmslos glasige Augen, sprangen urplötzlich auf und gingen grußlos, aber erstaunlich gerade nach Hause. Mir ist nur eine einzige nützliche gesellschaftliche Leistung der FDJ in Erinnerung geblieben: Ich berichte später von meiner Beurteilung durch die FDJ-Leitung, die mir sehr geholfen hat.

## Ein Streiflicht aus dem Jahr 1968

In den Augusttagen des Jahres 1968 überfielen die Truppen des Warschauer Vertrages die Tschechoslowakei, um den „Prager Frühling" niederzuschlagen. Über dieses einschneidende politische Ereignis diskutierten entrüstet und lautstark einige meiner Schlosserkollegen in der Werkshalle des schweren Stahlbaus, meinem Arbeitsplatz. Als die Werksleitung forderte, einen zustimmenden und die Regierung der DDR unterstützenden „Offenen Brief" zu unterschreiben, schimpften einige Arbeiter ungehalten los. Ich wurde als erster in die Meisterstube zur Unterschrift gebeten. Ohne auch nur eine Sekunde zu zögern, setzte ich meine Unterschrift unter dieses lächerliche Pamphlet. Wie war doch unser Werkstattmeister erlöst und zufrieden, ohne großen ideologischen Überzeugungsaufwand seine erste Unterschrift zu haben! Die spätere intensive ideologische „Bearbeitung" meiner Arbeitskollegen führte dazu, dass binnen weniger Tage die Unterschriftenliste bis zum letzten Mann vollständig auf dem Tisch lag. Das hatte ich erwartet und deshalb keinen Widerstand geleistet. „Wozu auch?" und „Soll ich dadurch, eine sinnlose Erklärung nicht unterschreiben zu wollen, mir die Aussicht auf ein Studium verbauen?" dachte ich. In diesem Fall war ich – ich muss es ehrlich zugeben – ein angepasster Opportunist. Ich denke jedoch, unter den damaligen Umständen keine andere Wahl gehabt zu haben. Die Chance für ein mögliches Studium wollte ich mir nicht leichtfertig verderben. Außerdem: Mit meiner Unterschrift unter dieser wert-

und sinnlosen Erklärung, an die sich heute sicherlich kaum noch jemand erinnern kann und die wahrscheinlich nirgends mehr existiert, ist ohnehin nichts bewirkt worden.

Nun meinten die DDR-Machthaber, aus der „versuchten Konterrevolution in der sozialistischen CSSR" ihre Schlussfolgerungen ziehen zu müssen. Sie waren der Auffassung, dass zahlenmäßig zu viele Intellektuelle die kommunistische Partei durchsetzt hätten und dass insbesondere solchen Leuten der „Prager Frühling" zuzuschreiben sei. In der DDR lief deshalb eine neue Aktion an: „Mehr Arbeiter in die SED!" Als Stahlbauschlosser wurde ich unmittelbar daraufhin aufgefordert, in die SED einzutreten. Diese Sache hat sich für mich glücklicherweise unkompliziert und schnell erledigt. Ich sagte dem Parteiwerber nur, dass ich als politisch Vorbestrafter wohl kaum für einen Eintritt in die SED in Betracht käme. Das sah der Genosse ohne weiteres ein, ging wortlos davon und ließ mich erleichtert stehen.

Aber auch die Gefahren in jener Zeit möchte ich deutlich machen. Dazu ein Beispiel: In Bertolt Brechts Lied von der Moldau wird der Sieg der Gewaltlosigkeit über die Gewalt vorausgesagt. Nach der Niederschlagung des „Prager Frühlings" soll die SED-Justiz allein für das Zitieren dieses Gedichtes Gefängnisstrafen verhängt haben.

Wie ungleich risikoloser war da doch das Demonstrieren und die Aufmüpfigkeit der „68er" und „K-Gruppen" im Westen! Ich, der in der DDR politisch Vorbestrafte und Eingemauerte, sah im Fernsehen erstaunt linke Studentendemonstrationen und hörte unerträgliche Parolen und Diskussionen um Marx und Mao. Meine Gedanken dazu waren in etwa so: „Wollen diese intellektuellen Spinner nicht sehen, wie es unmittelbar hinter der Mauer aussieht? Diesen Revoluzzern müsste man ein Jahr Zwangsaufenthalt in der DDR verordnen! Der kalte Wind, der ihnen dann in der SED-Diktatur ins Gesicht bläst, würde sie mit Sicherheit ernüchtern."

# Erfolge und Misserfolge

## Kurze Freude, schwerer Misserfolg und ein Erfolg

In der Beurteilung meines Facharbeiterzeugnisses stand als Empfehlung geschrieben, meinen Bildungsweg weiter fortzusetzen. Das war auch mein festes Ziel.

Nun fiel mir aber ein, dass eine Einberufung zur Nationalen Volksarmee drohte, da ich mich im wehrfähigen Alter befand. Bevor ich überhaupt an Weiterbildung denken konnte, musste ich in Erfahrung bringen, ob und wann ich mit einer Einberufung zu rechnen habe. Ohne eine Information darüber konnte ich nicht planen. Deshalb ging ich zum Wehrkreiskommando am Magdeburger Domplatz und wollte mich dort kundig machen. Ich stellte mich einem Offizier vor, der daraufhin eine Weile in einem Blechschrank kramte und dann eine Karteikarte herauszog. Er besah sie sich kurz und fauchte mich an: „Gehen sie sofort hier 'raus!" Das tat ich sehr gern und setzte mich darauf vergnügt in das am Breiten Weg nahe gelegene Café Werner. Dort bestellte ich mir in allerbester Stimmung ein Kännchen Kaffee und ein Stück Schwarzwälder Kirschtorte mit Sahne.

Ich ließ es mir insbesondere deshalb so gut schmecken, weil mir durch das abrupt endende Gespräch im Wehrkreiskommando eine schwierige Diskussion erspart blieb. Es war mein felsenfester Entschluss, für die DDR niemals eine Waffe in die Hand zu nehmen und zwar absolut kompromisslos. Bei der befürchteten Einberufung zur Armee hätte ich den Offizieren der Nationalen Volksarmee klar machen müssen, dass ich den Dienst mit der Waffe konsequent ablehne und bestenfalls als Bausoldat zur Verfügung stünde. Wäre dies aber aufgrund meiner politischen Vorstrafe nicht möglich, hätte ich die Wehrpflicht total verweigert. Dazu war ich entschlossen, obwohl die Konsequenz dahinter stand, erneut ins Gefängnis zu müssen. Erfreulicherweise hat sich diese drohende Auseinandersetzung von selbst in Luft aufgelöst.

Die baldige Aufnahme eines Studiums sah jedoch wegen eines anderen Hindernisses ziemlich aussichtslos aus: Ich hatte ja eine Relegation vom Rektor der Pädagogischen Hochschule in Potsdam erhalten! „Was kann ich dagegen tun?", fragte ich mich. Zufällig sah ich in der Magdeburger Otto-von-Guericke-Straße an einem Hauseingang das Namensschild eines Rechtsanwalts. Spontan ließ ich mir in dessen Sekretariat einen Termin für eine Rechtsberatung geben. Mir ging es darum, einen geeigneten Weg zu finden, meine Relegation irgendwie abzuschwächen oder ganz und gar zu annullieren. Mit diesem Anwalt hatte ich großes Glück. Nach der Schilderung des Sachverhaltes zeigte er sich verständnisvoll, war sehr freundlich und riet mir:

„Sie müssen an die Kanzlei des Staatsrates schreiben. Eine Relegation ist einfach zu hoch angebunden und mit kleineren Verwaltungsakten lässt sich diese schwerwiegende Verfügung des Rektors der Pädagogischen Hochschule in Potsdam nicht aufheben. Hüten Sie sich aber davor zu drohen. Darauf reagiert der Staat empfindlich. Schreiben Sie auch nicht professionell mit einer Schreibmaschine, sondern mit der Hand und streuen Sie sich Asche auf ihr Haupt. So können Sie vielleicht etwas erreichen. Ich wünsche ihnen viel Glück!"

Wenn ich dem Rat des Anwalts folge, kann ich zumindest keinen schwerwiegenden Fehler begehen, dachte ich und richtete ein handschriftliches Bittschreiben um Aufhebung meiner Relegation an die Kanzlei des damaligen Staatsratsvorsitzenden, Herrn Walter Ulbricht. In einer dem Brief beigefügten ebenfalls handschriftlichen „Persönlichen Stellungnahme" bereute ich langatmig meine begangenen Fehler. Ich gab vor, „mit aller Kraft an mir zu arbeiten, um wieder ein vollwertiges Mitglied der sozialistischen Gesellschaftsordnung zu werden" und würzte das Ganze mit weiteren hohlen Phrasen. Ich schloss mit dem Versprechen, „mich mit allen Kräften und bestmöglichen Studienleistungen in den Dienst der sozialistischen Gesellschaft zu stellen." Diese Stellungnahme war natürlich nicht aus ehrlichem Herzen geschrieben, sondern war von A bis Z eine einzige

Heuchelei. Aber hatte ich denn eine andere Wahl? Ich wollte mein lebenslängliches Studienverbot loswerden. So etwas konnte nur mit einer wohlwollenden Reaktion „von ganz oben" geschehen, wie mir der Anwalt klar vermittelt hat. Als es nur um die Verkürzung meiner Gefängnishaft um ein paar Monate ging, war mir der Preis eines devoten Bittschreibens an den Staat zu hoch gewesen. Jetzt aber ging es um weitaus mehr! Es ging um meine berufliche Entwicklung, um meine gesamte Zukunft! So gesehen, bewerte ich mein Schreiben an Herrn Ulbricht als eine notwendige Kriegslist. Wer will mir dies verübeln? Schließlich befand ich mich mit der DDR in einem Kriegszustand! Eine Kopie meiner „Persönlichen Stellungnahme" habe ich in meinen Stasi-Akten gefunden. Ich möchte sie jedoch nicht in den Anhang einfügen. Zum einen finde ich meinen unehrlichen sozialistischen Phrasensalat für jeden Leser unerträglich, auf der anderen Seite für mich überaus peinlich. Ehrlich gesagt, für dieses unerträgliche Geschwafel schäme ich mich noch heute. Als ich diesen Text wieder sah, hat sich in mir alles gesträubt. Ich brachte es nicht fertig, ihn noch einmal bis zum Ende durchzulesen!

Von der Kanzlei des Staatsrates erhielt ich unerwartet schnell eine Eingangsbestätigung meines Briefes und später ein kurz gefasstes Schreiben vom Ministerrat der DDR. Er forderte verschiedene Beurteilungen über meine Person an. Ich erinnere mich an eine von meiner Arbeitsstelle, eine von der Abteilung Innere Angelegenheiten des Rates der Stadt Magdeburg, vom Abschnittsbevollmächtigen der Volkspolizei und von der FDJ-Leitung meiner Arbeitsstelle. Diese Forderungen erfüllte ich sämtlich, wobei mich am meisten der übertrieben salbungsvolle, sozialistische Lobgesang der FDJ-Leitung amüsierte. Um mir zu helfen, hatten die Jugendfreunde zu meiner großen Freude fast zwei Seiten zusammengeschwafelt. Daraus hier ein Auszug:

*Jugendfreund H a m p e erwarb sich durch seine ehrliche und offene Art das Vertrauen der Jugendlichen und Kollegen. Er wurde auf Grund seines Wunsches vom Kollektiv zum Facharbeiterlehr-*

*gang für Stahlbauschlosser delegiert und steht dort kurz vor seiner Abschlußprüfung als Stahlbauschlosser. Er hatte die richtige Schlußfolgerung für seinen weiteren Lebensweg gezogen und im FDJ-Aktiv dargelegt, daß er auf Grund der 1966 ausgesprochenen Relegation sein neues Betätigungsfeld als Produktionsarbeiter in den Reihen der Arbeiterklasse sieht. Er bestätigte seine Einstellung in einer regen Teilnahme an den Veranstaltungen, Aussprachen, Mitgliederversammlungen der Freien Deutschen Jugend.*

Nach einigen Wochen erreichte mich ein ausführlicher Brief vom Ministerrat der DDR. Mir wurde mitgeteilt, dass ein Direktstudium an einer Bildungseinrichtung der DDR für mich in den nächsten Jahren grundsätzlich nicht möglich sei. Aber als eine „zusätzliche Bewährungsmöglichkeit" wurde mir eingeräumt, neben meiner beruflichen Arbeit an Fern- oder Abendstudien teilnehmen zu dürfen (Anhang 16).

Ohne einen rechten Plan im Kopf, ging ich, es war an einem Freitag, in die Technische Hochschule „Otto von Guericke" in Magdeburg. Im Gebäude M, dem Chemischen Institut, lief ich unschlüssig durch die Gänge und las viele unbekannte Namen auf den Türschildern.

Da ich niemanden kannte, fühlte ich mich auf den langen Fluren mit den vielen Türen verloren und unsicher. Da sprach mich plötzlich ein in einem dunklen Anzug gekleideter sympathischer Herr an und fragte mich, zu wem ich wolle und ob er mir vielleicht weiterhelfen könne. Für ihn war es offensichtlich, dass ich mich ziellos durch das Gebäude bewegte. „Zu wem ich eigentlich will, weiß ich im Moment selbst nicht, denn ich kenne hier niemanden und habe eine seltsame Geschichte.", antwortete ich ihm. Der freundliche Herr nahm mich im hinteren Treppenhaus des Gebäudes beiseite und sagte: „Na, dann erzählen Sie mal!"

Am Treppengeländer stehend begann ich ohne Umschweife zu erzählen, dass ich wegen versuchter Republikflucht vorbestraft sei, ein gutes Abitur habe und nach Möglichkeiten suche, Chemie zu studieren. Mich wunderte außerordentlich, dass er sich meine nicht gerade alltägliche Geschichte ohne Erstaunen, wie eine völlig normale Angelegenheit anhörte. Zum Schluss riet er mir, dass ich am kommenden Montag so ungefähr ab 9 Uhr bei einem Herrn Dr. Schwartz in der 1. Etage vorsprechen solle. Pünktlich klopfte ich am nächsten Montag um 9 Uhr an dessen Tür und auf sein „Bitte herein!" betrat ich ein kleines Arbeitszimmer. Unmittelbar nachdem ich mich vorgestellt hatte und von mir erzählen wollte, unterbrach mich Dr. Schwartz: „Machen wir es kurz, ich bin bereits von Professor Schuhmann informiert worden und weiß über Sie Bescheid. Wir werden versuchen, ihnen weiterzuhelfen." Später verfasste Professor Schuhmann sogar eine persönliche Bürgschaft und bat den Prorektor der Technischen Hochschule in Magdeburg mich noch in den letzten Studiengang im Fach Chemie aufzunehmen. Wenige Tage später meldete ich mich bei ihm zu einem Gespräch an. Als ich sein Zimmer betrat, erblickte ich einen sehr unsympathischen Herrn. Er lehnte sich arrogant wippend in seinem Bürosessel zurück und sagte mir in kaltem Ton, dass Professor Schuhmann seinetwegen auch 10 Bürgschaften für mich schreiben könne, trotzdem ließe er nicht zu, dass ich in Magdeburg Chemie studiere. In meiner Stasi-Akte fand ich in einem Protokoll folgendes:

*Am 5.6.1968 wurde mit Herrn Prof. Schuhmann, der sich für die Wiederaufnahme des Studiums des Herrn H. einsetzt, ein längeres Gespräch geführt.*
*Ich habe Herrn Prof. Schuhmann erklärt und mit Bestimmtheit gesagt, daß auf Grund der erst im Mai 1967 erfolgten Verbüßung der Strafe eine Wiederaufnahme 1968 nicht in Erwägung gezogen werden kann. Herr Prof. Schuhmann ist der Ansicht, daß es für ein Fernstudium bei Herrn H. sehr schlechte Voraussetzungen gibt.*
*Es wird einen Antrag stellen und für Herr H. bürgen, mit der Bitte, die Wiederaufnahme des Studium für 1969 vorzusehen.*

Mit lässiger Hand blätterte der Prorektor in meiner alten Studienakte aus Potsdam, die er vorher angefordert hatte, und gab vor, darin gelesen zu haben, dass ich schon in meiner Schulzeit zum „reaktionären Kern der Klasse“ gehört hätte. Das war natürlich wahr, aber es traf mich trotzdem wie ein Blitz. Mich schockierte nicht so sehr, dass mir das Studium versagt wurde. Darauf war ich innerlich vorbereitet. Über eine sofortige Studienzulassung hätte mich eher gewundert. Aber, dass es Lehrer gab, die schon in der Schulzeit jungen Menschen politische Stolpersteine in den Weg legten, fand ich ungeheuerlich. Diese Akte hätte ich gern selbst gelesen und die betreffende Seite in diesen Bericht eingefügt. Meine Nachfragen bei den Universitäten in Potsdam, wie auch in Magdeburg führten zu keinem Ergebnis. Meine Studienakte war leider nirgends aufzufinden. Den Versuch, ein Hochschulstudium aufzunehmen, gab ich nach dem Gespräch mit dem Prorektor als zwecklos auf. Niedergeschlagen kaufte ich mir in der nächsten Kaufhalle eine Flasche Kirschlikör. Meine Stimmung beschrieb Wilhelm Busch (1832–1908) treffend mit:

*Es ist ein Brauch von alters her:*
*Wer Sorgen hat, hat auch Likör.*

Die Flasche habe ich dann aber doch nicht geöffnet, weil mir jeglicher Appetit dazu fehlte. Unbewusst befolgte ich eine wichtige Lebensregel, nämlich Alkohol nur bei freudigen Anlässen, aber niemals aus Kummer zu trinken.

Eine neue Chance sah ich in dem Brief vom Ministerrat der DDR, der die Aufnahme eines Fern- bzw. Abendstudium neben der normalen Arbeit als „zusätzliche Bewährungsmöglichkeit“ empfahl (Anhang 16). Vielleicht ließe sich damit in einer anderen Studieneinrichtung etwas anfangen!

Mit dem Brief in der Tasche fuhr ich per Straßenbahn zur Ingenieurschule für Chemie „Justus von Liebig“ in Magdeburg-Südost. Dort fragte ich mich zur Direktorin durch und traf sie auch in ihrem Dienstzimmer an. Nachdem ich mich als politisch Vorbestrafter vorgestellt, meine Geschichte erzählt und das Ministerratsschreiben vorgelegt hatte, sagte sie zu mir in einem sehr netten Ton: „Wenn junge Menschen wie sie einmal gestürzt sind, aber den ehrlichen

Willen haben, wieder aufzustehen, dann haben wir als Kommunisten die Pflicht, ihnen unsere helfende Hand zu reichen!" Die Frau meinte das ernst. Auch solche überzeugten Marxisten gab es in der DDR.

Bald darauf, im Sommer des Jahres 1968, erhielt ich hocherfreut meine Zulassung zum Abendstudium an der Ingenieurschule für Chemie „Justus von Liebig".

## Als Mann im „Frauensonderstudium"

Im September 1968 begann ich mein Abendstudium unter ganz merkwürdigen Umständen. Am ersten Studientag fand in einer der Schule gegenüber liegenden Villa die feierliche Immatrikulation statt. Mich erstaunte, dass sogar der Stadtreporter der Magdeburger „Volksstimme" zugegen war. Nun hörte ich zum ersten Mal, dass im Sommer des Jahres 1968 in der „Volksstimme" eine große Propaganda-Aktion unter dem Namen „Die Frau und der Sozialismus" stattgefunden hatte. Sinn und Zweck der Aktion bestand drin, auch Hausfrauen eine Chance zur Weiterbildung zu geben. Es war sicherlich keine schlechte Idee, allen Bürgern eine Weiterbildung zu ermöglichen und verborgene Reserven für die Wirtschaft zu erschließen. Das Frauensonderstudium 1968 war eine einmalige Sache an dieser Schule. Nie habe ich von späteren Frauensonderstudien gehört. Kürzlich las ich im Internet, dass Frauensonderstudien im Jahre 1967 in der gesamten DDR neu geschaffen und gesetzlich geregelt wurden. 1968 haben sich aufgrund dieser Frauensonderstudien-Werbung an der Ingenieurschule „Justus von Liebig" in Magdeburg ca. 25 Frauen beworben. Im gleichen Jahr haben sich darüber hinaus drei Männer, zu denen auch ich gehörte, zum normalen Abendstudium gemeldet. Uns drei Männer hätte man ganz einfach und verständlicherweise aus organisatorischen Gründen ablehnen können. Doch dies geschah zu unserem Glück nicht. Die Schulleitung entschied, uns in die Frauenklasse aufzunehmen. Wir bildeten fortan den männlichen Stamm der

Frauen-Sonderklasse I 68 F. Jetzt, nach dieser langen Zeit, klingt das immer noch sehr kurios.

Bei meiner Studienbewerbung war ich auf die normale Dauer von fünf Jahren für das Abendstudium eingestellt. Das Frauensonderstudium verkürzte sich durch zwei ganztägige Studientage pro Woche infolge einer großzügigen und obendrein sogar bezahlten Freistellungsregelung von der Arbeit auf drei Jahre. Diesen Riesenvorteil genoss ich durch die Aufnahme in die Frauenklasse. Im Jahre 1971 beendete ich das Studium mit dem Abschluss als Ingenieur der chemischen Industrie.

## Als „Technischer Kundendienst“ im VEB Minol

Im Frühjahr 1971, kurz vor Abschluss meines Studiums suchte der Handelsleiter des VEB Minol die Ingenieurschule „Justus von Liebig“ auf. Er war auf der Suche nach einem geeigneten Mitarbeiter, da die Stelle eines Ingenieurs für den Technischen Kundendienst vakant war und neu besetzt werden musste. Wir führten ein angenehmes Gespräch. Ich hatte noch den gesellschaftlichen Status eines Vorbestraften, denn die zur Straftilgung erforderlichen fünf Jahre seit meiner Entlassung aus dem Gefängnis waren noch nicht verstrichen. Erfreulicherweise nahm er daran keinen Anstoß. Ich hatte in den letzten Jahren öfter die angenehme Erfahrung machen können, dass mir meine politische Haftstrafe, selbstverständlich nur inoffiziell, nicht im Weg stand.

Nach ein paar Wochen schloss ich mit dem VEB Minol einen Arbeitsvertrag ab und wurde Ingenieur für Technischen Kundendienst, kurz „TKD“ genannt. Die Arbeit des TKD bestand zum großen Teil darin, Reklamationen aller Art zu bearbeiten. Ein Beispiel: Hin und wieder stimmte das an Tankstellen abgegebene Öl-Kraftstoff-Gemisch für 2-Taktmotoren nicht und Fahrzeuge, z. B. „Wartburg“ und „Trabant“, blieben plötzlich mit zerstörtem Motor liegen. Mit einem kleinen Lieferwagen fuhr ich feuerwehrartig zu Tankstellen und Betrieben und versuchte akute Probleme und Reklamationen zu lösen. Es war eine abwechslungsreiche Arbeit, die mir gefiel.

Abb. 38: Mein Minol-Kundendienstfahrzeug.

## Misserfolg bei einem „Hardliner"

Vor dem Abschluss des Arbeitsvertrages teilte ich dem VEB Minol meine Absicht mit, ein Hochschulstudium im Fach Chemie aufzunehmen. Man hatte zu meiner großen Freude auch dagegen nichts einzuwenden. Inzwischen waren vier Jahre seit meiner Gefängnisstrafe vergangen. Trotz aller bisherigen Hindernisse hatte ich mir ein Hochschulstudium fest in den Kopf gesetzt. Um mir nützliche Informationen für die Aufnahme meines angestrebten Chemiestudiums einzuholen, besuchte ich wieder Herrn Dr. Schwartz in der Technischen Hochschule in Magdeburg. Er machte mir folgenden Vorschlag: „Besuchen Sie doch einmal meine früheren Kollegen im Chemischen Institut der Ernst-Moritz-Arndt-Universität in Greifswald. Ich habe lange Jahre dort gearbeitet und kenne die meisten

Mitarbeiter gut. Bestellen Sie einen schönen Gruß von mir. Vielleicht wird Ihnen dort ein Chemiestudium ermöglicht!“

Noch am gleichen Tag fuhr ich am späten Abend mit dem Zug nach Greifswald und kam morgens gegen 6 Uhr dort an. Beim mehrstündigen Durchstreifen der Stadt am frühen Morgen erschien mir Greifswald verschlafen und nicht sehr einladend. Voller Spannung betrat ich am Vormittag das Chemische Institut, um dort meinen Wunsch vorzutragen. Ausgerechnet geriet ich dabei nichtsahnend an den Parteisekretär, den ich fälschlicherweise für den Institutsleiter hielt. Ich richtete den Gruß von Dr. Schwartz aus und erzählte ihm meine Geschichte, die mit meinem Studienwunsch im Fach Chemie endete. Er lehnte sich zurück und guckte mich mit bösen Augen an. Dann sagte er: „Sie werden in der DDR niemals die Zulassung zu einem Hochschulstudium erhalten! Sie wissen wohl nicht, was Sie getan haben? Sie wollten unsere Republik verraten!“ Sein letzter Satz klang so, als hätte ich einem Mitmenschen Schlimmes angetan.

Wie vor den Kopf geschlagen verabschiedete ich mich entgeistert, blieb jedoch sehr höflich und fuhr nach Magdeburg zurück. Am nächsten Morgen berichtete ich in der Technischen Hochschule Dr. Schwartz von meinem Misserfolg in Greifswald und endete mit: „Ich glaube, solche Marxisten hat sich Karl Marx wohl selber nicht gewünscht!“ Ich war etwas überrascht, dass er meine Äußerung sehr negativ aufnahm und den Genossen vor meiner Einschätzung in Schutz nahm.

Erneut nahm ich Kontakt zu Professor Schuhmann auf. Hilfsbereit, wie ich ihn immer erlebt habe, riet er mir dieses Mal, doch einmal nach Halle zur Martin-Luther-Universität zu fahren. Im Physikalisch-Chemischen Institut in der Mühlpforte in Halle sollte ich eine ihm vertraute Frau Dr. Metzger aufsuchen, einen herzlichen Gruß ausrichten und erneut mein Glück versuchen.

Am nächsten Tag fuhr ich nach Halle und lernte in Frau Dr. Metzger eine sehr nette Dame kennen. Nachdem ich meine Geschichte erzählt hatte, zeigte sie hin und wieder mit versteckten politischen Anspielungen ihre skeptische Einstellung zur DDR. Nach meinem

Erlebnis in Greifswald war ich allerdings übervorsichtig geworden und „überhörte“ ängstlich ihre ironischen Andeutungen. Ich stellte mir einen urplötzlichen Wechsel des Gespräches wie in Greifswald vor und wollte mein Anliegen auf keinen Fall leichtfertig gefährden.

Am Ende meines Besuches schlug mir Frau Dr. Metzger vor, meine Zeugnisse, einen Lebenslauf und eine formlose Bewerbung zum Chemiestudium an ihre Privatadresse zu schicken. Sie versprach, meine Angelegenheit persönlich in die Hand nehmen. Unverzüglich schickte ich meine Unterlagen an sie ab und erhielt nach kurzer Zeit das unten abgebildete Telegramm (Abb. 39).

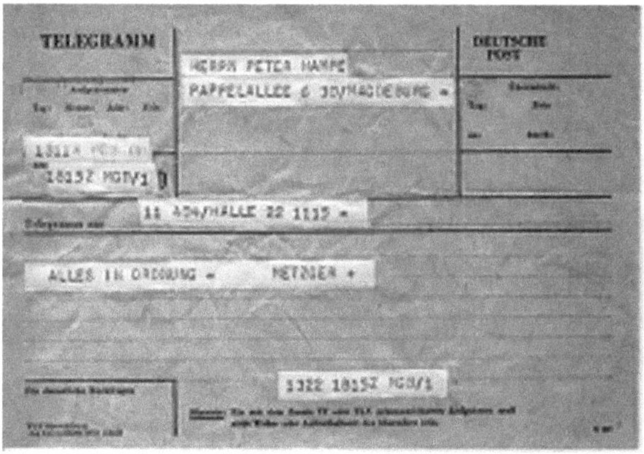


Abb. 39: Telegramm von Frau Dr. G. Metzger aus Halle.

Im Juni 1971 erhielt ich meine Studienzulassung, startete im September ein Fernstudium an der Martin-Luther-Universität Halle-Wittenberg und beendete es 1976 als Diplomchemiker.

Zwischen der Martin-Luther-Universität und der Technischen Hochschule „Otto von Guericke“ wurde später eine Vereinbarung getroffen. Ich durfte alle notwendigen Laborarbeiten für meine Diplomarbeit am Chemischen Institut in Magdeburg unter der Betreuung von Herrn Dr. habil. Hans-Georg Müller durchführen.

## Eintritt in die SED? Fragen Sie mich das bitte nie wieder!

Mit dem frisch erworbenen Abschluss als Diplomchemiker wollte ich mich beruflich verbessern und wurde nach einigem Suchen als Laborleiter in der Poliklinik Oschersleben bei Magdeburg eingestellt. Für Leser aus dem Westen: Polikliniken in der DDR waren große Häuser, in denen Ärzte der unterschiedlichsten Fachrichtungen im Angestelltenverhältnis arbeiteten. Oft, so auch in der Poliklinik Oschersleben, waren klinisch-chemische Laboratorien darin untergebracht. Laboratoriumsdiagnostik und Klinische Chemie waren für mich neue Gebiete, in die ich mich einarbeiten musste. Diverse Weiterbildungslehrgänge in Physiologie, Klinischer Chemie und Hämatologie waren dazu sehr wertvoll. Zwei Jahre später wechselte ich zur Städtischen Poliklinik nach Magdeburg-Südost. Der Wegfall des zweistündigen Arbeitswegs zwischen Magdeburg und Oschersleben war angenehm.

Nach etwa einem Jahr bat mich der Chefarzt der Poliklinik in sein Dienstzimmer. Er eröffnete mir, dass sämtliche Abteilungsleiter der Poliklinik SED-Mitglieder wären und ich als Laborleiter die einzige Ausnahme sei. Er wolle als Genosse für mich bürgen, wenn ich mich dazu entschlösse, Kandidat der Partei zu werden. Nach einem vorgeschriebenen Parteiverfahren war man über ein Jahr zunächst „Kandidat" und wurde dann Vollmitglied der SED. Unerträglich war für mich der Gedanke, Mitglied der SED zu werden!

Nach kurzer Überlegung und weil kein weiterer Zeuge zugegen war, sagte ich entschlossen: „Herr Chefarzt, fragen Sie mich bitte so etwas nie wieder!" Das war eine Situation, bei der ich nicht wusste, wie sie ausgehen würde. Seine Reaktion darauf ist mir unvergesslich geblieben. Plötzlich brach es förmlich aus ihm heraus: „Wissen Sie, ich glaube sie haben die richtige Entscheidung getroffen! Ich bin auch kein linientreuer Genosse. Nach den Parteiregeln dürfte ich überhaupt keine Kontakte zu Personen in der Bundesrepublik unterhalten. Aber meine Westkontakte laufen heimlich über den Briefkasten meiner Schwiegermutter.“ Das war wieder einmal ein schönes Beispiel für die politische Doppelmoral in der DDR. Natürlich wurde ich kein Genosse der SED.

# Dissertation

## „Kombination“ – ein Torpedo aus der Stasi-Werkstatt

Das Thema meiner Diplomarbeit eignete sich dazu, im Rahmen einer externen Dissertation weitergeführt zu werden. Mein Betreuer für die Diplomarbeit in der Technischen Hochschule „Otto von Guericke“, Herr Dr. habil. Hans-Georg Müller, bot mir an, mich weiterhin zu betreuen, also mein „Doktorvater“ zu werden. Das Angebot nahm ich gern an und begann abends nach meiner beruflichen Tagesarbeit, an Wochenenden und Feiertagen an einem aktuellen Forschungsthema mitzuarbeiten. Ich habe mich unter der Betreuung von Dr. Müller sehr wohl gefühlt. Wir haben vor und nach der Wende gemeinsame Reisen unternommen. Er wurde bald mein bester Freund.

Dass er kein Anhänger der DDR war, ließ er hin und wieder deutlich durchblicken. Als ich ihn noch nicht so gut kannte, habe ich eines Tages voller Vergnügen erlebt, dass ich mich bei ihm in der richtigen Umgebung befand. Folgendes passierte: Für eine chemische Reaktion wurde im Labor plötzlich dringend Aceton benötigt, das aber zufällig im Moment nirgends aufzutreiben war. Dr. Müller riss völlig aufgebracht die Labortür auf und schimpfte laut in den Flur des chemischen Institutes: „Sch....zone, schon wieder kein Aceton da!“ Ich musste lachen und mein Herz hüpfte vor Freude, als ich das Schmähwort „Zone“ für die DDR hörte. Auch später benutzte er gern bei passenden Gelegenheiten den Ausdruck „Zone“. Kam einmal wieder etwas Unsinniges aus dem DDR-Tagesgeschehen zur Sprache, dann bestand sein Kommentar aus einem einzigen Wort. In einem verächtlich-giftigen Ton sagte er kurz: „Kommunisten!“ Man muss diesen vernichtenden Ton mit eigenen Ohren gehört haben. Eine derart tiefe Verachtung lässt sich schriftlich leider nicht wiedergeben. Mit dem ihm eigenen bissigen Humor geißelte er die DDR gern bei jeder passenden Gelegenheit. In den siebziger Jahren erzählte er mir einmal diese tragische Begebenheit: Just am Heiligabend geriet ein Professor der Technischen Hochschule Magdeburg mit seinem Sohn in einen heftigen Streit. Der Konflikt eskalierte zu Gewalttätigkeiten, bei denen der Professor unglücklicherweise ums Leben kam. Diese tragische Begebenheit kommentierte Dr. Müller in unnachahmlich ironischer Art mit: „Ja, Peter, so feiern Kommunisten Weihnachten!"

**Abb. 40: Dr. habil. H.-G. Müller in seinem Arbeitszimmer**

Mit der folgenden Geschichte hat mich Dr. Müller ganz besonders beeindruckt: Eines Tages bat ihn eine Chemikerin händeringend um Rat. Die Stasi hatte versucht, sie mit erpresserischen Mitteln zur Spitzeltätigkeit zu zwingen, wozu sie aber nicht bereit war. Er gab ihr einen hilfreichen Rat, worauf sich die Angelegenheit so entwickelte:

Die junge Frau wurde wieder zur Stasi bestellt und sollte sich nach ihrem anfänglichen Zögern endlich zur Mitarbeit verpflichten. Dieses

Mal erklärte sie unumwunden ihre Bereitschaft. Bevor es aber konkret zur Sache gehen sollte, teilte sie kühl mit: „Wissen sie, alle wichtigen Entscheidungen in meinem Leben, also auch die zur Mitarbeit mit ihnen, bespreche ich immer vorher mit meinem Pfarrer!" Der verblüffte Stasi-Mann beendete das zunächst hoffnungsvoll begonnene Gespräch jäh mit einem kurzen, kalten Abschied.

Jegliches Bekanntwerden ihrer „Arbeit" scheute die Stasi wie der Teufel das Weihwasser. Der Stasi-Mann war enttäuscht und die Frau erlöst.

Bis zum Erwerb des Diploms verlief meine persönliche Weiterbildung wider Erwarten optimal. Unter fast unfassbaren Glücksumständen und der wohlwollenden Hilfe wunderbarer Menschen verlief meine berufliche Entwicklung unerwartet schnell und reibungslos. Hätte mir das jemand im Gefängnis erzählt, nie hätte ich es geglaubt oder mir vorstellen können.

Die Stasi hat mich aber seit meiner Entlassung aus der Haft stets im Visier behalten. Ich habe das weder bemerkt noch geahnt. Der Spitzel „IM Klaus Fuchs" wurde gezielt auf mich angesetzt, um mich zu überwachen. Bisher hatte die Stasi außer ihrer notorisch-pathologischen Bespitzelung noch nichts Konkretes gegen mich unternommen. Das änderte sich, als ich unter der Betreuung von Herrn Dr. habil. Hans-Georg Müller auf dem Gebiet der organischen Chemie promovieren wollte. Dies war der Stasi offenbar zu viel.

Warum eigentlich? frage ich mich heute. Mit meiner wissenschaftlichen Arbeit lieferte ich Ergebnisse zum Nutzen der Mineralölindustrie der DDR. Es bestand eine vertraglich vereinbarte Zusammenarbeit mit dem an den Forschungsergebnissen der Technischen Hochschule interessierten Partner, dem VEB Mineralölwerk Lützkendorf. Aber das war der Stasi völlig gleichgültig. Ich unterstelle dem „Schild und Schwert der Partei" neben krankhafter Schnüffelsucht niedrige Absichten, wie Bösartigkeit und persönliche Missgunst. Bildungsbehinderung war ja von Anfang an das beliebteste Unterdrückungsmittel der DDR-Machthaber. Auf diese Weise hatte man gleich zwei Generationen im Griff. Zum einen die Eltern, die sich nichts sehnlicher wünschten als eine gute Ausbildung für ihre Kinder. Zum anderen die jungen Menschen selbst, denen, falls sie sich nicht angepasst verhielten, trotz guter schulischer Leistungen der Weg zum Abitur versperrt oder ein Hochschulstudium verwehrt werden konnte. Meine Promotion gezielt zu vereiteln, passte also folgerichtig in das Konzept dieses Staates. Dazu wurde ein Zerstörungsplan, eine so genannte „Kombination" ausgeheckt. Die Stasi diktierte dem damaligen Direktor des VEB Minol einen Brief an die Technische Hochschule (TH). Darin wurde meine inaktive politische Haltung scharf kritisiert. Der Brief des Direktors, eigentlich der Stasi, kulminierte in der Aussage, dass er sich wundere, wieso die TH Menschen wie Peter Hampe die Möglichkeit einer externen Dissertation einräumen konnte. Daraufhin ließ mich der damalige Sektionsdirektor wie eine heiße Kartoffel fallen. Mit sofortiger Wirkung wurde mir verboten, im Labor der TH an meiner Dissertation weiter zu arbeiten. Ich durfte darüber hinaus nicht mehr das Institutsgebäude betreten. In der Stasi-Sprache war das eine erfolgreiche „Kombination". Ich habe mir nicht die Mühe gemacht, herauszufinden, wie eine „Kombination", eine anrüchige Arbeitsmethode aus dem Gangstermilieu der Stasi, aussah.

*Die beabsichtigte Promotion des H. an der TH Magdeburg konnte in Zusammenarbeit mit dem VEB Minol und den Abteilungen IVIII und XX der Bezirksverwaltung für Staatssicherheit Magdeburg im Rahmen einer Kombination verhindert werden.*
*Seit diesem Zeitpunkt war H. bestrebt, sein Arbeitsrechtsverhältnis mit dem VEB Minol zu beenden und im medizinischen Bereich eine Tätigkeit im Labor aufzunehmen. Von diesen Absichten der Person H. wurde die Abteilung XX in Kenntnis gesetzt.*

Ich kündigte meinen Arbeitsplatz beim VEB Minol, wie die Stasi durch ihre Spitzel wusste, und bewarb mich in der Poliklinik Oschersleben um eine Tätigkeit als Laborleiter. Meine Einstellung zu verhindern, wurde offensichtlich von der oben genannten Abteilung XX verschlafen. Für das von Magdeburg 35 km entfernte Oschersleben war eine andere Kreisdienststelle (KD) zuständig. Der Wettlauf zwischen meiner Einstellung als Laborleiter und deren gezielter Vereitelung endete durch die träge Kommunikation von Stasi-Magdeburg zu Stasi-Oschersleben siegreich für mich.

*Grund der o.g. Überprüfung durch die KD war die Einstellung des H. als Laborleiter in der Poliklinik Oschersleben. Die Einstellung erfolgte ohne vorherige Überprüfung der Person H. in den Speichern des MfS.*

Nun war ich bereits als Laborleiter in der Poliklinik Oschersleben eingestellt worden und zwar ohne „vorherige Überprüfung in den Speichern des MfS". Das war für die Stasi eine Panne, für mich jedoch ein Glücksfall!

Ich arbeitete nunmehr ungestört als Laborleiter in der Poliklinik Oschersleben. Um diese Scharte auszuwetzen, vereinbarte der mich „bearbeitende" Stasi-Hauptmann mit einem Genossen Fröhlich (Name geändert), mein Verhalten am Arbeitsplatz durch IM überprüfen zu lassen. Selbstverständlich stand nur das eine Ziel dahinter, mir Schaden zuzufügen.

*Mit Gen. Fröhlich wurde vereinbart, daß er die DE II in schriftlicher Form um Auskunft zur Person ersucht sowie durch IM das Verhalten des H. am Arbeitsplatz überprüft.*

Der Leiter der Stasi-Kreisdienststelle in Oschersleben meldete nach Magdeburg, dass er auf meine ersten Schritte in Richtung Promotion warte. Bereits im Vorfeld sollten „politisch-operative Maßnahmen" koordiniert werden. Offensichtlich sollte meine weitere berufliche Entwicklung mit neuen „Kombinationen" gezielt torpediert werden. Die Sicherheit des Staates zu erhalten war die eigentliche Aufgabe des „Schilds und Schwerts der Partei". Dass das mit mir nicht das Geringste zu tun hatte, zählte nicht.

Bezirksverwaltung
für Staatssicherheit Magdeburg
Kreisdienststelle Oschersleben

Oschersleben, 21. 07. 1977
Ma/So
Tgb.-Nr. 1950 /77 A

BStU
000277

Bezirksverwaltung
für Staatssicherheit Magdeburg
Abt. II

M a g d e b u r g

H a m p e, Rolf-Peter, geb. am 18. 12. 1944

H. ist seit ca. einem Monat als Leiter des Labors in der Poliklinik Oschersleben tätig. Operativ ist er bisher noch nicht in Erscheinung getreten.

In Bezug auf seine Promotion hat er noch keine Schritte unternommen. H. wird durch den IMS "Uwe Peters" unter Kontrolle gehalten.

Zur Koordinierung von politisch-operativen Maßnahmen bitten wir Sie, einen Termin für ein entsprechendes Gespräch (ab 15. 08. 1977) vorzuschlagen.

Leiter der Kreisdienststelle

Oberstleutnaht

Zu meinem großen Glück war der gegen mich eingesetzte IM Uwe Peters ein durch und durch anständiger Mensch. Er fällt völlig aus dem Rahmen der von mir später beschriebenen Spitzel heraus und schützte mich vor weiteren Stasi-Machenschaften. Das ist fast nicht zu glauben, aber dennoch wahr! Auch so etwas gab es in der DDR! Ich hatte unmittelbar nach dem ersten Lesen seines Berichtes vor, mich bei ihm zu melden und ihm mit einer Flasche Champagner zu danken. Doch dann kam mir in den Sinn, dass er als IM Uwe Peters möglicherweise andere Menschen ins Unglück gestürzt haben könnte. Deshalb unterließ ich es zunächst, ihn anzurufen. Erst im September 2008 beim Schreiben dieses Berichtes kam mir der Gedanke, dass sich nur grundanständige Menschen wie er verhalten. Spontan griff ich zum Telefon und erreichte ihn. Das Gespräch mit ihm hat mich restlos von seiner Aufrichtigkeit und seinem Anstand überzeugt. Er hatte nie eine Verpflichtungserklärung für die Stasi unterschrieben, sondern wurde lediglich ausgehorcht – im Stasi-Jargon „abgeschöpft" – und ohne sein Wissen als Inoffizieller Mitarbeiter (IM) geführt. Aus diesem Grund erwähne ich ihn nicht unter „meinen" Spitzeln, da er nicht in diese Kategorie gehört. Das Versenden der Champagnerflasche habe ich inzwischen nachgeholt.

Sein Bericht ermöglichte mir die Weiterarbeit an meiner Dissertation. Daraus der entscheidende Auszug:

*H. hat seit seiner Zugehörigkeit zur Poliklinik Oschersleben eine positive Entwicklung genommen. In seiner Eigenschaft als Laborleiter hat er das im unterstellte Kollektiv sehr beeinflußt, so das es im Gegensatz zu den Vorjahren mehrfach ausgezeichnet und zum Abschluß des soz. Wettbewerbes als bestes Kollektiv ausgezeichnet werden konnte.*
*Viele Aufgaben löst er aus eigener Initiative bzw. bemüht sich um deren Durchsetzung. Das von ihm erarbeitete Wettbewerbsprogramm ist auch in der politischen Begründung und Zielstellung vorbildlich. Er gilt als fachlich guter Kollege und wird auch als kameradschaftlich eingeschätzt.*
*Negative Verhaltensweisen in Bezug auf Diskussionen und Äußerungen zu politisch-aktuellen Problemen sind nicht bekannt geworden.*

Der Stasi-Hauptmann hielt fest:

*In der Poliklinik Oschersleben wird der H. inoffiziell und offiziell als fachlich und gesellschaftlich aktiv tätiger Mitarbeiter eingeschätzt. Daraus schließend wurde dem H. die von ihm beantragte Befürwortung zur Durchführung der Promotion bewilligt.*

Der Bericht von IM Uwe Peters schützte mich nunmehr vor neuen „Kombinationen" und der Stasi-Hauptmann schrieb resigniert:

*Dabei hat der H. das von ihm angestrebte Ziel erreicht.*

Er vermutete aber hellsichtig, dass ich mein Vorhaben, die DDR zu verlassen, nicht aufgegeben hatte. Deshalb hielt er es für erforderlich, mich „weiterhin in einem aktiven Erfassungsverhältnis zu halten" – was in verständlichem Deutsch bedeutet, mich kontinuierlich zu bespitzeln:

*Aufgrund der vorhandenen negativen Grundhaltung des H. zu unserer Gesellschaftsordnung sowie seiner negativen Persönlichkeitsmerkmale ist es jedoch nicht auszuschließen, daß der H. nach Beendigung seiner Promotion erneut Aktivitäten unternehmen könnte, ungesetzlich die DDR zu verlassen.*
*Daher macht es sich erforderlich, parallel zur zeitweiligen und gesperrten Archivierung der OPK die Person H. durch die territorial zuständige Diensteinheit weiterhin in einem aktiven Erfassungsverhältnis (PKK) zu halten.*

## Amüsantes aus dem Seminar „Marxismus-Leninismus"

Ohne den erfolgreichen Abschluss eines Seminars für Doktoranden im Fach Marxismus-Leninismus war keine Promotion möglich. Daran führte kein Weg vorbei und bereits im Vorfeld der Verteidigung musste ein entsprechendes Zertifikat vorgelegt werden. Ich meldete mich an der Medizinischen Akademie Magdeburg für das Seminar an.

Es waren tödlich langweilige Stunden, die ich dort verbringen musste. Die anderen Seminarteilnehmer fühlten sich nicht besser. Das war am allgemeinen Stöhnen vor jedem Unterrichtsbeginn deutlich zu hören. Am Ende der Seminare gab der Dozent ein Thema bekannt, zu dem jeder für die darauf folgende Woche ein Referat ausarbeiten musste. Nach dem Zufallsprinzip wurde beim nächsten Mal ein Vortragender ausgewählt. Einmal erlebte ich folgendes: Ich wurde als Erster aufgerufen, meinen Vortrag zu halten. Ich entschuldigte mich damit, dass ich aufgrund eines hohen Arbeitsanfalls in der letzten Woche nicht die Zeit für die Ausarbeitung gehabt hätte. „In Ordnung", sagte der Dozent, „so etwas kann passieren, also dann bitte der Nachbar!" Mein Nachbar stammelte verlegen, dass es ihm leider ganz genau wie mir ergangen sei. „Na gut, der Nächste bitte!" Der Leser wird es kaum glauben, aber alle ungefähr 25 Seminarteilnehmer warteten mit der gleichen Entschuldigung auf. Mit einem säuerlichen Gesichtsausdruck entschloss sich der Dozent, das Referat am Ende selbst zu halten.

Ein unglaublich simples Bild, das unser „Philosophiedozent" einmal auf der Tafel präsentierte, amüsierte mich ungemein. Es sollte den hohen Wissensstand der „Gesellschaftswissenschaftler" wiedergeben. Ich habe dieses seltsame Diagramm aus der Erinnerung heraus nachgezeichnet:

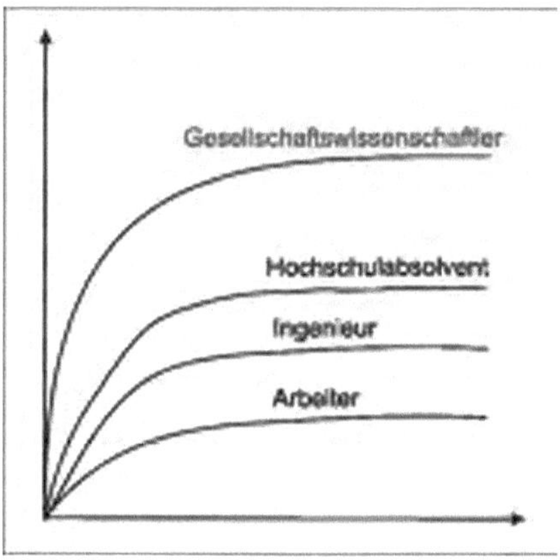


**Abb. 41: Wissensumfänge verschiedener Berufsgruppen.**

So gaben sich die „wissenschaftlichen Kommunisten" unentwegt schöne Zeugnisse ihrer grenzenlosen Selbstgefälligkeit. Wieder waren wertvolle Stunden unserer Zeit sinnlos vertan.

## Ende gut – alles gut!

Am 18. Dezember, zufällig an meinem Geburtstag, fand im Jahre 1981 in der Technischen Hochschule „Otto von Guericke" Magdeburg die öffentliche Verteidigung meiner Dissertation statt.

**Abb. 42: Erfolgreich verteidigt! Rechts im Bild Prof. Dr. Schuhmann. Links dekorieren mich Ahnungslosen mit Halskrause und Doktorhut zwei Stasi-Mitarbeiter, darunter IM Rudolf!**

Trotz schwierigster Startbedingungen legte ich mit unfassbar viel Glück und vor allem durch die Hilfe mir wohlgesonnener Menschen den Weg vom politisch vorbestraften Hilfsarbeiter (mit lebenslänglichem Studienverbot) zum promovierten Chemiker zurück. Ich hatte aus heutiger Sicht im wahrsten Sinne des Wortes mehr Glück als Verstand. Bis zum Erhalt der Promotionsurkunde im Januar 1982 benötigte ich bei voller Berufstätigkeit fast 15 Jahre. Manchmal hörte ich in dieser Zeit: „Peter, an deiner Stelle hätte ich schon längst den ganzen Kram in die Ecke geschmissen!" Doch das kam mir nicht ein einziges Mal in den Sinn. Von meinem 20. bis zum 30. Lebensjahr stand für mich stets die Ausbildung an erster Stelle und für eine intensive Beziehung zum anderen Geschlecht nahm ich mir keine Zeit. Manchmal bekomme ich deswegen trübe Gedanken und zweifle daran, ob ich in den normalerweise schönsten Jahren des Lebens und in der Liebe immer richtig gehandelt habe. Passend für diese Gefühle schrieb Wilhelm Busch (1832–1908):

*Und schmerzlich denkt manch aller Knaster,*
*der von vergangenen Zeiten träumt*
*an die Gelegenheit zum Laster, die er versäumt.*

Nach der erfolgreichen Verteidigung meiner Dissertation musste ich noch ein volles Jahr warten bis ich die Verleihungsurkunde für den akademischen Grad „doctor rerum naturalium (Dr. rer. nat.)" in die Hand bekam. Diese Wartezeit war normal, da die Urkunden generell jeweils zum Jahresende en bloc verliehen wurden. Bis ich das wichtige Papier sicher in den Händen hielt, musste ich mich politisch korrekt verhalten. Nicht auszudenken, wenn mir durch politische Unvorsichtigkeiten die Urkunde plötzlich vorenthalten würde. Viele Mühen und langjährige Arbeit wären dann umsonst gewesen. Das Wartejahr strich aber nicht nutzlos vorüber, sondern war mit unauffälligen Vorbereitungen für unseren Ausreiseantrag ausgefüllt.

# Überlegungen und Vorbereitungen zur Ausreise

## Bestandsaufnahme, Rückblicke und Bibliotheksarbeit

Mein damaliges Motto war:

*Erfolg hängt von guter Vorbereitung ab, ohne diese ist das Scheitern sicher. (Konfuzius)*

Meine Absicht, die DDR zu verlassen, hatte ich nie aufgegeben. Eine nochmalige Flucht zu Fuß über die Grenze hielt ich jedoch für aussichtslos. Deshalb grübelte ich lange Zeit über einen Ausreiseantrages nach. Am Ende aller Überlegungen checkte ich alle Argumente gewissenhaft durch, um mir über ein endgültiges „Ja" oder „Nein" klar zu sein. Dazu legte ich mir eine Liste an. Ich begann minutiös auf der linken Seite eines Zettels die Pro-Gründe für das Verlassen der DDR aufzuschreiben. Auf der rechten Seite notierte ich die Gründe für das Bleiben. Summa summarum kam für mich heraus, dass das Bleiben in der DDR soziale Sicherheit bieten würde. Das ist nicht wenig! Das Leben wäre in den meisten Dingen vorausschaubar gewesen. Meine Lebenszeit würde dabei allerdings widerwillig angepasst Jahr für Jahr verstreichen. Ich würde vor der Rente nie den Rhein sehen können, würde in der Mangelwirtschaft tagtäglich irgendwelchen fehlenden Ersatzteilen nachjagen, dürfte keine Bücher lesen, die mich interessieren, dafür aber nicht ernst zu nehmende Medien ertragen müssen. Am schlimmsten fand ich, als relativ vernunftbegabter Mensch den sich alltäglich steigernden politischen Unsinn und das ständig geforderte Lügen auszuhalten. Die Auflistung auf der linken Seite des Blattes wurde immer länger. Die rechte Seite meiner Liste war kurz und bestand hauptsächlich aus dem einfachen Wunsch, ein freier Mensch zu sein. Die nicht einschätzbaren und

Angst erzeugenden Unsicherheiten im Westen übersah ich bei meinen Überlegungen nicht. Sie wurden ja auch fortwährend gebetsmühlenartig von den DDR-Medien genüsslich und zum Teil überzogen geschildert. Aber von einem Bundesbürger, der einen Verwandtenbesuch in der DDR genutzt hätte, um im Paradies des Arbeiter- und Bauernstaates zu bleiben, habe ich nie gehört. Ich wusste daher nach meiner sorgfältigen Analyse mehr darüber Bescheid, was ich nicht wollte. Was mich im Westen erwarten würde, war unklar. Letztlich lief alles auf die entscheidende Frage hinaus: Ein fremdbestimmtes, aber sicheres und relativ bequemes Leben in der DDR oder eine unsichere Zukunft im Westen? Dass Unsicherheiten auch Chancen enthalten können, sah ich noch nicht. In der DDR war man entmündigt aufgewachsen, war risikoscheu und das mutige Anpacken des eigenen Lebens war vielen Menschen über Jahrzehnte hin systematisch abtrainiert worden. Ob es der Kauf eines Autos, eines Gefrierschrankes oder die Anmeldung für eine neue Wohnung war, überall war man ein Bittsteller. Der soziale Gruppenzwang spielte ebenfalls eine große Rolle. Sich mit eigenen Gedanken auch einmal gegen eine kollektive Meinung zu stellen, galt als schwerwiegender Makel.

Nach vielen Monaten des Abwägens und notwendigen Überschlafens eines solch wichtigen Entschlusses habe ich mich mit einem eindeutigen „JA" für einen Ausreiseantrag entschieden.

Nun musste ich aber auch berücksichtigen, dass ich die Entscheidung zur Ausreise in den Westen nicht nur für mich allein treffen konnte. Ich war verheiratet und wir hatten eine Tochter im Alter von neun Jahren. Meine damalige Frau arbeitete als Lehrerin und der Antrag würde auch für sie schwerwiegende Konsequenzen nach sich ziehen. Wie würde sie reagieren, wenn ich ihr den Vorschlag zur Ausreise in den Westen unterbreiten würde? Anders als ich hatte sie noch nie Konflikte mit dem Staat gehabt. Bei dem Gedanken, sie überzeugen zu müssen, wurde mir ganz mulmig zumute. Es war für mich eine sehr angenehme Überraschung, dass bei ihr keine langwierige Überzeugungsarbeit nötig war. Sie war sofort bereit, mit mir an einem Strang zu ziehen.

Die nächste Schwierigkeit bestand darin, unsere neunjährige Tochter Stefanie in die Ausreisepläne einzuweihen. Meine damalige Frau meinte anfänglich, es sei besser, dem Kind nichts zu erzählen und es nicht mit schweren Problemen zu belasten. Dieses Argument war verständlich. Ich schlug hingegen vor, Stefanie alles genauestens zu erklären, weil wir ja nach und nach in Vorbereitung auf die Ausreise uns von Möbeln trennen und verschiedenen Hausrat sukzessive in Kisten verpacken würden. Wir konnten doch unmöglich unserem Kind weismachen, Möbel nicht mehr zu mögen und dafür rohe Holzkisten in der Wohnung aufzustapeln. Wir einigten uns darauf, Stefanie reinen Wein einzuschenken und sie wie einen Erwachsenen ernst zu nehmen. Das war genau die richtige Entscheidung. Ich erklärte dem Kind in verständlichen Worten, dass wir ab jetzt, um in den Westen auszureisen, „uns tüchtig mit der Polizei zanken müssen", dass das alles nicht einfach sei und sich ab jetzt für uns vieles ändern werde.

Stefanie hat während der ganzen Zeit unserer Ausreisevorbereitungen ihren Mitschülern nichts verraten und sich vollständig mit unserem Vorhaben identifiziert. Für ein neunjähriges Mädchen eine beachtliche und nicht zu unterschätzende Leistung!

Dann kamen die auf uns zukommenden denkbaren Konsequenzen an die Reihe. Ich stellte mir die Frage: „Was kann im schlimmsten Fall passieren? Berufsverbot als Laborleiter? Selbstverständlich, gar keine Frage!" Zurückblickend hielt ich mir vor:

Ich hatte die Einzelhaft in Stasi-Zellen erlebt. Im Strafvollzug hatte ich unter ständiger Bewachung von bewaffneten Posten und Hundeführern wochenlang gesundheitsschädliche Arbeiten verrichten müssen. Beim Zementschippen im Baukommando hatte ich aschgraue filzige Haare bekommen und im ebenfalls aschgrauen Gesicht hatten sich harte Zementkrusten um Augen, Mund und Nase gebildet. Dann musste ich wieder einige Zeit unter widerwärtiger Rauchentwicklung ohne jeglichen Atemschutz Bitumen für wasserundurchlässige Wandanstriche in großen Kesseln erhitzen und die heiße Flüssigkeit in Eimern über Baustellen schleppen. Ich stand also schon einmal ganz unten und wusste, wie man sich in solcher Lage fühlt. Ich wusste jedoch auch – und das war für unsere Ausreiseentscheidung äußerst wichtig – wie man große Schwierigkeiten gelassen und manchmal sogar mit Humor bewältigen kann. Aufgrund meiner zurückliegenden Erfahrungen konnte mich nichts mehr erschrecken. So hatte meine Gefängniszeit, wie alles Schlechte im Leben, auch seine gute Seite. Ich war nunmehr bereit, alle auf mich zukommenden unangenehmen Konsequenzen gefasst zu tragen.

Nachdem ich mir all jenes noch einmal ins Gedächtnis zurückgerufen, verarbeitet und überschlafen hatte, begann ich mich in aller Ruhe, fast generalstabsmäßig, auf unseren Ausreiseantrag vorzubereiten.

Sicher vorauszusehen war ein umfangreicher Papierkrieg mit den Behörden. Um dafür gewappnet zu sein, absolvierte ich zunächst die beiden Lehrgänge „Maschinenschreiben, Teil 1 und Teil 2" an der Magdeburger Volkshochschule. Ein guter Freund schenkte mir später als wichtiges Arbeitsgerät eine alte Schreibmaschine. Ich begann meine Ohren weit offen zu halten, um möglichst viel über das Prozedere eines Ausreiseantrages in Erfahrung zu bringen, denn dazu gab es natürlich keinerlei Informationen. Mein Grundgedanke war der, die stets und ständig lautstark propagierte „sozialistische Demokratie" wortwörtlich zu nehmen. Würde ich mich genau an die Rechtsvorschriften halten und kenntnisreich mit den Gesetzen und Verordnungen der DDR argumentieren, müsste ich doch schlicht unangreifbar sein, dachte ich. Viele Abende verbrachte ich deshalb in der Magdeburger Bezirksbibliothek und recherchierte in riesigen Stapeln verschiedener Jahrgänge von Zeitschriften nach Literaturstellen, die mir Argumente und Einsichten liefern könnten. An Zeitschriften sind mir die „Die Neue Justiz", „Staat und Recht", „Die Volkspolizei" und „Der Volksvertreter" in Erinnerung geblieben. Diese Arbeit war ausgesprochen dröge, denn die schwer erträglichen Selbstbeweihräucherungen, das ganze sozialistische „Parteichinesisch" – alles musste gewissenhaft durchgesehen werden. Aber ich hielt tapfer durch und notierte in meinen mitgeführten Schreibblock zahllose Artikel, Gesetze, Durchführungsbestimmungen und Verordnungen, von denen ich der Meinung war, sie könnten mir einmal nützlich werden. Die Bibliotheksangestellten kannten mich nach einigen Wochen recht gut. Aus meinen Bestellungen, Anfragen und Ausleihen war überdies meine Absicht leicht zu erkennen. Es war eine ausgesprochen hübsche Überraschung, als eines Abends eine nette Bibliotheksangestellte mit einem einschlägigen Gesetzblatt in der Hand an meinen Lesetisch kam und es mit folgender Bemerkung hinlegte: „Ich glaube, dies können sie gebrauchen!"

Mein Sammelsurium an Notizen fasste ich in einem Ordner zusammen und taufte ihn „Die Magdeburgiensia". Die Stasi hat durch Zuträger von der Magdeburgiensia erfahren, sie bei einer späteren konspirativen Wohnungsdurchsuchung gezielt gesucht und gefunden. Wie enttäuscht müssen die Stasi-Rechtsbrecher gewesen sein, als sie ihrem Auftrag folgend Seite für Seite mit den üblichen sozialistischen Phrasen abfotografieren mussten!

## Besuch des Schriftstellers Hanns Cibulka in Gotha

Mein alter Schulfreund Jürgen Blume wies mich auf ein Buch hin, in dem ein für mich interessanter Fall geschildert war. Ich fand den genannten Roman im Buchhandel. Er hieß:

*Das Buch Ruth, Aus den Aufzeichnungen des Archäologen Michael S.*

Das Buch wurde 1978 schon in 3. Auflage im Mitteldeutschen Verlag Halle/Saale in Leipzig verlegt. Der Autor hieß Hanns Cibulka.

Hanns Cibulka schildert darin den vergeblichen Versuch eines Archäologen zu einer Studienreise nach Syrien. Auf Seite 128 des Romans fand ich einen für mich sehr interessanten, nachfolgend zitierten Brief:

*Eisenach, den 14. August 1973*

*Sehr geehrter Herr Staatssekretär,*

*erlauben Sie mir, Ihnen zu sagen, dass ich die Ablehnung meiner Studienreise nach Palmyra als ungerecht ansehe. Ich habe bisher geglaubt, alle Bürger in unserem Land seien vor dem Gesetz gleich, wusste nicht, dass es in unserer Gesellschaft hierarchische Ordnungen gibt. Ich kenne technische und kaufmännische Direktoren aus Eisenach und Gotha, die im vergangenen Jahr wiederholt in die arabischen Staaten einreisen durften. Einem Archäologen wird es verwehrt. Seit wann wird in einer sozialistischen Gesellschaft mit zweierlei Maß gemessen?*

*Ich kann mich mit einer solchen Ablehnung nicht einverstanden erklären. Ich nehme keinerlei Devisen in Anspruch, meine Studienreise ist ein Geschenk meines Onkels aus Wien.*

*Ich bitte, meinen Antrag auf Ausreise noch einmal zu überprüfen.*

*Mit vorzüglicher Hochachtung*

*Michael S.*

Herrn Cibulka wollte ich persönlich fragen, ob die in dem Buch geschilderte Geschichte auf Tatsachen beruht. Es wären für mich äußerst wichtige Informationen gewesen, selbst wenn der Autor sie in dichterischer Freiheit stark verändert hätte! Gäbe es einen solchen Antragsteller in der Realität, dann wollte ich ihn unbedingt aufsuchen. Die mich bewegende Frage war: Wie reagieren die Staatsorgane gegenüber Bürgern, die nicht alles mit dem üblichen vorauseilenden Gehorsam entgegennehmen, dabei aber die hoch gerühmte sozialistische Demokratie ernst nehmen.

Ich fuhr mit meinem PKW „Trabant“ nach Gotha, dem Wohnort von Hanns Cibulka, suchte sein Wohnhaus auf und klingelte bei ihm. Ein Summer ertönte und ich gelangte in eine sehr großzügig geschnittene, pompös ausgestattete Wohnung. Hanns Cibulka empfing mich in einem riesigen Sessel, wobei er unentwegt eine schnurrende rötliche Katze streichelte. In dem knochentrockenen Gespräch gab er mir leider nicht einen einzigen brauchbaren Hinweis und ließ mich deutlich eine große Distanz zu ihm fühlen. Möglicherweise hielt er mich für eine gefährliche Person, zum Beispiel einen schnüffelnden Stasi-Spitzel. Schließlich hatte er in seinem Roman mit der geplanten Syrienreise und dem mutigen Vorgehen der Hauptfigur eine empfindliche Reizstelle der DDR gekitzelt. Das war hart an der Grenze dessen, was die Genossen ertragen konnten.

Enttäuscht fuhr ich nach Magdeburg zurück. Aber der zitierte Brief aus seinem Buch war für mich dennoch sehr wichtig. Er war die Inspiration für mein im nächsten Abschnitt beschriebenes geplantes Laborpraktikum in der Schweiz.

## Das geplante Laborpraktikum in St. Gallen (Schweiz)

Als Leiter des klinisch-chemischen Labors der Städtischen Poliklinik Magdeburg-Südost las ich in Bibliotheken gelegentlich auch medizinische Fachzeitschriften aus dem Westen. Eine mich besonders interessierende wissenschaftliche Arbeit von Herrn Professor Dr. Höffler, einem Nephrologen aus Darmstadt, veranlasste mich, zu ihm Kontakt aufzunehmen. Der anfängliche wissenschaftliche Gedankenaustausch weitete sich über einige Jahre nach und nach zu einem privaten freundschaftlichen Kontakt aus. Professor Dr. Höffler besuchte mich später einige Male in Magdeburg. Wir unternahmen gemeinsame Tageswanderungen durch den ihm bis dahin gänzlich unbekannten Ostharz. Da er als Kind in Bad Harzburg aufwuchs, war ihm diese Region immer verschlossen gewesen und übte dadurch auf ihn einen besonderen Reiz aus. Natürlich weihte ich ihn bald in meinen Wunsch ein, die DDR zu verlassen. Auf einer unserer Wanderungen vereinbarten wir folgendes:

Herr Prof. Dr. Dr. Keller, der weltbekannte Leiter der medizinischen Laboratorien im Universitätsklinikum in St. Gallen (Schweiz), sollte mich offiziell zu einer einschlägigen Weiterbildungsmaßnahme während eines Laborpraktikums in sein Institut einladen.

Auf die Bitte von Professor Höffler hin richtete Professor Keller einen Brief an Herrn Mecklinger, den Gesundheitsminister der DDR, und ersuchte ihn um die Genehmigung für dieses Praktikum.

Das Ministerium für Gesundheitswesen hüllte sich in Schweigen. Weder mir noch Herrn Professor Dr. Dr. Keller wurde eine Nachricht gegeben. Meine wie auch seine schriftlichen Nachfragen blieben unbeantwortet. Als ich mich schließlich telefonisch erkundigte, erhielt ich die Auskunft, dass ein Professor Dr. Keller dem Ministerium völlig unbekannt wäre und eine Einladung für ein Laborpraktikum nicht eingegangen sei.

Professor Keller hakte zwar noch einmal nach, aber blieb, wie zu erwarten war, erfolglos. Das Ministerium rührte sich nicht.

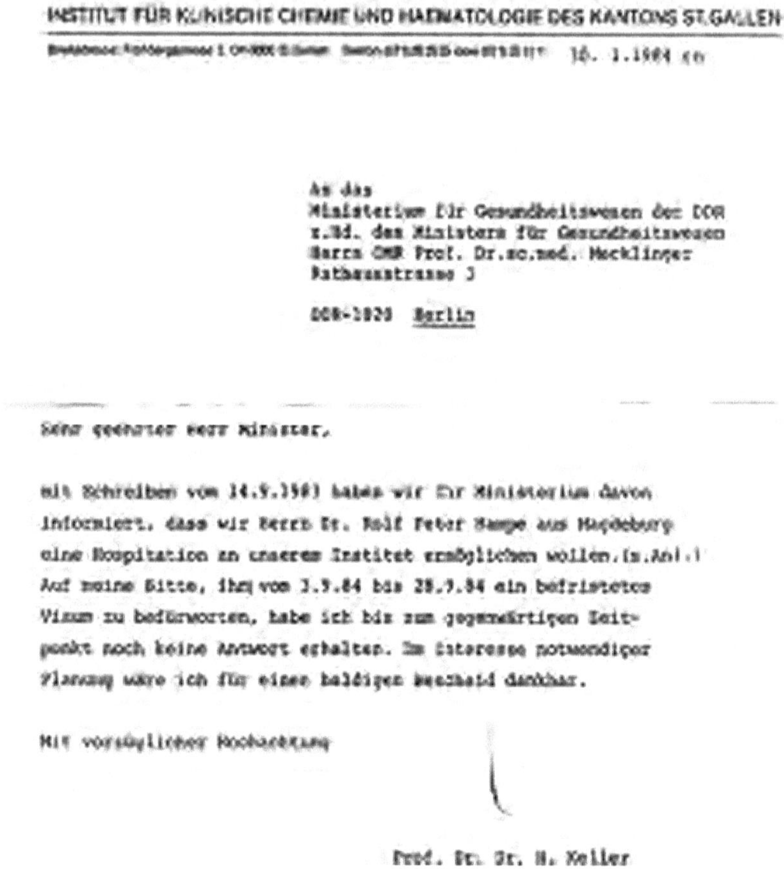
INSTITUT FÜR KLINISCHE CHEMIE UND HAEMATOLOGIE DES KANTONS ST. GALLEN

16. 1.1984

An das
Ministerium für Gesundheitswesen der DDR
z.Hd. des Ministers für Gesundheitswesen
Herrn OMR Prof. Dr.sc.med. Mecklinger
Rathausstrasse 3

DDR-1020 Berlin

Sehr geehrter Herr Minister,

mit Schreiben vom 14.9.1983 haben wir Ihr Ministerium davon informiert, dass wir Herrn Dr. Rolf Peter Hampe aus Magdeburg eine Hospitation an unserem Institut ermöglichen wollen.(s.Anl.) Auf meine Bitte, ihm vom 1.3.84 bis 28.3.84 ein befristetes Visum zu befürworten, habe ich bis zum gegenwärtigen Zeitpunkt noch keine Antwort erhalten. Im Interesse notwendiger Planung wäre ich für einen baldigen Bescheid dankbar.

Mit vorzüglicher Hochachtung

Prof. Dr. Dr. H. Keller

Abb. 43: Nachfrage von Prof. Keller an den DDR-Minister.

## Meine erste „Test"-Herausforderung des Staates

Die Postzollverwaltung Schönebeck teilte mir 1984 per Stempelaufdruck lakonisch mit, dass die in einem Päckchen enthaltenen zwei Taschenbücher die Zollbestimmungen der DDR verletzt hätten, deshalb entnommen und eingezogen wurden. Dieser Vorfall eignete sich für meine erste Übung. Ich beschwerte mich schriftlich über das

Einziehen der beiden Taschenbücher ohne Angabe präziser Gründe. Zunächst erfolgte keine Reaktion. Doch ein paar Tage später wurde ich ins Magdeburger Rathaus einbestellt.

Zwei Mitarbeiterinnen der Zollverwaltung, der Kreisarzt, der stellvertretende Klinikdirektor und eine Klinikangestellte erwarteten mich. Dieses starke Aufgebot wunderte mich. Wahrscheinlich sollte so jeglicher Widerstand gegenüber dem allmächtigen Staatsapparat demonstrativ im Keim erstickt werden.

Zuerst ging es um meine beiden beschlagnahmten Taschenbücher. Im ruhigen Ton trug ich meine Enttäuschung über die Beschlagnahme ohne stichhaltige Begründung vor. Nach einigem Hin und Her schob eine Zollangestellte mir ein Taschenbuch über den Tisch und stieß dabei hasserfüllt hervor: „Das zweite Buch bekommen sie aber nicht!" Mit diesem Teilerfolg gab ich mich zufrieden, denn das Buch war mir im Grunde genommen unwichtig. Erkenntnisse darüber, wie sich Vertreter des Staates in Auseinandersetzungen mit kritischen Bürgern verhalten, waren mir ungleich wichtiger.

Dann kam mein beabsichtigtes Laborpraktikum zur Sprache. Der Kreisarzt lehnte meine Studienreise nach St. Gallen kurzerhand ab. Als ich anmerkte, dass das Labor von Prof. Keller Weltspitze sei und ich dort viel für meine Arbeit zum Wohle der DDR lernen könne, schrie mich der Kreisarzt an: „Weltspitze sind wir!"

Am Ende der Versammlung, beim Verlassen des Raumes, erlebte ich eine Überraschung. Der Kreisarzt streckte mir zum Abschied mit einem verblüffend freundlichen Lächeln seine Hand entgegen. Ich ignorierte seine Hand und ging grußlos an ihm vorbei, wobei ich noch eine betont finstere Miene aufsetzte. „Erst mich anschreien und dann freundlich tun? Mit mir nicht!" dachte ich.

Dieser Tag gab mir viel Kraft und Optimismus, da meine Kampfmethode zu funktionieren schien.

Magdeburg, den 27.03.1984

**A k t e n v e r m e r k**

über das geführte Gespräch mit dem Kollegen Dr. Hampe,
Laborleiter - Poliklinik Südost am 23.03.1984



An diesem Gesprach nahmen teil :

Genosse MR Dr. - Kreisarzt
Genosse MR Dr. - stellv. ÄD - Poliklinik - Südost
Genossin - Arbeitsbereichsleiter Kader/Bildung - Fachabteilung
2 Genossinnen vom der Zollverwaltung Schönebeck

Grund dieser Aussprache war das Schreiben von Dr. [illegible]ampe an das MfG vom 06.12.1983. In diesem Schreiben bat er [illegible] [illegible]stätigung einer Stu[illegible]ienreise in die Schweiz. Durch d[illegible]on Kreisarzt wurde der Kollege Hampe der Werdegang v[illegible]ndseinsätzen gleich welcher Form eingehend erläutert[illegible]utlich unterstrichen wurde vom Genossen Kreisarzt, daß der Kollege Hampe zur Ausübung seiner Tätigkeit solche Erfah[illegible]stausche mit dem Schweizerischen Institut für klini[illegible]ie und Hämatologie nicht benötigt und er diesen [illegible]aufenthalt nicht befürworten kann.



(MfG bedeutet hier: Ministerium für Gesundheitswesen)

Ich gab noch nicht auf und richtete in der gleichen Angelegenheit einen Brief an den Bezirksarzt. Eine Antwort erhielt ich nicht. Mutiger und hartnäckiger, wie ich ab jetzt nach und nach wurde, ging ich in seine Dienststelle und wollte ihn persönlich sprechen. Dort wurde ich aber bereits im Vorzimmer abgewiesen. Das angestrebte Laborpraktikum in St. Gallen gab ich danach als aussichtslos auf.

# Der Antrag

## Im Volkspolizeikreisamt (VPKA)

Weitere Übungsmanöver hielt ich nun nicht mehr für nötig. Ich sagte mir, dass die Behörden der DDR wenig Erfahrung mit widerborstigen, jedoch gesetzestreuen Bürgern haben. Vor allem waren sie, wie es schien, überhaupt nicht willens oder in der Lage, sachlich zu argumentieren. Das schien mir eine willkommene Lücke zu sein und hier wollte ich ansetzen.

Am 27. März 1984, dem Geburtstag meiner damaligen Frau, begab ich mich in das Volkspolizeikreisamt (VPKA) in der Hallischen Straße in Magdeburg. Im Zimmer Nr. 15 „Meldestelle/Passangelegenheiten“ setzte ich mich an einen der 3 oder 4 Besuchertische. Vor mir saß eine uniformierte Polizistin. Sie fragte mich: „In welcher Angelegenheit sind Sie hier?“

Für diesen dramatischen Moment, an dem sich unser bisheriges gesamtes Leben total verändern würde, hatte ich mir die nun folgende Antwort lange vorher sorgfältig zurechtgelegt. Ich sagte: „Wissen Sie, zwischen mir und der DDR herrschen Verhältnisse wie in einer zerrütteten Ehe. Man hat sich einfach nichts mehr zu sagen. Wir brauchen deshalb hier nicht lange zu diskutieren und ich übergebe Ihnen der Einfachheit halber unseren Ausreiseantrag in schriftlicher Form.“ Ich griff in meine Aktentasche und reichte ihr unseren fix und fertig abgefassten und unterschriebenen Antrag über den Tisch:

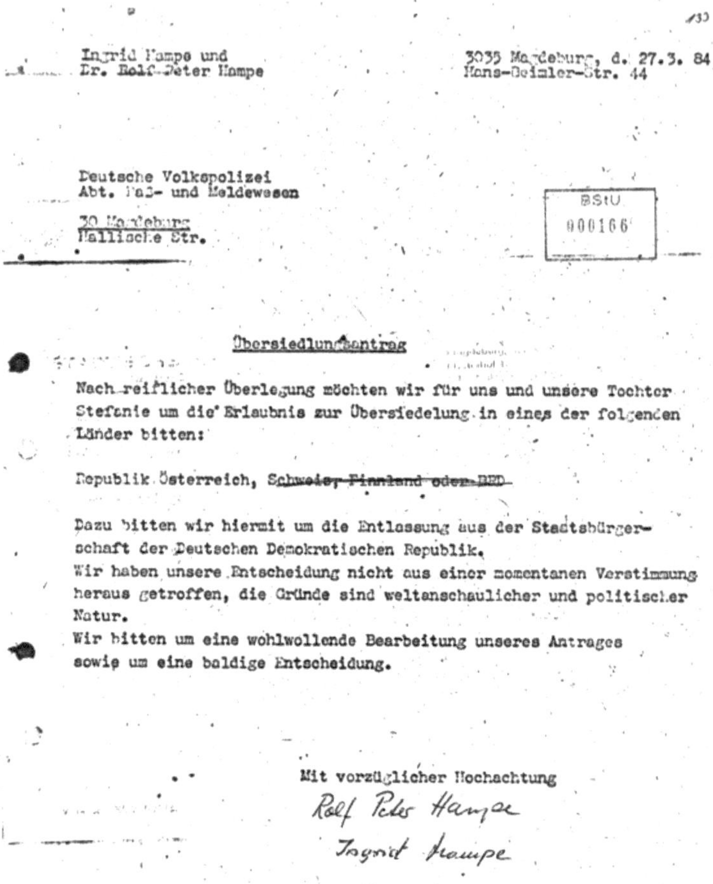
133

Ingrid Hampe und
Dr. Rolf-Peter Hampe

3035 Magdeburg, d. 27.3.84
Hans-Beimler-Str. 44

Deutsche Volkspolizei
Abt. Paß- und Meldewesen

30 Magdeburg
Hallische Str.

BStU
000166

Übersiedlungsantrag

Nach reiflicher Überlegung möchten wir für uns und unsere Tochter Stefanie um die Erlaubnis zur Übersiedelung in eines der folgenden Länder bitten:

Republik Österreich, ~~Schweiz, Finnland oder BRD~~

Dazu bitten wir hiermit um die Entlassung aus der Staatsbürgerschaft der Deutschen Demokratischen Republik.
Wir haben unsere Entscheidung nicht aus einer momentanen Verstimmung heraus getroffen, die Gründe sind weltanschaulicher und politischer Natur.
Wir bitten um eine wohlwollende Bearbeitung unseres Antrages sowie um eine baldige Entscheidung.

Mit vorzüglicher Hochachtung
Rolf Peter Hampe
Ingrid Hampe

Die Polizistin nahm das Papier entgegen, überflog es kurz, stand auf und bat mich, ihr in einen anderen Raum zu folgen. In einem kleinen Zimmer nahmen wir Platz. Da vier Länder (Finnland, Schweiz, Republik Österreich, Bundesrepublik Deutschland) als mögliche Zielländer in dem Antrag aufgeführt waren, meinte sie, dass ich mich für ein Land entscheiden müsse. Ich fragte sie mit unschuldiger Miene: „Können Sie mir bitte sagen, bei welchem Land die Bearbeitung am zügigsten verläuft?" Sie zischte: „Unverschämtheit!" und befahl, mich auf ein Land zu beschränken. Ich nannte die Republik

Österreich, die anderen Länder wurden darauf mit einem Kugelschreiber ausgestrichen.

Sich harmlos stellend fragte sie mich nun, ob ich vielleicht österreichische Institutionen von meinem Ausreisebegehren unterrichtet hätte. Das war eine Falle. Auf alle möglichen Fragen vorbereitet wusste ich natürlich genau, dass dies ein nach DDR-Recht strafbarer Sachverhalt war. Mit dem gleichen harmlosen Tonfall antwortete ich ihr, dass mein Ausreiseantrag lediglich eine Angelegenheit zwischen meiner Familie und der DDR wäre und ausländische Behörden oder Dienststellen überhaupt nichts anginge. Dann sie wieder: „Ist ihnen klar, dass sie mit einem solchen Antrag unmöglich weiter als Leiter eines sozialistischen Kollektivs arbeiten können?“ Ich entgegnete ihr, dass ich mir meinen Antrag vorher gut überlegt und selbstverständlich mit dieser Konsequenz gerechnet habe. Darauf sie: „Was denken Sie denn, wie es bei ihnen beruflich weitergehen soll?“ Ich antwortete gelassen: „Bei uns in der Poliklinik haben wir im Moment keinen Heizer. Es ist überhaupt kein Problem für mich, in den Kohlenkeller zu gehen und die Heizung zu übernehmen.“ Das war mein voller Ernst, denn ich hatte mich ja seelisch auf jeden Umstand vorbereitet.

*Herr Hampe äußerte, daß er auch als Heizer arbeiten würde, wenn er als Laborleiter untragbar wäre. Herr Hampe äußerte, daß die Entscheidung, einen Ausreiseantrag zu stellen, in voller Übereinstimmung mit seiner Frau geschehen wäre, die als Lehrerin im Stadtgebiet Nord tätig ist oder war.*

Die Arbeit im Kohlenkeller hätte ich ohne mit der Wimper zu zucken angenommen. Sie hätte mich in keinster Weise gestört oder gar erschreckt. Die Genossin war über meine Kaltblütigkeit sichtlich verblüfft und sagte: „Also, so weit gehen wir ja nun nicht!“

Dass ich es aber wirklich damit ernst meinte, wusste die Stasi aus dem obigen Spitzelbericht von IM „Stella Hoffmann“

Dann forschte die Polizistin nach den Gründen meines Antrages. „Was haben sie eigentlich gegen die DDR und ihre Politik?“ war ihre nächste Frage. Das war gefährliches Terrain! Es gab nämlich im Strafrecht der DDR die Paragraphen „Staatsverleumdung“ und „Staatsgefährdende Propaganda und Hetze“. Für Kritik am Staat wie auch an dessen Vertretern wurde eine Gefängnisstrafe angedroht. Das wusste ich. Diese Falle umging ich, indem ich ihr ruhig entgegnete: „Ich habe überhaupt nichts gegen die DDR und ihre Politik.“ Ich setzte für die Dame zu meinem Vergnügen sogar noch obendrauf: „Was sollte ich denn gegen die redlichen Friedensbemühungen von Erich Honecker haben? Ich möchte lediglich meinen Wohnsitz verändern und das ist nach der Gesetzeslage mein gutes Recht.“ Nun äußerte sie ihr Unverständnis darüber, wieso ich, der in einer komfortablen Neubauwohnung lebt und einen sicheren Arbeitsplatz hat, einen solchen Antrag stellt. „Ja“, sagte ich, „dass sie mich nicht verstehen können, kann ich wiederum sehr gut verstehen. Schließlich haben sie noch nicht in einem Gefängnis der DDR gesessen.“ Ihre Antwort darauf war eisiges Schweigen.

Dann wechselte sie in ein anderes Gebiet über: „Welchen Glauben haben sie eigentlich?“ Natürlich war sie nicht an meinen persönlichen Glaubensvorstellungen interessiert, sondern es ging ihr – wahrscheinlich nach einem von der Stasi vorgeschriebenen Befragungsprogramm – darum, eventuelle Verbindungen zu Kirchen und anderen religiösen Gruppierungen auszuforschen. Der Stasi waren von jeher Kirchen und gläubige Menschen suspekt und sie witterte stets von dorther Gefahren. Da ließ ich die Genossin ins Leere laufen. Sie bewusst verwirrend begab ich mich auf eine kurze Exkursion in das Reich der Philosophie und erklärte unter anderem, dass ich pantheistische Vorstellungen habe und in jedem Blatt an den Bäumen die Allmacht der Natur und Göttliches sehe. Sie verdrehte etwas die Augen. Das Wort Pantheismus konnte sie offenbar schlecht einordnen und wusste in dem Moment nicht recht, was sie zu Papier bringen sollte:

*Es kann eingeschätzt werden, daß es sich bei dem Hampe um einen uneinsichtigen und hartnäckigen Antragsteller handelt. Er vertritt nach seinen Angaben eine idealistische Weltanschauung, ist aber nicht religiös gebunden und gehört auch keiner kirchlichen Gemeinschaft an.*
*Seine Vorstellungen vom Glauben sind auch sehr verschwommen.*

Als sie noch weiter nach Gründen unseres Antrages bohrte, sagte ich völlig gelassen zu ihr: „Wissen Sie, denken Sie doch ganz einfach, dass ich ein bisschen dumm bin und die Vorzüge des Sozialismus nicht richtig erkannt habe." „Sie sind überhaupt nicht dumm!" zischte sie zurück. Dann wurde mir ein Informationsblatt zur Unterschrift vorgelegt. Unter Strafandrohung durfte ich unter anderem „keine Verbindungen zu Einrichtungen einer fremden Macht, ausländischen Organisationen sowie deren Helfer aufnehmen oder unterhalten."

Damit war unser Gespräch beendet.

Zu den Gründen, die meine Frau und mich zur Antragstellung veranlassten, schrieb sie später:

*Beide sind nicht politisch interessiert nach Angaben des H. und beziehen eine ablehnende Haltung zur Politik der DDR. Die Ehefrau soll mit der Art, wie sie gesellschaftliche Probleme im Unterricht zu behandeln hat, nicht einverstanden sein und soll lieber bereit sein, im westlichen Ausland als Reinigungskraft zu arbeiten als in der DDR als Lehrerin. Beide tragen sich schon langjährig mit der Absicht, in ein neutrales westliches Ausland zu übersiedeln. Sie haben sich bisher aber nicht gewagt, diese Absichten öffentlich bekannt zu machen. Herr H. will seit 20 Jahren entgegen seiner idealistischen Überzeugung gelebt und auch als Leiter gearbeitet haben und kann jetzt angeblich diesem seelischen Druck nicht mehr standhalten.*

Als ich nach der Antragstellung von der Polizei abends nach Hause zurückkehrte, wurde ich angenehm überrascht: Seit einiger Zeit waren rosa Schweinchen die Lieblingsspielzeuge meiner Tochter, die sie vorher aus weichem Ton modelliert und bemalt hatte. Sie stellte mit ihnen spielerisch Szenen aus der Schule zusammen. Stolz zeigte sie mir an jenem Abend einen verschnürten Pappkarton, auf dem in großen Lettern stand „Inhalt: 1 Schweineschule". Dann fragte sie mich erwartungsvoll gespannt: „Vati, geht es morgen los? Meine Schweineschule habe ich schon eingepackt."

Diese Reaktion unserer Tochter war für uns sehr erleichternd. Sie hätte ja auch über die zu erwartende Trennung von ihren Freundinnen bitterlich weinen können. Das hätte uns schwer belastet.

## Erleichterung, aber auch begründete Sorgen

Die nervlich belastende Zeit des anstrengenden Grübelns, des andauernden Abwägens zwischen Für und Wider und des vagen Einschätzens der zu erwartenden Konsequenzen war vorbei. Nun waren die Würfel gefallen! Zuerst stellte sich bei mir ein Gefühl großer Erleichterung ein. Unsere Situation war endlich eindeutig geklärt! Hinzu kam aber auch ein Glücksgefühl: Ich hatte etwas gewagt! Ich konnte ehrlich zu mir selbst stehen. Frei und offen konnte ich von jetzt an jedem sagen, dass ich nicht mehr in der DDR leben wolle und deshalb einen Ausreiseantrag gestellt habe. Die Zeit des Heuchelns war endgültig vorbei. Nie mehr würde ich wie ein braver DDR-Bürger bei den „Volkswahlen" meine Stimme den Kandidaten der „Nationalen Front" geben, an Demonstrationen teilnehmen usw. usf. Hierzu gab es aber auch andere Ansichten in der DDR: Eine Kollegin sagte mir in einem privaten Gespräch, dass die Heuchelei und das Lügen sie nie ernstlich gestört hätten. Vielmehr wären es die materiellen Bedingungen und die ständigen Versorgungsengpässe, die ihr auf die Nerven gingen. So konnte man auch in der DDR leben. Viele Menschen haben es ganz pragmatisch gesehen und entsprechend gelebt.

Später erlebte ich auch das: Anlässlich meines Geburtstages und des bevorstehenden Weihnachtsfestes 1984 kaufte ich zwei Flaschen

Rotwein für meine Kolleginnen zum Anstoßen. Ein gefülltes Glas blieb unberührt auf dem Tisch stehen. Angst oder Ablehnung? Ich weiß es nicht.

Ein Beispiel für heimliche Zustimmung und Hilfsleistungen: Als ich Transportkisten für unsere Ausreise beschaffte und diese in die vierte Etage in unsere Wohnung hinauftrug, gab es unerwartete hilfreiche Hände. Ein anderer Hausbewohner berichtete mir heimlich, dass im Haus Nachforschungen über uns angestellt wurden.

Skepsis und Unsicherheiten kamen oft zur Sprache. So beunruhigte mich, dass ich mit 40 Jahren für eine Übersiedlung in den Westen zu alt sei und mit großer Sicherheit keinen Arbeitsplatz finden würde. Darüber setzte ich mich mit blindem Optimismus hinweg, wurde allerdings bei der Arbeitssuche im Westen eines besseren belehrt.

Auch wurde ich wegen unserer Verantwortung für unsere Tochter ermahnt: Das Schulsystem im Westen sei völlig anders und die Umstellung für unsere Tochter sehr schwierig. An den Schulen herrsche Chaos, Gewalt und Kriminalität. Sogar ein schwunghafter Rauschgifthandel wäre dort an der Tagesordnung. Derartige Äußerungen beunruhigten mich ungemein. Besorgt schärfte ich unserer Tochter bei jeder Gelegenheit ein, im Westen von niemandem und niemals ein weißes Pulver anzunehmen.

## Reaktionen unserer Arbeitsstellen

Noch am gleichen Tag meiner Antragstellung habe ich meinen damaligen Chefarzt aufgesucht und davon in Kenntnis gesetzt.

Etwa drei Wochen nach dem Ausreiseantrag, am 12. April 1984, erhielt ich vom Chefarzt einen neuen Arbeitsvertrag zugeschickt. Er enthielt die lapidare Mitteilung, dass ich von meiner Tätigkeit als Laborleiter „entbunden sei“. Damit wurde ich zum Labormitarbeiter herabgestuft. Das erschreckte und störte mich überhaupt nicht, da ich schon vorher fest damit gerechnet hatte. In meiner Vorbereitungszeit für den Ausreiseantrag hatte ich wesentlich ernstere Situationen gedanklich durchgespielt, Es wurde an mir zu aller meiner Überraschung kein warnendes Exempel statuiert. Das hatte ich viel eher erwartet. So änderte sich zu meiner Verwunderung äußerlich gar nichts. Lediglich meine bis dahin leitende MTA (Medizinisch-technische Assistentin) übernahm offiziell die Leitung des Labors. Ansonsten blieb alles wie vorher. Ich erfüllte die gleichen Arbeitsaufgaben wie eh und je.

Eine Woche später, am 19. April 1984 wurde mir von unserem Chefarzt meine Zulassung zum postgradualen Studium in der Fachrichtung Klinische Chemie und Laboratoriumsdiagnostik entzogen. Das konnte mich auch nicht treffen. Da ich die DDR verlassen wollte, hätte ich das über mehrere Jahre laufende Fachstudium ohnehin nicht beenden können. Ich konnte es kaum glauben: Ich musste keine ernsthafteren Konsequenzen erdulden.

A k t e n n o t i z

Am 28. 03. 1984, 15.30 Uhr setzte mich der Leiter des Labors, Herr Dr. Rolf-Peter H a m p e, davon in Kenntnis, daß er am heutigen Tage einen Übersiedlungsantrag beim Volkspolizei-Kreisamt abgegeben habe.
Einen Durchschlag des Antrages legte er vor, darin waren die Länder Österreich, Schweiz, BRD und Finnland benannt. Er habe sich aber für Österreich entschieden.

Auf die Frage, warum er diesen Antrag auf Übersiedlung gestellt habe, antwortete Herr Hampe, [illegible] es egal in welches Land er ausreise, er möchte auf jeden Fall die Aberkennung der Staatsbürgerschaft der DDR erreichen.
Anwesend bei diesem Gespräch war [illegible]erinstrukteurin unserer Einrichtung, Kolln.

Auf die Frage, weshalb er diesen Antrag stellte - dies widerspricht ja seinem bisherigen gesellschaftlichen Verhalten innerhalb unserer Einrichtung, - antwortete er, daß er sich diesen Schritt seit langem überlegt habe. Er fühlt sich in der DDR nicht wohl und kann sich mit den gesellschaftlichen Auffassungen nicht identifizieren.

Herr Hampe war bisher u. a. verantwortlich für die Neuerer- und MMM-Bewegung. Diese Aufgabe hatte er gut erfüllt. Auf die Frage des Ärztlichen Direktors, daß die bisherige gute gesellschaftliche Arbeit in der Neuerer- und MMM-Bewegung seinem jetzigen Verhalten widerspricht, antwortete Herr Hampe, daß es seinen Ansichten eigentlich widerstrebte.



Dr. med.
Ärztlicher Direktor

Wesentlich unangenehmer erging es meiner damaligen Frau in ihrem Beruf als Lehrerin. Am Tag der Antragstellung hat sie eine Kopie des Antrags ihrem stellvertretenden Direktor übergeben. Er schickte sie daraufhin unverzüglich nach Hause. Mit sofortiger Wirkung war es ihr verboten, das Schulgebäude zu betreten.

Später wurde ihr hinter der vorgehaltenen Hand berichtet, dass in der Schule hektisch eine Versammlung abgehalten wurde. Diese endete mit dem Versprechen, dass „trotz einer solchen Lehrerin alle nun erst recht für die DDR und den Sozialismus lernen und arbeiten werden." In großer Eile wurde meine Frau zum Schulrat in die Verwaltung des Stadtbezirkes Magdeburg-Nord einbestellt. Unter starkem Druck wurde sie gezwungen, einen so genannten Aufhebungsvertrag zu unterschreiben. Die Stasi schrieb hierzu:

*Gründliche Aussprache durch den Stadtbezirksschulrat, Magdeburg Nord mit Frau Hampe am 29.3.84. Durch ihr starres Festhalten am EÜ erfolgte eine Beurlaubung vom Schuldienst mit sofortiger Wirkung.*
*Am 3.4.84 erfolgte ein weiteres Gespräch durch den Stadtbezirksschulrat mit Frau Hampe um ihr die Möglichkeit zu erhalten weiterhin im Schuldienst tätig zu bleiben. Auch in diesem Gespräch bekannte sie sich zu der Antragstellung und beendete ihr Arbeitsrechtsverhältnis durch Aufhebungsvertrag wegen Nichteignung für den pädagogischen Beruf am selbigen Tag.*

Die Abkürzung EÜ bedeutet „Ersuchen auf Übersiedlung". Im Aufhebungsvertrag wurde fälschlich angegeben, dass „das Arbeitsverhältnis in beiderseitigem Einvernehmen beendet wurde". Mit diesem Passus sollte ihre fristlose Entlassung verschleiert werden. Eine aus politischen Gründen verordnete Arbeitslosigkeit passte nicht in das Bild der DDR, in der es offiziell keine Arbeitslosigkeit gab. Deshalb wurden ihr zwei Arbeitsstellen angeboten: Die erste als Fließbandarbeiterin in einer Brotfabrik der Konsumbäckerei, die andere als Losverkäuferin in der Magdeburger Zoolotterie. Sie entschloss sich, dem Druck des Staates auszuweichen und begann im Marienstift, einem katholischen Krankenhaus in Magdeburg, als Reinigungskraft zu arbeiten. Später wechselte sie in die Pfeifferschen Stiftungen, einem evangelischen Krankenhaus in Magdeburg. Dort verrichtete sie bis zu unserer Ausreise Hilfsarbeiten in der Küche und betreute Kindergruppen im Anstaltskindergarten. Ich finde es bewundernswert, wie sie als Diplomlehrerin für Mathematik und Physik klaglos die Tätigkeiten als Küchenhilfe, als Kindergartenhilfskraft, als Putzfrau und die ständige Ungewissheit über ihre Zukunft durchgestanden hat.

## Organisierte Kriminalität: Die Stasi

Organisiertes Verbrechertum? Die Stasi? Ist das nicht etwas übertrieben? Ein knappes NEIN! ist meine Antwort. Wer rechtsstaatliche Grundsätze notorisch und bedenkenlos bricht, gehört in diese Kategorie. Die Unverletzlichkeit der Privatsphäre war für die Genossen Tschekisten ein Fremdwort. Erst nach der Öffnung der Stasi-Archive und der Einsicht in meine Akten sah ich den schier unglaublichen Aufwand, der zur Überwachung eines gesetzestreuen Bürgers, wie ich es war, getrieben wurde. Mit allen Insignien eines Dunkelmännerordens wurde für den inneren Zusammenhalt der Stasi gesorgt. Man gab sich den poetischen Namen „Schild und Schwert der Partei", Spionagegeneral Markus Wolf schrieb für seine Genossen an der unsichtbaren Front den Text des „Kundschafterliedes", einer Art Vereinshymne. Als Patronatsheiligen hatten sie sich den „eisernen" Feliks Dzierzynski ausgesucht. Auch einen Ehrenkodex, der alles und zugleich nichts enthielt, gaben sie sich. Ein martialisches Logo rundete das seltsame Bild dieses merkwürdigen Geheimbundes ab.

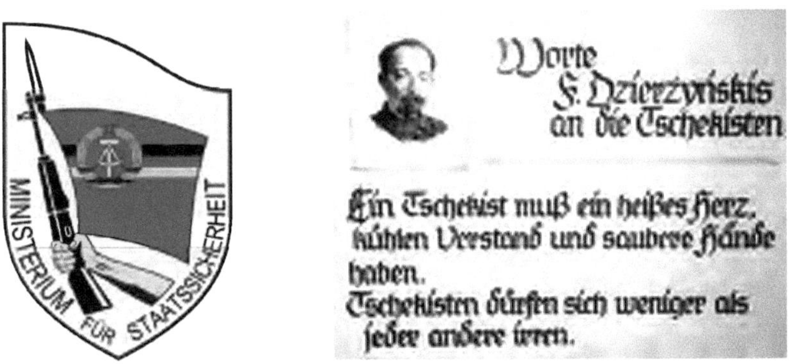


Abb. 44: Logo und „Ehrenkodex" der Stasi (Auszug).

Die Arbeitsmethoden der Stasi glichen denen organisierter Banden. Mit wachsendem Erstaunen erblickte ich das Unwesen der pathologischen Schnüffler im Dienste der SED-Diktatur: Konspirative Wohnungsdurchsuchung, Kopieren und inhaltliche Bewertungen meiner

Briefe, Telefonabhören, tagelange Beobachtungen von morgens bis abends. Alle Aktionen wurden bürokratisch geplant und organisatorisch perfekt durchgeführt. Das möchte ich im Einzelnen beschreiben und dokumentieren.

## Suchauftrag und operative Personenkontrolle (OPK)

Bereits 24 Stunden nach Antragstellung liefen die Aktionen der Stasi an. Zunächst wurde über einen Suchauftrag eine „streng geheime operative Auskunft“ eingeholt. Unter „Operative Auskunft“ verstehe ich, dass zunächst danach geforscht wurde, ob in den Stasi-Archiven Einschlägiges über uns vorhanden war.

Am 19. April 1984 hatte ein Stasi-Unterleutnant von der Abteilung II einen gegen uns erarbeiteten Maßnahmeplan fertig gestellt. Mit präziser Terminstellung liefen nunmehr 14 unterschiedliche „Maßnahmen“ an. Unter der für die Stasi typischen Geheimniskrämerei wurde ich mit meinem richtigen Namen nicht erwähnt. Ich wurde nun „Siedler“ getauft. In ihrer seltsamen Manie nannten sie mich nach meiner Schulzeit zunächst „Gregor“, darauf „Pfleger“, dann „Siedler“ und später im Westen „Schere“. Der zweiseitige Maßnahmeplan befindet sich in Anhang 20. Zur Demonstration des unglaublichen Ausmaßes der Stasi-Aktivitäten habe ich das Deckblatt des 1. Bandes von 3 Bänden der Sammelakte Nr. 2 eingefügt (Anhang 22). Am 26. April 1984, also genau einen Monat nach unserer Antragstellung begann die so genannte Operative Personenkontrolle (OPK) und, ähnlich dem System einer Verbrecherkartei, wurden meine körperlichen Merkmale erfasst. Zwei Seiten daraus befinden sich im Anhang 21.

## Ganztägiges Bespitzeln, minutiöse Berichte

Hoch bezahlte Stasi-Mitarbeiter verbrachten ganze Tage damit, entweder mich allein oder mit meinen Angehörigen manchmal zu Fuß und oft mit dem Auto zu beschatten. 1984 konnte ich mir einen derartigen Aufwand für einen einzelnen Ausreiseantragsteller überhaupt nicht vorstellen. Zwar sagte meine Frau ab und an zu mir: „Schau doch, dort steht schon wieder seit Stunden das gleiche fremde Auto mit Blickrichtung auf unsere Wohnung!" Für mich gehörten ihre Wahrnehmungen in das Reich der Phantasie. In solchen Momenten zitierte ich gern ein Sprichwort und antwortete beruhigend mit: „Ja, ja, du siehst wieder einmal Gespenster. ‚Angst hat große Augen' hätten die alten Chinesen zu dir gesagt."

Da ich von der Unwahrscheinlichkeit professioneller ganztägiger Beobachtungen unseres Privatlebens überzeugt war, habe ich meine Umgebung nicht besonders beachtet und daher auch keine Stasi-Aktivitäten bemerkt. In ihren Beobachtungsberichten nahmen die Stasi-Schnüffler ganze Tagesabläufe, so unwichtig sie auch waren, mit den genauen Uhrzeiten auf.

Welch sinnlose Vergeudung an Arbeitszeit, Energie und Papier! Aber Geld war für die Stasi immer ausreichend vorhanden. Ich freue mich, eine Kostprobe ihrer absurden Beobachtungsberichte einfügen zu können. Dieser über acht (!) Tage geführte Beobachtungsbericht ist für mich ein typisches Beispiel der Leistung der Institution, die sich selbst die poetische Beschreibung „Schild und Schwert der Partei" gab. Von dem, was ein Genosse Hauptmann festgestellt und schriftlich festgehalten hat, auszugsweise nur diese „harten Tatsachen":

- Am Tag 2 probierte meine Frau um 9.45 Uhr eine Hose an.
- Am Tag 3 putzen ab 17.23 Uhr meine Frau und meine Mutter Pilze
- Am Tag 8 betrat ich um 18.01 Uhr den Magdeburger Dom.

Der vollständige Beobachtungsbericht erstreckt sich über sechs volle Schreibmaschinenseiten! Ich habe sie sämtlich in den Anhang 23 aufgenommen, weil man derartigen Unfug ohne authentische Belege kaum glauben kann.

## Aushorchen der Nachbarn

Die Stasi-Mitarbeiter verfolgten uns nicht nur tagelang durch die Stadt und Magdeburgs Umgebung, sondern sie erkundigten sich darüber hinaus auch bei allen Bewohnern unseres Hauses über unser Privatleben. Nach solchen Befragungen wurde jeder zu konsequentem Stillschweigen verpflichtet. Nur dadurch, dass sich einer meiner Nachbarn nicht an das befohlene Schweigen gehalten hat, erfuhr ich davon. Er bat mich eines Tages im Treppenhaus unter vorsichtigen Blicken nach oben und nach unten geheimnisvoll in seine Wohnung. Dort berichtete er mir haarklein von einem merkwürdigen Besuch. Ich hörte aufmerksam zu und machte mir anschließend in unserer Wohnung sofort Notizen, die ich über Jahrzehnte aufbewahrt habe und auszugsweise hier wiedergebe:

*24. Mai 1984*

*Von einem unserer Hausbewohner erfuhren wir, dass sich eine Mitarbeiterin des Rates des Bezirkes Magdeburg in geheimnisvoller Weise über uns erkundigt hat.*

*Ihre Neugier erstreckte sich faktisch über sämtliche persönliche und private Bereiche:*

*Wie viele Westpakete und Westpost trifft bei uns ein?*
*Wie gehen wir und unser Kind gekleidet?*
*Wie ist unser allgemeines Verhalten im Haus?*
*Sind wir arrogant?*
*Was gibt es über unsere Eltern zu berichten?*
*Reisen die Omas in den Westen?*

*Was gibt es sonst an besonderen und auffälligen Dingen über uns zu berichten?"*

Mit hoher Wahrscheinlichkeit war die Dame natürlich keine Mitarbeiterin des Rates des Bezirkes Magdeburg, sondern eine Schnüfflerin der Stasi.

## Durchschnüffeln der Briefpost, Paketkontrollen

In seinem Maßnahmeplan vom 19. April 1984 beschloss der Stasi-Unterleutnant als ersten Punkt „M- und PZF-Kontrollen". (Anhang 20). Die Abteilung M war zuständig für die Kontrolle des Brief-, Paket- und Telegrammverkehrs, die Abkürzung PZF stand für Postzollfahndung.

Um einen Gesamtüberblick über meinen Briefverkehr zu erhalten, fertigte die Stasi eigens eine ganzseitige „Verbindungsskizze" an.

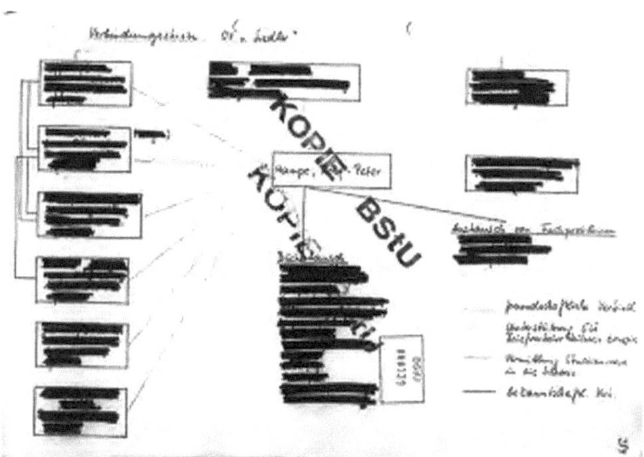


**Abb. 45: Verbindungsskizze OV (Operativer Vorgang) „Siedler".**

OV bedeutet: „Operativer Vorgang". Die Schwärzungen von Namen dritter Personen erfolgten als gesetzlich vorgeschriebene Anonymisierungen (Stasi-Unterlagen Gesetz: StUG) und wurden von der Bundesbehörde für die Stasi-Unterlagen vorgenommen.

Darüber hinaus führten die Stasi-Leute eine handschriftliche Liste, in der sämtliche ein- und ausgehenden Briefe registriert und der jeweilige Inhalt in Kurzform festgehalten wurde. Diese Liste erstreckte sich über viele Seiten.

Sogar ein kleines, nicht an mich, sondern an meine Mutter gesandtes Päckchen aus Westdeutschland haben die Genossen vom „Schild und Schwert der Partei" mit der Nummer 511 versehen, zur Darstellung der Abmessungen ein Zentimetermaß darauf gelegt und dann fotografiert.

Der Minister Erich Mielke beauftragte einmal seine Genossen, alle Umstände, auch die unwesentlichsten, über „seine" DDR-Bürger in Erfahrung zu bringen: „Wir müssen einfach alles wissen, Genossen! Uns darf nichts verborgen bleiben!" Von dieser Rede Mielkes existiert ein Original-Tonbandmitschnitt.

Meiner Meinung nach wollte sich die Stasi mit dem Wissen auch unbedeutender Details aus dem Privatleben allwissend gebärden, um Menschen zu schockieren oder einzuschüchtern.

Für Nichtigkeiten, wie das harmlose Geschenkpäckchen an meine Mutter, war „Arbeitszeit" und Filmmaterial im Überfluss vorhanden.

Hätte die Öffnung der Stasi-Akten nicht stattgefunden, würde man dies alles für einen schlechten Witz oder für Geschichten aus dem Märchenreich halten.

## Telefonabhören

Wie die meisten DDR-Bürger in den 80er Jahren, hatten wir keinen eigenen Telefonanschluss. Für ein Telefonnetz, wie es heute in den neuen Bundesländern existiert, fehlten oft die technischen Voraussetzungen und meist eine amtliche Genehmigung. Einen Telefonanschluss zu haben, konnte darauf beruhen, einer privilegierten Berufsgruppe, z. B. Ärzten oder der Stasi anzugehören. Wegen der Aussichtslosigkeit auf „Zuteilung eines Telefonanschlusses“ ohne gewichtige Gründe bewarb man sich, so auch ich, gewöhnlich erst gar nicht. Dennoch gab es auch „normale“ DDR-Bürger mit einem Telefonanschluss, entweder weil die technischen Voraussetzungen gerade günstig waren oder sie einfach Glück hatten.

Die relativ wenigen privaten Telefonanschlüsse konnten leicht überwacht werden. Mehrere Telefongespräche, die ich vom Apparat eines mit mir befreundeten Chemikers mit Herrn Prof. Dr. Höffler in Darmstadt führte, wurden registriert:

> Im Rahmen von Beobachtungsmaßnahmen sowie aus M-Hinweisen wurde bekannt, daß der M. vom Privatanschluß der Person
>
> H 083006505 SLK 3545 Abt. 4511 Abt. XX DPK
>
> geb. am
> wh.: Magdeburg,
> Beruf/Tätigkeit: Diplom-Chemiker/wissenschaftlicher Mitarbeiter
> Arbeitsstelle: Medizinische Akademie Magdeburg
> erfaßt Abt. XX/1, OPK "Grün"
>
> Telefongespräche mit dem durchführt. In Koordinierung mit der Abt. XX/1 wurde eine A-Maßnahme in der Abt. 26 eingeleitet. Aus der eingeleiteten Maßnahme konnten bisher keine Informationen erarbeitet werden.
>
> Kon.

In diesem konkreten Fall möchte ich einmal den wahnwitzigen Überwachungsaufwand der Stasi deutlich machen:

Wie gesagt, ich besaß keinen privaten Telefonanschluss. Es stand also bei der Stasi genügend Personal bereit zu ermitteln, wer ich war, von welchem privaten Telefonanschluss in der Stadt Magdeburg mit wem und wann ich telefoniert habe. Zu dieser „wichtigen Beobachtungsmaßnahme“ wurden sicher zuerst Tondokumente aufgenommen, diese sorgfältig abgehört und protokolliert. Dann wurden sie ordentlich und maschinenschriftlich in Berichte eingefügt. Dann bekamen sie verschiedene, nur Stasi-Leuten verständliche Codes (s. oben), wurden wieder anderen einschlägigen Stasi-Dienststellen zugeschickt und dort abgeheftet. So konnten die umtriebigen Schnüffler zwischen der Abt. XX/1 und der Abteilung 26 koordiniert so genannte „A-Maßnahmen einleiten“, was immer das bedeuten mag. Menschen, die mit Hingabe Tag für Tag von morgens bis abends solchen Unsinn verrichten, müssen meiner Meinung nach psychisch krank sein oder ganz sicher nach einer gewissen Zeit werden. Man könnte auch mit gutem Recht salopp fragen: „Waren die Mitarbeiter der Stasi überhaupt noch normal?“ Wie ist derartiger Schwachsinn in solchem Ausmaß überhaupt möglich? Es wird viel zu leicht vergessen: In der DDR herrschte Vollbeschäftigung!

## Stasi-Spezialitäten: Untergraben und Rückgewinnen

Zwei Monate nach unserem Ausreiseantrag, am 1. Juni 1984, wurde ich zu einem persönlichen Gespräch zum Chefarzt unserer Poliklinik gebeten. Im Programm der Bearbeitung von Ausreiseanträgen ging es nun um die so genannte „Rückgewinnung“. Mit sanften Worten, angenehm und nett versuchte der Chefarzt, mich zur Rücknahme meines Antrages zu bewegen:

*Ziel dieses Gesprächs war die Rücknahme seines Ausreiseantrages nach Österreich.*
*In dem Gespräch wurden von seiner Seite keine neuen Gesichtspunkte beigetragen, er beharrte auf seinem Ausreisebegehren.*
*Dr. Hampe fühlt sich nicht diskriminiert, als Mitarbeiter im Medizinischen Labor zu arbeiten. Er hatte befürchtet, daß er als Heizer oder Hausmeister beschäftigt werde.*
*Er betonte, daß er auch dieses getan hätte.*

Entgegen der obigen Texteinblendung hatte ich eine Beschäftigung als Heizer oder Hausmeister nicht befürchtet, sondern kühl eingeplant. Daraufhin hielt er fest: „Er betonte, dass er auch dieses getan hätte“.

Mit Vergnügen und Stolz hätte ich Kohlen geschippt, denn die dienstliche Degradierung aufgrund meiner politischen Überzeugung hätte ich als einen feierlichen Ritterschlag empfunden. Außerdem sah ich zu keiner Zeit die Arbeit eines Heizers oder eines Hausmeisters als ehrenrührig an. Ich hatte mir vorher weitaus unangenehmere Konsequenzen ausgemalt.

Um das unfruchtbare Gespräch abzukürzen sagte ich dem Chefarzt, dass ich mir vorher meinen Antrag mit allen Folgen sorgfältig überlegt habe. Deshalb könne er sich jegliche Überzeugungsarbeit hinsichtlich der Rücknahme unseres Ausreiseantrages ersparen.

Wütend sprang er auf und herrschte mich an: „Was ich Ihnen zu sagen oder nicht zu sagen habe, überlassen Sie gefälligst mir! Das Gespräch ist beendet! Auf Wiedersehen!" Einen weiteren Versuch der „Rückgewinnung" unternahm er nicht.

Wie von der Stasi nicht anders zu erwarten, wollte sie uns darüber hinaus auch auf ihre ureigene Weise zurückgewinnen. Unser bisher geschlossenes Handeln und Auftreten sollte nun gezielt **„untergraben"** werden:

*Für weitere Rückgewinnungsmaßnahmen ist die Möglichkeit einer Einbeziehung der Eltern- und Geschwisterteile der Hampe, Ingrid zu prüfen.*
*Damit sollen Voraussetzungen geschaffen werden, daß durch eine gezielte Einflußnahme der Eltern und Geschwister auf die H, Ingrid diese von den Übersiedlungsabsichten Abstand nimmt und auf diese Weise das bisher geschlossene Auftreten und Handeln der Fam. H. untergraben wird.*

Aus dem obigen Dokumentausschnitt tritt wieder einmal sehr schön das perfide Denken der Stasi zutage. Nun sollte also zwischen uns gezielt Misstrauen und Zwietracht gesät werden! Tatsächlich rückte eines Tages die Familie meiner Frau zu viert an und drängte uns zur Umkehr. „Nehmt Euren Antrag zurück und alles wird wieder gut!" Diese vehemente Aufforderung des Großvaters habe ich noch heute im Ohr! War nun der Anlass des Besuchs familiäre Besorgnis, diffuse Angst vor dem Staat oder ein diskreter Wunsch „von oben"? Jeder dieser Gründe ist denkbar.

## Die Wohnungsdurchsuchung

Auf eine plötzliche Wohnungsdurchsuchung durch die Stasi war ich von dem Tag, an dem ich unseren Ausreiseantrag bei der Polizei abgegeben habe, innerlich vorbereitet. Allerdings hatte ich andere Vorstellungen vom Ablauf einer solchen Durchsuchung. Als ich 1965 verhaftet wurde, erschienen zwei Stasi-Leute in der Arbeitsstelle meiner Mutter und holten sie mit einem Auto ab. Sie musste ihre Wohnung öffnen und eine Nachbarin wurde als Zeugin herbeigeholt, damit auch alles „ordentlich" zuginge. Anschließend wurde die ganze Wohnung durchkramt. Schubkasten für Schubkasten wurde geöffnet, private Briefe, insbesondere aus der Bundesrepublik, egal, wie unwichtig sie waren (alle waren unwichtig!), wurden beschlagnahmt und mitgenommen.

Auf eine solche Prozedur war ich von Anfang an gefasst und hatte daher nichts, was mir irgendwie gefährlich werden könnte, in meiner Wohnung aufbewahrt. Rohfassungen des Briefes an den österreichischen Bundeskanzler hätten mich sicher ins Gefängnis gebracht. Das wäre schon ein ausreichender Anlass gewesen. „Verbotene Weitergabe von Informationen ins Ausland" oder so ähnlich hieß das Delikt. Nein, bei mir war nichts zu finden. Da war ich äußerst sorgfältig.

Die Stasi hatte aber im Verlauf der Jahre ihren Arbeitsstil verändert. Hausdurchsuchungen wurden nicht mehr nach demokratischen Spielregeln mit einer vorherigen richterlichen Entscheidung durchgeführt – sie fanden konspirativ statt. Stasi-intern wurde dabei ganz bürokratisch vorgegangen. Zunächst wurde ein Beschluss gefasst, peinlich genau wurde jeder einzelne Schritt geplant und dann starteten sie ihre „Arbeit" nach Art professioneller Einbrecher. Mit einem detaillierten Abschlussbericht wurde die Aktion beendet. Ich habe die große Genugtuung, diesen planmäßig organisierten Rechtsbruch in aller Ausführlichkeit mit Originaldokumenten belegen zu können (Anhänge 25, 26, 27, 28). Herausstellen möchte ich an dieser Stelle das angestrebte Ziel:

*Zielstellung der Bearbeitung ist, den Nachweis zu erbringen, daß das von H. zusammengestellte Material geeignet ist, den Interessen der DDR zu schaden und daß es zum Zweck der Verbreitung im Ausland hergestellt wurde oder bereits verbreitet worden ist.*
*Der OV soll mit der Einleitung eines EV mit Haft nach § 219 (2) 1. StGB abgeschlossen werden.*

Ohne meine Vorsicht wäre es sicher zu dem angestrebten EV (Ermittlungsverfahren) mit Haft gekommen. Ich habe nicht den geringsten Zweifel, dass die Stasi schon eine Zelle für mich reserviert hatte.

Vor Beginn der Wohnungsdurchsuchung haben sich die Stasi-Leute zuerst mit der Leitung der Schule, in die meine Tochter ging, zeitlich abgestimmt. Während des Sportunterrichts sind sie dann wie Diebe in den Mädchen-Umkleideraum geschlichen, haben heimlich aus der Schultasche meiner Tochter unsere Wohnungsschlüssel entnommen und Kopien davon angefertigt. Am 14. November 1984 wurde unser gesamtes Wohnhaus (10 Familien!) „abgesichert". Das bedeutet, dass alle Hausbewohner in der Zeit von 8 bis 12 Uhr in ihren Arbeitsstellen durch Gespräche mit den Chefs oder durch andere Maßnahmen „gebunden" wurden. Auch an meine Mutter, die als Rentnerin in einem anderen Stadtteil wohnte, haben sie gedacht.

Dann begab sich das Einbrecherteam in unser Wohnhaus und verschloss die Hauseingangstür von innen, um ungestört „arbeiten" zu können. Die für Wohnungseinbrüche spezialisierten Experten drangen mit ihrer vorher hergestellten Schlüsselkopie in unsere Wohnung ein, öffneten sämtliche Schränke und durchschnüffelten alle Schubfächer usw. Vor allem interessierten sie sich für unsere persönlichen Papiere.

*B e r i c h t*
*über die durchgeführte konspirative Durchsuchung bei der im OV „Siedler" bearbeiteten Person*

*Am 14.11.1984 wurde im Rahmen der Bearbeitung des OV „Siedler" die Wohnung des*

*Dr. Hampe, Rolf-Peter*
*geb. am 18.12.1944*
*Magdeburg, Hans-Beimler-Str. 44*

*in der Zeit von 08.00 bis 12.00 Uhr konspirativ durchsucht. Die Wohnungstür wurde mittels kopierten Schlüssels geöffnet und nach beendeter Maßnahme wieder ordnungsgemäß verschlossen. Operative Pannen traten hierbei nicht auf.*

In ihrem Abschlussbericht urteilten sie:

*Die Wohnung selbst befand sich in einem unsauberen, unaufgeräumten Zustand.*

In den Augen der Stasi konnten Ausreisewillige unmöglich „normale Menschen" sein. Allein der Antrag zum Verlassen der DDR genügte, sie abzuwerten und moralisch zu diskreditieren.

Unsere Wohnung war verwahrlost? Möge sich der Leser ein eigenes Urteil bilden! Hierzu ein Stasi-Schnappschuss von unserem Wohnzimmer während ihrer konspirativen Wohnungsdurchsuchung.

**Abb. 46: Ein heimliches Stasi-Foto von unserem Wohnzimmer.**

Mit Akribie dokumentierten sie ihre gesamte Wohnungsdurchsuchung. Sogar 165 (!) Fotos fertigten sie an. Dabei „widmeten" sich die Genossen dem Ordner, in dem ich nützliche Artikel und Gesetze der DDR in der Bibliothek gesammelt hatte.

Sie müssen sehr enttäuscht gewesen sein, als sie dort nur ihren üblichen sozialistischen Phrasensalat lasen und nichts fanden, dass sie gegen uns verwenden konnten.

*Es konnte festgestellt werden, daß der H. seine realisierten Aktivitäten und deren Rückwirkungen schriftlich in der Art eines Tagebuch's festhält. Hierbei handelt es sich vermutlich auch um das Material, daß der H. erarbeitete und an ... für die Untermauerung der Aktivitäten bei den österreichischen Behörden übersenden wollte.*

Aufgrund der perfekt organisierten „Maßnahme" habe ich nichts bemerkt und erst in meinen Stasi-Akten verblüfft darüber gelesen. Den präzisen Ablauf der in jeder Demokratie unerlaubten Aktion von der Planung bis zum Abschlussbericht ist in dieser Genauigkeit gewiss selten dokumentiert. Lesen Sie bitte dazu die Anhänge 25 bis 27! Im Volksmund nannte man die Stasi oft „Firma Horch und Guck". Gerechterweise müsste der Name erweitert werden auf: „Firma Horch, Guck und Bruch". „Bruch" steht für Rechts- und Einbrüche! Es wäre für die Stasi-Spezialisten ein Leichtes gewesen, die Wohnung mit belastendem Material vorher zu präparieren und das dann bei der Durchsuchung zu „finden"? Doch so weit ging die Stasi in meinem Fall nicht! Vielleicht haben sie auf „begleitende Maßnahmen" deshalb verzichtet, weil sie überzeugt waren, dass ich mich in ihrem engmaschigen Netz verfange?

## Der Mut des Magdeburger Dompredigers Giselher Quast

Ich hielt meine Augen und Ohren für jede Information offen, die für unser Ausreiseverfahren nützlich sein könnte. So hörte ich beiläufig irgendwo Anfang Mai 1984, dass sich donnerstags um 18 Uhr Ausreisewillige im Magdeburger Dom vor dem Antikriegsdenkmal von Ernst Barlach zu einem Friedensgebet treffen. Der Domprediger Giselher Quast war der Initiator der Friedensgebete in Magdeburg. Seinen Mut in jener Zeit muss ich an dieser Stelle unbedingt hervorheben. An einem Donnerstag leitete er das Friedensgebet mit den folgenden mir unvergesslichen Worten ein:

„In unseren Zeitungen lesen wir, dass die NATO in Westdeutschland Atomraketen für einen neuen Krieg aufstellt. Wir lesen aber auch, dass in der DDR sowjetische Raketen zur Sicherung des Friedens aufgestellt wurden." Und dann mit lauter, durch den ganzen Dom hallender Stimme rief er: „Jeder Krieg beginnt mit Lügen!"

Ich war so ergriffen, dass mir an diesem Abend im Dom eine Gänsehaut über den Rücken lief. Auch jetzt, wenn ich daran zurückdenke, passiert es mir wieder. Seinen Mut in jener Zeit bewundere ich noch heute!

Die „Wikipedia" im Internet informiert über Domprediger Giselher Quast:

*Wegen seiner engagierten Arbeit in der Jugend- und Gemeindearbeit wurde Quast von Stasi-Mitarbeitern bespitzelt. 1980 und 1988 wurden zwei Anlagen bei der Operativen Personenkontrolle der Stasi wegen pazifistischer Beeinflussung der Jugend und Begünstigung von Ersuchen auf Übersiedlung angelegt. Zudem wurden die Friedensgebete im Magdeburger Dom von Stasi-Mitarbeitern unterwandert.*
*Quast war Initiator der Montagsdemonstrationen in Magdeburg 1989 und leitete am 6. November 1989 ein Bürgerforum mit 60.000 Teilnehmern auf dem Alten Markt in Magdeburg.*

Zum Abschluss der Friedensgebete erhielt jeder Anwesende die Gelegenheit, in die Mitte des Kreises zu treten, eine Kerze zu entzünden und laut ein persönliches Gebet zu sprechen. Oft hörte man dann solche Worte: „Ich bete darum, dass endlich mein Antrag zur

Ausreise aus der DDR bewilligt wird!" Das stärkte meine Seele. Ich fühlte ich mich nicht mehr allein im Kampf gegen einen sich unsichtbar machenden Gegner. Natürlich wurden diese Friedensgebete im Dom von der Stasi intensiv beobachtet. Mich amüsierte, wenn in einiger Entfernung unser kleiner Kreis von etwa 10 bis maximal 25 Teilnehmern von unbezweifelbaren „Schlapphüten" umkreist wurde. Ich legte auch großen Wert darauf, als ein renitenter DDR-Bürger von der Stasi registriert zu werden. Es freute mich, dass die Kennzeichen der vor dem Dom stehenden Autos sorgfältig notiert wurden. Meinen „Trabant" habe ich deshalb stets auffällig unter einer Straßenlaterne geparkt. In einem Beobachtungsbericht (Anhang 23, Seite 1, Beobachtung ab 18.03 Uhr) wurde unser Aufenthalt im Magdeburger Dom gewissenhaft registriert. Außerdem protokollierten sie an anderer Stelle:

*Seit dem 14.05.1984 ist bekannt, daß die Fam. H. zu einer Gruppierung von Ersuchern auf Übersiedlung, die regelmäßig im Dom zum Friedensgebet erscheinen, gehört.*

Die Friedensgebete wurde von der Stasi unter dem Begriff „Gruppierung Denkmal" geführt und ständig misstrauisch beäugt. Sehr viel später als mit meiner Ausreise gerechnet wurde, sollte ich durch „operative Maßnahmen" von den Friedensgebeten ferngehalten werden. So sehr waren der Stasi diese Treffen im Magdeburger Dom ein Dorn im Auge.

*Geplante Maßnahmen der weiteren operativen Bearbeitung*

*Zum OV „Siedler" ist einzuschätzen, daß mit hoher Wahrscheinlichkeit mit einer Übersiedlung in die Republik Österreich zu rechnen ist. Bei Vorliegen der zentralen Entscheidung soll durch Einleiten einer operativen Maßnahme erreicht werden, daß sich der H. von der Gruppierung „Denkmal" distanziert und in der Gruppierung nicht mehr in Erscheinung tritt.*

## Stasi-Betrügereien! Was ich im Jahre 2011 erfuhr

Der Historiker Jan Philipp Wölbern schrieb in der „Frankfurter Allgemeinen Zeitung" den interessanten und sehr lesenswerten Artikel „Für unsere Republik" (Ausgabe vom 4. August 2011, Seite 7). Ich verwende einige Angaben aus seiner Recherche:

Die DDR hat von 1963 bis 1989 mit Hilfe der Stasi und der Vermittlung von Rechtsanwälten zur Aufbesserung ihrer prekären Devisenlage politische Häftlinge an den Westen verkauft. Insgesamt soll es sich um mehr als 33.000 Häftlinge gehandelt haben. Aus den „Besonderen Bemühungen der Bundesregierung im humanitären Bereich" hat die DDR einen finanziellen Nutzen in Höhe von mehr als 3,4 Milliarden DM „erwirtschaftet". Zu Beginn dieses professionellen Menschenhandels, den so genannten „H-Aktionen", kassierte das SED-Regime pro Häftling einen Betrag von zunächst 40.000 DM. Später wurden die Häftlinge nach Ausbildung und Berufen in Gruppen zusammengefasst und wertmäßig „taxiert". Die Summen reichten von 10.000 bis 200.000 DM bis man sich ab 1977 pauschal auf den Betrag von 95.487 DM pro Häftling einigte. Im Jahre 1970 wurden dem Westen zusätzlich sogar 102 erfundene Personen und 200 Kriminelle „verkauft".

Es empört mich, dass auch ich dazu beitrug, die Stasi-Kassen zu füllen. So erfuhr ich gegen Ende 2011 aus Unterlagen, die im Bundesarchiv, dem ZZF in Potsdam sowie mir in Kopie vorliegen:

Der Bundesminister für gesamtdeutsche Fragen ließ sich über die Häftlingsverkäufe verschiedene Listen erstellen. Aus einer Aufstellung geht hervor, dass Peter Hampe, geboren am 18.12.1944 (richtig!), zu 2 Jahren 6 Monaten (falsch!) verurteilt worden war. Nach einer weiteren „Liste über die in den Osten entlassenen 200 Häftlinge" soll ich bereits nach 18 Monaten mit dem frei erfundenen Datum vom 15.8.1967 um ein Jahr verfrüht aus der Haft entlassen worden sein. Diese „vorzeitige" Entlassung hat der Westen anstandslos bezahlt. Die Bundesregierung hat offenbar bewusst die Betrügereien der Stasi hingenommen, um den Fortgang der Häftlingsfreikäufe nicht zu gefährden. Somit hat sich die Stasi vom Westen hohe Geldbeträge mit erlogenen Angaben erschlichen. Sie war eben auch eine kriminelle Organisation!

Antiquitäten und Kulturgüter wurden ebenfalls verramscht und zu Geld gemacht. Am Ende hätten die Machthaber – überspitzt gesagt – sogar ihre eigenen Großeltern für Westgeld verhökert. Moralische Bedenken? … Fehlanzeige!

W. Seiffert und N. Treutwein beschreiben in ihrem Buch „Die Schalck-Papiere" das brachiale Vorgehen und die teilweise kriminellen Methoden der Stasi bei der Beschaffung von Antiquitäten (Wien 1991: Zsolnay, S. 212–272).

# Nicht nachlassen, immer aktiv bleiben!

Dass sich Ausreiseverfahren zähflüssig über lange Jahre hinziehen können, war allgemein bekannt. Wie zu erwarten, tat sich bei uns zunächst überhaupt nichts. Der Staat reagierte, außer in unseren Arbeitsstellen, in keiner Weise. Ich wollte jedoch nicht in der belastenden Wartesituation untätig bleiben. Still hoffend nur auszuharren, hätte sich auf meine Seele wie ein lähmendes Gift gelegt.

Deshalb stellte ich mir diese konkrete Aufgabe: Jede Woche muss ich eine neue, aber – das war sehr wichtig! – immer wieder andersgeartete Idee entwickeln! An jedem Wochenende hielt ich streng Bilanz und stellte Fragen wie: „In welcher Form, wie und wo war ich aktiv gewesen? Ist mir ein neuer Gedanke gekommen? Habe ich in dieser Woche ein Schreiben an eine Behörde verfasst und abgeschickt?"

Ich suchte jede Gelegenheit, um aktiv am Ball zu bleiben und hielt mich auf diese Weise munter und lebendig. Darüber hinaus hoffte ich aber auch, dass vielleicht in dem ganzen Propagandageschwafel von Demokratie und Bürgernähe doch ein kleines Körnchen Wahrheit stecken könnte. So glaubte ich – sehr blauäugig natürlich – dass sich vielleicht unerwartet eine von vielen Menschen bis dahin übersehene Möglichkeit zur legalen Ausreise finden könnte. Diese, wenn auch ziemlich illusorische Hoffnung war aber für mich zum unverdrossenen Weitermachen und Durchhalten notwendig. Der Staat verfolgte mit seinem Spielen auf Zeit, in der sich sichtbar nichts rührte, offenbar zwei Ziele. Zum einen war es bewusst auf Ermüdung angelegt. Wie ich gehört hatte, sollen Familien durch langjähriges Warten entmutigt und völlig entnervt ihren Antrag zurückgenommen haben. Ich hörte manchmal die Ansicht, dass das System der Bearbeitung von Ausreiseanträgen deshalb so unklar sei, weil es gar kein System gäbe. Meiner Meinung nach aber sollte die gezielt beabsichtigte Undurchschaubarkeit über Jahre den Antragstellern die Nerven rauben. Damit gab es durchaus ein System, nämlich das der systematischen Zermürbung. Die gezielt eingesetzte Undurchschaubarkeit sollte die Menschen verunsichern. Die zweite Hoffnung des Staates bestand meiner Meinung darin, die Antragsteller durch permanentes Ignorieren zu reizen und dann auf Reaktionen zu warten, die ein hartes Zuschlagen ermöglichten. Das glückte leider hin und wieder, weil einige Antragsteller durch das undurchsichtige Verhalten der Behörden über lange Jahre ihre Geduld verloren, aggressive Briefe schrieben oder anderweitig ihre Ausreise erzwingen wollten. Sogar die bloße Wiederholung eines Ausreiseantrages war mit Gefahr verbunden. Gegen diese Personen wurde vorgegangen, weil es sich – so die Lesart – um „Querulanten, die die Arbeit der staatlichen Organe stören und beeinträchtigen" handelte. Das reichte manchmal auch schon für eine Inhaftierung aus. Ich möchte in diesem Zusammenhang das Schicksal der beiden DEFA-Regisseure Sibylle und Hannes Schönemann erwähnen. Sie haben ihren Ausreiseantrag nur ein einziges Mal gestellt und wurden daraufhin sofort verhaftet. Ihre filmische Dokumentation „Verriegelte Zeit" zeigt anschaulich die Willkür des SED-Regimes. Interessenten können den Film auf DVD von der „Gedenkstätte für die Opfer politischer Gewalt im 20. Jahrhundert" in 14467 Potsdam, Lindenstraße 54/55 beziehen.

Protesthandlungen in der Öffentlichkeit führten durchweg zur sofortigen Festnahme. Versuche, mit westlichen Behörden oder internationalen Organisationen Kontakt aufzunehmen, um mit deren Hilfe die Ausreise zu erreichen, waren nach dem Gesetz strafbar. Gerade in dieser Hinsicht war der Staat sehr empfindlich. Dann setzte sich die Staatsmaschinerie gnadenlos mit Verhaftungen in Bewegung.

Dass ich auf meine Briefe an die DDR-Behörden in den meisten Fällen keine Antwort erhielt, ermüdete mich nicht. Im Gegenteil! Der Staat hüllte sich offensichtlich nur deshalb in Schweigen, weil er meinen gut vorbereiteten Attacken nichts entgegenzusetzen hatte. Auf das Florettfechten mit Argumenten waren die Vertreter der DDR geistig nicht gerüstet oder nicht fähig. Deshalb gingen sie sachlichen

Auseinandersetzungen konsequent aus dem Weg. In selbstgefälliger Art hielten sie sich für unfehlbar. Für die ewig gleichen, sattsam bekannten sozialistischen Phrasen und Parolen kannten die „Volksvertreter“ in der DDR nur die begeisterte Zustimmung von Claqueuren. In ihrer Vorstellungswelt kam ein mündiger Bürger, der sie vielleicht auch einmal kritisch zur Rede stellen könnte, überhaupt nicht vor.

Meine Taktik, unter genauer Kenntnis und Einhaltung der Gesetze, gefahrlos den Staat zu bedrängen, erwies sich für mich mit jedem neuen unbeantworteten Schreiben als richtig. Nach kurzer Zeit wurde es für mich ein ausgesprochenes Vergnügen, gegen den Stachel zu löcken und den staatlichen Behörden auf der Nase herumzutanzen. Ich fand es zunehmend amüsant, ihnen fortwährend ihre eigenen Gesetze mit allen mir bekannten einschlägigen Paragraphen, Durchführungsverordnungen und salbungsvollen Erklärungen um die Ohren zu schlagen!

So wurde ich von Brief zu Brief und von Telefonat zu Telefonat mutiger.

Sehr richtig stellte die Stasi zu meiner angewandten Taktik fest:

*Weiterhin ist zu seinem Verhalten wesentlich festzustellen, daß er ständig bestrebt ist, mit Eingaben und Aussprachen im Gespräch zu bleiben. Dabei ist er selber von deren Nutzlosigkeit überzeugt, „aber überhaupt nichts zu tun und bloß abzuwarten, halte ich für noch unsinniger“.*
*Somit ist auch weiterhin in der Zukunft mit Aktivitäten im Rahmen der sozialistischen Gesetzlichkeit von H. zu rechnen, um so auch seiner Hartnäckigkeit einen Ausdruck zu verleihen.*

## Anträge, Briefe, Beschwerden, Besuche und Telefonate

Ich liste unsere Aktivitäten nur auf. Allein sämtliche Briefkopien in den Anhang aufzunehmen, wäre reine Papierverschwendung und für

jeden Leser äußerst langweilig. Sie befinden sich jedoch vollzählig in meinem Besitz. Um den Lesefluss nicht zu stören, erscheinen unsere Aktionen, es waren über sechzig, in chronologischer Reihenfolge im Anhang 19.
Aufgrund meiner sorgfältigen Literaturrecherchen konnte ich den SED-Leuten die schönsten Partituren auf ihrem Klavier der sozialistischen Gesetzlichkeit vorspielen. Diese öden Töne möchte ich bis auf einige amüsante Ausnahmen dem Leser ersparen.

## Hilflos: Die Kandidaten der „Nationalen Front"

Die so genannten „Volkswahlen" boten trotzigen DDR-Bürgern eine Gelegenheit, Flagge zu zeigen. Man ging einfach nicht zur Wahl und wartete zu Hause, bis die „Wahlhelfer" auftauchten. Diese sollten die Gründe für das Fernbleiben von der Wahl feststellen und mussten sich oft viele Beschwerden anhören. Manche Bürger versuchten, auf diese Weise Druck auf den Staat auszuüben, um beispielsweise ihre Wohnungssituation zu verbessern, was vorher mit unendlicher Geduld über Jahre hinweg nicht möglich war.

Am 27. April 1984, also noch rechtzeitig vor der Wahl, richteten wir einen Brief an „unsere Kandidaten der Nationalen Front".

Wir beschwerten uns, dass unser Ausreiseantrag nicht bearbeitet wurde. Dann zählten wir sämtlich ihre gesetzlich verankerten Pflichten auf und baten um Unterstützung. Natürlich erhielten wir keine Antwort. Daraufhin haben wir – ein Sakrileg in der DDR – nicht „gewählt".

Kopiergeräte waren seinerzeit offensichtlich sogar bei der Stasi Mangelware. Unser Brief wurde handschriftlich „kopiert".

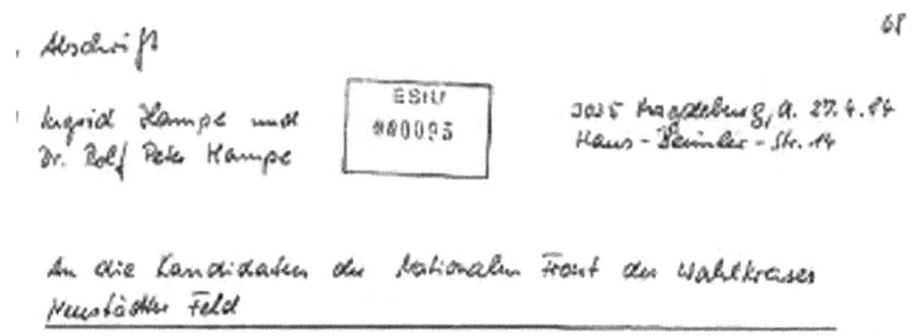
Abschrift

68

Ingrid Kampe und
Dr. Rolf Peter Kampe

BStU
000095

3025 Magdeburg, d. 27.4.84
Hans-Beimler-Str. 14

An die Kandidaten der Nationalen Front des Wahlkreises
Neustädter Feld

„Unsere Kandidaten“ bekamen entweder von der Stasi nicht die Erlaubnis zu antworten oder sie waren dazu nicht in der Lage! Für stichhaltige Argumente reichte es bei ihnen nicht, denn die Waffe des „Sozialistischen Rechts“, die ich kenntnisreich einsetzte, brachte sie zum Schweigen!

Auf mögliche Befragungen am Wahltag hatte ich mich sorgfältig vorbereitet. Damit ich mich in etwaigen Diskussionen nicht provozieren lasse, habe ich mir meine Antworten einprägsam auf einem Zettel notiert. Mehr wollte ich auf keinen Fall sagen, um mich nicht in Gefahr zu bringen. Die Wahlhelfer hätten Äußerungen, die geeignet waren, den Tatbestand der „Staatsverleumdung“ zu erfüllen, sofort weitergemeldet.

Es kam aber zu keinem Gespräch. Vorsichtshalber hatten wir am 6. Mai für einen Tagesausflug die Stadt verlassen. Hier eingescannt mein Original-Merkzettel von damals:

Zur Wahl am 6. Mai 1984

1.) Bewertung:
Unser Fernbleiben von der Volkswahl beinhaltet lediglich, daß wir von unserem Wahlrecht keinen Gebrauch gemacht haben - nicht mehr.

2.) Begründung:

- Wir haben einen Übersiedlungsantrag in die Republik Österreich gestellt und weltanschauliche und politische Gründe angegeben. Heinz Grote hat im Wahlsonderstudio des DFF deutlich hervorgehoben, daß diese Wahl vor allem ein politisches Treuebekenntnis zur DDR beinhaltet. Wir können nicht auf der einen Seite ein politisches Treuebekenntnis zur DDR abgeben und gleichzeitig um die Ausreise aus der DDR aus politischen Gründen bitten.

- Wir haben am 27.4.84 einen Brief mit unserem Anliegen an die Kandidaten der Nationalen Front gerichtet und im Wahlbüro abgeben. Der Brief wurde nicht beantwortet. Kandidaten, die uns ignorieren, können wir nicht wählen.

## Ein „Volksvertreter“ der DDR

Bei meiner unermüdlichen Arbeit in der Bibliothek befasste ich mich ein paar Tage mit den Aufgaben der so genannten Volksvertreter in der DDR. Alles war ja so wunderbar demokratisch auf dem Papier geregelt und daher bot sich die Institution „Volksvertreter“ als ein neues Betätigungsfeld an. Der für meinen Stadtbezirk eingesetzte Volksvertreter hatte für die Bürger öffentliche Sprechstunden eingerichtet. Ich begab mich am 8. Mai 1984 zu einer seiner Sprechstunden und trug ihm vor, dass ich einen völlig mit den Gesetzen der DDR im Einklang stehenden Antrag gestellt habe. Dieser wurde aber von der Volkspolizei seit Monaten nicht bearbeitet. Auch auf unsere Eingaben hin rührte sich bis dahin nichts. Mit dieser Form der „Bearbeitung“ wären wir nicht einverstanden und vielleicht könnte er uns in seiner Funktion als Volksvertreter helfen, den Vorgang zu beschleunigen. Ich empfand ihn als einen angenehmen Zuhörer. In der Gesprächsnotiz zu diesem Treffen hielt ich meinen Eindruck fest, akzeptiert worden zu sein und dass er unser Problem wie jedes andere Bürgeranliegen bearbeiten wolle. Als ich ihn konkret – ich kannte alle einschlägigen Texte und Vorschriften genau – auf seine Aufgaben als Volksvertreter hinwies, sagt er mir seine tatkräftige Unterstützung zu. Er versprach, unser Anliegen in der nächsten Ratssitzung, in der auch die zuständige Abteilung „Innere Angelegenheiten" mitwirken werde, sachkompetent vorzutragen. Selbstverständlich würden wir über das Ergebnis schriftlich unterrichtet werden.

Allerdings habe ich danach von ihm nichts mehr gehört. So leicht entließ ich ihn jedoch nicht aus seinen formalen Verpflichtungen und verfasste zwei mahnende Schreiben an ihn. Einmal schlug ich ihm im Übermut sogar vor, in gemeinsamer Zusammenarbeit mit ihm und dem Sekretariat des Staatsrates, unser Anliegen zu lösen. Natürlich berief ich mich wieder auf einschlägige Gesetzestexte. Auch danach herrschte von seiner Seite absolute Funkstille. Hartnäckig bat ich persönlich in seiner Dienststelle um einen neuen Gesprächstermin, wurde aber von einer Sekretärin mit den Worten abgewiesen, dass der Abgeordnete mit mir zu keinem Gespräch bereit sei. Er hatte sich bei unserem ersten Kontakt zu sehr auf meine Argumentation eingelassen. Schwer zu sagen, ob er seine Aufgaben als Volksvertreter aus Überzeugung ernst nehmen wollte oder ob er sich aus purer Hilflosigkeit mir gegenüber entgegenkommend verhielt. Später wurde er, wie der folgende Protokollauszug zeigt, zurückgepfiffen oder vornehmer ausgedrückt „über die Sachlage informiert."

*Aus Unkenntnis der Sachlage hatte dieser Abgeordnete zuerst zugesagt, danach aber Abstand gewonnen, nachdem er über die Sachlage informiert worden war.*

Ich war über das „Hornberger Schießen" mit einem „Volksvertreter" keineswegs entrüstet. Im Gegenteil! Die Hilflosigkeit der „demokratischen Staatsorgane" hat mich amüsiert. Er hatte aber die ihm erteilte Lektion verstanden und verwandelte sich in das erwünschte folgsame

Rädchen der DDR-Bürokratie unter der Oberhoheit der Stasi. Devot holte er sich zunächst telefonisch vom Kreisarzt präzise Vorschriften für sein künftiges Verhalten und schrieb dann:

*Werter Genosse Kreisarzt!*

*Als Anlage sende ich Ihnen den Brief des Antragstellers Dr. Hampe vom 12. 06. 1984, wie wir es telefonisch abgesprochen haben.*
*Diesen Brief habe ich nicht beantwortet, da ich dem Bürger zuvor telefonisch erklärt hatte, dass für diese Angelegenheit nur die VP zuständig ist.*

(VP bedeutet in dem Brief „Volkspolizei").

## Amüsant: Der Briefwechsel mit der Bürgermeisterin Martin (Name geändert)

Man könnte meinen, dass meine nächste Aktion nur provokant oder eine reine Eulenspiegelei war. Dem war aber nicht so. Fortwährend war ich auf der Suche nach einer legalen Möglichkeit, unser Ausreiseersuchen durchzusetzen. Darüber hinaus wollte ich auch keinen Moment Ruhe geben und den Behörden der DDR beständig auf die Nerven gehen.

In der Magdeburger „Volksstimme" erschien am 22. Dezember 1984 ein Bericht über die Arbeit der Stadtbezirksbürgermeisterin des Stadtbezirkes Magdeburg-Nord.

Ich fand ihn für eine neue Attacke gegen das System geeignet. Normalerweise nahm ich von Presseartikeln, in denen die sozialistische DDR in höchsten Tönen gefeiert wurde, keine Notiz. Dieser Artikel lieferte mir aber Stoff zum Einhaken. Die Genossin wurde wegen ihrer menschlichen Nähe und ihres Engagements hoch gelobt, insbesondere, weil sie sich bei allen schwierigen Problemen unverzüglich und hilfreich für die Bürger einsetzen würde.

Ohne unseren Ausreiseantrag zu erwähnen, wandte ich mich an sie und bat um einen Gesprächstermin. Es entwickelte sich in der Folge ein aus heutiger Sicht (aber nur aus heutiger Sicht!) lustiges Hin und Her an Briefen. 1984 war es hingegen eine gefährliche Gratwanderung, von der wir nicht wussten, wie sie einmal enden würde.

Dieser Briefwechsel ist nicht nur unterhaltsam, sondern er wirft ein Schlaglicht auf die Hilflosigkeit des Systems. Es folgen meine Schreiben und die Antworten von Frau Martin. Alles spricht für sich, ein Kommentar ist nicht nötig.

*An den*
*Rat des Stadtbezirkes Nord*
*z. Hd. d. Stadtbezirksbürgermeisterin, Frau*

*Sehr geehrte Frau Stadtbezirksbürgermeister!*

*Ihre Ausführungen in der „Volksstimme" (22.12.84, Seite 8) zum engen Vertrauensverhältnis zwischen Bürger und Volksvertretung und zum bürgernahen Arbeitsstil im Stadtbezirk Nord haben uns sehr angesprochen.*
*Leider paßt der in unserer persönlichen Problematik angewandte Stil aber nicht in dieses Bild. So hat Herr Dr. … als Volksvertreter und Ratsmitglied seine Unterstützung für uns abgelehnt, das Abgeordnetenkabinett reagierte auf zwei Schreiben (vom 31. 8. 84 und v. 24. 10.) wie auch auf ein Telefonat im Dezember überhaupt nicht.*
*Nun wurden wir durch Ihre klaren Auskünfte in dem gen. Artikel ermutigt, an Sie zu schreiben.*
*Ebenso wie Sie halten wir das persönliche Gespräch für sehr effektiv und bitten Sie deshalb hiermit sehr herzlich um einen Termin.*

*Mit vorzüglicher Hochachtung*

DER RAT DES STADTBEZIRKES NORD DER STADT MAGDEBURG

Stadtbezirksbürgermeister und Vorsitzender des Rates des Stadtbezirkes

Magdeburg-Nord, Nicolaiplatz 6

Herrn
Dr. Rolf Peter Hampe

3035 Magdeburg
Hans-Beimler-Str. 44

3018 Magdeburg
Ruf: 278217

10. 01. 1985

Ihr Schreiben vom 08. 01. 1985

Werter Herr Dr. Hampe!

Ihre 2 Schreiben sowie Ihre Rücksprache mit dem Stadtbezirksarzt Dr. sind mir bekannt.
Da es sich aber bei Ihrer persönlichen Problematik um einen Antrag auf Ausreise aus der Deutschen Demokratischen Republik handelt, muß ich Sie darauf verweisen, daß diese Angelegenheiten ausschließlich vom Rat der Stadt Magdeburg, Abteilung Inneres, bearbeitet werden.

Keiner unserer Mitarbeiter des Rates ist berechtigt, in diesen Prozeß einzugreifen. Auch ein persönliches Gespräch bei mir würde keinerlei Bedeutung haben.

Außerdem kann es nicht Anliegen der gewählten Volksvertreter sein, Unterstützung bei Ausreiseanträgen zu geben.
Wir sehen unser Bemühen als gewählte Volksvertreter darin, alle Beschlüsse, die zum Wohle unserer Bürger gefaßt werden, konsequent im Territorium umzusetzen und durch eine weitere Verbesserung der Arbeits- und Lebensbedingungen im Territorium dazu beizutragen, daß unsere Bürger sich in unserem Territorium wohlfühlen, der Stolz auf das Geschaffene gefestigt wird, das Heimatgefühl auszuprägen und sie durch hohe Leistungen in der Volkswirtschaft zur weiteren Entwicklung unserer Republik und zur Sicherung des Friedens beitragen.

Ich bitte Sie also, in Zukunft alle anstehenden Probleme mit dem Rat der Stadt zu klären.

Mit sozialistischem Gruß

*An den Rat des Stadtbezirkes Nord*
*z. Hd. d. Stadtbezirksbürgermeisterin, Frau*

*Sehr geehrte Frau Stadtbezirksbürgermeister!*

*Für Ihr Schreiben vom 10. 1. 85 danken wir Ihnen sehr. Das von Ihnen geschilderte Bemühen der Volksvertreter zum Wohle unserer Bürger findet selbstverständlich unsere Anerkennung und unseren Respekt. Nun gibt es aber in der DDR auch wie in jedem anderen Staat Leute, die glauben, ihr Glück woanders machen zu können. (Erich Honecker in der „Volksstimme" vom 30. 6. 84, Seite 4)*

*Deshalb haben wir in voller Übereinstimmung mit der sozialistischen Gesetzlichkeit unsere Ausreise beantragt:*

- *GBl. I, Nr. 2, 1967, § 10 (Staatsbürgerschaftsgesetz)*

- *GBl. II, Nr. 6, 1974, Artikel 12, Abs. 2 in Verbindung mit Artikel 8, Absatz 1 der Verfassung der DDR.*

*Über die Bearbeitung unseres Antrages wurden wir, wie wir meinen, nur ungenügend aufgeklärt, so daß wir uns am 8. 5. 1984 mit einer Eingabe an den Volksvertreter Herrn Dr. … gewandt haben. Aus dem Gesetzblatt GBl.I, Nr. 32, 1973, §§ 12, 13, 16, 17(3) geht hervor, daß alle Bürger das Recht haben, sich mit ihren Problemen an die Volksvertreter zu wenden und daß für diese die Rechtspflicht besteht, ohne Ausnahme alles sorgfältig zu prüfen, zu bearbeiten und zu klären. Die Sorgfaltspflicht bei der Eingabenbearbeitung bekräftigt der Gesetzgeber weiter in:*

- *GBl. I, 1974, Nr. 60, Seite 563 v. 28. 11. 1974*

- *GBl. II, 1969, Nr. 26, §§ 5 und 11 (VO v. 19.2. 1969)*

- *Verfassung der DDR, Art. 81, Abs. 3, Art. 21 und 103*

*Wir verstehen durchaus, daß Antragsteller dieser Art nicht Ihre Sympathie besitzen. Kein Volksvertreter kann aber deswegen seine Mandatspflichten einengen. Volksvertreter sind für alle Bürger ihres Territoriums gleichermaßen zuständig, auch erlauben ihre gesetzlich verankerten Verpflichtungen kein Differenzieren in sympathische Bürger und in weniger sympathische Bürger mit weniger Rechten.*

*Wir möchten nicht von Ihnen an ein staatliches Organ weiterverwiesen werden, sondern im Sinne des demokratischen Zentralismus in Kontakt mit einem Volksvertreter bleiben.*

*Unsere nichterledigte Eingabe möchten wir wiederholen und bitten Sie deshalb sehr herzlich um einen Termin.*

*Mit vorzüglicher Hochachtung*

DER RAT DES STADTBEZIRKES NORD DER STADT MAGDEBURG

Stadtbezirksbürgermeister und Vorsitzender des Rates des Stadtbezirkes
Magdeburg-Nord, Nicolaiplatz 6

Herrn
Dr. Rolf Peter Hampe

3035 Magdeburg
Hans-Beimler-Str. 44

3010 Magdeburg
Ruf XXXXX 278217

23. 01. 1985

Ihr Schreiben vom 21. 01. 1985

Werter Herr Dr. Hampe!

Ihr o. g. Schreiben habe ich zuständigkeitshalber an das Volkspolizei-Kreisamt Magdeburg weitergeleitet.

Erwarten Sie bitte weitere Nachricht von dort.

Mit sozialistischem Gruß

IV-14-482 NfG 44/16/80 8281 1

*An den*
*Rat des Stadtbezirkes Nord*
*z. Hd. d. Stadtbezirksbürgermeisterin, Frau*

*Sehr geehrte Frau Stadtbezirksbürgermeister!*

*Für Ihr Schreiben vom 23. 1. 85 danken wir Ihnen sehr.*
*Daß Sie unser Schreiben vom 21. 1. 85 lediglich an das Volkspolizei-Kreisamt weitergeleitet haben, enttäuscht uns und verstehen wir nicht. Unserer Meinung nach liegt die Zuständigkeit für unsere Eingabe bei der örtlichen Volksvertretung. Wir glauben, daß die nachdrückliche Forderung nach der Erhöhung des persönlichen Engagements der Abgeordneten in ihrer Tätigkeit als Volksvertreter auch die Eingabenbearbeitung beinhaltet. (dazu ausführlich: W. Sternkopf in „Staat und Recht", Heft 4/1981, Seite 316)*

*Im Zuge der Bearbeitung können Volksvertreter durchaus von den Organen der Deutschen Volkspolizei Auskünfte oder Berichte verlangen, wenn es – wie in unserem Fall – um die Gewährleistung der Rechte der Bürger geht. (GBl. I, 1971, Nr. 3, §5 Abs. 2 oder s. auch J. Götters in „Staat und Recht", Heft 7, 1974, Seite 1128)*

*Außerdem hat es sich auch gut bewährt, daß die Abgeordneten dem Bürger die getroffene Entscheidung über die Eingabe selbst mitteilen und so ihrer Verpflichtung zur Kontrolle der frist- und sachgemäßen Bearbeitung der Eingaben nachkommen. (s. dazu W. Bock in „Staat und Recht", Heft 6/1980, Seite 518)*

*Könnte unsere Angelegenheit nicht effektiver bei Ihnen unter Hinzuziehung des Abgeordnetenkabinettes und des Stadtbezirksausschusses der Nationalen Front – vielleicht auch mit Unterstützung des Staatsrates gemäß Artikel 70 der Verfassung der DDR – erledigt werden?*

*Für eine kurze Nachricht wären wir Ihnen sehr dankbar.*
*Mit vorzüglicher Hochachtung*

*An den*
*Rat des Stadtbezirkes Nord*
*z. Hd. d. Stadtbezirksbürgermeisterin, Frau*

*Sehr geehrte Frau Stadtbezirksbürgermeister!*

*Auf Ihre Ankündigung hin wurde ich zum 19.2.1985 in das Volkspolizei-Kreisamt bestellt.*

*Mir wurde aber nur mitgeteilt, was Sie schon schrieben, nämlich, daß unsere Eingabe jetzt dort liegt. Ein Gespräch fand nicht statt, eine Information über den Bearbeitungsstand unseres Antrages erhielt ich nicht.*

*Von einer Erledigung unserer Eingabe kann also keine Rede sein.*

*Unserer Meinung nach genügt die bisher von Ihnen und unter Ihrer Leitung geübte Praxis bei der Bearbeitung unserer Eingabe weder dem Gesetz noch der Verfassung der Deutschen Demokratischen Republik.*

*Wir können nicht daran glauben, daß Sie bei dieser Haltung bleiben wollen.*

*Unser Wunsch ist es, in einer guten Atmosphäre zur Genehmigung unseres Antrages resp. zur Rechtsverwirklichung zu kommen.*

*Bitte negieren Sie nicht weiterhin Ihre rechtlichen Möglichkeiten, damit unser Anliegen endlich zügiger bearbeitet wird.*

*Für die Gewährung eines persönlichen Gesprächs wären wir Ihnen sehr dankbar.*

*Mit vorzüglicher Hochachtung*

DER RAT DES STADTBEZIRKES NORD DER STADT MAGDEBURG

Stadtbezirksbürgermeister und Vorsitzender des Rates des Stadtbezirkes

Magdeburg-Nord, Nicolaiplatz 6

Herrn
Dr. Rolf Peter Hampe

3035 Magdeburg
Hans-Beimler-Str. 44

3018 Magdeburg
Ruf: 278217

25. 02. 1985

Ihre Schreiben vom 31. 01. 1985 und 21. 02. 1985

Werter Herr Dr. Hampe!

Da, wie Sie bereits informiert sind, Ihre Angelegenheiten durch das Volkspolizei-Kreisamt Magdeburg geprüft und bearbeitet werden, habe ich auch die o. g. 2 Schreiben zuständigkeitshalber an das Volkspolizei-Kreisamt Magdeburg weitergeleitet.

Ich teile Ihnen letztmalig mit, daß zu diesen Angelegenheiten von mir mit Ihnen kein persönliches Gespräch geführt wird und fordere Sie auf, von weiteren Schreiben an mich in dieser Angelegenheit Abstand zu nehmen, da von mir eine weitere Beantwortung an Sie in Zukunft nicht mehr erfolgt.

Mit sozialistischem Gruß

Wovon sprach die Dame eigentlich? Der entscheidende Punkt war ja gerade der, dass das Volkspolizei-Kreisamt Magdeburg sich nicht rührte und unsere Angelegenheit nicht bearbeitet. Die Genossin Martin war von uns als Volksvertreterin dazu aufgefordert worden, für ihre Bürger in ihrem zuständigen Wohnbezirk ihre gesetzlich vorgeschriebenen Pflichten wahrzunehmen.

Wirft dieser Brief nicht ein schönes Licht auf die so genannten „Vertreter des Volkes der DDR"? Sie waren meiner Meinung nach unfähig, ein Gespräch zu führen und ängstigten sich davor, Fehler zu machen. Aus Mangel an Argumenten müssten sie sich in einem Gespräch als einfallslos entblößen. Das wollten sie vermeiden.

Meine damalige Frau war sichtlich erschrocken, als ich auch dieses bedrohlich klingende Schreiben beantwortete. In meinem letzten Brief wünschte ich ihr sarkastisch „weiterhin viel Erfolg". Wie zu erwarten war, erhielt ich darauf keine Antwort.

*An den*
*Rat des Stadtbezirkes Nord*
*z. Hd. des Stadtbezirksbürgermeisters, Frau*

*Sehr geehrte Frau Stadtbezirksbürgermeister!*

*Ihren letztmaligen Brief vom 25. 2. 1985 haben wir erhalten.*

*Wir haben daraus entnommen, daß Sie über unsere Schreiben recht ungehalten sind.*

*Es lag aber keineswegs in unserer Absicht, Sie zu verärgern.*

*Sollte dies dennoch geschehen sein, so tut uns das sehr leid.*

*Andererseits bitten wir Sie sehr herzlich um ein wenig Verständnis für unser Befinden in einem für uns völlig undurchschaubaren Verfahren, das nun schon über ein Jahr möglicherweise ruht, uns aber schwere Nachteile erbrachte, obwohl wir alle Gebote der sozialistischen Gesetzlichkeit gewissenhaft einhalten und achten.*

*Wir wünschen Ihnen für Ihre Tätigkeit weiterhin viel Erfolg.*

*Mit vorzüglicher Hochachtung*

## Beim Oberkonsistorialrat Dr. jur. D. Hammer

Ein anderer Antragsteller auf Ausreise aus der DDR machte mich 1984 im Evangelischen Konsistorium am Magdeburger Dom mit dem damaligen Kirchenjuristen Dr. Hammer bekannt.

Dr. Hammer war ein liebenswürdiger Mann und hörte sich unseren Ausreisewunsch geduldig an, riet uns aber davon ab. Bei seinen Reisen nach Westberlin nahm er auch die negativen Seiten des Westens deutlich wahr. Alles werde dort nur vom Geld regiert, meinte er. Wir würden uns wundern, was wir zum Beispiel für die in der DDR spottbilligen Schrauben und Nägel im Fachhandel bezahlen müssten. Dr. Hammer gab keinen Rat, aber er war ein Zuhörer und das war schon sehr viel wert. Ich besuchte ihn drei- oder viermal und berichtete von meinen Ausreiseaktivitäten. Bei meinem späteren Besuch in der österreichischen Botschaft in Berlin hat er mir sogar mit einem wichtigen Hinweis sehr geholfen. Merkwürdig, einerseits ein ergebener Stasi-Offizier, andererseits half er Ausreiseantragstellern! In meinen Stasi-Unterlagen erscheint sein Name an keiner Stelle. Folglich hat er mich auch nicht verraten. Zu ihm fällt mir eine passende Bemerkung von Wilhelm Busch (1832–1908) ein:

*Kein Ding sieht so aus, wie es ist. Am wenigsten der Mensch,*
*dieser lederne Sack voller Kniffe und Pfiffe.*

(Die Stasi-Tätigkeit von Dr. jur. D. Hammer, s. Anhang 1)

## Ein Brief vom Schriftsteller Jürgen Kuczynski

Nicht nur in der Bibliothek war ich auf der Suche nach nützlichen Publikationen für unser Ausreisebegehren, auch im Buchhandel sah ich mich nach aktuellen Büchern und Schriften um. Eines Tages entdeckte ich in der Auslage der Magdeburger Buchhandlung „Bücherfreund“ eine Broschüre mit dem Titel „Menschenrechte und

Klassenrechte“ des Autors Jürgen Kuczynski. Ich sah das dünne Heftchen gewissenhaft durch und entdeckte nirgendwo darin einen Satz zu dem Recht, sein Land zu verlassen und seinen Wohnort selbst zu wählen. Darauf schrieb ich ihm kurzerhand einen Brief und fragte ihn ironisch, warum er diesen aus meiner Sicht wichtigen Punkt nicht erwähnt habe und ob der Zweck vielleicht darin bestünde, dass in der DDR darüber nicht nachgedacht werden soll. Seine Antwort bestand aus diesem merkwürdigen Satz:

*Ich bin überhaupt nicht der Ansicht, daß es Menschenrechte im Sinne von immer gültigen Grundrechten gibt.*
*Mit freundlichen Grüßen*
*Jürgen Kuczynski*

Das Bestehen von Menschenrechten wird heute von fast allen Staaten anerkannt. Durch die Formulierung von Grundrechten in Verfassungen und internationalen Abkommen sind die Menschenrechte inzwischen sogar einklagbar. Nach Kuczynskis Meinung wäre auch die über 50 Jahre alte UNO-Menschenrechtsdeklaration nicht ein Blatt Papier wert. Seine Äußerung betrachte ich lediglich als eine willfährige Unterstützung des Unterdrückungsapparates der SED. Zu Beginn des Briefes nannte er sein kleines, gehaltloses Schriftlein ein „Buch“. Das fand ich eitel.

## Überraschendes von der Arbeiter- und Bauerninspektion

Wie der Staat mit unbequemen Bürgern umging, zeigt folgendes: Ich erhielt von der Volkspolizei eine Vorladung. Im Zimmer 15 der Meldestelle wurde ich von einer Mitarbeiterin entwürdigend abgefertigt. Daraufhin machte ich mich in der Bibliothek über die Funktion und Arbeitsweise der Arbeiter- und Bauerninspektion kundig und schrieb:

*An das Stadtkomitee*
*Der Arbeiter-und-Bauern-Inspektion der DDR*
*3010 Magdeburg*
*Bei der Hauptwache 4-6*

*Betr.: Mängel in der Eingabenbearbeitung*

*Am 14. 5. 1984 haben wir an den Leiter der Bezirksbehörde der Deutschen Volkspolizei eine Eingabe gerichtet und wurden daraufhin zum 12. 6. 1984 in die Abt. Paß- und Meldewesen des VPKA , Magdeburg, Hallische Str. 3, gebeten .*

*Dort wiederholte die Genossin … lediglich die gleichen sachlich unzutreffenden Argumente, die uns zu unserer Eingabe veranlaßt haben. Weiterhin teilte sie uns mit, daß künftig unsere Schreiben nicht mehr beantwortet würden und Gespräche mit uns auch nicht mehr stattfinden sollen. Unsere sachlichen Argumente blieben leider unbeantwortet, denn die Genossin … erklärte das Gespräch vorzeitig für beendet.*

*Da sich die Arbeit der ABI auf der Grundlage von GBl. I, 1974, Nr. 42, S. 389 entschieden und unduldsam gegen Bürokratismus und herzloses Verhalten zu den Menschen richtet, bitten wir Sie hiermit sehr herzlich um Ihre Einflußnahme.*

*Ein kürzeres Gespräch mit uns wäre vielleicht sachdienlich, wir bitten Sie diesbezüglich um einen Termin.*

*Mit vorzüglicher Hochachtung*

Postwendend erhielt ich darauf diesen Brief:

**ARBEITER-UND-BAUERN-INSPEKTION**
**DER DEUTSCHEN DEMOKRATISCHEN REPUBLIK**
**STADTKOMITEE MAGDEBURG**

Arbeiter-und-Bauern-Inspektion der Deutschen Demokratischen Republik
Stadtkomitee Magdeburg, Bei der Hauptwache 2—3

Herrn
Dr. Rolf Peter Hampe

3035 Magdeburg
Hans-Beimler-Str. 44

| Ihre Zeichen | Ihre Nachricht vom | Unsere Zeichen | Datum |
|---|---|---|---|
| | | Schm/Pr | 27. 06. 1984 |

Betreff

Werter Herr Dr. Hampe!

In Beantwortung Ihres Schreibens vom 26.6.84 teile ich Ihnen mit, daß gemäß I Pkt. 3 des Beschlusses des Zentralkomitees der Sozialistischen Einheitspartei Deutschlands und des Ministerrates der Deutschen Demokratischen Republik über die Arbeiter-und-Bauern-Inspektion der Deutschen Demokratischen Republik vom 6. August 1974 (GBl. I Nr. 42 S. 389) die Organe der Deutschen Volkspolizei nicht der Kontrolle der Arbeiter-und-Bauern-Inspektion unterliegen.
Die ABI hat deshalb keine Möglichkeit, Sie bei der Klärung Ihres Problems zu unterstützen.

Mit sozialistischem Gruß

Vorsitzender

Telefon 3 31 20 Drahtwort ABI BN 91852 56 0

IV/14/83 Irrling, Magdeburg-SW nkg 18/153 482 1000

Dieses lakonische Schreiben sollte mir meine Rechtlosigkeit klarmachen. Davon ließ ich mich jedoch nicht entmutigen. Schließlich hatte ich gute Bibliotheksarbeit geleistet und konnte mit Gegenargumenten aufwarten:

*An die*
*Arbeiter-und-Bauern-Inspektion der Deutschen Demokratischen Republik*
*Stadtkomitee Magdeburg*
*z. Hd. d. Vorsitzenden, Herrn …*
*30 Magdeburg*
*Bei der Hauptwache 2-3*

*Sehr geehrter Herr …!*

*Für Ihre schnelle Antwort vom 27. 6. 1984 auf unser Schreiben vom 26. 6. 1984 danken wir Ihnen sehr.*

*Wir möchten jedoch richtigstellen, daß wir Sie nicht um die Kontrolle der Organe der Deutschen Volkspolizei ersucht, sondern lediglich um eine Einflußnahme im Sinne Ihrer Aufgabenstellung gebeten haben. Entgegen Ihrer Meinung sehen wir Möglichkeiten dazu weiterhin, da der Gesetzgeber die enge Zusammenarbeit der Deutschen Volkspolizei mit den Organen der ABI vorschreibt. (GBl. I, Nr. 11, vom 11. 6. 1968, S. 232, § 6, Abs. 1).*

*Wäre es der Sache dienlich, wenn wir den Kontakt zum Bezirkskomitee der ABI aufnehmen würden, da wir unsere Eingabe an eine Institution der Bezirksebene gerichtet haben?*

*Mit vorzüglicher Hochachtung*

Ich war erstaunt, dass mir überhaupt geantwortet wurde und ich sogar nützliche Hinweise bekam. Ein Mitarbeiter von der Arbeiter- und Bauerninspektion zeigte sich wesentlich bürgerfreundlicher als die Genossin von der Volkspolizei.

**ARBEITER-UND-BAUERN-INSPEKTION**
**DER DEUTSCHEN DEMOKRATISCHEN REPUBLIK**
**STADTKOMITEE MAGDEBURG**

Arbeiter-und-Bauern-Inspektion der Deutschen Demokratischen Republik
Stadtkomitee Magdeburg, Bei der Hauptwache 2–3

Herrn
Dr. Rolf Peter Hampe

3035 Magdeburg
Hans-Beimler-Str. 44

| Ihre Zeichen | Ihre Nachricht vom | Unsere Zeichen | Datum |
|---|---|---|---|
| | | Schm/Pr | 04. 07. 1984 |

Betreff

Werter Herr Dr. Hampe!

In Beantwortung Ihres Schreibens vom 02.07.1984 teile ich Ihnen mit, daß ich nach wie vor keine Möglichkeit habe, unsere Einflußnahme auf die Deutsche Volkspolizei geltend zu machen.
Um nach Ablehnung Ihres Anliegens durch die Bezirksbehörde der Volkspolizei weitere Schritte zu gehen, sehe ich folgende Möglichkeiten:

- Sie haben das Recht, sich beschwerdeführend an den Stellvertreter des Vorsitzenden des Rates des Bezirkes für Inneres zu wenden.
- Sie haben die Möglichkeit, die Bezirksleitung der SED um Unterstützung bei der Klärung Ihres Anliegens zu bitten.
- Der unmittelbare Vorgesetzte des Leiters der Bezirksbehörde der Volkspolizei ist der Minister des Innern.

b.w.

Telefon 3 31 20 Drahtwort ABI BN 91852 56 0

IV/14/83 Irrling, Magdeburg-SW nkg 18/153 482 1000

Auf der Rückseite seines Briefes las ich:

Sie haben die Möglichkeit, sich auch an ihn zu wenden.

Ich hoffe, Ihnen damit geholfen zu haben.

Mit sozialistischem Gruß

i.V.

Vorsitzender

Der Brief hat mir Munition für drei neue Gefechte mit den Behörden geliefert. Ab jetzt konnte ich sogar unwilligen Staatsvertretern die lobenswerte Arbeitsweise der Arbeiter- und Bauerninspektion (ABI) genüsslich vorhalten. Ich fühlte mich verpflichtet, die ABI zu loben:

*An die*
*Arbeiter-und-Bauern-Inspektion der Deutschen Demokratischen Republik*
*Stadtkomitee Magdeburg*
*z. Hd. d. Vorsitzenden, Herrn …*
*30 Magdeburg*
*Bei der Hauptwache 2-3*

*Sehr geehrter Herr …!*

*Für Ihre wiederum unverzügliche Antwort auf unser letztes Schreiben vom 2. 7. 1984 danken wir Ihnen.*
*Desgleichen sind wir Ihnen für Ihre wegweisenden Hinweise sehr dankbar.*
*Mit Ihren außerordentlich nützlichen Ratschlägen zeigen Sie uns, wie – entgegen vorheriger Erfahrungen – staatliche Institutionen Bürger unterstützen können.*
*Wir werden dies künftig bei passenden Gelegenheiten als ein positives Beispiel erwähnen.*

*Mir vorzüglicher Hochachtung*

## Beim 1. Sekretär der SED-Bezirksleitung Magdeburg

Durch das Schreiben der Arbeiter- und Bauerninspektion angeregt, beschloss ich, den höchsten Parteiführer der SED in Magdeburg, Herrn Werner Eberlein, um einen Gesprächstermin zu bitten. Dazu waren mehrfache Anschreiben sowie einige Telefonate erforderlich. Meist erhielt ich am Telefon stereotypische Auskünfte dieser Art: „Der Werner hat überhaupt keine Zeit für Sie wegen …“ und es folgten immer irgendwelche Termine in Betrieben und gesellschaftlichen Organisationen, wie des DDR-Gewerkschaftsbundes (FDBG), der Gesellschaft für deutsch-sowjetische Freundschaft (DSF) usw. usf. Das zog sich monatelang so hin. Ich lehnte es aber auch konsequent ab, von einem untergeordneten Mitarbeiter der SED-Hierarchie abgefertigt zu werden. Ich wollte nur ihn, den 1. Sekretär, von der Position her etwa mit einem Gauleiter aus dem „Tausendjährigen Reich“ vergleichbar, treffen und ließ mit meinen Briefen nicht locker. Schließlich wurde uns doch noch ein Gesprächstermin im Gebäude der SED-Bezirksleitung Magdeburg in der Gerhart-Hauptmann-Straße eingeräumt.

Am 5. Februar 1985, pünktlich um acht Uhr, erschien Werner Eberlein, der 1. Sekretär der Bezirksleitung Magdeburg der SED, mit seinem Mitarbeiter in der Eingangshalle des Parteigebäudes, dem „Ernst-Thälmann-Haus“. Wir wurden in einen Raum im Eingangsbereich des Gebäudes gebeten und durften dort Platz nehmen.

SOZIALISTISCHE EINHEITSPARTEI DEUTSCHLANDS

BEZIRKSLEITUNG MAGDEBURG

1. Sekretär

Herrn
Dr. Rolf-Peter Hampe

3035 Magdeburg
Hans-Beimler-Str. 44

Magdeburg, 17. Januar 1985

Werter Herr Hampe!

Mit Befremden habe ich zur Kenntnis genommen, daß Sie das Angebot, mit verantwortlichen Mitarbeitern der Bezirks- bzw. Stadtleitung zu sprechen, zurückgewiesen haben.

Obwohl ich nicht glaube, daß ich Ihnen eine andere Antwort geben kann als die von mir beauftragten Mitarbeiter, würde ich das geforderte persönliche Gespräch am 5. Februar 1985 um 8.00 Uhr in Besucherzimmer der Bezirksleitung führen.

Mit sozialistischem Gruß

W. Eberlein

Eberlein wollte sich vor dem Gespräch sachkundig machen und holte sich beim Magdeburger Stasi-Chef Erkundigungen über mich ein, um mir dann „eine gebührende Antwort zu geben". Die Antwort des Stasi-Chefs an Eberlein und seine Informationen über mich habe ich in meinen Stasi-Unterlagen nicht gefunden oder vielleicht übersehen.

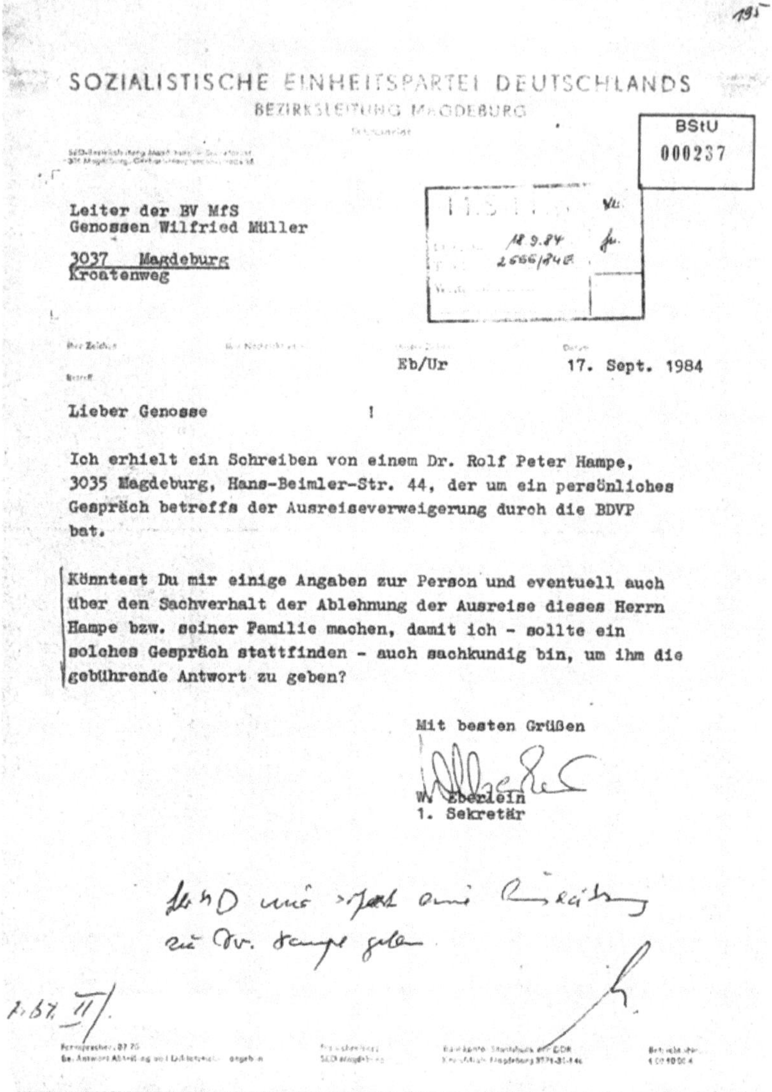

SOZIALISTISCHE EINHEITSPARTEI DEUTSCHLANDS
BEZIRKSLEITUNG MAGDEBURG

BStU
000237

Leiter der BV MfS
Genossen Wilfried Müller

3037 Magdeburg
Kroatenweg

18.9.84
2666/84

Eb/Ur 17. Sept. 1984

Lieber Genosse !

Ich erhielt ein Schreiben von einem Dr. Rolf Peter Hampe, 3035 Magdeburg, Hans-Beimler-Str. 44, der um ein persönliches Gespräch betreffs der Ausreiseverweigerung durch die BDVP bat.

Könntest Du mir einige Angaben zur Person und eventuell auch über den Sachverhalt der Ablehnung der Ausreise dieses Herrn Hampe bzw. seiner Familie machen, damit ich - sollte ein solches Gespräch stattfinden - auch sachkundig bin, um ihm die gebührende Antwort zu geben?

Mit besten Grüßen

W. Eberlein
1. Sekretär

Das gesamte Gespräch verlief in einem ausgesprochen höflichen Umgangston. Ich trug unser Anliegen vor, dass er doch bitte als hochgestellte Persönlichkeit Einfluss auf die Arbeit der Staatsorgane nehmen möchte. Sie würden sich in unserer Angelegenheit überhaupt nicht rühren und ließen auch nichts über ihre Arbeitsweise verlauten. Die Gesichter der beiden Genossen versteinerten sich nach und nach als sie meine Einschätzung der DDR und ihrer Behörden vernahmen. Verständlich! Waren sie doch stets, ja tagtäglich, nur an Lobhudeleien gewöhnt, aber nicht an das, was sie von mir zu hören bekamen. Der Mitarbeiter hat hierzu sehr schön protokolliert:

*Das Antragsverfahren auf Ausreise bei der VP sei undurchschaubar, für ihn und seine Familie resultieren daraus soziale und ökonomische Nachteile. Die sozialistische Demokratie sei in bestimmten Bereichen der DDR degeneriert, bei Nichtidentifikation der Bürger mit dem sozialistischen Staat (speziell zur Problematik des Ausreisens), zeigen sich die staatlichen Organe mittelalterlich-feudalistisch und in der Rechtauslegung despotisch.*

(Das vollständige Protokoll befindet sich in Anhang 30)

Beim nachträglichen Lesen des Protokolls sah ich mit Schrecken, dass ich seinerzeit mit meinen Äußerungen eine gefährliche Grenze überschritten habe. Hatte ich doch damit den Tatbestand der so genannten „Staatsverleumdung" erfüllt! Dafür drohte das Strafgesetzbuch der DDR Gefängnisstrafen an. Ich hatte Glück! Beide Herren ließen meine kritischen Worte ohne weitere Konsequenzen durchgehen. Bei der Volkspolizei oder gar der Stasi wäre diese Sache mit Sicherheit nicht ohne Folgen geblieben.

Das Gespräch lief ungestört weiter und Werner Eberlein begann langatmig zu erklären, dass er lediglich ein Parteisekretär wäre und auf die Arbeit der Staatsorgane überhaupt keinen Einfluss hätte. Er interessiere sich jedoch für die Gründe unseres Antrages. Nur deswegen habe er uns einen Gesprächstermin eingeräumt. Als ich einleitend von der KSZE-Konferenz in Helsinki begann, unterbrach er mich: „Also, Herr Hampe, es handelt sich bei den Helsinki-Beschlüssen lediglich um unverbindliche internationale Rechtsvorschläge und -empfehlungen. In welcher Form diese in jedem einzelnen Teilnehmerstaat umgesetzt werden, liegt ganz allein in dessen Hand und hier bei uns in der DDR in unseren Händen!"

Jetzt zahlte sich meine fleißige Bibliotheksarbeit aus, denn ich entgegnete ihm:

„Herr 1. Sekretär, dieses internationale Recht, von dem sie sprechen, ist in der DDR durch den juristischen Prozess der Transformation bereits in innerstaatliches Recht umgewandelt worden. Dass jeder Bürger sein Land, auch sein eigenes, jederzeit verlassen kann, ist vom Wortlaut her unverändert in das Gesetzblatt der DDR, Gesetzblatt Teil II, Nr. 6 vom 26. Februar 1974, Artikel 12, Absatz 2, aufgenommen worden." Das Datum der Gesetzesverabschiedung und dessen präzise Stelle im Gesetzbuch der DDR hätte ich seinerzeit ohne Probleme auch im Schlaf zitieren können!

Offenbar hatte Eberlein nicht richtig zugehört und begann wieder mit dem gleichen Argument vom unverbindlichen internationalen Recht. Als ich darauf sagte: „Herr 1. Sekretär, es handelt sich bereits um geltendes innerstaatliches Recht. Das Dokument heißt unmissverständlich: „Gesetzblatt der Deutschen Demokratischen Republik" und ganz oben im Kopf ist unser Staatswappen abgebildet." Während ich das sagte bildete ich mit Daumen und Zeigefinger einen Kreis für das runde DDR-Emblem. Er stutzte ein wenig, begann dann wohl etwas genauer zuzuhören und sagte nach meiner Widerrede zu seinem Mitarbeiter: „Also, Genosse, schreib doch das mal auf, was der da eben gesagt hat!" und zeigte mit dem Finger auf mich.

Ich sah, dass sich der Assistent diesen Sachverhalt zwar notierte, jedoch in dem tags darauf angefertigten Protokoll glatt unterschlug. (Anhang 30). Fundierte Argumente nicht zur Kenntnis zu nehmen und stattdessen mit ewig wiederkehrenden Phrasen stumpf ihre Macht auszuüben, das war das geistige Rüstzeug der SED während der gesamten 40 Jahre DDR. Das Protokoll gibt dafür ein wundervolles Zeugnis ab.

Gegen Ende des Gesprächs fragte mich Eberlein in freundlich-lockerer Art, ob ich als Einzelperson mit meinem Antrag nicht doch etwas ins Zweifeln käme und tippte überlegen lächelnd an seine Stirn und zwar in einer Weise, als hielte er mich für etwas geistesgestört. Er meinte:

Die machtvollen und begeisterten Demonstrationen der Werktätigen anlässlich des 1. Mai seien doch wohl ein eindrucksvoller Beweis dafür.

Hierzu blende ich ein „Begeisterung" ausstrahlendes Foto ein:

**Abb. 47: Eindruck von einer Maidemonstration.**

Zu dem obigen Foto von Herrn Jürgen Blume aus Magdeburg (Abb. 47) möchte ich anmerken: Als die konspirative Durchsuchung unserer Wohnung stattfand, lag es in einer Schublade unseres Wohnzimmerschrankes. Die Ironie, die aus diesem Foto dem Betrachter entgegen springt, ist dem Einbrecherteam der Stasi offenbar nicht entgangen. Es wurde abfotografiert und befand sich in der Sammlung von den insgesamt 165 Aufnahmen aus unserer Wohnung. Bei meiner Akteneinsicht in der Gauck-Behörde fand ich dieses Bild erstaunt wieder (siehe dazu Anhang 28).

Doch zurück zu dem Gespräch mit Herrn Eberlein:

Ich solle doch einmal bedenken, dass schließlich etwa 295.000 Magdeburger für die DDR und den Sozialismus seien. Sofort erkannte ich die mir gestellte Falle. Ich sollte zu erkennen geben, dass ich durchaus nicht allein da stünde und andere Menschen oder Gruppen kenne, die ebenfalls Ausreiseanträge gestellt haben. Mit einer solchen Aussage könnte ich leicht kriminalisiert werden, denn „Gruppenbildung“ war ein unendlich dehnbarer, strafbarer Sachverhalt. Meine Antwort darauf war: „Wissen Sie, Herr 1. Sekretär, Sie müssen sich das etwa so vorstellen, wenn ich durch Magdeburg gehe und alle Uhren zeigen 12 Uhr, zeigt meine Armbanduhr eine andere Zeit, z. B. 13 Uhr! Ich stehe leider mit meiner Meinung völlig allein da. Ich bin heute nur deshalb hier, um Sie als hochgestellte Persönlichkeit des öffentlichen Lebens in einem offensichtlich liegen gebliebenen und grundlos verschleppten Verfahren um Rechtshilfe zu bitten. Schließlich will ich nicht mehr – allerdings auch nicht weniger – als die sozialistische Gesetzlichkeit hergibt.“ Gerade dieses „allerdings auch nicht weniger“ sprach ich betont langsam und unterstrich es noch mit einer deutlichen Atempause.

Eberlein begann noch einmal seine gleichen Sprüche herunterzubeten, also dass er als Parteisekretär kaum etwas für mich tun und keinen Einfluss auf die Arbeit der Staatsorgane nehmen könne. Wir verabschiedeten uns darauf sehr höflich.

Mir war von vorn herein klar gewesen, dass für uns nichts herauskommen und es so enden würde wie das berühmte Hornberger Schießen. Das ganze Gespräch tat aber meinen Nerven gut. Ich war wieder einmal aktiv gewesen und hatte sogar einen gefährlichen Besuch in der Höhle des Löwen trotz meiner starken Worte unbeschadet überstanden! Amüsiert hat mich, dass sich die Protagonisten des Arbeiter- und Bauernstaates permanent mit Demokratiephrasen schmückten, jedoch in wichtigen Details selbst nicht Bescheid wussten und sich von mir sogar eine kleine Nachhilfe erteilen lassen mussten. Genutzt und verarbeitet haben sie diese natürlich nicht. Das wäre sicher auch zu viel verlangt gewesen.

Im Oktober des Jahres 2000, elf Jahre nach der „Wende", traf ich unter völlig anderen Umständen noch einmal den ehemaligen 1. Sekretär der SED-Bezirksleitung Magdeburg, Herrn Werner Eberlein. Darüber berichte ich später.

## In der österreichischen Botschaft in Berlin

Zufällig las ich eines Tages im Herbst 1984 in unserer Lokalzeitung, der Magdeburger „Volksstimme", eine interessante kurze Meldung ungefähr folgenden Wortlauts:

„Der Bundeskanzler der Republik Österreich, Dr. Fred Sinowatz, wird anlässlich eines Staatsbesuches beim Staatsratsvorsitzenden der DDR, Genossen Erich Honecker, in Berlin, der Hauptstadt der Deutschen Demokratischen Republik, erwartet."

Ich überlegte fieberhaft, ob dieser Besuch eine gute Gelegenheit wäre, etwas Sinnvolles für meinen Ausreiseantrag zu tun. Mein persönlicher Stasi-„Betreuer", von dessen Existenz ich zu dieser Zeit nichts ahnte, dachte in seiner Weise mit. Er richtete am 1. November 1984 ein Schreiben an den Chefarzt der Poliklinik mit der Auflage, mich am Besuchstag des österreichischen Bundeskanzlers durch dienstliche Angelegenheiten in Magdeburg „zu binden" (Anhang 29). Bei Staatsbesuchen aus dem Westen hatten sich manchmal Ausreisewillige an den prominenten Besucher herangedrängt und Briefe mit der Bitte um humanitäre Hilfe in die Hand gedrückt. Daran sollte ich gehindert werden. Genau für den Besuchstag von Dr. Fred Sinowatz in Berlin ordnete der Chefarzt Tage vorher eine „wichtige Neuererkonferenz" an und hat mich somit in Magdeburg „gebunden". Eine

Briefübergabe an den österreichischen Bundeskanzler hatte ich wegen der gefährlichen Stasi-Abschirmung von vorn herein nicht ins Auge gefasst. Lange vor dem angesagten offiziellen Staatsbesuch feilte ich tagelang an einem an Dr. Fred Sinowatz gerichteten Brief. Das Endprodukt war meiner Überzeugung nach ein sehr gelungenes Schreiben. Es enthielt die Bitte um humanitäre Unterstützung für mein Ausreisebegehren, die feste Absicht, den österreichischen Arbeitsmarkt nicht belasten zu wollen und unverzüglich in die Bundesrepublik Deutschland weiterzureisen sowie einer Zusicherung meines absolut korrekten Verhaltens als DDR-Bürger, der alle Gesetze peinlichst beachtet und sich danach richtet.

Mit diesem Schreiben im Kopf (nur im Kopf!!!), mit Kugelschreiber und einem leeren Schreibblock fuhr ich nach Berlin.

Diese Vorsichtsmaßnahme fand ich äußerst wichtig, denn ausländischen Behörden, wie allen Ausländern überhaupt, irgendwelche Informationen aus der DDR zu liefern, war strafbar. Ich war am 27. März 1984 bei unserer Antragsabgabe von der Volkspolizei darüber belehrt worden und hatte dies unterschreiben müssen. „Unerlaubte Weitergabe von Informationen aus der DDR" hieß dann ungefähr die Begründung einer Verhaftung. Ich war innerlich darauf vorbereitet, vor dem Betreten oder nach dem Verlassen des Botschaftsgebäudes festgenommen und penibel kontrolliert zu werden. Als Grund für das Aufsuchen der Botschaft hätte ich rein informative Absichten angegeben: Als Ausreiseantragsteller wolle ich mir Kenntnisse über Österreich insgesamt und besonders über die dortige Arbeitsmarktsituation verschaffen. Deshalb hätte ich für meine Notizen einen leeren Schreibblock bei mir. Selbstverständlich würde ich den österreichischen Botschaftsangestellten nichts über mein Ausreiseverfahren berichten, denn das wäre eine Angelegenheit nur zwischen mir und den Behörden der DDR und ginge Ausländer nichts an. Mit solchen Antworten hatte ich mich für den Ernstfall präpariert, hielt ich mich für unangreifbar und suchte die österreichische Botschaft in der damaligen Otto-Grotewohl-Straße, der heutigen Wilhelmstraße Nr. 66, auf. Entsetzt prallte ich zurück, als ich um die Ecke bog und im

Vorraum vor einer zurückgesetzten Eingangstür einen uniformierten Polizisten stehen sah.

Mein Schreck war so groß, dass ich unverzüglich die Toilette des heutigen Restaurants „Einstein" in der Straße „Unter den Linden" aufsuchen musste. Danach nahm ich den Zug und fuhr unverrichteter Dinge nach Magdeburg zurück. Wie das die Stasi erfahren konnte, ist mir unbegreiflich:

*Am 17.09.1984 versuchte H., Rolf-Peter erfolglos, sein Anliegen betreffs des EÜ in der österreichischen Botschaft in Berlin vorzutragen.*

Gleich am nächsten Tag suchte ich im Konsistorium am Magdeburger Dom Herrn Dr. Hammer auf und berichtete ihm von meinem Erlebnis mit dem Polizisten vor der Tür und meiner erfolglosen Fahrt nach Berlin. Unter fröhlichem Lachen sagte er mir: „Aber da müssen Sie sich gar nichts 'draus machen. Der Polizist steht nur vor der Tür und kontrolliert niemanden!" Das war für mich eine sehr, sehr wichtige Information! Unverzüglich fuhr ich zum zweiten Mal nach Berlin und ging beherzt in die Otto-Grotewohl-Straße direkt in das Botschaftsgebäude. Dieses Mal stand sogar wider Erwarten kein Polizist vor der Tür. Aber wieder kann ich es nicht fassen, dass auch hierüber die Stasi protokollierte:

*Im Oktober 1984 suchte H. die österreichische Botschaft in Berlin auf und ist im Rahmen der Vorbereitung des Staatsbesuchs zu seinem EÜ nach Österreich vorstellig geworden.*

Die österreichische Botschaft befand sich damals in der zweiten oder dritten (?) Etage eines Eckgebäudes, in dem auch mehrere andere Organisationen arbeiteten. Die Vertretung eines südamerikanischen Staates war mit der österreichischen Botschaft auf der gleichen Etage untergebracht.

Ich konnte die Büroräume der Botschaft der Republik Österreich nicht betreten, denn die Eingangstür war verschlossen. Oberhalb des

Türrahmens war eine Beobachtungskamera installiert. Nach meinem Klingeln öffnete sich nicht die Tür, sondern über eine Wechselsprechanlage loteten die Österreicher zunächst vorsichtig aus, welches Anliegen ich hätte und ob ich dem Augenschein nach ein harmloser Besucher sei. Offenbar wollten sie das Eindringen von Botschaftsbesetzern verhindern. Botschaftsbesetzungen waren mir unbekannt, auch waren sie zu dieser Zeit noch nicht so spektakulär, wie fünf Jahre später in Prag, Budapest und Warschau. Ich vermute aber, dass es sie schon vereinzelt gegeben hat. Den damit verbundenen Problemen mit den DDR-Behörden sowie der Unterbringung und Verpflegung von Flüchtlingen in ihren Büroräumen wollten die Österreicher meiner Meinung nach vorbeugen. Über einen blechern klingenden Lautsprecher wurden detaillierte Fragen an mich gerichtet und nach meinen unverdächtigen Antworten brummte endlich ein Summer. Nun ließ sich die Tür öffnen und ich gelangte in die Botschaftsräume. Dort bat ich, an einem kleinen Besuchertisch Platz nehmen zu dürfen, um einen Brief zu schreiben. Das wurde mir gestattet. In einem Zuge schrieb ich meinen bis auf jedes einzelne Wort auswendig sitzenden Text an den „Hochverehrten Herrn Bundeskanzler, Dr. Fred Sinowatz“, übergab ihn den Mitarbeitern der Botschaft und verließ danach unverzüglich das Gebäude. Beim Verlassen des Gebäudes stand ein Volkspolizist vor der Tür. Mit unguten Gefühlen ging ich, ohne ihn anzusehen, an ihm vorbei. Er beachtete mich zum Glück ebenfalls nicht und ich fuhr zufrieden nach Magdeburg zurück.

## Der Brief des österreichischen Hofrats Dr. Hensler

Mein hilfsbereiter Freund, Professor Dr. Höffler aus Darmstadt, kam bei unseren gemeinsamen Wanderungen durch den Ostharz eines Tages auf eine vielversprechende Idee. Er wollte seinen langjährigen Freund, Hofrat Dr. Emil Hensler aus Innsbruck, zur Unterstützung unseres Ausreisebegehrens nach Österreich einschalten. Zurückgekehrt in die Bundesrepublik nahm er sofort Kontakt zu ihm auf, der auch tatsächlich auf dessen Bitte hin dem damaligen österreichischen Bundeskanzler Dr. Fred Sinowatz einen Brief schrieb. Verwundert, dass sich ein „Gscherter" (eine etwas abwertende Bezeichnung für Österreicher, die nicht in Wien leben) für einen Ostdeutschen verwendet, rief Dr. Sinowatz den Hofrat an. Dieser schilderte ihm ausführlich unsere Geschichte, worauf sich der Bundeskanzler unserer Sache annahm.

# „Ihrem Antrag wurde stattgegeben!“

## „Zentrale Entscheidungen“ in der DDR

Was ich 1984 nicht geahnt habe und erst Jahre später aus den Kopien der Gauck-Behörde erkannte, war, dass nur zwei Briefe unsere Ausreise ermöglicht haben. Es war der des Hofrats Dr. Emil Hensler an Dr. Sinowatz und mein Brief, den ich in der österreichischen Botschaft in Berlin abgegeben habe. Wahrscheinlich spielte auch der Titel „Hofrat“ eine besondere Rolle. In Österreich wird höheren Beamten, z. B. einem Oberstudienrat, dieser Titel nach langer Dienstzeit zur Würdigung verliehen. Vielleicht haben die deutschen Genossen hinter dem ihnen ungewohnten Titel „Hofrat“ vermutet, dass Dr. Hensler ein nahestehender Berater des Bundeskanzlers sei.

1985 wie auch viele Jahre später glaubte ich, dass der SED-Staat uns nur aufgrund meiner Hartnäckigkeit entnervt entließ. Welch großer Irrtum!

Auch mit unendlich vielen Briefen, Telefonaten und Gesprächen hätten wir die Genehmigung zur Ausreise niemals erwirkt. Arrogant ignorierten die staatlichen Behörden fast alle unserer Schreiben und ließen uns einfach im Ungewissen „schmoren“. Auf Geheiß der Stasi unterzogen sie sich nur selten der Mühe, kalt abweisend zu antworten. Alles in der DDR, ausgenommen die Machtzentrale in Ostberlin, stand unter dem Diktat des „Schildes und Schwertes der Partei“. Die Oberen der SED statteten das Mielke-Ministerium mit ungeheuren Mitteln und einer allumfassenden Machtfülle aus. So hatten sie selbst den Rücken frei, konnten die ihr zugesprochene Macht genießen und sich in ihrer weltfremden Phrasenwelt behaglich sonnen. Die alte Maxime „Ein Staat sei für die Menschen da“ galt in der DDR nicht, sie wurde auf den Kopf gestellt: „Die Menschen sind für den Staat da.“ Für eigene, von der Staatsdoktrin abweichende Meinungen oder gar den Wunsch, nicht mehr in der DDR leben zu wollen, gab es keinen Platz. Deshalb wurde das umfassendste Spitzelsystem geschaffen, das je in der deutschen Geschichte existierte. Deshalb gab es die Stasi, Gefängnisse, die Mauer und den Schießbefehl.

Auf leise politische Signale aus dem Ausland wurde jedoch empfindlich reagiert. Bestand die Gefahr, dass der Ruf der DDR auch nur in geringstem Maße angekratzt werden konnte, machten die eitlen Machthaber eiligst „außenpolitische Interessen" über so genannte „zentrale Entscheidungen" geltend. Kam eine solche aus Ostberlin in der Provinz an, dann unterwarf sich ihr jede Behörde – auch die Stasi – sofort und ohne Diskussion.

Dazu folgende Erinnerung: Mir hatte ein befreundeter Arbeitskollege hinter der vorgehaltenen Hand berichtet, dass auf einer Versammlung im Bereich der Medizin die Namen aller Ausreiseantragsteller aus der Stadt Magdeburg aufgezählt wurden. Zu meiner Person wurde folgendes ausdrücklich angemerkt: „Dr. Hampe wird niemals aus der DDR ausreisen!" Es können die Worte des Kreisarztes oder die eines anderen Funktionärs gewesen sein.

Es dauerte nur wenige Tage und plötzlich war alles ganz anders. Eine „Zentrale Entscheidung" wurde erwartet und, wie es für Diktaturen typisch ist, drehte sich alles sofort um 180 Grad. Lediglich das Bespitzeln, das Lebenselixier der Stasi, wurde selbstverständlich nicht eingestellt. Ich blieb weiterhin „unter operativer Kontrolle".

*Da in der nächsten Zeit mit einer zentralen Entscheidung zu rechnen ist, werden keine weiteren Aktivitäten unternommen, um IM oder Kontaktpersonen aus dem Bekannten- bzw. Umgangskreis zu werben. Die operative Kontrolle im Wohngebiet bleibt mit der geschaffenen Kontaktperson bestehen. Weiterhin bleiben die bestehenden Verbindungen unter operativer Kontrolle.*

Worauf basierte nun diese „zentrale Entscheidung"?

*Entgegen den bisherigen Ablehnungen durch VPKA Magdeburg und BDVP der Wohnsitzänderung, wurde am 29.12.1984 durch Fernschreiben Nr. 6619 des Leiters des Büros für Paß- und Ausländeran-*

*gelegenheiten, Gen. Oberst d. VP …, die Auflage erteilt, bis zum 02.02.1985 entsprechend der Dienstvorschrift 015/72, Ziffer 6.2 eine Rahmengliederung zu fertigen, da zum Ersuchen der Familie Hampe außenpolitische Interessen geltend gemacht wurden.*

und weiter hieß es in diesem Schreiben:

*Nach unseren Erfahrungen bedeutet es, wenn außenpolitische Interessen geltend gemacht werden, daß sich die Regierung oder die Botschaft der Republik Österreich eingeschaltet hat.*

Der österreichische Bundeskanzler hatte während seines Staatsbesuches in Ostberlin im Dezember 1984 eine Namensliste von Menschen, die nach Österreich übersiedeln wollten, der DDR-Regierung übergeben. Und nun folgt das für mich das fast Unglaubliche: Die Liste wurde von unseren Namen angeführt! Für uns, die in Österreich völlig Unbekannten und Nichtprominenten, hat sich der Bundeskanzler, Herr Dr. Fred Sinowatz, persönlich eingesetzt!

Beschämt muss ich bekennen, dass ich es versäumt habe, die Bemühungen des Bundeskanzlers a. D. der Republik Österreich, Herrn Dr. Fred Sinowatz mit einem entsprechenden Dankschreiben zu würdigen. Erst beim Schreiben dieses Berichtes und der dazu erforderlichen genaueren Durchsicht meiner Stasi-Dokumente beschloss ich, dies unbedingt nachzuholen. Aus dem Internet erfuhr ich bestürzt, das er schon am 11. August 2008 in Wien verstorben war. Nun ist es also leider zu spät und ich machte mir Vorwürfe, weil ich vorher reichlich Zeit dazu gehabt hätte. Dieses Versäumnis tut mir immer wieder von ganzem Herzen leid.

Die Stasi ließ ab November 1984 zunächst nach der „Dienstvorschrift Nr. 2/83 des Genossen Minister“ Erich Mielke überprüfen, ob „Versagensgründe“ (Geheimnisträger, Verletzung von Gesetzen und vieles andere mehr) vorliegen, die letztlich doch noch eine Ausreise nach Österreich verhindern könnten.

leiter der b.k g

im zusammenhang mit dem letzten staatsbesuch des bundeskanzlers der republik oesterreich wird gebeten, die nachstehenden personen, die eine

- uebersiedlung nach der republik oesterreich
- eheschlieszung mit einem buerger der republik oesterreich in der ddr
- besuchsreise nach der republik oesterreich
- reise in die ddr

beantragten, auf versagungsgruende gemaesz der da nr. 2/83 des genossen minister bzw. politisch-operative einwaende zur genehmigung der beantragten reisetaetigkeit zu ueberpruefen.

So dauerte es noch sechs Monate bis zur endgültigen Genehmigung unserer Ausreise nach Österreich. Das Suchen nach „Versagensgründen" mag eine Ursache gewesen sein. Trotzdem erscheinen mir volle sechs Monate für eine derartige Überprüfung zu lange. Ich glaube eher, da die Bespitzelung unvermindert weiterging, dass die Stasi hoffte, dass wir doch noch gravierende Fehler machen und damit Gründe für das Verweigern unserer Ausreise liefern würden. Diese Hoffnung war vergebens. Obwohl wir weiterhin in völliger Ungewissheit gehalten wurden, blieben wir ruhig und machten keinen einzigen verhängnisvollen Fehler.

In einem zweiten Fernschreiben, dem unten stehenden fs 874, wurde die Namensliste der Österreich-Übersiedler nach Magdeburg übermittelt:

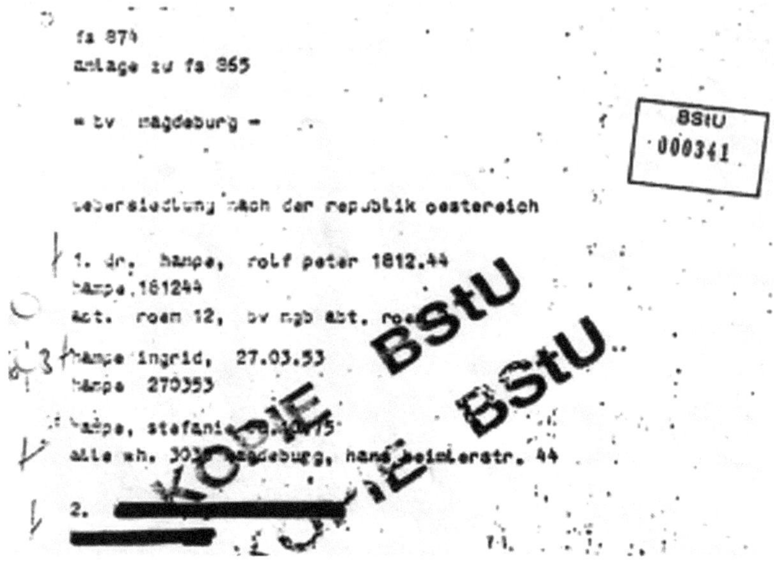
fa 874
anlage zu fa 865

= bv magdeburg =

uebersiedlung nach der republik oesterreich

1. dr. hampe, rolf peter 1812.44
hampe,181244
akt. roem 12, bv mgb abt. roem
hampe ingrid, 27.03.53
hampe 270353
hampe, stefanie
alte wh. 30 magdeburg, hans beimlerstr. 44

2.

BStU
000341

KOPIE BStU
BStU

## Die Vorladung zur Volkspolizei am 5. März 1985

Per Postkarte wurde ich zum 5. März 1985 in das Volkspolizeikreisamt (VPKA) Magdeburg in der Hallischen Straße zu einer Aussprache einbestellt. Ohne besondere Spannung ging ich hin, denn ich erwartete wieder nur die übliche lakonische Ablehnung unserer Ausreise. Normalerweise saßen in dem Raum einige Bürger an Besuchertischen, aber an diesem Tag war ich der einzige Besucher. Eine merkwürdige Stille herrschte und mehrere Polizistinnen und Polizisten standen, mich stumm beobachtend an den Wänden. Es herrschte ein fast gespenstisches Klima. Ich nahm auf dem mir zugewiesenen Stuhl Platz und die Genossin teilte mir kurz und trocken mit:

*Ihrem Antrag wurde stattgegeben!*

Das war vielleicht ein Moment! In Bruchteilen von Sekunden änderte sich schlagartig meine bisherige ruhige Gefühlslage. Hatte ich doch wie gewohnt die Ablehnung unseres Antrags erwartet! Urplötzlich schossen mir bis dahin verdrängte Zukunftssorgen kreuz und quer durch den Kopf. „Wie wird der Start im Westen verlaufen? Werde ich mit der ungewohnten westlichen Bürokratie zurechtkommen? Wo werden wir einmal wohnen und arbeiten? Wie wird unsere zehnjährige Tochter die Umstellung in der Schule verkraften? Wird Rauschgift an den Schulen gehandelt? Wie lange werde ich arbeitslos sein?" Das waren alles offene Fragen, die mich beunruhigten und mir große Sorgen machten. So lange ich um unsere Ausreise kämpfte, waren Ziel und Gegner klar im Visier. Bis zu diesem Moment hatte ich sämtliche vage Befürchtungen vor einem Neustart im Westen als destruktiv verdrängt. Nun waren sie innerhalb von Sekunden zu einer erschreckenden Realität geworden! Sicher haben viele Menschen, die auch eine Ausreise in Erwägung zogen, diese Unsicherheiten mit Recht gefürchtet und schreckten deshalb vor dem konkreten Stellen eines Ausreiseantrages zurück. Ich kann die diffusen Zukunftsängste dieser Menschen sehr gut verstehen, hatte ich sie doch plötzlich auch. Völlig erschlagen saß ich auf dem Stuhl und brachte kein Wort hervor.

Das scharfe Beobachten durch mehrere Polizisten hatte wohl den Zweck, dass bis zum letzten Moment auf eine unkontrollierte Reaktion meinerseits gewartet wurde. Wären zum Beispiel in einem Freudenausbruch über die genehmigte Ausreise aus meinem Mund Schmähworte über die DDR und ihre Behörden gekommen, dann hätte ich den erwünschten Grund zu meiner sofortigen Festnahme geliefert. „Staatsverleumdung" hieße dann mein zu bestrafendes, erwünschtes Delikt. Auf diese Gelegenheit haben die Genossen umsonst gewartet, denn die Überraschung über die lapidar mitgeteilte Ausreisegenehmigung verschlug mir nur die Sprache und ich blieb einige Augenblicke wie gelähmt auf meinem Stuhl sitzen.

Nach einer kurzen Pause fragte mich die Polizistin, ob ich auf meine bisherigen noch nicht beantworteten Schreiben eine Antwort wünsche. Ich verneinte. Wozu brauchte ich jetzt noch irgendwelche Antwortschreiben? Unser Ausreiseantragsverfahren war erfolgreich zu Ende gebracht worden und nur das zählte! Ich erhielt einen neuen Termin zur Abwicklung notwendiger Formalitäten und verabschiedete mich.

Am gleichen Tag, dem 5. März 1985, fand in der Technischen Hochschule die Verteidigung der Dissertation einer Kollegin aus unserer früheren Arbeitsgruppe statt. Ich war schon lange Zeit vorher dazu eingeladen worden und ging nach der mich bewegenden Ausreiseerlaubnis weniger aus fachlichem Interesse, sondern vor allem aus dem Grund dorthin, um mich abzulenken und mein aufgewühltes Inneres zu beruhigen.

Über mein Verhalten gab es sogar an diesem Tag einen Spitzelbericht. Eine „Quelle" gab an, dass ich mich trotz meines vor ein paar Stunden genehmigten Antrages unauffällig und nicht „publikationswirksam" verhielt. Der inoffizielle Mitarbeiter der Stasi hatte mit seiner Mitteilung in seinem Bericht vollkommen recht. Ich wollte auf keinen Fall im allerletzten Moment unsere Ausreise durch unüberlegte Äußerungen gefährden.

*In einem Gespräch zwischen dem „Siedler", ... und unserer Quelle informierte er, daß sein ÜE in das NSW genehmigt sei.*
*Die Quelle schätzt ein, daß „Siedler" nicht den Eindruck mit dieser Information erwecken wollte, publikationswirksam aufzutreten,*

In der obigen Texteinblendung bedeutet die Abkürzung ÜE „Übersiedlungsersuchen", „Siedler" war mein Stasi-Taufname und NSW steht für Österreich als „**N**icht**s**ozialistisches **W**irtschaftsgebiet".

## Unsere Ausreise

Ich bekam vom Volkspolizeikreisamt einen langen Laufzettel, der abgearbeitet werden musste. Zahlreiche Behördengänge, wie die Erfüllung von Zollvorschriften und dergleichen mehr mussten erledigt werden. Diese von der DDR-Bürokratie vorgeschriebenen und ausnahmslos zu erfüllenden Schritte aufzuzählen, es waren etwa zehn, erspare ich dem Leser.

Doch ein separat abzugebendes Schreiben muss ich erwähnen. Meine Ausreise wurde auch davon abhängig gemacht, dass meine alte Mutter eine Erklärung unterschreiben musste, künftig keine finanziellen Ansprüche an mich, ihren Sohn, zu stellen. Auch diese hässliche Forderung gehörte zum Programm der DDR, zwanghaft und mit allen Mitteln, Ausreisen zu hintertreiben. Eiskalt benutzten die DDR-Behörden die natürlichen Ängste alter Menschen. Selbst dazu fühlten sie sich nicht zu schäbig. Ich fühlte mich nicht besonders gut, als ich meiner alten Mutter das geforderte Schriftstück zur Unterschrift vorlegte. Sie unterschrieb die Erklärung ohne Umschweife, ohne Vorwurf und ohne Kommentar.

Meine Frau und ich kündigten unsere Arbeitsverhältnisse mit der wenig sagenden Begründung „Wohnortwechsel" und widmeten uns nun dem Einpacken unseres gesamten Hausrates in mehr als 60 Kisten. Sogar unser Fernsehgerät packten wir ein. Zu jeder Kiste musste beim Zollamt etliche Tage vorher ein Inhaltsverzeichnis in mehrfacher Ausfertigung abgegeben werden. Das Schreiben dieser Listen war aufwändig. Zum Beispiel musste zu jedem Buch der Titel, der Autor und das Ausgabedatum angegeben werden. Da wir nicht mehr durch unsere Berufe eingespannt waren, konnten wir sämtliche Forderungen mit Sorgfalt erledigen. Wir waren darüber erstaunt, dass man uns in Ruhe ließ. Uns war bekannt, dass Ausreisewillige oft von einer Stunde zur nächsten aus der DDR „gefeuert" wurden und sich kaum noch um ihre Sachen kümmern konnten. Eine Erklärung für den sanften Umgang mit uns könnte unser Ausreiseziel, die Republik Österreich, gewesen sein. Sie war für die DDR kein „Feindstaat" wie die Bundesrepublik Deutschland. Mit Österreich wurden sowohl diplomatische, wie auch intensive wirtschaftliche Beziehungen unterhalten. Am 21. Mai 1985, also fast drei ruhige Monate nach der offiziellen Genehmigung unserer Ausreise, sollte es aber dann, wie es sprichwörtlich heißt, „Holterdipolter" losgehen. Uns wurde die

Staatsbürgerschaft der DDR entzogen, wir waren ab sofort Staatenlose und bekamen einen fertig ausgestellten „Fremdenpass" zur einmaligen Ausreise für den nächsten Tag. Bei: „Staatsangehörigkeit" stand das für uns sehr erfreuliche und endlich von der DDR erlösende Wörtchen: „OHNE".

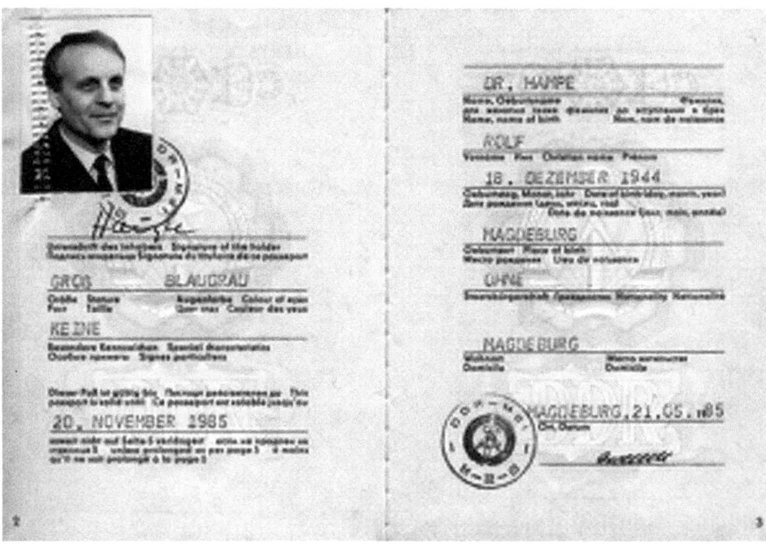

Abb. 48: Mein Fremdenpass.

Die Polizei hatte für den folgenden Morgen den sofortigen Abtransport unseres Umzugsgutes per LKW zum Magdeburger Elbbahnhof organisiert. Es erschienen zwei Zollbeamte, überprüften peinlichst einige Kisten, verglichen den Inhalt mit der jeweiligen Inhaltszusammenstellung und stellten nach einer Stunde plötzlich fest, dass sie erst am nächsten Tag weiterarbeiten konnten. Wir mussten aber bis Punkt 24 Uhr die DDR verlassen haben, so stand es im Fremdenpass. Glücklicherweise sprang sofort mein herbeigerufener Freund Rolf Keiser ein und übernahm per Vollmacht die Verantwortung für den weiteren Verlauf. Unser Umzugsgut blieb allerdings die ganze Nacht unbewacht in einem unverschlossenen Container auf dem offenen Elbbahnhof stehen. Zum Glück passierte nichts.

Meinen Pkw „Trabant“ hatte ich bereits einige Wochen vorher verkauft. Er war fünf Jahre alt. Auf mein Verkaufsinserat in der Zeitung erhielt ich sogar Preisangebote, die über dem Neupreis des Fahrzeugs lagen. Im privaten Bereich funktionierte also das uralte Marktgesetz von Angebot und Nachfrage auch in der DDR. Ich ging auf ein derzeit übliches, normales Preisangebot ein. Meinen fünf Jahre alten „Trabi“

über dem Neupreis zu verkaufen, fand ich unmoralisch. Ich hatte mit dem Käufer vereinbart, das Fahrzeug bis zur endgültigen Ausreise noch nutzen zu dürfen. Diese großzügige Kondition hat eine einfache Erklärung. Für ein Auto der Marke „Trabant" musste man ab Bestellung im Schnitt eine Wartezeit von 12 (!) Jahren in Kauf nehmen. Das war seinerzeit in der DDR normal und erzeugte eine so starke Nachfrage, dass sich utopische Preise entwickeln konnten.

Am späten Abend bestiegen wir im Magdeburger Hauptbahnhof den letzten D-Zug in Richtung Hannover. Ein paar Freunde begleiteten uns zum endgültigen Abschied, von dem wir damals fest überzeugt waren. Sitzplätze fanden wir in einem ausschließlich mit älteren Reisenden besetzten Abteil. Niemand sprach miteinander. Es herrschte die gleiche beklemmende Spannung wie in der Berliner S-Bahn vor dem Mauerbau, wenn es in Richtung Westen ging. Meiner Tochter wurde die unheimliche Stille im Abteil bald langweilig. Sie holte Papier und einen Stift hervor und begann einen kleinen Reisebericht. Am Grenzbahnhof Oebisfelde schaute sie aus dem Fenster und sagte: „Ahh, da gehen draußen gerade zwei Soldaten mit Hunden vorbei, das muss ich gleich aufschreiben!" Entsetzt presste ein uns gegenüber sitzender älterer Herr mit versteinertem Gesicht zwischen seinen Zähnen hervor: „Bloß das nicht! Bitte höre auf mit deinen Notizen!", worauf meine Tochter ihr Schreibzeug artig einpackte. Wir gaben dem Herrn zu seiner Beruhigung recht. Während einer längeren Wartezeit wurde nun der gesamte Zug, besonders der untere Teil der Waggons, routinemäßig mit auf Menschen abgerichteten Hunden nach versteckten Flüchtlingen abgesucht. Dann erschienen in der Abteiltür Grenzpolizisten zur Passkontrolle und zwei Zollbeamte. Es schien plötzlich die normalste Sache der Welt zu sein, die DDR zu verlassen. Die Kontrollen liefen unerwartet schnell ab, es gab keinerlei Nachfragen oder irgendwelche anderen befürchteten Komplikationen. Trotzdem, bis zum Erreichen der Grenze saßen die Reisenden in unserem Abteil wie verängstigte Hühner stumm auf ihren Plätzen. Erst als sicher war, dass sich der Zug wirklich im Westen befand, begann sich das eisige Klima zu lösen, die Beklemmungen verschwanden allmählich und bald wurde sogar locker geplaudert. In Hannover stiegen wir um, erreichten mit dem nächsten Zug die Stadt Gießen und begaben uns in das dortige Notaufnahmelager. Binnen weniger Tage verwandelte die westdeutsche Bürokratie uns „Staatenlose“ völlig unspektakulär in Bürger der Bundesrepublik Deutschland.

# Vier „meiner“ inoffiziellen Mitarbeiter (IM)

Dieser Abschnitt macht er mir keine Freude, dennoch halte ich ihn für notwendig. Er soll aber keine „Abrechnung“ sein. Ich finde es wichtig, einen näheren Blick auf die Spitzel zu werfen, um deren Motive zu ergründen. Aber letztendlich sollte sich der Leser selbst ein Bild von diesen Menschen machen.

Ich habe viele uninteressante Spitzel-Berichte gelesen und fand es müßig, sie zu zählen. Sie stammten aus meiner Arbeitsstelle, aus dem Wohngebiet oder aus dem ferneren Bekanntenkreis. Die Inhalte waren meist kindisch und wertlos. Für die Stasi hingegen war in ihrer irrsinnigen Sammelwut alles wichtig. Drei „meiner“ unten beschriebenen IMs waren mir allerdings sehr gefährlich.

## „IM Manfred Koch“

„IM Manfred Koch“ hat nur banale Berichte über mich abgeliefert. Ich halte lediglich den Umstand, der ihn zum Spitzel machte, für berichtenswert. Eines Tages habe ich ihn direkt daraufhin angesprochen. Folgendes gab er von sich: „Ich wollte vor Jahren Sporttaucher bei der GST (Gesellschaft für Sport und Technik, eine paramilitärische DDR-Organisation) werden. Die Stasi verlangte dafür meine Mitarbeit. Ja, und da hatten sie mich!“ Ohne jegliche Spur von Scham, jedoch mit dem selbstverständlichen Anspruch, dass ich diesen für ihn sehr einleuchtenden Grund verstehen müsse, kam diese Antwort aus seinem Mund.

## „IM Rüdiger Berg"

Herbert Dunkel (Name geändert) alias „IM Rüdiger Berg" war einer meiner Kommilitonen in der Pädagogischen Hochschule Potsdam, dem ich damals aus persönlicher Sympathie traute. Meine Arglosigkeit ergab sich auch größtenteils aus der Annahme, dass kein Mensch bei einigermaßen kritisch-klarem Verstand Anhänger dieser absurden DDR sein konnte. Ihm gegenüber war ich leichtsinnig offen. Zu DDR-Zeiten war solch ein Leichtsinn gefährlich und ich habe zwangsläufig die Konsequenzen erfahren müssen. Dunkel berichtete der Stasi haarklein von meinem Fluchtversuch in Ungarn. Ohne seine ungezählte Seiten umfassenden „Sachstands-, Treff- und Einschätzungsberichte" sowie seine „Mitarbeit in Operativplänen", hätte ich mich vielleicht noch wie bei meiner Festnahme durch die ungarischen Grenzsoldaten herausreden können. Aber Dunkels Verrat nahm mir jede Chance. Zweifellos hat dieser Mann mich ins Gefängnis gebracht und Jahrzehnte meines Lebens verdorben.

1968 oder 1969, ungefähr 20 Jahre vor dem Zusammenbruch der DDR, traf ich ihn zufällig in Magdeburg und freute mich, ihn wieder zu sehen. Zu diesem Zeitpunkt ahnte ich noch nichts von seiner intensiven Spitzeltätigkeit und hielt ihn für einen vertrauten Studienfreund aus unserer gemeinsamen Potsdamer Zeit. Spontan verabredete ich mich mit ihm in einem Café. Dort wartete ich vergeblich auf ihn, denn er erschien nicht. Einen Verabredungstermin zu verpassen oder zu vergessen, kann schließlich jedem passieren, dachte ich entschuldigend.

In diesen Jahren war das an jedem zweiten Mittwochabend gesendete „ZDF-Magazin" von und mit dem Journalisten Gerhard Löwenthal für mich fast ein Pflichtprogramm. Ich fuhr hoch, als in dem festen Bestandteil der Sendung „Hilferufe von drüben" plötzlich der Name Herbert Dunkel fiel. Es wurde berichtet, dass der Lehrer aus Potsdam aus der DDR-Haft heraus gekauft wurde und nun in Berlin (West) eingetroffen sei. Am 19. Mai 2008 bat ich die Zuschauerredaktion des ZDF um eine Nachforschung nach dieser Sendung. Leider war die Recherche erfolglos.

Als ich im Herbst 1985 nach Berlin (West) übersiedelte, fiel mir eines Tages sein Name ein und dass er vielleicht im Westteil der Stadt leben könnte. Ich suchte im Telefonbuch, fand ihn und rief sofort bei ihm an. Es war ein sehr seltsames Telefonat. Er gab vor, sich kaum an unsere gemeinsame Zeit in Potsdam zu erinnern und war kalt und abweisend. Nach diesem Gespräch war mir jegliche Lust vergangen, mich mit ihm zu treffen.

Als jedoch die Öffnung der Stasi-Akten von der Bundesregierung beschlossen wurde, suchte er plötzlich hektisch den Kontakt zu mir. Wir trafen uns eines Abends in Berlin-Waidmannslust im Restaurant „Schollenkrug". Er beichtete mir nun jammernd seine Spitzeltätigkeit. Ohne die Einsicht in meine Akten erkannte ich an diesem Abend noch nicht die Tragweite seines Handelns. Schuld an seiner Spitzeltätigkeit war seinen Worten nach natürlich nicht er, sondern ausschließlich der Stasi-Unterleutnant Kalbas (Name geändert). Hier seine Begründung für seine Spitzeldienste: Er habe früher einmal die Fluchtabsicht eines anderen jungen Menschen gekannt und diese nicht gemeldet. Aufgrund dessen drohte Unterleutnant Kalbas, an der Hochschule eine Disziplinarmaßnahme gegen ihn zu veranlassen – es sei denn, er liefere künftig Spitzelberichte ab. Daraufhin willigte er ein, „Kandidat" zu werden. Nachdem er mich ins Gefängnis gebracht hatte, hatte er sich für die Stasi „bewährt" und stieg am 3. November 1965 zum vollwertigen Spitzel, dem IM (Inoffizieller Mitarbeiter) mit dem Decknamen „Rüdiger Berg" auf. Zusätzlich zu dieser Ehrung, nämlich nunmehr zum professionellen Spitzelheer zu gehören, bekam er seinen Judaslohn. Die Stasi protokollierte:

*Dem GI wurde für seine bisherige geleistete Unterstützung des MfS als Anerkennung*
*1. Brockhaus ABC der Chemie* *62,--MDN*
*2. Geschenkpackung* *26,--MDN*
*übergeben.*

(MDN= Mark der Deutschen Notenbank)

Dunkel wurde oben als GI („Geheimer Informator“) bezeichnet. Ab 1968 wurden die GIs in IMs umbenannt. Das Anerkennungsschreiben hatte sein Führungsoffizier gleich mit neuen Aufträgen gespickt. Da Dunkel in der Beat-Band „Luniks“ Gitarre spielte, bestand seine neue Aufgabe darin, die Potsdamer Musiker-Szene auszuforschen:

Auftrag:

1. Weitere Kontrolle über Situation in der Seminargruppe zur Inhaftierung des Studenten ..........

2. Verschaffung eines Überblicks über die Situation in den Beat-Gruppen Potsdams.

   - Welche negativen Personenkreise konzentrieren sich bei den Auftritten der Beat-Gruppen.

   - Welche Stimmung gibt es bei den Angehörigen der Beat-Gruppen zu den letzten Beschlüssen zur Bekämpfung des Gammlerunwesens.

   - Welche Stellungnahmen gibt es speziell dazu im Zirkel Tanzmusik des Kreiskulturhauses Babelsberg.



Das alles erfuhr ich erst im Jahre 2008 aus meinen Stasi-Unterlagen. Aber wieso erst 2008? Folgendes zur Erklärung: Ich hatte mir im Januar 1995 dermaßen viele Seiten von der Gauck-Behörde kopieren und zusenden lassen, dass sie drei stattliche Aktenordner füllten. Jedes Mal, wenn ich mit dem Lesen begann, war ich nach wenigen Seiten von der Stasi und ihrer „Arbeit“ so angewidert, dass ich den Ordner wieder in den Schrank zurückstellte. So schlummerten die meisten Kopien viele Jahre unbeachtet hinter der Schranktür. Erst beim genaueren Sichten der Stasi-Dokumente für diesen Bericht erkannte ich Dunkels Verrat und Schuld an meinem Schicksal in vollem Umfang.

Gegen Ende unseres Bierabends formulierte Dunkel sein eigentliches Anliegen. In seinen Augen sah ich eine panische Angst vor seiner Ehefrau. Da sie nach seinen Worten selbst wegen versuchter

Republikflucht im DDR-Frauengefängnis Hoheneck einsitzen musste, befürchtete er, dass sie ihn als früheren Stasi-Spitzel abgrundtief verachten würde. Es war also nicht die Reue, die ihn zu mir führte, sondern die Furcht vor seiner Frau.

„Jetzt, nachdem die Öffnung der Stasi-Akten beschlossen wurde, kommst du mit deinem Geständnis reichlich spät, mein Lieber" entgegnete ich ihm. Ich wollte jedoch kein familiäres Unglück heraufbeschwören und versprach ihm auf sein dringendes Bitten hin zu schweigen. Daran habe ich mich gehalten. Ob „IM Rüdiger Berg" mit dieser Vergangenheit weiter als Lehrer im öffentlichen Dienst arbeiten durfte, ist mir nicht bekannt. Aus meiner Sicht wäre er in dieser Position untragbar gewesen. Vielleicht hat die Gerechtigkeit auch ohne mein Mitwirken ihren Weg gefunden! Für mich ist Dunkel nicht das Lösegeld wert, das die Bundesregierung seinerzeit für seinen Freikauf ausgegeben hat. Diese Summe sollte er bis auf den letzten Cent dem deutschen Steuerzahler zurückzahlen!

Passend für Spitzel las ich kürzlich einen Satz des französischen Philosophen Blaise Pascal (1623–1662): „Wie hohl und voller Schmutz ist doch des Menschen Herz!"

## „IM Klaus Fuchs"

Während meiner Zeit als Hilfsschlosser im Magdeburger VEB Schwermaschinenbau „Georgij Dimitroff" lernte ich Klaus Hildebrandt (Name geändert) bei einer obligatorischen Demonstration zum 1. Mai kennen. Er war Sachbearbeiter desselben Betriebs. Ebenso wie ich hatte er wegen versuchter Republikflucht im Gefängnis gesessen. Ich schenkte ihm als einen Schicksalsgenossen sofort mein volles Vertrauen und hielt ihn bald für einen guten Freund. In Wahrheit war ich für ihn nur eine im Stasi-Auftrag zu bespitzelnde Zielperson. Meine sämtlichen Lebensumstände, meine privaten Gedanken und Interessen, auch Nebensächlichkeiten, z. B. dass ich den deutschen Philosophen Arthur Schopenhauer schätzte, berichtete er haarklein seinem Führungsoffizier. Sogar über meine Freunde an der Technischen Hochschule, die „IM Klaus Fuchs“ persönlich gar nicht kannte, verfasste er aus meinen arglosen Erzählungen schäbige Berichte mit gefährlichen politischen Bewertungen. Später versuchte er sogar, mich zu dubiosen, waghalsigen Fluchtunternehmungen zu überreden. Ich vermute, dass er – wäre es dazu gekommen – unverzüglich die Stasi informiert hätte. Weiterhin wollte er bei einem geplanten Besuch von Professor Dr. Hartmut Jäckel aus Berlin (West) mit zugegen sein und alle Gesprächsinhalte protokollieren. In überheblicher Art verstieg er sich in einem seiner Berichte sogar dazu, mich als „charakterlich nicht gefestigt“ darzustellen. Sollte „IM Klaus Fuchs“ damit gemeint haben, dass ich – im Gegensatz zu ihm – als Spitzel untauglich sei, dann hat er natürlich recht gehabt.

Folgendes aus dem Jahr 1988: Ich wohnte bereits jahrelang in Berlin (West). Als vermeintlichen Freund besuchte ich ihn in seiner damaligen Wohnung in Burg bei Magdeburg. Während unserer Unterhaltung machte er mir drei seltsame Vorschläge: Zum ersten hielt er irgendwelche internen SED-Schriften in der Hand, die ich mit nach Berlin nehmen sollte. Seiner Meinung nach würde das Papier dem Westen einen interessanten Blick hinter die Partei-Kulissen liefern. Der zweite Vorschlag bestand darin, dass ich von seinem Küchenfernster einen Blick auf eine nah gelegene russische Kaserne werfen und militärische Informationen für westliche Geheimdienste sammeln sollte. Zum dritten sollte ich eine fossile Wurzel nach Berlin (West) mitnehmen. Diese Wurzel schien mir dem Anschein nach ein prähistorisches Exponat eines Museums, also ein zur Ausfuhr verbotenes Kulturgut der DDR, zu sein. Ich bin davon überzeugt, dass er mir mit allen drei Vorschlägen Fallen aufstellte und mich zu seinem Vorteil ins Unglück stürzen wollte.

Aber wie kam er dazu? Hier meine Erklärung: Gleich zu Beginn als Häftling versuchte er es mit Schriftstellerei und wollte sich mit einem unglaublich lächerlichen Propaganda-Schmarren namens „Ringo“ anbiedern. Das brachte ihm offenbar keinen Vorteil ein. Dann – so nehme ich an – ist er mit der Stasi ein Geschäft eingegangen: Für ein paar Monate „geschenkter“ Haftzeit zahlte er den Preis, als „IM Klaus Fuchs“ Spitzeldienste zu leisten.

Trotz der Schwärzung seines Namens in den Kopien der Bundesbehörde für die Stasi-Unterlagen konnte ich ihn aus den Sachzusammenhängen zweifelsfrei erkennen. Ich rief ihn an und fragte ihn, ob er mit dem Namen „Klaus Fuchs“ etwas anfangen könne. Er stellte sich unwissend und verneinte. Im weiteren Verlauf des Gesprächs lenkte ich den Verdacht auf unseren gemeinsamen Bekannten Otfried Allner. Selbstverständlich hatte ich Otfried vorher angerufen und mir sein Einverständnis eingeholt. Sofort rief Hildebrandt aus: „Ja, natürlich hast du recht! Otfried Allner war der „IM Klaus Fuchs“, nur der kann es gewesen sein und kein anderer!“

Meine Absicht war, Hildebrandt zu einem ehrlichen Geständnis zu bewegen. Dazu war er nicht fähig. Erst als ich ihm seine Spitzeltätigkeit auf den Kopf zusagte, bekannte er Farbe und entschuldigte sich bei mir lapidar lässig etwa wie bei einem Fahrgast, den man versehentlich im Bus angerempelt hat. Dann schlug er mir in einem „bedauernden“ Ton ein Treffen vor, bei dem er mir „alles“ erklären wollte. Auf dieses Treffen und auf das Anhören dubioser Rechtfertigungen habe ich verzichtet. Ich schloss das Kapitel „Klaus Fuchs“ für mich ab, indem ich ihm schrieb, dass ich mit ihm weder an einem Tisch sitzen, noch meine Hand geben wolle.

Seltsamerweise hat Hildebrandt kurz vor dem Fall der Mauer gemeinsam mit einer anderen Magdeburger Familie die ständige Vertretung der Bundesregierung in Ostberlin besetzt. Dort wollte er für sich und seine Familie die Ausreise aus der DDR erzwingen. Wahrscheinlich verstehen nur Psychologen solche merkwürdig gespaltenen Persönlichkeiten. Mir fällt zu Hildebrandt ein Vers von Wilhelm Busch (1832–1908) ein:

*Wie wolltest du dich unterwinden, kurzweg die Menschen zu ergründen?*
*Du kennst sie nur von außenwärts. Du siehst die Weste, nicht das Herz.*

## „IM Rudolf"

Seine Berichte über mich umfassen viele Seiten. In seinem merkwürdigen Stasihirn gab es offensichtlich keinen Platz für wahre Freundschaften. Mein gutes Verhältnis zu meinem damaligen „Doktorvater" basierte seiner Meinung nach nur auf egoistischen Beweggründen. Wie ich bereits unter dem Abschnitt „Kombination – ein Torpedo aus der Stasi-Werkstatt" ausführlich beschrieben habe, war es ein erklärtes Ziel der Stasi, meine Promotion zu verhindern. Während der öffentlichen Verteidigung in meinem Promotionsverfahren stellte mir Rainer Stempel (Name geändert) plötzlich eine völlig unverständliche Frage. Es ergab sich ein gespanntes Zwiegespräch. Wir redeten aneinander vorbei und mir fiel auf seine Frage keine schlüssige Antwort ein. Selbst meine Gutachter konnten später in Stempels merkwürdiger Frage keinen Sinn entdecken. Heute, nach Kenntnis meiner Akten, bewerte ich dieses Störmanöver als einen letzten verzweifelten Versuch der Stasi, mit Hilfe ihres Handlangers „IM Rudolf" meine Promotion zu verhindern.

Im Folgenden findet sich ein Auszug aus dem Treffbericht (TB) Stempels vom 20. April 1983:

*… Den HAMPE charakterisiert der IMS als einen sehr zielstrebigen Menschen, der alle Möglichkeiten nutzt, um eigene Interessen durchzusetzen. Im Prinzip sind seine Absichten schwer durchschaubar, da er sich hierzu nicht äußert. Aus diesem Grunde hat der IM zum HAMPE immer einen gewissen Abstand gehalten.*

Der psychische Defekt der gesamten Stasi-Maschinerie, hier auch bei Stempel, tritt an dieser Stelle deutlich zutage. Einfache Wahrheiten, wie Freude an der Chemie, Freude an der Annahme und Bewältigung von Herausforderungen kann es nicht geben. Immer müssen irgendwelche „schwer durchschaubaren Absichten" dahinterstecken.

Im Mai 1988, während einer Gartenfeier von Dr. Müller in Magdeburg, übergab er mir klammheimlich 100 DM (West) mit der Bitte, ein nicht handelsübliches Bauteil von einer in Detmold (?) ansässigen

Elektronikfirma zu besorgen. Zu der Zeit ahnte ich nichts von seinem „Zweitberuf“ als Stasi-Mitarbeiter und habe ihm ohne Argwohn diesen Wunsch erfüllt. Vermutlich habe ich damals der Stasi dringend benötigte westliche Elektronik beschafft.

Ich habe Dr. Rainer Stempel alias „IM Rudolf“ in den 90er Jahren im klinisch-chemischen Labor eines Krankenhauses in Magdeburg angerufen. Er war dort unerkannt im öffentlichen Dienst als Laborleiter tätig. Ich stellte ihn wegen seiner Stasi-Berichte zur Rede und bekam als Antwort nur ein paar betretene Ähh-Laute. Ein anderer, inzwischen verstorbener Chemiker forderte mich in langen Telefonaten auf, der Krankenhausleitung die Spitzeltätigkeit ihres Mitarbeiters zu melden. Er musste aber einsehen, dass ich mich für so etwas nicht hergebe. Ihn zu denunzieren, wäre unter meiner Würde gewesen und hätte mich nach meinem eigenen Empfinden mit ordinären Stasi-Spitzeln auf eine Stufe gestellt. Wer letztendlich die Krankenhausleitung informiert hat, weiß ich nicht, denn Dr. Rainer Stempel wurde später fristlos entlassen. Ohne zeitlichen Verzug wurde er von einer gut funktionierenden Stasi-Seilschaft sanft aufgefangen und auf eine lukrative Stelle im Bereich der Labormedizin in Magdeburg geschoben. Kein Kommentar!

Gegen Ende der 90er Jahre, also lange nach der Wende, fand ein Seminargruppentreffen früherer Chemiestudenten statt, an dem auch ich teilnahm. Zu später Stunde warf mir „IM Rudolf“ im hasserfüllten Ton vor, er wüsste genau, dass ich ein Geheimagent des Westens gewesen sei. Ich war fassungslos. Wegen meines leicht angetrunkenen Zustands fiel mir in diesem Moment keine rechte Antwort ein. Noch heute bin ich nicht in der Lage, die verdrehten Gedanken in Stasi-Köpfen nachzuvollziehen.

Delikat auch dieses: Ich wohnte und arbeitete bereits jahrelang in Berlin (West). Laut Stasi-Protokoll wollte „IM Rudolf“ mich besuchen. (Die Stasi hatte mich mittlerweile zu „Schere“ umgetauft).

*Die bisherige Gesprächsführung mit dem IM zur Prüfung der Einsatzarbeit ergaben, daß der IM auch ein rein persönliches*

*Interesse hätte, das Wohn- und Lebensumfeld des „Schere" selbst in Augenschein zu nehmen.*

Hierzu unterbreitete er einen konkreten Vorschlag. In der folgenden Texteinblendung wird Stempel „Quelle" genannt. Ich konnte ihn aus dem Kontext des Gesamtprotokolls zweifelsfrei identifizieren (WB ist in der nachfolgenden Protokolleinblendung die Abkürzung für Westberlin).

*Die Quelle selbst unterbreitete den Vorschlag, die Reise in die BRD über WB anzutreten. Dieses Beispiel hätte die Quelle bereits mehrfach gehört, daß DDR-Reisende einen in Friedrichstraße eingesetzten Reisezug nutzten, der nach der Grenzpassage noch einen mehrstündigen Aufenthalt auf dem WB-Bahnhof Zoo habe und dann erst via Marienborn in die BRD fahre.*
*Als Legende ließe sich ein Besuch von Verwandten in Berlin einsetzen, von dem aus direkt die BRD-Reise angetreten werden soll.*

Für mich ist Dr. Rainer Stempel ein überzeugter Stasi-Genosse, die es auch noch heute gibt. Sollten tatsächlich die alten oder neuen DDR-Machthaber wieder ans Ruder kommen, dann stünden Leute wie Stempel für unappetitliche Spitzelaufträge als „bewährte Kader" bereit. Ich hoffe sehr, dass es für ihn und seine Genossen „Tschekisten" bei unerfüllten Wunschträumen bleibt.

# Erstaunliches nach der Ausreise

## Im Visier des Staatsschutzes in Berlin (West)

Im Jahre 1988, also drei Jahre nach unserer Übersiedlung, erhielt ich ein Schreiben von einem Herrn K. aus dem Arbeitsbereich des Senators des Innern der Stadt Berlin (West). Ich wurde aufgefordert, mich zu einem Gespräch im Verwaltungsgebäude am Fehrbelliner Platz 1 in Berlin-Charlottenburg einzufinden. Ich wunderte mich und mir fiel kein stichhaltiger Grund dafür ein. Auch war mir nicht bewusst, womit sich der Senator des Innern befasst. Meine Arbeitskollegen in der Firma Schering konnten mir auf meine diesbezügliche Frage ebenfalls keine schlüssige Antwort geben.

Pünktlich betrat ich das Gebäude und war über den schmuddeligen und ungepflegten Gesamteindruck im Innern erstaunt. Die Wände waren das letzte Mal vielleicht vor 20 Jahren gestrichen worden. Die verschrammten Türen boten ein trostloses Bild und auf den Gängen stehendes heruntergekommenes Mobiliar erinnerte mich an meine alten DDR-Zeiten im VEB Minol in Magdeburg. Welch himmelweiter Unterschied bestand zwischen dem Aussehen einer Regierungsbehörde und der stets modernsten Ausstattung sowie dem gepflegten Äußeren des Schering-Konzerns! Es war für mich nicht zu fassen.

Ich betrat das Zimmer von Herrn K. und war verblüfft, dass ich mich beim Staatsschutz befand. Er eröffnet das Gespräch damit, dass von einem Mitarbeiter der Firma Schering eine Anzeige gegen mich erstattet wurde. Ich wurde verdächtigt, ein Mitarbeiter der Stasi zu sein. Später verriet mir hinter vorgehaltener Hand meine amerikanische Sprachtrainerin, dass in meiner Arbeitsstelle tatsächlich solche Meinungen herumgeisterten und sie deswegen vor mir gewarnt wurde. Deshalb war ich in ihren Augen für einige Zeit ein zwielichtiger Mensch. Die mit hoher Wahrscheinlichkeit gegen mich erstattete

Anzeige wirft wieder einmal ein schönes Licht auf uns Deutsche: Auch im Westen gab es also hässliches Denunziantentum! Nun befasste sich der Staatsschutz mit mir. Stundenlang ging es durch meinen Lebenslauf, von oben nach unten, von unten nach oben, von rechts nach links usw. Herr K. suchte angestrengt nach Widersprüchen in meiner „Stasi-Agenten-Legende", von der er felsenfest überzeugt war. Ich befand mich hingegen in einer weitaus komfortableren Lage. Ohne nachzudenken brauchte ich mich nur an die reine Wahrheit zu halten. Für Herrn K. war es nicht zu verstehen, wie ich mich als früherer politisch vorbestrafter Hilfsarbeiter in der DDR beruflich zum promovierten Chemiker entwickeln konnte und danach legal in den Westen ausreisen durfte. Zur Ehre des Herrn K. muss ich allerdings zugeben, dass ein solcher Lebensweg auf den ersten Blick tatsächlich unwahrscheinlich aussieht. Ich erklärte ihm, dass es in der DDR auch Personen gibt, die nicht 100%ig mit dem System sympathisieren und ich das große Glück hatte, solche Menschen getroffen zu haben. Diese wunderbaren DDR-Bürger haben mir unendlich viel und oft geholfen. Passend dazu streue ich hier eine Feststellung der Stasi ein:

*Darüber hinaus zeigen die Ermittlungsergebnisse zur Person Hampe daß dieser in Arbeits- und vor allem im Studienbereich stets zu solchen Personen Kontakt erhält, die eine labile oder negative Haltung zur Politik unseres Staates einnehmen. Kennzeichnend dabei ist, daß der H. gerade von diesem Personenkreis jegliche Förderung erhält. (Siehe Blatt der OPK)*

Selbst mit großer Mühe konnte ich Herrn K., der die DDR vermutlich nur von außen kannte, über systemkritische DDR-Bürger in höheren Positionen nichts vermitteln. Er war von meiner Stasi-Mitgliedschaft fest überzeugt. Nach etlichen Stunden beendete er unser „Gespräch" und bot mir als allerletzte Chance an, meine Stasi-Tätigkeit freiwillig zu offenbaren. Meine Antwort war, dass ich morgens mein Gesicht nicht mehr im Spiegel ertragen könnte, wäre ich wirklich ein Stasi-

Mitarbeiter. Er winkte mit dem Gesichtsausdruck, es besser zu wissen, ab. Seine letzten Worte an der Tür waren: „Geben sie es doch zu! In spätestens sechs Monaten wissen wir es sowieso!"

Unerlässlich ist es für mich, an dieser Stelle mitzuteilen: Seit dem 25. Oktober 1999 bin ich anerkannter Verfolgter des SED-Regimes (Anhang 35). Darüber hinaus füge ich extra für den bundesdeutschen Staatsschutz die Kopie eines Stasi-Dokumentes hinzu. Mein langjähriger „Begleiter" und Stasibearbeiter stellte in einem lichten Moment fest, dass bei mir „eine Eignung zur inoffiziellen Zusammenarbeit nicht gegeben ist" (Anhang 33).

## Im Visier der Stasi sogar in Berlin (West)!

Die Stasi-Bespitzelungen meiner Person endeten nicht, wie man normalerweise glauben würde, abrupt mit unserem Verlassen der DDR im Mai 1985. Mitnichten! Beide deutschen Geheimdienste waren selbstverständlich mit Doppelagenten durchsetzt. Wie wir heute wissen, war die Stasi dabei wesentlich erfolgreicher als der Westen. Beim Staatsschutz in Berlin (West) soll, wie im vorigen Abschnitt beschrieben, eine Anzeige gegen mich eingegangen sein. Jemand habe mich als Agent der Stasi verdächtigt und ich wurde daraufhin zu einem „Gespräch" vorgeladen.

Ich vermute, dass Doppelagenten des Markus Wolf meinen Gesprächskontakt zum westdeutschen Staatsschutz unverzüglich nach Ostberlin meldeten. Zunächst wurde nach den bürokratischen Stasi-Regeln eine operative Personenkontrolle „vorgeschlagen". Phantasievoll oder phantasielos, ganz wie man möchte, wurde ich wieder einmal umgetauft. Nannten mich während der DDR-Zeit meine unheimlichen Beschatter zuerst „Gregor", dann „Pfleger" und später „Siedler", so hieß ich nun „Schere". Als Mitarbeiter der Firma Schering stand mir anscheinend nach dem Befinden der Abteilung II/3 ein neuer Deckname zu.

Abteilung II/3 Magdeburg, 28. Juli 1988
II/AuI/11-ga

<u>Vorschlag zur Einleitung einer operativen Personenkontrolle</u>

Aufgrund vorliegender operativ relevanter Hinweise über einen möglichen Mißbrauch von Einreisen in die DDR zu subversiven Zwecken wird vorgeschlagen, zur Person

H A M P E , Rolf-Peter M 084 105 595
18 12 44 - 4 Magdeburg
1000 Berlin (West) 48
Beyrodtstraße 50
Dr.rer.nat. Chemie
wissenschaftl. Mitarbeiter
SCHERING-AG Westberlin

die operative Personenkontrolle "SCH[illegible] [illegible]leiten.

BStU 000377

Operative Personenkontrolle bedeutet Schnüffeln und Bespitzeln! Nun gab es reichlich „Arbeit“. Die Stasi war wieder richtig in ihrem Element!

*1. Gründe für das Einleiten*
*Der H. übersiedelte 1985 legal nach Österreich, nahm seinen Wohnsitz in WB und unterhält eine Reihe operativ interessanter Verbindungen zu Zielgruppen des Feindes in WB und als Rückverbindung in die DDR. Durch die HA II wurde ein Hinweis erarbeitet, wonach Staatsschutzstellen des Landes Niedersachsen 1986 Interesse für H. bekundeten.*

*2. Zielstellung der OPK*
*Verdichtung der Hinweise im Sinne der Erarbeitung von Verdachtsmomenten der §§ 97 ff. StGB oder wirksame Entkräftung.*

Mit dem akribischen Ausfüllen ihrer Formulare, dem „Verdichten von Hinweisen, der Erarbeitung von Verdachtsmomenten usw.“ konnte in gewohnter Weise Zeit sinnlos vertan werden! Bis zum letzten Tag der Stasi wurde wieder viel Papier beschrieben. Das war zwar nutzlos, aber für das Selbstgefühl dieses aufgeblasenen Apparates sicherlich berauschend!

Merkwürdigerweise soll demnach das Land Niedersachsen „Interesse“ an mir gehabt haben. Davon habe ich allerdings nichts bemerkt. Lediglich der Staatsschutz in Berlin hat sich, wie im vorigen Abschnitt ausführlich beschrieben, mit mir befasst.

Die Stasi-Maschinerie blieb auch in der Abenddämmerung über der DDR in gewohnter Bewegung. Bei der Akteneinsicht in der Gauck-Behörde fand ich zu meinem Erstaunen zwei Fahndungsersuchen. Das letzte wurde am 23. Oktober 1989, also 16 Tage vor dem Fall der Mauer und endgültigem Zusammenbruch des „ersten Arbeiter- und Bauernstaates auf deutschem Boden“ beschlossen.

Die Fahndung nach mir, dem „F-Objekt“, sollte am 10. November 1989 beginnen und bis zum 28. Februar 1990 dauern. Das war ein Zeitraum, in dem die alte DDR nur noch auf dem Papier existierte! Was mag wohl in den Köpfen der Stasi-Leute vorgegangen sein? Wahrscheinlich nichts! Aber der Apparat arbeitete, wie über Jahrzehnte gewohnt, mechanisch weiter. Sehr bezeichnend finde ich, dass das Fahndungsblatt nicht mehr unterschrieben war.

Kurz vor dem absehbaren, sicheren Ende der DDR wollten beide verantwortlichen Leiter offenbar nicht mehr ihre Namen und ihre dienstliche Zuordnung preisgeben! Während der letzten Atemzüge der DDR tauchte – wahrscheinlich unbeabsichtigt – nur noch der Name eines Mitarbeiters Meyer im Kopf des Fahndungsersuchen auf.

Das nachfolgende Blatt aus meiner Stasi-Akte betrachte ich als besonders kurioses Zeitdokument in unserer jüngeren deutschen Geschichte. Aus diesem Grund lege ich es nicht in den Anhang, sondern baue es in voller Länge an dieser Stelle in den laufenden Text ein:

MINISTERRAT
DER DEUTSCHEN DEMOKRATISCHEN REPUBLIK
Ministerium für Staatssicherheit

Geheim!

Magdeburg, 23. Oktober 1989

Diensteinheitenschlüssel [illegible]
HV/HA/selbst. Abt./BV Magdeburg
Abt./KD II/6
Mitarbeiter

Tgb.-Nr.
Tel. Tag 2585.2560 Nacht

Bestätigt

**Fahndungsersuchen**

BStU 000269

Titel
Name Hampe
Geburtsname
Vorname Rolf-Peter
PKZ/geb. am 181244
Geburtsort Magdeburg
Staatsangehörigkeit WB3
PLZ/Wohnort Westberlin
Straße/Nr. Bayreuther Str. 50
Tätigkeit Chemiker
Arbeitsstelle
Pers.-Dok. Nr. 24 09 14 97 44
Pers.-Dok. Nr.

Kfz-Kennzeichen
Typ
Art
Farbe
Halter

Person ist in der Abt. XII erfaßt seit: 05/84
Reg.-Nr. der Erfassung: VII 1496/88
Sign. Abt. XII bzw. AKG/AI oder Abt. VI:

KOPIE

Begründung der operativen Notwendigkeit der Fahndung sowie der durchzuführenden Maßnahmen unter Beachtung der Festlegungen der DA 2/82:

Wir bitten um Einleitung einer Fahndung in der Einreise Bürger Westberlins in die DDR bzw. die Hauptstadt sowie im Vertragsgebundenen Transit in der Zeit vom 10. 11. 89 bis 28. 02. 90.

Maßnahmen:
- sofortige Benachrichtigung der fahndungsersuchenden Diensteinheit
- ständige Dokumentation der Reisepapiere von Mitreisenden

Begründung:
Das F.-Objekt war bis 1985 Bürger der DDR, seine Übersiedlung erfolgte offiziell nach Österreich, Wohnsitz wurde aber in Westberlin genommen. Durch unsere DE wird eine OPK über das F.-Objekt realisiert, da umfangreiche operativ-bedeutsame Rückverbindungen unterhalten werden, deren subversiver Mißbrauch bisher nicht ausgeschlossen werden kann.

Darüber hinaus fand ich noch einige inoffizielle Einschätzungen und einen Übersichtsbogen zur operativen Personenkontrolle (OPK), alles nur Papier, mit dessen Beschreiben die Genossen ihren nutzlosen „Arbeitstag" ausfüllten. Interessant fand ich auch den Bericht eines „IME Michael" über unsere Wohnsituation in Berlin (West). IME ist das Stasi-Kürzel für einen „IM im besonderen Einsatz". Der fleißige Mann hat bei seiner wichtigen „auftragsgemäßen Überprüfung" die Namen aller Hausbewohner von der Klingelleiste abgeschrieben, Fotos von unserer Straße und unserem Haus angefertigt und dem Mielke-Ministerium zugeschickt. Irgendeinen Nutzen, auch den allergeringsten, kann ich daraus nicht erkennen. Was hat dieser ganze Stasi-Irrsinn im Ganzen eigentlich gebracht? Am Ende nichts! Aber trotzdem war der Effekt für die DDR sehr positiv. Er war ein wichtiger Beitrag für die noch heute vielfach gepriesene Vollbeschäftigung!

*Information*

*Vom IME „Michael" wurden auftragsgemäß Wohngebiets- und Hausüberprüfungen zur Anschrift*
*1 WB 48*
*Beyrodstr.*
*realisiert.*
*Im Wohnhaus sind nach Feststellung des IME die Personen bzw. Familien*
*…, …, …, Dr. Hampe, … und …*
*wohnhaft.*
*Das Wohnhaus befindet sich in der Nähe des sogenannten „Durchgangslagers" Marienfelde.*
*Der Charakter des Hauses sowie der Straße sind aus beiliegenden Fotodokumentation ersichtlich.*

Mein Kommentar zu dem Ganzen ist der bekannte Satz:
„Die Stasi wusste alles und begriff nichts!"

## Ein Wiedersehen mit dem früheren Magdeburger SED-Chef

Zufällig sah ich am 3. Oktober 2000 vom Berliner S-Bahnhof Alexanderplatz ein Meer von roten Fahnen und viele Menschen. Ich hatte etwas Muße und verließ neugierig die S-Bahn, um die „ewig Gestrigen" zu besichtigen. Die Versammlung von „Gysis neuer bunter Truppe" persönlich in Augenschein zu nehmen, müsste doch amüsant sein, ging mir durch den Kopf. Vielleicht würde ich sogar eine kleine Gelegenheit finden, ein bisschen zu provozieren? Auch dieser schalkhafte Gedanke stieg langsam in mir auf. Kaum gedacht, bot sich auch eine Gelegenheit. Von einer Rednertribüne wurde lautstark für den Erhalt des Palastes der Republik Stimmung gemacht. Mitten in den tosenden Beifall hinein rief ich laut: „Oh Gott, doch nicht etwa dieses furchtbare Ungetüm?", worauf sich zu meinem Vergnügen von allen Seiten empörte Blicke auf mich richteten. Beim Weitergehen sah ich, wie an einem Stand einige SED-Veteranen die PDS-Linke Sarah Wagenknecht mit ihrer Rosa-Luxemburg-Frisur anhimmelten. Ich vernahm aus ihrem Mund unerträgliche Lobpreisungen über den finsteren Walter Ulbricht. Das vertrieb mich augenblicklich.

Ich erreichte einen anderen Propaganda-Stand und traute meinen Augen kaum, als ich dort, zwischen Stapeln von Büchern sitzend, Herrn Werner Eberlein, den früheren SED-Chef aus Magdeburg, erblickte. Zwei- oder dreimal kamen wild entschlossen aussehende Genossen vorbei, reckten die berühmte Rot-Front-Faust energisch in die Höhe und stießen ein markiges: „Werner, weiter so!" hervor. Eberleins Gesicht nahm einen freundlichen Zug an, er lächelte mild, fast ein wenig spöttisch – so kam es mir jedenfalls vor. Er machte auf mich den Eindruck, als stünde er jetzt altersgereift und weise über der Vergangenheit. Flüchtig tauchte in mir der Gedanke auf, dass er sich über das Gehabe seiner Genossen vielleicht sogar etwas mokieren würde. Nach einer Weile rang ich mich durch, ihn anzusprechen. Er war ausgesprochen nett. Als ich unser Gespräch auf seine Magdeburger Zeit als SED-Chef und auf damalige Ausreiseantragsteller lenkte, gab er mir zur Antwort, dass in seinem turbulenten Leben die Zeit in Magdeburg eine relativ unbedeutende Episode gewesen sei, an die er nur wenige Erinnerungen habe. Wir hatten keinen gemeinsamen Gesprächsstoff mehr und daher nahm ich ein Buch von einem Stapel in die Hand und blätterte darin. Es war seine Autobiografie, die ich kurz entschlossen kaufte und die er mir daraufhin schwerfällig mit ungelenk-krakeliger Handschrift signierte.

Dieses Signieren nahm auffallend viel Zeit in Anspruch. Er bemerkte meine Verwunderung und erklärte mir seine Schreibschwierigkeiten damit, dass bei einer Behandlung in der Klinik Berlin-Buch Ärzten Kunstfehler unterlaufen wären. Ich verabschiedete mich von ihm und sah mich auf dem Alexanderplatz noch ein wenig um.

Nach einer kurzen Weile, es mochte nur eine Viertelstunde gewesen sein, hatte ich einen lustigen Einfall. Mein Eberlein-Buch würde doch noch eine besondere Würze erhalten, wenn zu der Signatur ein „Für Peter Hampe" dazu käme, dachte ich. Ich drehte sofort um, ging zurück und fand aber seinen Stand leider leer und verwaist vor. Die Bücherstapel waren verschwunden und Werner Eberlein auch. Schade, ich kam etwas zu spät!

An den folgenden Tagen habe ich sein Buch interessiert bis über die Hälfte gelesen. Als seine für mich ungenießbare Beschreibung der DDR begann, legte ich das Buch beiseite.

Übrigens ist Werner Eberlein zwei Jahre später mit lediglich einer Woche Zeitdifferenz am 11. Oktober 2002 im Alter von 82 Jahren beim Rasenmähen an einem Herzinfarkt gestorben.

## Zu guter Letzt

Nachdem die Stasi-Zentrale in Berlin-Lichtenberg interessierten Bürgern zur Besichtigung zugänglich gemacht wurde, habe ich mich bei meinem ersten Besuch mit großem Vergnügen an den Schreibtisch des ehemaligen Genossen Minister für Staatssicherheit, Herrn Erich Mielke, gesetzt.

Meine Generation hat den Zusammenbruch des Kommunismus in Europa zu unserem Glück und zum Glück unserer Kinder erleben dürfen. Wie damals zur Französischen Revolution würde Goethe uns heute begeistert zurufen: „… und ihr könnt sagen, ihr seid dabei gewesen".

Und so sah Kurt Tucholsky (1890–1935) die Zukunft:

*… ob der (Mensch) glücklich ist, das ist die Frage. Dass der frei ist, das ist das Ziel. Gruppen sind etwas Sekundäres – der Staat ist etwas Sekundäres. „Es gibt einen Organismus, Mensch geheißen, und auf den kommt es an. Es kommt nicht darauf an, dass der Staat lebe – es kommt darauf an, dass der Mensch lebe."*

*(aus „Blick in ferne Zukunft", geschrieben 1930)*

Tucholskys Vision ist hinreißend schön, aber bei einem näheren Blick auf das vergangene Jahrhundert neige ich mehr zu der Ansicht von Voltaire (1694–1778). Der französische Aufklärer meinte:

*Wir werden diese Welt ebenso dumm und schlecht zurücklassen, wie wir sie bei unserem Eintritt vorgefunden haben.*

# Danke!

Nach der Entlassung aus dem Gefängnis haben mir viele DDR-Bürger eine wohltuende Sympathie entgegengebracht und in ungezählten Situationen geholfen. Meine berufliche Entwicklung vom politisch vorbestraften Hilfsarbeiter zum promovierten Chemiker wäre ohne wohlwollende Hilfe unmöglich gewesen. Ich verdanke alles der inneren Einstellung dieser Menschen zum SED-Staat beziehungsweise ihrem geraden Charakter. Es waren nur seltene Ausnahmen, in denen ich gemieden oder ausgegrenzt wurde. Die Menschen, die mich in entscheidenden Momenten meines Lebens besonders unterstützt haben, möchte ich namentlich erwähnen. Es waren:

- Prof. Dr. Helmut Schuhmann
- Priv.-Doz. Dr. habil Hans-Georg Müller
- Prof. Dr. Walter Schwartz
- Nina Padur
- Dr. Gisela Metzger
- Dr. med. Heinz Kugland
- Dr. med. Klaus Wallmann
- IM „Uwe Peters“

Während unseres Ausreisebegehrens halfen uns mit Rat und Tat:

- Dr. jur. Detlef Hammer
- Prof. Dr. Dietrich Höffler
- Prof. Dr. Dr. Keller
- Dr. Emil Hensler
- Dr. Fred Sinowatz

Bei der Fertigstellung dieses Berichtes halfen mit wertvollen Hinweisen und Anregungen:

- Prof. Dr. Dietrich Höffler
- Otfried Allner
- Jürgen Blume
- Jane Ellys

- Prof. Dr. Hartmut Jäckel
- Dr. Gabriele Nasseri
- Gabriele Schnell
- Rolf Keiser
- Heide-Marie Stelp
- Dr. Jan Philipp Wölbern

Mein Dank gilt weiterhin den mutigen Studenten, die mir trotz aller möglichen unangenehmen Folgen im Dezember 1965 Weihnachtsgrüße in die einsame Stasi-Zelle sandten.

Die Studenten, die sich an der Solidaritäts-Geldsammlung für mich beteiligten, würde ich sehr gern zu einem fröhlichen Abend einladen.

Allen Studenten, die sich nicht beugten, als in Vorbereitung meiner Gerichtsverhandlung eine verzerrte Beurteilung über mich erzwungen werden sollte, möchte ich wegen ihrer festen Haltung trotz des starken Drucks vonseiten der Stasi und des Staatsanwaltes meinen Dank und meine Anerkennung für ihren Mut aussprechen.

Meinem langjährigen Freund Klaus Grunert, der sich von Beginn meiner Stasi-Haft bis zur Gerichtsverhandlung in rührender Weise um mich kümmerte, gilt mein besonderer Dank.

# Dokumente

## Anhang 1: Die Stasi-Tätigkeit von Dr. jur. D. Hammer

**Professor Dr. Harald Schultze (Magdeburg), ehemaliger Beauftragter der Evangelischen Kirchen bei Landtag und Landesregierung Sachsen-Anhalt:**

*Detlef Hammer (1990–1991) – Dr. jur. Oberkonsistorialrat und Konsistorialpräsident – ein Spionagefall.*

Dr. Detlef Hammer wurde 1950 als Sohn eines Betriebsleiters in Gersdorf (Erzgebirge) geboren und wuchs ohne christliche Erziehung auf. 1968 begann er an der Martin-Luther Universität das Jurastudium. Noch während des Studiums heiratete D. Hammer und bekam mit seiner Ehefrau zwei Kinder. Nach Beendigung seines Studiums nahm D. Hammer 1974 seinen Dienst im Evangelischen Konsistorium der Kirchenprovinz Sachsen auf. Zunächst war er als juristischer Konsistorialrat, später Oberkonsistorialrat in den Dezernaten für die Pfarrerausbildung, für Diakonie und Ökumene tätig.

Was niemand ahnte: Bereits zu diesem Zeitpunkt war D. Hammer zugleich als Inoffizieller Mitarbeiter des Ministeriums für Staatssicherheit der DDR tätig, später auch als Offizier des MfS im besonderen Einsatz (OibE).

Bereits während seines Studiums in Halle hat sich D. Hammer als Inoffizieller Mitarbeiter verpflichtet und wurde zum Informanten für den Bereich der Evangelischen Studentengemeinde. Offenbar gewann er selbst Interesse an den zensurfreien Diskussionen der ESG. Er ließ sich konfirmieren, gehörte zum engsten Mitarbeiterkreis und wurde in die Synode der Kirchenprovinz delegiert.

Dort fiel er auf und bekam vom damaligen Konsistorialpräsidenten das Angebot zum Eintritt in den kirchlichen Dienst. Auch nach

Zureden des MfS ging D. Hammer auf das Angebot ein. Weil er damit auf eine Karriere im staatlichen Dienst der DDR verzichtete, bekam er vom MfS bis zur Wende 1989 einen monatlichen Gehaltszuschuss. Während seiner kirchlichen Tätigkeit erwarb sich D. Hammer durch Liebenswürdigkeit und Fachkompetenz das Vertrauen in allen Bereichen seiner kirchlichen Tätigkeit. In der Beratung der diakonischen Einrichtungen, der Organisation von Partnerbeziehungen zu den westdeutschen Landeskirchen und Gemeinden und für das breite Spektrum ökumenischer Kontakte hat er im Interesse der Kirchenprovinz erfolgreich gearbeitet. Daneben jedoch hat er dem MfS verlässlich aus internen kirchlichen Beratungen berichtet. So hat er z. B. bei dem Vorgang der Isolierung und Verhaftung des Jugenddiakons Lothar Rochau (Halle-Neustadt) im Sinne des MfS folgenreich Einfluss genommen. Darüber hinaus hat D. Hammer seine Kontakte zum MfS jedoch auch genutzt, um Menschen, welche wegen kritischer Äußerungen oder geplanter Republikflucht im Gefängnis saßen, zu befreien. Darüber hinaus hat er mehreren ausreisewilligen Familien bei der Ausreise aus der DDR geholfen. Zum 01. Mai 1990 berief die Kirchenleitung Dr. jur. Detlef Hammer zum Konsistorialpräsidenten, ohne von seiner Tätigkeit für das MfS zu wissen.

Am 03. April 1991 verstarb D. Hammer. Die Umstände seines Todes und die genaue Todesursache blieben ungeklärt. Bereits im Februar 1991 hatte er in einem Brief an Bischof Dr. Demke um seine Entlassung aus dem kirchlichen Dienst gebeten. Dieser Bitte wurde jedoch bis zu seinem Tode nicht entsprochen. Erst im August 1991 wurde die Tätigkeit D. Hammers für das MfS durch eine Presseveröffentlichung bekannt. Mehrere Ordner Aktenmaterial wurden in einem Forschungsprojekt gesichtet und ausgewertet. Freilich fehlen Akten über seine Mitarbeit im MfS für die Zeit von 1978–1989 (vermutlich 1990 vernichtet).

Als Konsequenz dieser Spionagetätigkeit wurde die Berufung von D. Hammer zum Kirchenbeamten post mortem widerrufen.

# Anhang 2:
# Stasi-Bewertung des RIAS

Ministerrat der Deutschen Demokratischen Republik
Ministerium für Staatssicherheit 156

Berlin, den 1. Oktober 1965

**B e s t ä t i g u n g**

Dem Ministerium für Staatssicherheit ist bekannt, daß es sich bei der Anschrift

Werner K u f s t e i n,
Berlin-Schöneberg 62, Am Park 1

um die Deckadresse des Hetzsenders RIAS handelt, die unter anderem auch in der Sendereihe "Die Zone spricht für die Zone" bekanntgegeben wurde.

Die Hetzsendung "Die Zone spricht für die Zone" ist ausschließlich für Hörer aus der Deutschen Demokratischen Republik bestimmt. Sie dient den militaristischen und revanchistischen Kräften in Westdeutschland und den USA im Rahmen ihrer psychologischen Kriegsführung gegen das gesamte sozialistische Lager als Mittel der politisch-ideologischen Diversion gegen die DDR.

Mit dieser Sendung verfolgt der RIAS das Ziel, die politisch-moralische Einheit der Bevölkerung der DDR zu untergraben und die Hörer in der DDR in Widerspruch zur Politik der Regierung der Deutschen Demokratischen Republik zu bringen.

Der RIAS fordert in der Sendung "Die Zone spricht für die Zone" die Hörer auf, Briefe an die von ihm genannten Deckadressen zu schreiben.
Die eingehenden Hetzbriefe bilden die Grundlage für diese Sendung. Sie werden von den RIAS-Kommentatoren Peter HERZ (bis 31.3. 1965) und Karl WOERMANN vollständig beziehungsweise teilweise verlesen und kommentiert.
Durch die Bekanntgabe von Briefen, die Programme oder Hinweise zur Organisierung des Widerstandes gegen die Regierung der DDR enthalten, sollen die Hörer zu aktiven feindlichen Handlungen gegen die DDR beziehungsweise zu passivem Widerstand veranlaßt werden.

Durch diese Briefzuschriften versucht der RIAS weiterhin, einen Überblick über die jeweilige Situation in der DDR, über die Stimmung der einzelnen Bevölkerungskreise sowie über auftretende Schwierigkeiten und Mißstände zu bekommen. Diese Informationen werden vom RIAS in seiner weiteren Hetz- und politisch-ideologischen Zersetzungstätigkeit ausgewertet. Auf dem Wege der Briefzuschriften an die Sendung "Aus der Zone für die Zone" gesammelte Nachrichten werden vom RIAS ebenfalls an Staatsstellen und andere feindliche Dienststellen und Organisationen zur Auswertung weiter geleitet. Das wurde vom RIAS selbst in einigen Fällen bestätigt. So teilte er einzelnen Schreibern mit, daß ihre Zuschriften an "entsprechende Stellen" weiter geleitet wurden.

In dieser Hetzsendung werden den Hörern ebenfalls Hinweise für die Einhaltung konspirativer Regeln beim Verfassen und Versenden von Briefen gegeben. Die Hörer werden aufgefordert, falsche Absender zu verwenden, Briefe in einem anderen Ort aufzugeben und im Inhalt nichts zu schreiben, was zu ihrer Identifizierung führen könnte.

# Anhang 3:
# Verhaftungsvorbereitung am 11. Oktober 1965

BStU 000322

Abteilung XX

Magdeburg, den 11. Oktober 1965
Schs/Sie
Tgb.-Nr.: XX/3/ 4370 /65 A

Ablage

Leiter
der Abteilung VIII + XI persönlich

im Hause

HAMPE, Peter, Magdeburg, Pappelallee 6, Student

Ihr IM, Reg.-Nr.: Mgdb. 3534/61 / VI/1582/64

H. steht im Verdacht, Vorbereitungen zum illegalen Verlassen der DDR zu treffen. Zur umfassenden Aufklärung seiner Person bitten wir Sie, den o. a. IM einzusetzen, um nachstehende Fragen zu klären:

1. Wie ist das politische Verhalten des H. einzuschätzen?
2. - sind hetzerische Äußerungen bekannt?
   - werden Westsender gehört bzw. gesehen?
   - verbreitet er Gerüchte zum politischen Geschehen?
2. Verhältnis zur Mutter und deren Einfluß auf den Sohn?
3. Bestehen Verbindungen zu dem in WD lebenden Vater?
   - werden Briefe und Pakete empfangen - wie oft? - Inhalt?
4. Umgangskreis in Magdeburg und Einschätzung desselben
   - welche Personen besuchen ihn?
5. Sonstige Verbinungen nach WD/WB und nach Ungarn
6. Charakterliche Einschätzung des H. und Leumund

Um schnelle Erledigung wird gebeten, da es sich um die Bearbeitung eines Vorganges handelt.

Leiter der Abteilung XX

# Anhang 4: Stasi-„Verhaftungsvorschlag“

118

Abteilung IX Potsdam, den 16. 11. 1965

Einschätzungsbericht

- - - - - - - - - - - - - - -

In dem Op.-Vorgang "Pfleger" IV/999/65 der Abteilung XX Potsdam wird der Student der PH H a m p e , Peter, wegen des Verdachtes, Vorbereitungen zum illegalen Verlassen der DDR getroffen zu haben, bearbeitet. Außerdem schrieb er 1963 an eine Deckadresse des RIAS einen Brief mit hetzerischem Inhalt, als dessen Verfasser er lt. beiliegenden Gutachten der Abt. 32 identifiziert wurde.



Aus dem operativen Material geht hervor, daß H. mit 2 weiteren Jugendlichen aus Magdeburg vom 14. - 30. 8. 65 eine Privat-Reise in die VR Ungarn unternahm in der Absicht, einen Grenzdurchbruch zu begehen.
Zu diesem Zweck hatte er sich dort mit einem namentlich nicht bekannten Westberliner Journalisten getroffen, der ihm eine entsprechende Landkarte sowie eine größere Summe in jugoslawischer Währung aushändigte.

Bei dem Versuch, in der Nähe von Szombathely in das Grenzgebiet einzudringen, wurden H. und einer der anderen Jugendlichen durch die ungarischen Sicherheitsorgane festgenommen.
Durch das falsche Alibi ungarischer Staatsbürgerinnen und entsprechende Aussagen des 2. Magdeburger Jugendlichen gelang es ihm, die ungarischen Sicherheitsorgane zu täuschen.

Nach seiner Rückkehr aus Ungarn gab H. seinen Entschluß nicht auf und traf sich bezüglich weiterer Vorbereitungen mit dem bereits genannten Westberliner Journalisten im demokratischen Berlin und mit den beiden Magdeburger Jugendlichen.

669





Dieser Sachverhalt ergibt sich aus den Mitteilungen eines IM und den Angaben einer bei der VP in Magdeburg inhaftierten Person, die von dem mißglückten Vorhaben des Grenzdurchbruches in Ungarn Kenntnis erhielt.

Nach dem vorliegenden Sachverhalt ist der dringende Tatverdacht bei H. gem. § 8 Abs. [illegible] Paßgesetz sowie §§ 16 und 19 StEG gegeben.



Es wird vorgeschlagen, die von der Abt. XX im vorliegenden Abschlußbericht vorgesehenen Maßnahmen durchzuführen und gegen H. ein EV mit Haft einzuleiten.

Major | Hauptmann
Ltr. d. Abt.

# Anhang 5:
# Mein Haftbefehl

11

8

Das Kreisgericht
Potsdam-Stadt

Potsdam, 19. 11. 65

Aktenzeichen: 64/65

## Haftbefehl

Der H e m p e , Peter, geb. am 18. 12. 44 in Magdeburg, Student an der PH Potsdam, wohnhaft in Magdeburg, Pappelallee 6, [illegible], G.-Mendel-Str. 10,

Er wird beschuldigt, in der Zeit von August 1965 bis zum 18. 11. 65 den Versuch unternommen zu haben, ohne erforderliche Genehmigung das Gebiet der DDR zu verlassen.

Der Beschuldigte beabsichtigte, über die VR Ungarn, wohin er sich einladen ließ und auch im August 1965 fuhr, nach Österreich zu gelangen. Nachdem dieses Vorhaben nicht zur Ausführung kommen konnte, kaufte er sich bzw. wollte er sich ein Paddelboot kaufen, um mit diesem auf dem Wasserwege über die Ostsee nach Schweden zu gelangen.

Vergehen nach § 8 Abs. 1 und 3 des Paßgesetzes der DDR n. F.

Er ist dieser Tat dringend verdächtig, und da auf Grund der konkreten Handlung Fluchtverdacht besteht, ist der Haftbefehl gemäß § 141 Abs. 1 StPO gesetzlich begründet.

Gegen diesen Haftbefehl ist binnen einer Woche das Rechtsmittel der Beschwerde zulässig

Richter am Kreisgericht

Ausgefertigt:

Potsdam, den 19. 11. 65

Sekretär

Ag [illegible]

Best.-Nr. [illegible] Haftbefehl – Kreisgericht – [illegible]

# Anhang 6:
# Unsere Festnahme in Ungarn (Protokollauszug)

202/13

- 9 -

Sprachführer und eine Landkarte des jugoslawisch-österreichischen Grenzgebietes, die sich im Original als Beweismittel bei der Akte befinden.

( s. Bl. 46-48, 116-118 d. A. )

Nach einem etwa 3tägigen Aufenthalt in Budapest begaben sich die Beschuldigten mit und nach einem kurzen Zwischenaufenthalt in Keszthely am Plattensee in Richtung ungarisch-jugoslawische Grenze nach Nagy Kanizsa. Da sie in dieser Stadt viel Polizeiangehörige und verschärfte Kontrollen feststellen, nahmen die Beschuldigten in diesem Gebiet von einem Grenzdurchbruch Abstand und entschlossen sich, nach Szombathely an die ungarisch-österreichische Grenze zu fahren, wo sich Hampe und am Vormittag des nächsten Tages ohne Wissen von und in Richtung Grenzgebiet begaben, weil sie allein den Grenzdurchbruch unternehmen wollten. Die Beschuldigten waren der Meinung, daß und auf Grund ihrer dort gemachten Mädchenbekanntschaften nicht ernsthaft an einen Grenzdurchbruch dachten und demzufolge selbst zusehen sollten, wie sie ihr Vorhaben durchführen könnten.

Entsprechend einer am Stadtrand von Szombathely vorgenommenen Orientierung auf der Landkarte gingen Hampe und über Wiesen und Feldwege in Richtung Grenze und wurden auf Grund ihres Aufenthaltes im Grenzgebiet in der Nähe von Tovony durch die ungarischen Sicherheitsorgane festgenommen, wobei sie angaben, sich verlaufen zu haben.
Um ihre Ausrede glaubwürdiger zu machen, erwähnten sie außerdem das mit und für 13.00 Uhr am Bahnhof Szombathely vereinbarte Zusammentreffen.
Nach entsprechender Überprüfung dieser Angaben durch die Angehörigen der ungarischen Sicherheitsorgane wurden die Beschuldigten verwarnt, und es wurde ihnen gestattet, sich weiter in der Stadt aufzuhalten.
Auf Grund dessen beschlossen Hampe und , ein erneutes Aufsuchen des dortigen Grenzgebietes zu unterlassen.

# Anhang 7:
# Stasi-Situationsbericht nach meiner Festnahme

102

Abteilung XX/6 Potsdam, den 2. 12. 1965

BStU
000111

Situationsbericht nach der Festnahme des Studenten ..HAMPE...
in der Seminargruppe Chemie/Biologie 2/1

---

Von der erfolgten Festnahme hatten die Studenten bis zum 22. 11. 1965 keine Kenntnis. [illegible] Untersuchungen, die durch den Studenten und FDJ-Sekretär der Seminargruppe , [illegible] bei der Staatsanwaltschaft angestellt wurden, sowie das Erscheinen der Mutter des Inhaftierten und der durchgeführten Hausdurchsuchung, erhielten die Studenten von der Festnahme des ..HAMPE..... Kenntnis.
Durch PK, die über das [illegible] Internat Gregor-Mendel-Straße 10 eingeleitet wurde und durch inoffizielle Angaben wurde folgender Sachverhalt über die Inhaftierung bekannt.:
Von den Studenten werden die verschiedensten Spekulationen zu der Festnahme angestellt. Diese Spekulationen haben folgendenInhalt:

1. Verdacht der Spionagetätigkeit
2. Verbindungen zu negativen Jugendlichen in seinem Heimatort Magdeburg von denen er zu staatsgefährdenden Handlungen verführt wurde.
3. Vorfälle während seiner Ungarn-Reise im Sommer 1965, die zu seiner Festnahme führte
4. Auf Grund der Kenntnis von seinen Fahrten per Anhalter auf der Autobahn wird die Vermutung geäußert, daß er zu ausländischen und westdeutschen Personen Verbindung aufgenommen hatte.

Insgesamt ist einzuschätzen, daß einheitlich die Meinung vertreten wird, daß sich .HAMPE. in Potsdam nichts zu Schulden kommen ließ.
Aus der PK ergeben sich keine Anhaltspunkte, daß weitere Studenten von der staatsfeindlichen Tätigkeit des ..HAMPE.. Kenntnis

103





hatten. Die Darstellungen werden in sachlicher bzw. übertriebener Form niedergelegt.
Der Student          richtete als Freund des ..HAMPE.. und als FDJ-Sekretär der Gruppe an dessen Mutter einen Brief in dem er es bedauerte, daß es zu der Festnahme ihres Sohnes kam, brachte aber gleichzeitig zum Ausdruck, daß in der DDR kein Bürger ohne begründeten Tatverdacht festgenommen wird. Es ist einzuschätzen, daß Grahnert keine Kenntnis von der staatsfeindlichen Tätigkeit besessen hat.
Durch den IM "Rüdiger Berg" wurde am 30. 11. 65 bekannt, daß der Student der Seminargruppe ..          die Befürchtung besitzt, daß er vom Ministerium für Staatssicherheit in der Strafsache ..HAMPE.. zeugenschaftlich vernommen wird. Nach seinen eigenen Angaben machte ihm ..HAMPE.. einige Andeutungen, über Vorfälle während seines Aufenthaltes in der Volksrepublik Ungarn. Von dem IM konnte nicht eingeschätzt werden, in welcher Form .          .. informiert wurde.
Bei den bisher geführten Gesprächen mit den Studenten der Seminargruppe ging einheitlich hervor, daß ..HAMPE.. gegenüber seinen Mitkommolitonen kameradschaftlich auftrat ohne aber besonders enge Freundschaften zu unterhalten. Er war bei allen Mitstudenten beliebt.
Der IM "Rüdiger Berg" schätzt ein, daß bei Anforderung von den Studenten eine objektive Beurteilung über ..HAMPE.. abgegeben wird aber ohne tiefgehender auf seine Persönlichkeit und seine politische Einstellung eingehen zu können, da er sich in keiner Form gegenüber seinen Mitstudenten zu negativen Äußerungen hinreißen ließ bzw. keine Stellungnahme zu den verschiedensten Problemen in der Gruppe abgab.
Aus der Chemiker-Zeitung, die anläßlich des Chemikerballes am 26. 11. angefertigt wurde, wird u. a. zu ..HAMPE.. sinngemäß ausgesagt:
"Der Hinweise zum besten Ausschalten jeglicher gesellschaftlicher Arbeit benötigt, richte sich an den Studenten ..HAMPE..

104

Inoffiziell konnten keine Hinweise über die Verteilung und Verbreitung von Schriftenmaterialien des durch ..Hampe.. im Internat gegeben werden. Zu erwähnen ist dazu, daß dem IM nicht der Name des Verfassers dieser Schriften genannt wurde.
Als Vertreter der Gruppe zur Abgabe einer Beurteilung während der Gerichtsverhandlung wurden die Studenten und genannt.
Vom 18. Dez. 1965 bis Ende Januar 1966 befinden sich die Studenten der Seminargruppe im Urlaub bzw. Pädagogischen Praktikum außerhalb Potsdams.



Unterleutnant

# Anhang 8:
# Stasi zur Geldsammlung der Studenten

Abteilung XX/6 Potsdam, ~~den 6.12.1965~~



**Bericht**

Am 4.12.65 wurde durch die Studentin...................... bekannt, daß durch den FDJ-Sekretär der Seminargruppe Chemie/Bio II/1 für den inhaftierten Studenten.....HAMPE..... in der Seminargruppe eine Spendensammlung durchgeführt wird.

Diese Sammlung kam auf Initiative des FDJ-Sekretärs der Gruppe, Genossen , , zustande. Angeblich will er dementsprechende Rücksprache mit der Staatsanwaltschaft Potsdam geführt haben.

Beim Gespräch mit dem 2. FDJ-Sekretär der PH Potsdam, Genossen , am 6.12.65 bestätigte sich dieser Fakt.

wurde am 3.12.65 von dahingehend informiert, daß in der Seminargruppe bisher 70,- MDN für ....HAMPE.... gesammelt wurden.

Der Genosse nahm gegen diese Sammlungsaktion nicht konkret Stellung. Er befragte nur, ob diese Sammlung als politisch richtig einzuschätzen ist.

soll dazu erklärt haben, daß diese Sammlung keine Solidaritätserklärung für ....HAMPE.... darstellen soll, sondern nur eine Hilfe für seine ungenügende finanzielle Lage darstellt. Er begründete, daß die Mutter des Inhaftierten alleinstehend ist und nur über ein unzureichendes Einkommen verfügt, sodaß sie ihren Sohn in der augenblicklichen Zeit nicht unterstützen kann.

erklärte weiterhin, daß die Angehörigen der Seminargruppe noch keine Kenntnis über die wahren Ursachen der Inhaftierung des ....HAMPE.... besitzen und aus diesem Grunde keine Stellungnahme dazu von der Seminargruppe abgegeben werden kann. G. war der Meinung, daß bis zum jetzigen Zeitpunkt.....HAMPE..... noch keine gesetzeswidrigen Handlungen nachgewiesen werden konnten.

Insgesamt ist durch eingeleitete PK einzuschätzen, daß eine große Aktivität in Fragen der Inhaftierung des ....HAMPE.... zeigt.

- 2 -

Er steht in ständiger postalischer Verbindung mit der Mutter des Inhaftierten. Aus der PK ist ebenfalls zu entnehmen, daß von Mitgliedern der Gruppe schon mit einer klaren Konzeption bei einer evtl. Gruppenversammlung zur Erarbeitung einer Beurteilung über ...Hempe... herangegangen wird, um das Bestmöglichste für ihn herauszuarbeiten.

Ultn.

# Anhang 9: Zum Initiator der Geldsammlung

- Abteilung XX/6- Potsdam, 6. Dezember 1965.

BStU 000314

<u>Information</u>

Am 6. 12. 1965 informierte mich der Gen. Ultn. , daß in der Seminargruppe Chemie/Biologie II/1 der PH Potsdam eine Sammlung für den inhaftierten HAMPE, Peter durchgeführt wird.

Als Initiator dieser Sammlung trat der FDJ-Sekretär der Seminargruppe

auf.

Es wird beabsichtigt, dem HAMPE zu Weihnachten ein Geschenk zukommen zu lassen.

Als Begründung für diese Sammlung sagt man, daß sie nicht wissen, warum er inhaftiert wurde und somit ihr Vorhaben gerechtfertigt wäre.
Diese Information erhielt der Gen. Ultn. von seiner zukünftigen Ehefrau, welche in der gleichen Seminargruppe studiert.

<u>Maßnahmen</u>:

- Rücksprache mit der Abt. IX
  Durch die Abt. IX wird in Verbindung mit dem Staatsanwalt Ende dieser Woche eine Aussprache mit der Seminargruppe zur Erarbeitung einer Beurteilung des HAMPE durchgeführt.
- Organisierung von außerplanmäßigen Treffs mit dem GHI "Hermann" und dem GI "Rüdiger BERG".
- Rücksprache mit dem Prorektorat der PH sowie Parteileitung.

Leutnant

# Anhang 10:
# Protokoll zur „Aussprache“ mit den Studenten

734

Potsdam, den 14.12.1965



P r o t o k o l l

über die durchgeführte Aussprache mit den Studenten der Seminargruppe Chemie-Biologie II/1 der Pädagogischen Hochschule Potsdam zur strafbaren Handlung des Beschuldigten H a m p e, Peter.

Am heutigen Tage wurde im Kulturraum des Internats der Pädagogischen Hochschule Potsdam, Gregor-Mendelstr. 10 in Anwesenheit von 25 Studenten der Seminargruppe Chemie-Biologie II/1, des Seminarbetreuers und des Referenten für Studienangelegenheiten im Prorektorat Kollegen die Aussprache über die strafbare Handlung des Beschuldigten H a m p e, Peter durchgeführt.
An der Aussprache nahmen weiterhin ein Vertreter des Ministeriums für Staatssicherheit sowie Staatsanwalt von der Bezirksstaatsanwaltschaft Potsdam teil.
Durch den Vertreter des Ministeriums für Staatssicherheit wurde den Anwesenden bekannt gegeben, daß gegen Hampe ein Ermittlungsverfahren nach dem Paßgesetz der DDR eingeleitet wurde, weil er seit Anfang 1965 zum illegalen Verlassen der DDR entsprechende Vorbereitungen getroffen und Versuche unternommen hatte.
Es wurden zum besseren Verständnis die wesentlichen Einzelheiten der strafbaren Handlungen des Hampe dargelegt.
Danach wurde zu der Straftat des Hampe die Diskussion begonnen und die von Hampe begangene strafbare Handlung als verurteilungswürdig eingeschätzt, wovon man sich distanzieren muß.
Das Verhalten des Hampe ist für die Anwesenden überraschend, da in der Seminargruppe keine Hinweise bzw. Anzeichen für ein illegales Verlassen der DDR durch Hampe bekannt wurden.
Nachdem die Beweggründe des Handelns von Hampe erörtert und dabei insbesondere der Einfluß der westlichen Propaganda, der auch Hampe unterlegen ist, hervorgehoben wurde, kam es zu einer Diskussion über den Reiseverkehr in das sozialistische und kapitalistische Ausland. Es ging im wesentlichen darum, daß einige Studenten sich nicht über die politische Bedeutung der Reiseeinschränkungen in das kapitalistische Ausland im klaren waren,

worauf Staatsanwalt          die politische Bedeutung dieses Sachverhal-ts einschätzte. Es wurde darüber Klarheit geschaffen, daß aufgrund des Bestehens zweier deutscher Staaten mit gegensätzlichen Gesellschaftsordnungen eine besondere politische Situation besteht, die durch die subversive Tätigkeit des westdeutschen Staates gegen die DDR gekennzeichnet ist und bestimmte Maßnahmen des Arbeiter-und Bauernstaates notwendig macht.
Gleichzeitig wurde vom Staatsanwalt          daraufhin gewiesen, daß sich die Studenten der Pädagogischen Hochschule ihrer Pflicht als künftige Lehrer unserer Kinder bewußt sein müssen und zur DDR sowie den von der Regierung eingeleiteten Maßnahmen den richtigen politischen Standpunkt einnehmen müssen.
Durch          wurde darauf verwiesen, daß man nicht aufgrund von Annahmen und vom Hörensagen die Dinge beurteilen kann, sondern dazu ein Klassenstandpunkt notwendig ist.
In diesem Zusammenhang wurde weiterhin die in der Seminargruppe nach der Inhaftierung von Hampe eingeleitete Geldsammlung zur Sprache gebracht, die nach Darlegung einiger Studenten spontan und ohne tiefgründige Überlegung zustande gekommen war. Diese Sammlung habe sich aus dem Umstand ergeben, daß die Studenten nicht die Gründe der Inhaftierung kannten und aus menschlichen Erwägungen heraus, Hampe helfen wollten.
Nachdem erläutert wurde, daß dieses Verhalten falsch und mangelndes Vertrauen zu den Sicherheitsorganen darstellt, wurde eingesehen, daß dies eine voreilige Handlung war.

Im weiteren Verlauf der Aussprache wurde durch den FDJ-Sekretär, den Jugendfreund          , die Persönlichkeit des Hampe eingeschätzt, was durch einzelne Diskussionsredner noch ergänzt wurde.
Hampe war seit September 1964 als Student an der Pädagogischen Hochschule in Potsdam und gehörte zu der Seminargruppe Chemie-Biologie II/1. Sein Verhältnis zu den anderen Studenten ist als gut zu bezeichnen. Er verhielt sich kameradschaftlich und stets hilfsbereit, besonders vor Prüfungen. Hampe wird weiterhin, als ruhig, bescheiden und zurückhaltend eingeschätzt. Er ist wenig in den Vordergrund getreten.

Seine Studienmoral war gut, indem er, um seinen Leistungsstand zu verbessern, strebsam und hartnäckig der Aneignung des Lehrstoffes nachkam. Er erreichte im 1. Studienjahr einen Leistungsdurchschnitt von 2,4.
Durch            wurde diesbezüglich dargelegt, daß Hampe überdurchschnittlich intelligent ist und bei weiteren Anstrengungen noch bessere Leistungen erzielen könnte.
In den FDJ-Versammlungen trat Hampe, wie andere Studenten auch, wenig in Erscheinung, was auf seinen zurückhaltenden Charakter zurückzuführen ist.
Es gab bisher bei Hampe keine Anzeichen eines politisch negativen Auftretens im Kreise der Studenten. Hampe hinterließ bei den Studenten den Eindruck eines unpolitischen Menschen, der aus einer gewissen Unsicherheit heraus, sich bei politischen Diskussionen ängstlich verhielt und um nicht anzuecken, über das jeweilige Problem die studierten Leitsätze der marxistisch-leninistischen Theorie verwandte.
Von dem Studenten            wurde gesagt, daß Hampe praktisch zwei Leben führte. Einmal als Student, den man sich zum Vorbild nehmen konnte und zum anderen sein Leben außerhalb der Pädagogischen Hochschule in Magdeburg. Scheinbar ist die Tat von Hampe in seiner Entwicklung begründet. Er hatte vielleicht während seiner Schulzeit in den politischen Fächern Lehrer, die stures Auswendiglernen duldeten, ohne auf die Probleme der Schüler, womit sie nicht fertig wurden, einzugehen.
Hampe hatte ständig Angst etwas falsch zu machen und sagte in politischen Diskussionen das, was man hören wollte.
Der Student            brachte zum Ausdruck, daß Hampe fleissig war, was sich auch darin zeigte, daß er nachdem er wegen seiner Leistungen in Polit-Ökonomie getadelt wurde, sich wirklich hinsetzte und den Stoff lernte.
In der Seminargruppe ist nicht bekannt, wie er zu Hause bei seiner Mutter lebte und welchen Umgangskreis er in Magdeburg hatte. Es war bekannt, daß er zum Wochenende per Anhalter nach Hause fuhr und Angebote, zum Beispiel bei dem Studenten Grunert in Brandenburg zu übernachten, ohne Begründung ausschlug.
Es wird eingeschätzt, daß Hampe vermeiden wollte, seinen Aufenthaltsverlauf in Magdeburg bekannt werden zu lassen.

Durch den Vertreter des Ministeriums für Staatssicherheit und Staatsanwalt          wurde zum Abschluß der Diskussion noch darauf verwiesen, daß bereits einige Studenten wegen Vergehen nach dem Paßgesetz der DDR strafrechtlich zur Verantwortung gezogen werden mußten und aus dem Vorfall mit Hampe die entsprechenden Schlußfolgerungen für eine Verbesserung der FDJ-Arbeit und Erziehungsarbeit gezogen werden müssen. Es komme darauf an, sich mehr als Gemeinschaft zu fühlen und zu handeln, die Erscheinungen der Zurückhaltung bei einzelnen Studenten durch Heranführen an die Gemeinschaft zurückzudrängen und die Festigung des politisch-ideologischen Bewußtseins weiter voranzutreiben.
Durch die anwesenden Studenten wurde beschlossen, einen gesellschaftlichen Ankläger zu benennen, der die politische Bedeutung und die Einschätzung der Straftat des Hampe vor Gericht vornimmt. Aufgrund dessen wurde der Student

als gesellschaftlicher Ankläger gewählt.
Außerdem wurde beschlossen, daß der FDJ-Sekretär der Seminargruppe

an der Hauptverhandlung teilnimmt und die kollektive Beurteilung des Hampe vortragen wird.

| Staatsanwalt | Vertreter des MfS | Seminargr. Betreuer | Kollektivvertreter |
|---|---|---|---|

# Anhang 11: Stasi-Befragungsspiegel zur Pädagogischen Hochschule

103

Abteilung XX/6 Potsdam, 19. Januar 1966



[illegible]

**Befragungsspiegel**

der Person ...[illegible]..., Peter – U.-Häftling der Abt. XIV der Bezirksverwaltung Potsdam – Zeit 20. Januar 1966

Durch den Genossen Hauptmann wurde eingeschätzt, daß z. Zt. bei dem ...[illegible] erfolgreiche Voraussetzungen für eine Befragung zur Pädagogischen Hochschule Potsdam gegeben sind.

1. Befragung zu Problemen des Studiums.
   - Einstellung der Studenten zum Studium
   - Mängel in der Ausbildung, die zu Unzufriedenheit bei den Studenten führen können
   - Erziehungsarbeit des Lehrkörpers und FDJ
   - Ideologische Einflußnahme auf die Studenten durch Einrichtungen der PH.

2. Politisch-ideologische Situation in der Studentschaft.
   - Diskussionen, Auffassungen zu den verschiedensten politischen Ereignissen, Einstellung der Studenten zur DDR, Hörer von Westrundfunk und Westfernsehen, aufgetretene negative Diskussionen.
   - Verbindungen nach Westberlin, Westdeutschland und dem kapitalistischen Ausland, Charakter dieser Verbindungen, Motive für Aufnahme solcher Verbindungen, wer führt persönliche Treffs durch.
   - Wer unterhält ähnliche Verbindungen wie er
   - Wem überreichte er die Havemann-Manuskrpite, aus welchem Motiv, wie wurden diese Manuskripte aufgenommen und welche Diskussionen gab es dazu.

- 2 -

110

- Besitzer weiterer Westlicher Literaturerzeugnisse
- Welche Studenten besitzen nicht die Voraussetzung, um als sozialistische Lehrerpersönlichkeit aufzutreten
- Sieht er begünstigende Ursachen für sein feindliches Auftreten in der negativen Einflußnahme durch andere Studenten oder Angehörige des Lehrkörpers, sowie in einer ungenügenden Einflußnahme durch gesellschaftliche Organe an der PH.

3. Moralische Probleme:
   - Verbindung zwischen Angehörigen des Lehrkörpers und Studenten
   - Unmoralischer Lebenswandel einzelner Studenten
   - Teilnehmer an Partys, welchen Charakter tragen diese.
   - Wer besitzt pornografische Erzeugnisse ?

4. Befragung zum einzelnen Studenten:

Unterleutnant

# Anhang 12:
# Stasi-Bericht über U-Häftling Hampe, Peter

160

Abteilung XX/6 Potsdam, 21. Januar 1966
Cn/He

BStU
000183



B e r i c h t

über durchgeführte Befragung des U.-Häftlings ..HAMPE, Peter
am 20. Januar 1966

Insgesamt ist einzuschätzen, daß der ..HAMPE.. einen aufgeschlossenen Eindruck hinterließ, auf Grund seiner sehr losen Verbindungen zur Seminargruppe an der Pädagogischen Hochschule nur geringe Angaben zu den gestellten Fragen geben konnte.

Er schätzt ein, daß auf die Bewußtseinsbildung der Studenten von seiten der FDJ sowie aber auch von Mitgliedern der Partei eine sehr geringe Einflußnahme ausgeübt wird. Als Beispiel führte er an, daß die Genossen der Seminargruppe nicht aus dem Kollektiv herausragen und zu politischen Fragen in der Seminargruppe, genau wie alle anderen Studenten, eine passive Haltung einnehmen.

Zur Situation an der PH erklärte er, daß bei den Studenten dem Philosophieunterricht keine Bedeutung beigemessen wird und dieser als langweilig und uninteressant angesehen wird. Dadurch kommt es gerade in diesen Fächern zu einer ausgeprägten Studienbummelei. Durch die Haltung des Lehrkörpers wird diese Studienbummelei noch gefördert. Als Beispiel führte er dazu an: Im Fach Arbeiterbewegung besuchte er im Verlaufe des 1. Studienjahres ca. 4 – 5 Vorlesungen. Trotzdem erhielt er als Note eine "2". Die Ursache dafür sah er in der Arbeit des Dozenten , dieser legte großen Wert auf die Arbeit mit Karteikarten. Zu Klausuren gestattete er die Verwendung von Karteikarten. Von ..HAMPE.. sowie vom einem großen Teil anderer Studenten wurden zu den Klausuren die Karteikarten angefertigt. Sie erhielten dann für ihre Faulheit und das Abschreiben dieser Karteikarten als Note eine zwei.

Im Fach Philosophie besuchte er im 2. Semester gar keine Vorlesungen, erhielt aber als Jahresendnote eine "2".

# Anhang 13:
# Die Hausordnung im Stasi-Gefängnis Potsdam

O r d n u n g für die H a f t a n s t a l t

I.

[illegible]r Häftling hat sich der Hausordnung und den Anordnungen [illegible] Aufsichtspersonals zu fügen.

II.

[illegible] Betreten eines Haftraumes durch einen Angestellten [illegible] Aufsichtsdienstes haben die Häftlinge sich in gerader Haltung mit dem Gesicht zum Fenster vor der ~~Lagerstätte~~ Sitzgelegenheit aufzustellen.

III.

Besondere Bestimmungen.

Für die Durchführung der Hausordnung gelten folgende Zeiten:

a) Wecken um 5.oo Uhr
b) Reinigung der Zellen, Waschen (Männer: Oberkörper frei)
c) Morgenverpflegung von 6.oo – 7.oo Uhr
d) Mittagsverpflegung um 12.3o Uhr
e) Abendverpflegung um 17.oo Uhr
f) Einschluß um 21.oo Uhr.

[illegible]. Die Lagerstätte ist nach dem Wecken sofort zu verlassen und in Ordnung zu bringen. Im Anschluß daran findet die Reinigung der Zellen, das Waschen und die Einnahme der Morgenverpflegung statt. Jeder Häftling ist verpflichtet, seine Zelle sauberzuhalten. Bei der Entlassung ist sie sauber zu übergeben.

[illegible] Es ist den Häftlingen verboten:

a) Tische, Betten und Sitzgelegenheiten zu besteigen.
b) In der Haftanstalt zu lärmen.
c) Zellen, Türen und Inventar zu beschmutzen. Wenn Beschmutzung festgestellt wird, trägt der Häftling die Renovierungskosten.
   Bücher dürfen nicht beschmiert werden. Bei nicht pfleglicher Behandlung trägt der Häftling die Kosten.
d) Mit Häftlingen anderer Zellen durch Klopfen, Pfeifen oder andere Zeichen in Verbindung zu treten.
e) Die Lagerstätte ist in der Zeit von 5.oo bis 21.oo Uhr nicht zu benutzen.
f) Schmutz, Speisereste, Papier oder sonstige Gegenstände in das Klosettbecken oder aus dem Fenster zu werfen.

4. Gesuche oder Krankmeldungen sind dem Angestellten des Aufsichtsdienstes morgens beim Herausgeben des Kaffeegeschirrs mitzuteilen.

Hinweise!

1. Zuwiderhandlungen gegen die Vorschrift der Hausordnung und die Anordnungen des Aufsichtsdienstes werden durch Hausstrafen geahndet.
2. Bei Gewalttätigkeiten, Flucht oder Ausbruchsversuchen erfolgt Waffengebrauch.
3. Die Strafverfolgung nach dem StGB wird durch die Hausstrafe nicht ausgeschlossen.

Der Leiter der Anstalt.

## Anhang 14: Wohnungsdurchsuchung bei meiner Mutter

62

Abteilung XX

Potsdam, 20. November 1965
Schi/Kr Tgb.Nr. 144/65



Abteilung VIII

<u>im H a u s e</u>

<u>Hausdurchsuchung in Magdeburg, Pappelallee 6 bei HAMPE</u>

Sie werden ersucht, am 20.11.1965 in der elterlichen Wohnung des inhaftierten H a m p e , Peter eine Hausdurchsuchung durchzuführen.
H. wohnt bei seiner Mutter

H a m p e , Ilse, geb. Lehmann
Magdeburg, Pappelallee 6

Leiter der Abteilung

Major

# Anhang 15: Führungsbericht: Strafvollzugskommando Berndshof

StVK Berndshof — Berndshof, den 13.09. 19 67

348/67 — 03367

Bezirksverwaltung des MfS — in Magdeburg

Az.:

BStU 000004

## Führungs-Abschluß-Bericht

Einmalige Meldung über die Entlassung eines Strafgefangenen

1. Zu- und Vorname (Geburtsname) H a m p e , Peter
2. Geboren am / in 18.12.1944 in Magdeburg
3. Soziale Herkunft Angestellter
4. Familienstand / Kinder unter 18 Jahren ledig, keine Kinder
5. Zuletzt polizeilich gemeldet Potsdam, Gregor-Mendel-Str.10
6. Personalausweis am 09.09.66 an VPKA Potsdam abgegeben
7. Wird / wurde entlassen am 17.09.1967 nach Magdeburg

   findet Unterkunft bei Mutter, Ilse Hampe, Magdeburg, Pappelallee 6
8. Entlassungsgrund Strafende
9. Verurteilendes Gericht BOG Neubrandenburg
10. Delikt / Strafmaß Paßverg. 1 Jhr. 6 Mon. Gef.
11. Berufsverbot lt. Urteil nein
12. Strafbeginn 18.11.1965 Strafende 17.09.1967
13. Vorstrafen keine
14. Erlernter Beruf ohne

    Ausgeübter Beruf Student
15. Letzte Arbeitsstelle Pädagogische Hochschule Potsdam
16. Überwiegend ausgeübte Tätigkeit während der Inhaftierung Baukommando
17. Begonnene bzw. abgeschlossene Lehre / Qualifikation während der Inhaftierung ./.
18. Wünsche über den künftigen Arbeitseinsatz kann sich für keine Arbeit entschließen.
19. Während der Inhaftierung bestand Verbindung mit (Betrieb, Kollektiv) ./.
20. Gesundheitszustand / Arbeitsfähigkeit
21. Nur für jugendliche Strafgefangene unter 18 Jahren:

    a) Name der Eltern bzw. des Vormundes und Wohnung

    b) Veranlaßte Maßnahmen zur Fortsetzung der Lehrausbildung, der Qualifizierung bzw. Aufnahme eines Arbeitsverhältnisses

    c) Voraussichtlicher Stand der Ausbildung

„Nicht erfaßt"

Okt. 1967

Beurteilung

Strafgefangener Hampe zeigte anfangs eine zufriedenstellende Führung. In unserem Kommando hatte Hampe bis Ende des Jahres 1966 eine schlechte Führung.
Es fiel ihm sehr schwer, sich den Weisungen des Aufsichtspersonals zu fügen und die bestehende Lagerordnung einzuhalten. Auf Grund einiger Verstöße gegen die Kommandoordnung mußte er in drei Fällen disziplinarisch zur Verantwortung gezogen werden. Hampe fällt es heute noch schwer, sich unterzuordnen. Zu anderen Strafgefangenen hat er einmal geäußert, daß er nicht zur Armee geht.
Zur Arbeit war Hampe in einem Landbaukombinat eingesetzt, wo er befriedigende Leistungen vollbringt. Insgesamt kann eingeschätzt werden, daß Hampe sich in den letzten Monaten etwas geändert hat. Ansonsten ist er in seinem Wesen etwas überheblich und sehr von sich eingenommen. Hampe ist durchaus in der Lage, eine bessere Führung an den Tag zu legen. Bisher hat er sich nicht würdig gezeigt, daß ihm unser Staat die Möglichkeit gab, zu studieren. Er hat allerdings den Wunsch, nach seiner Haftentlassung wieder ein Studium aufzunehmen. Er kann sich nur nicht zu einer bestimmten Fachrichtung entschließen.
Wir sind jedoch der Ansicht, daß Hampe erst einmal durch Arbeit beweisen soll, daß er die richtigen Schlußfolgerungen aus seinem bisherigen Verhalten gezogen hat.



Hauptmann des SV

# Anhang 16:
# Brief des Ministeriums für Hoch- und Fachschulwesen

MINISTERRAT DER DEUTSCHEN DEMOKRATISCHEN REPUBLIK

Abt. Erziehung u. Ausbildung

Herrn
Peter Hampe

101 Magdeburg
Pappelallee 6

IV Schi/Be
6015
108 BERLIN
2.4.1968

Sehr geehrter Herr Hampe!

Wir haben die von Ihnen am 2. März abgesandten Unterlagen erhalten. Grundsätzlich muß gesagt werden, daß bei einer Zulassung zum Direktstudium im allgemeinen eine Straftilgung erforderlich ist. Über eine Zulassung entscheidet nach der Aufnahmeanordnung vom (GBl. II, Nr. 98) die Einrichtung, an der das Studium aufgenommen werden soll.
Das Ministerium für Hoch- und Fachschulwesen ist laut Disziplinarordnung der Studierenden für eine eventuelle Aufhebung einer Relegation zuständig.

Nach gründlicher Prüfung Ihrer Unterlagen haben wir uns entschlossen, die Aufhebung der Relegation zu bestätigen, da Sie durch die bisherigen Arbeitsleistungen und den aktiven gesellschaftlichen Einsatz im VEB Schwermaschinenbau Georgi Dimitroff bereits zeigen, daß Sie entsprechende Schlußfolgerungen aus Ihren Verfehlungen gezogen haben.

Bei einer eventuellen neuen Studienbewerbung bitten wir jedoch zu beachten, daß der Zeitraum seit der Verbüßung der Strafe bis zum gegenwärtigen Zeitpunkt - auch unter dem Aspekt der erst im Jahre 1972 möglichen Straftilgung - sehr kurz ist, da die Studieneinrichtung grundsätzlich für ein Direktstudium erst nach Straftilgung entscheiden kann. Gegen die Aufnahme eines Fernstudiums dagegen bestünden keine Bedenken unsererseits im Hinblick auf den Zeitraum seit der Verbüßung der Strafe, da die Beteiligung an einem Studium neben der beruflichen Arbeit noch eine zusätzliche Bewährungsmöglichkeit bietet.

Die von Ihnen eingereichten Unterlagen haben wir mit der Bestätigung der Aufhebung der Relegation an die Pädagogische Hochschule Potsdam zum Verbleib bei Ihren Studienakten gesandt, die bei einer erneuten Bewerbung den neuen Unterlagen zugefügt werden.

Hochachtungsvoll

Abteilungsleiter

# Anhang 17:
# Protokoll des Volkspolizeikreisamtes

VPKA Magdeburg
Paß - und Meldewesen,
AG Ausländerkontrolle

Magdeburg, d. 09.04.1984



**Protokoll**

Am 06.04.84 sprachen Herr und Frau Hampe im Sachgebiet vor.
Frau Hampe wurde über die Rechtsvorschriften belehrt.
Die Belehrung erfolgte aktenkundig.
Frau H. wurde am 20.03. zu einer Aussprache zum Stadtbezirksschulrat Nord gebeten wegen der Antragstellung.
Im Ergebnis des Gespräches wurde sie fristlos als Lehrerin entlassen. Sie wird über das Amt f. Arbeit an eine neue Arbeitsstelle vermittelt.
Herr H. wurde durch seinen Direktor aus der Funktion des Laborleiters entlassen. Er arbeitet jetzt als [illegible] in derselben Einrichtung.
Beide brachten zum Ausdruck, daß sie bereits bei der Antragstellung mit diesen Maßnahmen gerechnet haben.
Sie wollen so schnell wie möglich aus der DDR ausreisen, da sie diesen "Druck" nicht [illegible] standhalten können.
Sie sind mit der Auskunft, daß sie im Sinne der VO nicht antragsberechtigt sind, nicht einverstanden.
Herr H. wollte eine Eingabe bezüglich der Übersiedlung machen.
Ihm wurde die Auskunft erteilt, daß es in diesem Falle nicht möglich ist, eine Eingabe zu machen.
Beide traten aggressiv auf und wollten wissen, ob sich die Unterzeichnete "wohl fühlt, wenn sie diese ablehnende Auskunft geben muß". Die beleidigenden Äußerungen wurden zurückgewiesen.

, Ltn.d.VP

# Anhang 18:
# Das Kreisarzt-Protokoll

155

Magdeburg, den 27.03.1984

**A k t e n v e r m e r k**

über das geführte Gespräch mit dem Kollegen Dr. Hampe,
Laborleiter – Poliklinik Südost am 23.03.1984



An diesem Gespräch nahmen teil :

Genosse MR Dr. [geschwärzt] – Kreisarzt
Genosse MR Dr. [geschwärzt] – stellv. ÄD – Poliklinik – Südost
Genossin [geschwärzt] – Arbeitsbereichsleiter Kader/Bildung – Fachabteilung
2 Genossinnen von der Zollverwaltung Schönebeck

Grund dieser Aussprache war das Schreiben von Dr. Hampe an das MfG vom 06.12.1983. In diesem Schreiben bat er um Bestätigung einer Studienreise in die Schweiz. Durch den Genossen Kreisarzt wurde der Kollege Hampe der Werdegang von Auslandseinsätzen gleich welcher Form eingehend erläutert. Deutlich unterstrichen wurde vom Genossen Kreisarzt, daß der Kollege Hampe zur Ausübung seiner Tätigkeit solche Erfahrungsaustausche mit dem Schweizerischen Institut für klinische Chemie und Hämatologie nicht benötigt und er diesen Studienaufenthalt nicht befürworten kann. Vom Genossen Kreisarzt wurde herausgearbeitet, daß Kader die zu Kongressen oder Tagungen in das kapitalistische Ausland fahren möchten, durch die übergeordnete Leitung bestätigt werden müssen. Kollege Hampe ist bisher für solch eine Funktion nicht vorgeschlagen und bestätigt worden. Durch die Genossin [geschwärzt], Zollverwaltung, wurde er erneut über die gesetzlichen Bestimmungen der Einfuhr von Büchern aus dem kapitalistischen Ausland belehrt. Im Gespräch hob Kollege Hampe hervor, daß er bestimmte Fachliteratur für seine Weiterbildung benötige. Er hatte sich bemüht diese in der DDR zu bekommen, aber leider vergebens. Vom Kreisarzt wurde dargelegt, daß es nicht notwendig ist, daß er sich Bücher wie z.B. " optimales Denken und Trainingsprogramm " für seine fachliche Weiterbildung benötige und aus der BRD schicken läßt. In unserer Republik gibt es gute Fachliteratur. Desweiteren hat er die Möglichkeit sich aus der Bibliothek der MAM bestimmte

 156

Fachliteratur auch aus anderen Ländern, zu besorgen. Des weiteren gibt es auch die Möglichkeit eine Sondergenehmigung zur Einfuhr bestimmter Literatur zu beantragen.
Im Zusammenhang mit der beabsichtigten Reise in die Schweiz zeigte sich Kollege Hampe sehr uneinsichtig. Er brachte zum Ausdruck, daß er zum Prof. Dr. [illegible] aus der Schweiz freundschaftliche Beziehungen unterhält und er dort kostenlos wohnen könne. Sollte er keine Dienstreisegenehmigung bekommen wird er gegebenenfalls einen Antrag auf eine Privatreise stellen.

[illegible] Dr.
Kreisarzt

# Anhang 19: Anträge, Briefe, Beschwerden, Besuche und Telefonate

- Antrag auf eine Studienreise in die Schweiz (6.12.1983)
- Ausreiseantrag an die Deutsche Volkspolizei (27.3.1984)
- Aussprache und Belehrung im Volkspolizeikreisamt (6.4.1984)
- Vorladung in die Abt. Pass- und Meldewesen (10.4.1984)
- Brief an die Deutsche Volkspolizei, z. Hd. des Leiters (10.4.1984)
- Anfrage nach einem Wählerauftrag an die Nationale Front (27.4.1984)
- Besuch des Abgeordneten Dr. … (8.5.1984)
- Eingabe an die Bezirksbehörde Magdeburg der Volkspolizei (14.5.1984)
- Ersuchen an den Rat des Bezirkes Magdeburg, Abt. Inneres (25.5.1984)
- Telefonat mit dem Büro des Abgeordneten … (5.6.1984)
- Beschwerde an die Bezirksbehörde der Volkspolizei (15.6.1984)
- Vorladung zur Deutschen Volkspolizei (12.6.1984)
- Brief an den Abgeordneten Dr. … (13.6.1984)
- 1. Brief an die Arbeiter- und Bauerninspektion der DDR (26.6.1984)
- 2. Brief an die Arbeiter- und Bauerninspektion der DDR (2.7.1984)
- 3. Brief an die Arbeiter- und Bauerninspektion der DDR (6.7.1984)
- Besuch des Abgeordneten und Ratsmitglied Dr. … (10.7.1984)
- Beschwerde bei der Bezirksbehörde der Volkspolizei (11.7.1984)
- Schreiben an das Ministerium des Innern der DDR (11.7.1984)
- Zweiter Ausreiseantrag an das Ministerium des Innern (11.7.1984)
- Brief an die Bezirksbehörde Volkspolizei (11.7.1984)
- Beschwerde an das Ministerium des Innern der DDR (11.7.1984)
- Telefonat mit dem Ratsmitglied Dr. … (11.7.1984)
- Anfrage an das Ministerium des Innern der DDR (11.7.1984)
- Schreiben an die SED-Bezirksleitung (11.7.1984)
- Mahnbrief an den Abgeordneten Herrn Dr. … (12.7.1984)

- Brief an den Schriftsteller Prof. Jürgen Kuczynski (12.7.1984)
- Brief an das Abgeordnetenkabinett Magdeburg-Nord (31.8.1984)
- Belehrender Mahnbrief an den Abgeordneten Dr. … (29.8.1984)
- Telefonat mit der SED-Bezirksleitung (6.9.1984)
- Schreiben an den 1. Sekretär der SED-Bezirksleitung (10.9.1984)
- Telefonat mit der SED-Bezirksleitung (20.9.1984)
- Ersuchen um eine Aussprache im Volkspolizeikreisamt (21.9.1984)
- Eingabe an den Staatsratsvorsitzenden Erich Honecker (21.9.1984)
- Telefonische Nachfrage im Büro von Dr. … (5.10.1984)
- Mahnbrief an das Abgeordnetenkabinett Magdeburg-Nord (24.10.1984)
- Brief an den Staatsratsvorsitzenden Erich Honecker (24.10.1984)
- 1. Brief an die Arbeiter- und Bauerninspektion der DDR (26.10.1984)
- 2. Brief an die Arbeiter- und Bauerninspektion der DDR (2.7.1984)
- 3. Brief an die Arbeiter- und Bauerninspektion der DDR (6.7.84)
- Aussprache im Volkspolizeikreisamt (6.11.1984)
- Telefonat mit dem Abgeordnetenkabinett Magdeburg-Nord (6.12.1984)
- Mehrere Telefonate mit der Bezirksleitung der SED in Magdeburg
- Brief an Verfassungs- und Rechtsausschuss der Volkskammer (1.10.84)
- Schreiben an den 1. Sekretär der SED-Bezirksleitung (2.10.1984)
- Brief an die Abt. Eingaben der Volkskammer (17.10.1984)
- Schreiben an den 1. Sekretär der SED-Bezirksleitung (8.11.1984)
- Brief an den Stadtbezirksschulrat Magdeburg-Nord (4.12.84)
- Brief an Verfassungs- und Rechtsausschuss der Volkskammer (5.12.84)
- Brief an den Staatsratsvorsitzenden Erich Honecker (27.12.1984)
- Schreiben an den 1. Sekretär der SED-Bezirksleitung (21.1.1985)
- Brief an Verfassungs- und Rechtsausschuss der Volkskammer (21.1.85)

- Brief an Prof. Dr. …, Humboldt-Universität, Rechtswiss. (25.1.1985)
- Schreiben an den 1. Sekretär der SED-Bezirksleitung (25.1.1985)
- Besuch des 1. Sekretärs der SED, Magdeburg, Werner Eberlein (17.2.1985)
- Brief an den Präsidenten der Volkskammer Horst Sindermann (21.2.85)
- 1. Brief an die Stadtbezirksbürgermeisterin, Magdeburg-Nord (8.1.1985)
- 2. Brief an die Stadtbezirksbürgermeisterin, Magdeburg-Nord (21.1.1985)
- 3. Brief an die Stadtbezirksbürgermeisterin, Magdeburg-Nord (31.1.1985)
- 4. Brief an die Stadtbezirksbürgermeisterin, Magdeburg-Nord (21.2.1985)
- 5. Brief an die Stadtbezirksbürgermeisterin, Magdeburg-Nord (28.2.1985)

# Anhang 20: Maßnahmeplan zur OPK „Siedler"



Abteilung II

Magdeburg, den 19. 4. 84
tb

Maßnahmeplan zur OPK "Siedler"

Zur Realisierung der Zielstellung der OPK "Siedler" ergeben sich folgende Maßnahmen:

1. Einleitung von M- und PZF-Kontrolle zu den Personen

Hampe, Rolf
Hampe, Ilse
Prof. Dr. Höffler, Dietrich
Prof. Dr. Dr. Weller, H.
Prof. Dr. Jäckel, Hartmut

Termin: 06. 04. 84

2. Auftragsersuchen zur Wohngebietsermittlung an die Abt. VIII
Termin: 03. 04. 84

3. Anforderung der Personalakten zu den Personen Hampe, Rolf und Hampe, Ingrid

Termin: 10. 4. 84

4. Überprüfung der Personen im Speicher der HA VI (Hampe, Rolf u. Hampe, Ilse)
Termin: 12. 4. 84

6. Hausüberprüfung - Hans-Beimler-Str. 44

Termin: 13. 4. 84

7. Aufklärung des Freundes - und Bekanntenkreises der Fam. Hampe

Termin: laufend

25

2



8. Überprüfung bekanntgewordener Verbindungen

Termin: laufend

9. Beschaffung von Handschriftenvergleichsmaterial

Termin: 10. 5. 84

10. Absprache mit KD Magdeburg zur Prüfung der Möglichkeiten der Erarbeitung inoffizieller Einschätzungen

Termin: 15. 4. 84

11. Einleitung von Maßnahmen zur Rückgewinnung in Koordinierung mit KD Magdeburg, Arbeitsstelle, Abt. Innere Angelegenheiten des RdS und VPKA

Termin: 14. 4. 84

12. Erfassung der ap. bedeutsamsten Westverbindungen im SV

Termin: 17. 4. 84

13. Erfassung der Mutter des H. im SV mit Einleitung von Reisesperre

Termin: 17. 4. 84

14. Einleitung von Maßnahmen zur Entzug von PA und Aushändigung PM 12

Termin: 20. 4. 84

Im Ergebnis der realisierten Maßnahmen wird bis zum 30. 5. 84 ein Zwischenbericht angefertigt.

Unterleutnant

# Anhang 21: Stasi-Erfassung körperlicher Merkmale

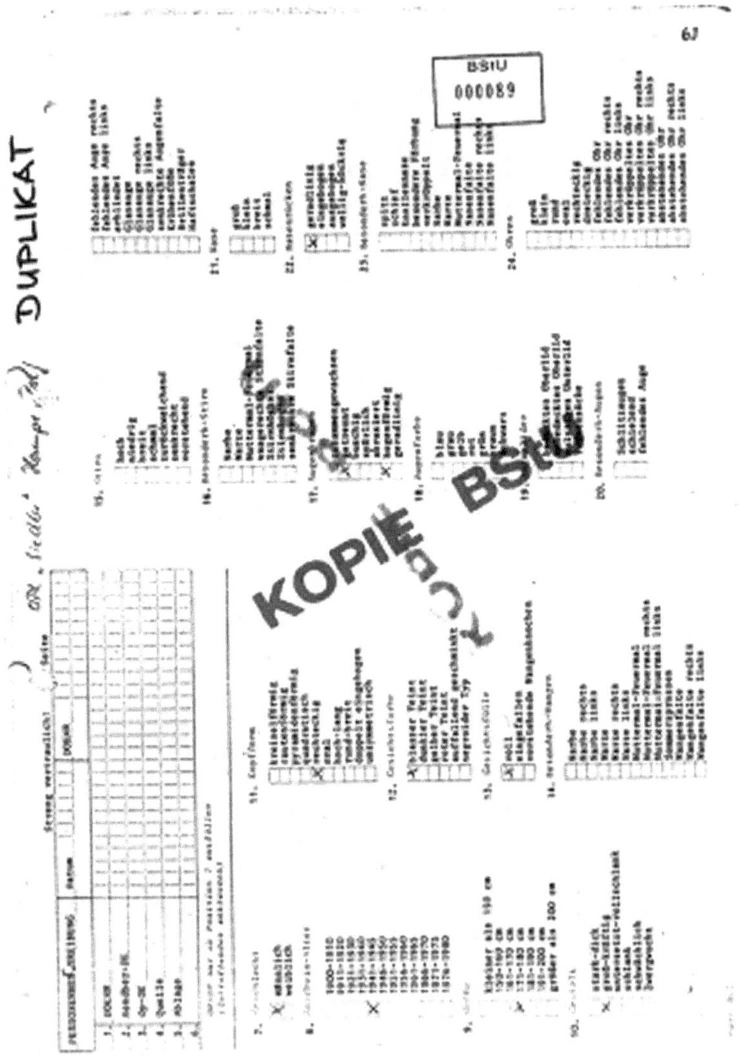

Die Grundformen des Kopfes von vorn

1 Kreisform
2 Rautenform
3 Pyramidenform
4 viereckige Form (quadratisch)
5 rechteckige Form
6 ovale Form
7 hohe oder lange Form
8 runde oder breite Form
9 doppelt eingebogene (bikonkave Form)
10 unsymmetrisches Gesicht (ungleiche oder schiefe Form)

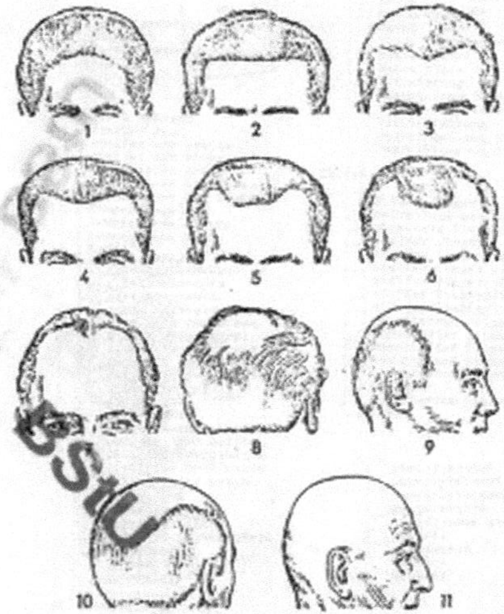

Der Haaransatz

1 kreisförmig
2 gerade
3 spitz
4 mit kleinen Stirnecken
5 mit mittleren Stirnecken
6 mit großen Stirnecken
7 Stirnglatze
8 Wirbelglatze
9 Stirn- und Wirbelglatze
10 Haarkranz
11 Vollglatze

# Anhang 22:
# Deckblatt von Band 1, Sammelakte Nr. 2

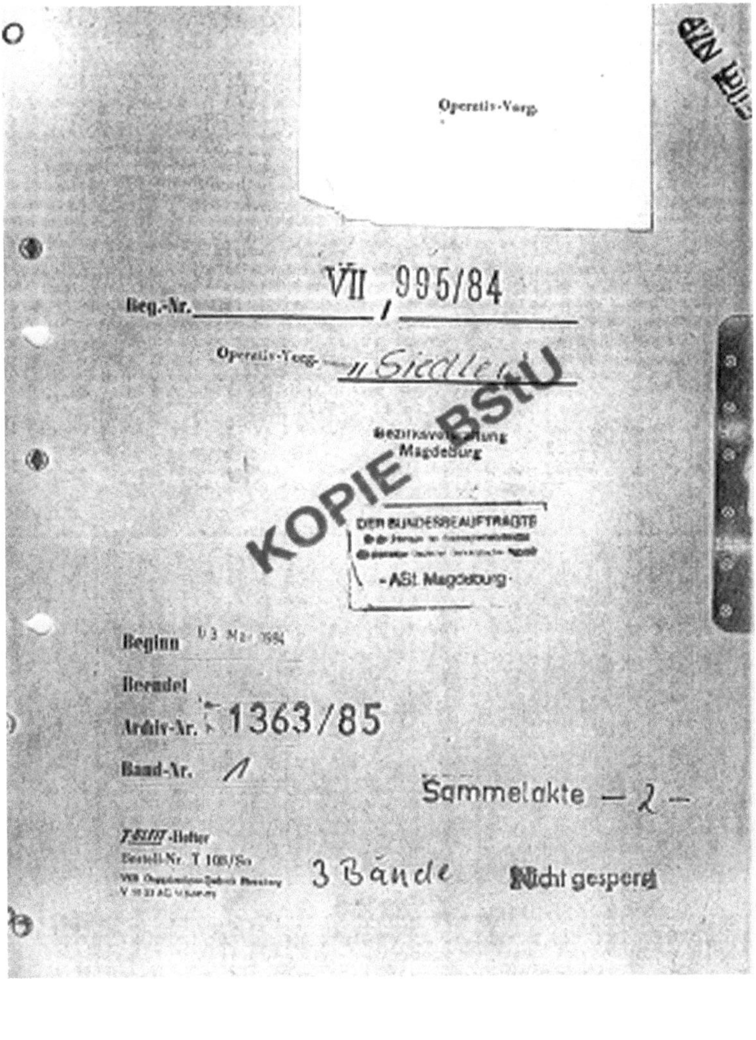

Operativ-Vorg.

Reg.-Nr. VII / 995/84

Operativ-Vorg. „Siedler“

Bezirksverwaltung Magdeburg

KOPIE BStU

DER BUNDESBEAUFTRAGTE [illegible]
- ASt. Magdeburg -

Beginn 03. Mai 1984

Beendet

Archiv-Nr. 1363/85

Band-Nr. 1

Sammelakte – 2 –

Bestell-Nr. T 108/So

3 Bände

Nicht gesperrt

# Anhang 23:
# Beobachtungsbericht über eine Woche

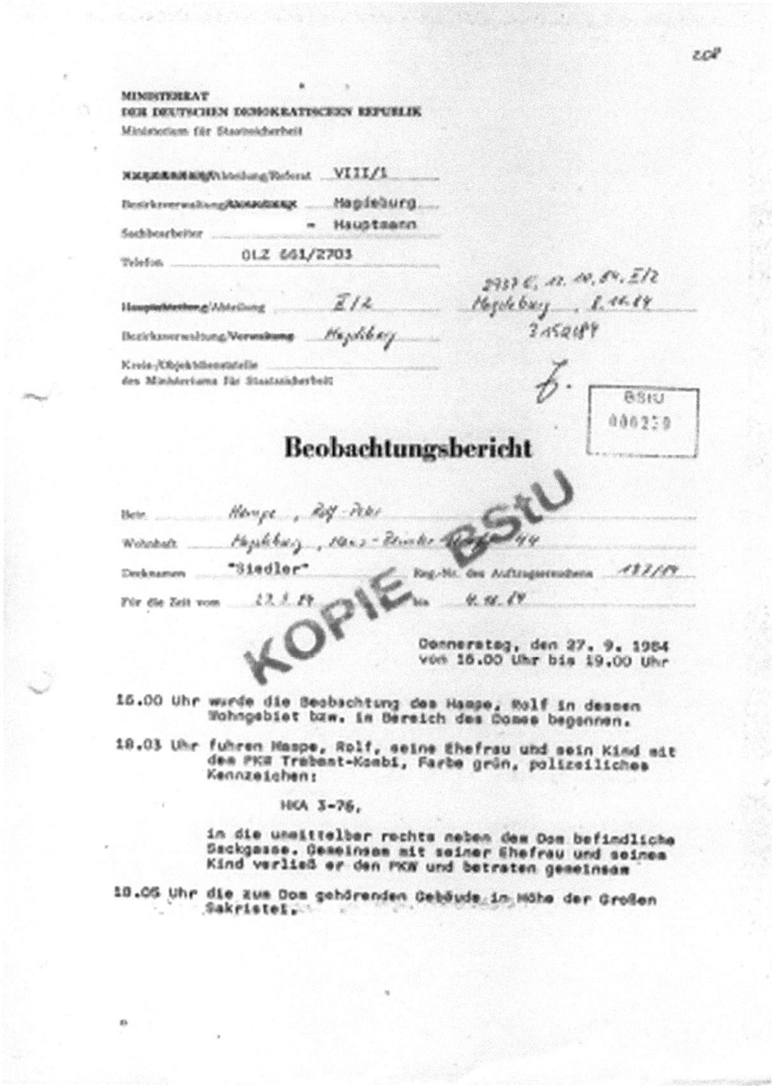

MINISTERRAT
DER DEUTSCHEN DEMOKRATISCHEN REPUBLIK
Ministerium für Staatssicherheit

Abteilung/Referat VIII/1
Bezirksverwaltung Magdeburg
Sachbearbeiter - Hauptmann
Telefon OLZ 661/2703

Abteilung [illegible]
Bezirksverwaltung Magdeburg

Kreis-/Objektdienststelle des Ministeriums für Staatssicherheit

**Beobachtungsbericht**

Betr. Hampe, Rolf-Peter
Wohnhaft Magdeburg, [illegible] 44
Decknamen "Siedler"
Für die Zeit vom [illegible] bis [illegible]

Donnerstag, den 27. 9. 1984
von 16.00 Uhr bis 19.00 Uhr

16.00 Uhr wurde die Beobachtung des Hampe, Rolf in dessen Wohngebiet bzw. im Bereich des Domes begonnen.

18.03 Uhr fuhren Hampe, Rolf, seine Ehefrau und sein Kind mit dem PKW Trabant-Kombi, Farbe grün, polizeiliches Kennzeichen:

HKA 3-76,

in die unmittelbar rechts neben dem Dom befindliche Sackgasse. Gemeinsam mit seiner Ehefrau und seinem Kind verließ er den PKW und betraten gemeinsam

18.06 Uhr die zum Dom gehörenden Gebäude in Höhe der Großen Sakristei.

18.45 Uhr verließ Familie Hampe das Gelände des Domes, ging zu ihrem abgeparkten PKW und fuhr auf direktem Wege, ohne zuvor Kontakt zu Personen im äußeren Bereich des Domes gehabt zu haben, zum Wohnhaus in der Hans-Beimler-Str. Nr. 44 zurück.

18.55 Uhr parkte Hampe, Rolf den PKW in der W.-Husemann-Straße ab und begab sich zu Fuß mit seiner Familie zum Wohnhaus, das sie

19.00 Uhr betraten.
Zu diesem Zeitpunkt wurde die Beobachtung für diesen Tag beendet.

Freitag, den 28. 9. 1984
von 16.00 Uhr bis 20.00 Uhr

19.30 Uhr verließ Hampe, Rolf, einen Einkaufsbeutel mit sich führend, in Begleitung seiner Ehefrau das Wohnhaus. Beide Personen gingen entlang der [illegible]schule-ZV, sowie über den Weg An der Waldschule zum Holzweg. Hier bogen sie links ab und setzten ihren Weg in Richtung R.-Koch-Straße fort.
In Höhe der [illegible]breite bogen sie links in diese ein und betraten

19.45 Uhr das dortige [illegible]
[illegible] Wohnhaus [illegible].

An der [illegible]tür stand der Familienname: ________.

20.00 Uhr wurde die Beobachtung des Hampe für diesen Tag beendet.

Sonnabend, den 29. 9. 1984
von 08.00 Uhr bis 20.30 Uhr

08.00 Uhr wurde mit der Beobachtung am Wohnhaus des Hampe wieder begonnen.

09.15 Uhr verließen Hampe und seine Ehefrau das Wohnhaus. Sie stiegen in ihren PKW ein und fuhren auf direktem Wege zur Bahnhofstraße, wie sie ihren PKW, Ecke Danzstraße abparkten. Beide Personen stiegen aus und gingen zum Hauptbahnhof, den sie

09.35 Uhr betraten. Sie gingen zum Intershop auf dem Bahnsteig 6. Dieser war geschlossen. Hampe und seine Ehefrau verließen den Hauptbahnhof wieder und gingen zum Hotel "International". In diesem betraten sie

09.45 Uhr den Intershop. Hampes Ehefrau probierte eine Hose an. Ohne etwas gekauft zu haben verließen sie

10.00 Uhr den Intershop. Auf direktem Wege gingen sie zum Intershop hinter dem "Adrett". In diesem hielten sie sich ca. 15 Minuten auf. Anschließend gingen sie auf dem selben Weg bis zum Schmuckgeschäft "Gold und Silber" zurück, das sie

10.32 Uhr für ca. 5 Minuten betraten. Danach gingen sie über Bahnhofstraße zum "Autohaus", indem sie sich ca. 2 Minuten aufhielten.

10.54 Uhr kamen beide zum PKW zurück, stiegen ein und fuhren über Siedlung Nord-West, direkt zu ihrem Wohnhaus, welches sie

11.07 Uhr betraten.

13.47 Uhr verließen Hampe, seine Ehefrau und ihr Kind das Wohnhaus. Mit ihrem PKW fuhren sie über Lübecker Straße zum Wohnhaus

Pappelallee Nr. 6,

wo sie



13.56 Uhr die Mutter des Hampe abholten.

14.06 Uhr fuhren sie gemeinsam ab und verließen Magdeburg über Lübecker Straße, Ebendorfer Chaussee auf der F 71 in Richtung Haldensleben, welches sie

14.34 Uhr erreichten. In Haldensleben fuhren sie bis hinter den Markt, wo sie in Höhe des Stadttores wendeten. Sie fuhren bis zum Markt zurück und bogen in Richtung Süplingen ab. Auf dieser Strecke sprachen sie einmal kurz eine männliche Person an. Sie fuhren weiter bis ca. 2 km vor Süplingen. Dort bogen sie nach links ab, an einer landwirtschaftlichen Einrichtung vorbei und in den dort befindlichen Wald. Nach ca. 2 minütigen Aufenthalt fuhren sie



14.48 Uhr in Richtung Haldensleben zurück. Über den Markt kamen sie wieder auf die F 71, auf der sie Haldensleben in Richtung Salzwedel verließen.

15.02 Uhr bogen sie ca. 3 - 4 km hinter dem Ortsausgang von Haldensleben in den Wald ein. Sie parkten ihren PKW ab und alle Personen begaben sich mit einem Spankorb in den Wald.

16.45 Uhr verließen alle Personen mit dem PKW den Wald, wobei in der hinteren Ablage des PKW, der mit Pilzen gefüllte Spankorb sichtbar war. Auf der F 71 fuhren sie in Richtung Magdeburg zurück.

17.08 Uhr hielten sie in Höhe der Gaststätte "Stadt Magdeburg". Diese war geschlossen.

17.12 Uhr fuhren sie nach Magdeburg zum Wohnhaus des Hampe zurück, welches alle Personen

17.23 Uhr betraten.
In der Folgezeit waren Hampes Ehefrau und Mutter beim Putzen der Pilze auf dem Balkon zu sehen.

20.04 Uhr verließen Hampe, R. und dessen Mutter das Wohnhaus und Hampe brachte diese auf direktem Wege zur Pappelallee 6 zurück.

20.20 Uhr betrat Hampe wieder sein Wohnhaus in der H.-Beimler-Straße.

20.30 Uhr wurde die Beobachtung für diesen Tag beendet.

Sonntag, den 30. 9. 1984
von 08.00 Uhr bis 20.00 Uhr

09.50 Uhr verließ Hampe, R. mit seinem Kind das Wohnhaus. Beide Personen begaben sich zum PKW und fuhren mit diesem zum Nicolaiplatz, wo Hampe den PKW unmittelbar neben der Nicolaikirche abparkte.

Beim Verlassen des PKW wurde festgestellt, daß er augenscheinlich sichtbares Interesse an den sich in der Nähe befindlichen PKW zeigte.

09.56 Uhr betreten Hampe und das Kind die Nicolaikirche durch den Haupteingang.

11.35 Uhr verließen beide Personen die Kirche, gingen zum PKW, stiegen in diesen ein und fuhren auf direktem Wege ins Wohngebiet zurück.

11.43 Uhr betraten Hampe und das Kind, nachdem sie den PKW in der Nähe des Wohnhauses abgeparkt hatten, das Wohnhaus.

13.27 Uhr verließ die Familie Hampe in Begleitung einer etwa gleichaltrigen Familie das Wohnhaus und alle Personen gingen zu ihren PKW.

In unmittelbarer Nähe des PKW der Familie Hampe war zu dieser Zeit ein PKW Wartburg-Tourist, Farbe braun, abgeparkt.

Hampe, R. und seine Ehefrau stiegen in ihren PKW ein, während die genannte Familie und das Kind der Familie Hampe in den Wartburg-Tourist einstiegen.
Gemeinsam fuhren sie nach Ebendorf und hielten hier

13.40 Uhr vor der dortigen Gaststätte "Stadt Magdeburg".
Nach einer kurzzeitigen Unterhaltung an ihren PKW, verabschiedeten sich die Personen

13.48 Uhr voneinander.

Die Insassen des PKW Wartburg-Tourist fuhren in Richtung Haldensleben.
Hampe, R., seine Ehefrau und das Kind fuhren auf direktem Wege zum Wohnhaus zurück, parkten den PKW in dessen Nähe und betraten das Wohnhaus.

13.56 Uhr. Da Hampe, Rolf bis

20.00 Uhr nicht mehr in Erscheinung trat, wurde die Beobachtung für diesen Tag beendet.

Montag, den 1. 10. 1984
von 16.00 Uhr bis 20.00 Uhr

17.17 Uhr betrat Hampe, Rolf mit einem Fahrrad das Wohnhaus in der H.-Beimler-Straße 44.
Bis

20.00 Uhr trat Hampe, R. nicht mehr in Erscheinung. Daraufhin wurde die Beobachtung für diesen Tag beendet.

Dienstag, den 2. 10. 1984
von 16.00 Uhr bis 20.00 Uhr

17.20 Uhr betrat Hampe, R. mit einem Fahrrad sein Wohnhaus.
Da Hampe bis

20.00 Uhr nicht mehr in Erscheinung trat, wurde die Beobachtung zum zuletzt genannten Zeitpunkt für diesen Tag beendet.

Mittwoch, den 3. 10. 1984
von 16.00 Uhr bis 20.00 Uhr

18.27 Uhr kam Hampe, Rolf mit seiner Ehefrau und seinem Kind aus Richtung W.-Husemann-Straße und betraten das Wohnhaus, H.-Beimler-Str. 44.



20.00 Uhr wurde die Beobachtung für diesen Tag beendet, da Hampe bis zu diesem Zeitpunkt nicht mehr in Erscheinung trat.

Donnerstag, den 4. 10. 1984
von 16.00 Uhr bis 19.25 Uhr

16.58 Uhr betrat Hampe, R. mit einem Fahrrad kommend, das Wohnhaus.

17.46 Uhr verließen Hampe, R. und sein Kind das Wohnhaus und beide Personen gingen zum PKW.

17.47 Uhr fuhren sie auf direktem Wege zum Dom. Hier parkte Hampe gegenüber der Hegelstraße 1

18.01 Uhr seinen PKW ab und beide Personen gingen zum Dom, den sie anschließend betraten.

18.43 Uhr verließen beide Personen den Dom wieder, stiegen in den PKW und fuhren auf direktem Wege zum Wohnhaus, H.-Beimler-Straße 44.

6

Nachdem er den PKW abgeparkt hatte, betraten Hampe, R. und sein Kind

18.50 Uhr das Wohnhaus.

19.25 Uhr wurde die Beobachtung "Siedler" beendet.





Major Hauptmann

# Anhang 24:
# Bespitzelung ständig und überall

Abteilung II
Quelle: IMS
angen.: Oltn.

Magdeburg, den 27. 1. 198

BStU
000091

Von den Kollegen des Magdeburger Antiquariats wurde ich informiert, daß Dr. Hampe im Dezember das Magdeburger Antiquariat aufgesucht hat.

Er traf dort mit zusammen.

Quellenschutz ist erforderlich.

Magdeburg, den 20.1.1986
gez.

F.d.R.d.A.
Ofw.

# Anhang 25: Antrag zur geheimen Wohnungsdurchsuchung

260

Abteilung II

Magdeburg, 09. 11. 1984
II/2/4607 /84A tech-bo

<u>Bestätigt:</u>
Stellvertreter Operativ



Abteilung VIII

Oberst

<u>Antrag auf Durchführung einer konspirativen Hausdurchsuchung</u>

Zu der im OV "Siedler" zu bearbeitenden Person

geb. am ———— in
wohnhaft: Magdeburg, Hans-Beimler-Str. 44

liegen Hinweise einer möglichen Verletzung des Straftatbestandes nach § 219 (2) 1 StGB vor.



Der ●. hat zur Durchsetzung seines ES nach Österreich Informationen erarbeitet, die das Einschalten von österreichischen Behörden bzw. Persönlichkeiten zur Unterstützung seiner Übersiedlungsabsichten ermöglichen sollen.

<u>Zielstellung der konspirativen Hausdurchsuchung</u>

Feststellung und Dokumentierung von Beweismaterialien, die den Straftatbestand des § 219 (2) 1 StGB erfüllen.
Dies betrifft vom ●. erarbeiteten Informationen bzw. Unterlagen, die im Zusammenhang mit seinem ES erarbeitet wurden (von ●. als Magdeburgiensa bezeichnet) und geeignet sind, bei einer Überbringung und Verbreitung im Ausland, die Interessen der DDR zu schädigen.

Hierbei kann durch Feststellungen in der operativen Arbeit davon ausgegangen werden, daß der ●. mit hoher Wahrscheinlichkeit über seine persönliche Entwicklung in der DDR einschließlich seiner Kontakte mit staatlichen Organen und Organen der Rechtspflege (Inhaftierung) Materialien bzw. Unterlagen angefertigt hat.
Dies betrifft weiterhin Durch- bzw. Abschriften von Schreiben an staatliche Stellen einschließlich von Korrespondenzen, die er mit Personen und Einrichtungen in kap. Staaten führte bzw. übersandt hat. Weiterhin ist eine Adressendokumentierung im Zusammenhang des kontinuierlichen Auftretens des Verdächtigen zum Friedensgebet (Aktion "Denkmal", Abt. XX) erforderlich.

Leiter der Abteilung II

Oberstleutnant

# Anhang 26:
# Sicherungskonzept zur Haussuchung

Abteilung II

Magdeburg, 07. 11. 1984
II/2/Tach/Go

BStU
000307

Sicherungskonzeption zur konspirativen Wohnungsdurchsuchung
zum OV "Siedler"

Im Rahmen der Bearbeitung des OV "Siedler" ist nach Bestätigung des Antrages auf eine konspirative Wohnungsdurchsuchung zur Person

Dr. Mampe, Rolf-Peter
18. 12. 1944 in Magdeburg
Magdeburg, Hans-Beimler-Str. 44

die Realisierung voraussichtlich am 14. [illegible] vorzunehmen.

Zielstellung:

Erarbeitung und Doku[illegible] von Beweismaterialien, die den Straftatbestand des § [illegible] StGB erfüllen.

Dies betrifft von M. erarbeitete Informationen bzw. Unterlagen, die im Zusammenhang mit seinem EO erarbeitet wurden (von M. als Magdeburgiensa bezeichnet) und den Interessen der DDR Schaden zufügen können.
Als Zielstellung ist weiterhin der tatsächliche Charakter der Informationen einzuschätzen und die Erfüllung der Kriterien als Beweismittel.

Zu sichernde Personen im Hauseingang

- Mampe, Ingrid
  Sie ist z. Zt. als Reinigungskraft im Marienstift ganztags tätig.

362



- Hampe, Stefanie
  Sie besucht zur Zeit in der Maria-Kühne-OS die Klasse 3c.
  Der Unterrichtsplan fängt am Mittwoch, 14. 11. 1984, um 07.30 Uhr an und endet um 12.30 Uhr.
  Die Frühstückspause ist von 09.10 - 09.25 Uhr. Die Frühstückspause wird im Klassenraum bei Anwesenheit eines Lehrerin durchgeführt.
  Von 10.10 Uhr bis 10.30 Uhr ist eine weitere längere Pause.
  Hier halten sich die Kinder auf dem Schulhof auf.

  Unterrichtszeiten:
  1. Std. 07.30 Uhr bis 08.15 Uhr
  2. Std. 08.25 Uhr bis 09.10 Uhr
     Frühstückspause
  3. Std. 09.25 Uhr bis 10.10 Uhr
     Hofpause
  4. Std. 10.30 Uhr bis 11.15 Uhr
     Mittag Kl. 2 - 6
  5. Std. 11.45 Uhr bis 12.30 Uhr
     Mittag Kl. 7 - 10
  6. Std. 13.00 Uhr bis 13.45 Uhr



- , , Maria-Kühne-OS, Klasse 9b
  Am Mittwoch, 14. 11. 1984, ist die Schulzeit lt. Unterrichtsplan von 07.30 Uhr bis 13.45 Uhr festgelegt.
  Die Pausenzeiten sind analog der von Hampe, Stefanie.

- ,
  Maria-Kühne-OS, Klasse 3b
  Am Mittwoch, 14. 11. 1984, ist die Schulzeit lt. Unterrichtsplan von 07.30 Uhr bis 12.30 Uhr festgelegt.
  Die Pausenzeiten sind analog der von Hampe, Stefanie.

-
-

Zur Zeit konnte die Schule, an der diese Personen Schüler sind, noch nicht ermittelt werden.
Überprüft werden bis 10. 11. 1984 noch die Dubinin-OS, Müntzer-OS, die Schulen mit erweiterten Russischunterricht in Nord und Mitte sowie die KJS.
Bei der Entfernung dieser Schulen ist davon auszugehen, daß in den zur Verfügung stehenden Pausen aus zeitlichen Gründen <u>nicht</u> die elterliche Wohnung aufgesucht werden kann.

- , (Wohnung neben den )

Person arbeitet in der Normalschicht vom 06.[illegible] Uhr bis 16.00 Uhr. Eine Arbeitsplatzbindung kann durch die KD Magdeburg, Gen. , eingeleitet werden.



-

Person arbeitet in der Normalschicht verkürzt bis 13.00 Uhr. Derzeitig ist kein Urlaub bzw. die Inanspruchnahme eines Haushaltstages vorgesehen.
Bindung erfolgt durch Einleitung einer betrieblichen Maßnahme über die KD Magdeburg

- (Wohnung unter dem )

Person arbeitet in der Normalschicht (07.00 Uhr bis 16.00 Uhr) und hat keinen festen Arbeitsplatz. Eine Bindung ist in Absprache mit der Abt. XX, Gen. , bei Terminangabe möglich.

-

Person arbeitet in der Normalschicht. Über den
ist bekannt geworden, daß o. g. Person am 12. 11. und 14. 11. 1984 keinen Haushaltstag bzw. Urlaub beantragt hat.

264

4



-

Person ist Schichtarbeiter in .
Er ist als in der
beschäftigt. Arbeitsplatzbindung erfolgt in Zusammenarbeit mit der
KD Magdeburg, Gen. .

- Hampe, Ilse (Mutter des H.)
Die o. g. Person ist Rentnerin und wohnt in Magdeburg, Pappelallee 5
Sie ist zur Zeit gehbehindert durch Kniebeschwerden.

Die operative Kontrolle der Person erfolgt durch Mitarbeiter der Diensteinheit II.



Die Durchführung einer Schließprobe soll am 12. 11. 1984 erfolgen.

Während der Realisierung der konspirativen Wohnungsdurchsuchung zum OV "Siedler" werden folgende Personen unter operative Kontrolle gestellt:

- Hampe, Ingrid
verantwortlich: Gen. Hptm. , Gen. Ulb.

- Hampe, Steffanie
verantwortlich: Gen. Fw.

- Hampe, Ilse
verantwortlich: Gen. Olt.

Der Informationsfluß bei eventuellen Aktivitäten zum Aufsuchen der Wohnung erfolgt über das OLZ der Abt. VIII. Als Ausgangswohnung wird die Wohnung der Kontaktperson im selben Hauseingang (2. Etage) der Abt. II/2 genutzt.
Leiter der Abteilung II

Oberstleutnant

# Anhang 27:
# Bericht nach der Hausdurchsuchung

Abteilung VIII

Magdeburg, 20. November 1984
kli-ki

BStU
000337

**B e r i c h t**
**über die durchgeführte konspirative Durchsuchung bei der im OV "Siedler" bearbeiteten Person**

Am 14. 11. 1984 wurde im Rahmen der Bearbeitung des OV "Siedler" die Wohnung des

Dr. Hampe, Rolf-Peter
geb. am 18.12.1944
Magdeburg, Hans-Beimler-Str. 44

in der Zeit von 08.00 bis 12.00 Uhr konspirativ durchsucht. Die Wohnungstür wurde mittels kopierten Schlüssels geöffnet und nach beendeter Maßnahme wieder ordnungsgemäß verschlossen. Operative Pannen traten hierbei nicht auf.

Die Wohnung selbst befand sich in einem unsauberen, unaufgeräumten Zustand. Speziell im Schlafzimmer, wo nur ein eintüriger Schrank mit Aufsatz stand, waren alle anderen Sachen in Kartons und Behältnissen in einer Ecke hinterlegt (Bild 13 - 16).

Im Korridor (Bild 1), Badezimmer (Bild 25), Kinderzimmer (Bild 21 - 23), Schlafzimmer (Bild 13 - 20) und in der Küche (Bild 24) wurden keinerlei Gegenstände bzw. Unterlagen gefunden.

Entsprechend der Zielstellung, Beweismittel zu finden, die den Straftatbestand des § 219, Abs. 2, Ziffer 1, StGB evtl. erfüllen, wurden im Wohnzimmer (Übersichtsaufnahmen 2 - 12) folgende Unterlagen dokumentiert:

- 1 Hefter A 4 mit handschriftlichen und Schreibmaschine geschriebenen Unterlagen (Bild 26 - 47) betreffs Anfrage zur Bearbeitung unseres Antrages vom 27. 3. 1984, Antrag auf Übersiedlung in die Republik Österreich, Briefe an bzw. Briefschaften von diesem.
- 1 Heft A 4 (Bild 48 - 130) mit handschriftlichen Aufzeichnungen und Schreiben in unchronologischer Reihenfolge - Verordnung über Pflichten und Rechte der MA in den Staatsorganen; Gesetz über Aufgaben und Befugnisse der VP; völkerrechtliche Verantwortlichkeit der Staaten; Völkerrecht und innerstaatliches Recht; Paß- und Visaordnung; Eingabegesetz; allgemeine Erklärung der Menschenrechte der UNO; Schreiben an E. Honecker - Bittgesuch (Bild 96); Schreiben an die Volkskammer, Abt. Eingaben; Aufzeichnungen über geführte Gespräche und deren Bewertung (Bild 99 - 104).

2

Die genannten Hefter befanden sich im Regalteil der Durchreiche unter einem Stapel von Zeitschriften (Bild 165).

Im Wohnzimmerschrank (Detailaufnahme 7 - 8) lagen einige Briefe und Zettel mit Adressen (Bild 131 - 164).

Bild 142 = Brief von
(die in diesem Brief angegebene Kopie befand sich im 1. Hefter - Bild 40).

Leiter der Abteilung Referatsleiter 3

Oberstleutnant Hauptmann

Anlage

- 165 Positive
- 3 leere Briefumschläge mit aufgedrucktem Absender
- Negativfilme

## Anhang 28:
## Die Stasi fotografierte ein privates Foto

Die Anhänge 25 bis 28 zeigen den enormen Aufwand, den die Stasi selbst bei nicht prominenten DDR-Bürgern getrieben hat. Ohne diese Original-Dokumente würde man es fast für unmöglich halten.

# Anhang 29:
# Stasi zum österreichischen Bundeskanzler



BVfS Magdeburg, Abt. II/2
MfS Berlin, HA II/9

Magdeburg 1.11.84

<u>Information zu einem möglichen Versuch einer Kontaktaufnahme zum Österr. Bundeskanzler, Dr. Fred Sinowatz</u>

Zu der in der OPK "Siedler", Reg.-Nr. VII/935/84 durch unsere DE bearbeiteten Person

Dr. Hampe, Rolf-Peter
10.12.1944 in Magdeburg
Magdeburg, Hans-Beimler-Str. 44

liegen Hinweise vor, die eine Kontaktaufnahme zum Österr. Bundeskanzler sowie dessen Delegationsteilnehmer oder aber zur Botschaft zur Übergabe von Materialien zur Durchsetzung eines ÜE nach Österreich nicht ausschließen. Maßnahmen zur Bindung des H. an Magdeburg wurden [illegible] dem 5.11.84 um 13.00 Uhr eine Beratung in seinem [illegible] für den 6.11.84 ca. 10.00 – 12.00 Uhr eine Aussprache im VPKA Magdeburg, Abteilung PM eingeleitet. Bei der Festlegung der betrieblichen Beratung für den 5.11.84 wurde durch den H. formuliert, daß er an diesem Tag eine Fahrt nach Leipzig vorhatte. Diese Fahrt würde durch die Festlegung der Beratung verhindert. Wichtig erscheint hier vor allem der Fakt, daß H. am 5.6.84 vorhatte, eine größere Fahrt zu unternehmen.
Aus dem in der Bearbeitung bekanntgewordenen Fakten zum Persönlichkeitsbild, zu Absichten und Maßnahmen zur Durchsetzung seines Übersiedlungsersuchens läßt sich der Versuch einer Verbindungsaufnahme zur Übergabe von Material zum Erreichen während des Staatsbesuches nicht ausschließen.
Neben den genannten operativen Maßnahmen zur Bindung an den Heimatort am 5. – 6.11.84 erfolgt eine operative Beobachtung durch die Abteilung VIII zur Sicherung.
Maßnahmen zum Vorgehen beim Verlassen von Magdeburg werden durch Leiterentscheidung noch festgelegt.
H. ist Besitzer eines Pkw Trabant 601/Universal mit dem Kennzeichen, HKA 3 – 76.
Bei Feststellungen von Absichten der möglichen dargestellten Art erfolgt eine S ofortinformation der HA II.



Major

# Anhang 30:
# Beim 1. Sekretär der SED Magdeburg

4

A b s c h r i f t

Büro des Sekretariats          Magdeburg, den 06.02.1985



A k t e n n o t i z

Am 06. 02. 1985 führte Genosse Eberlein von 08.00 – 09.15 Uhr im Besucherraum der Bezirksleitung ein Gespräch mit dem Bürger Dr. Rolf Hampe, 3035 Magdeburg, Hans-Beimler-Str. 44. Daran nahmen weiterhin die Ehefrau des Bürgers, Ingrid Hampe, sowie Genosse          teil.
Der Bürger Hampe bat einleitend den 1. Sekretär der Bezirksleitung, ihm beim Ausreiseantrag für seine Familie in die Republik Österreich zu unterstützen, da die zuständigen staatlichen Organe des Bezirkes dem Ausreiseersuchen nicht stattgegeben haben.
Im Verlauf des Gespräches erläuterte der Bürger, daß die Ablehnung seines Ausreiseantrages geltendem Völkerrecht, von der DDR ratifizierten UNO-Konventionen, besonders der KSZE in Helsinki und der Folgekonferenz in Madrid widerspreche. Ihm und seiner Familie gehe es um die Verwirklichung persönlicher Freiheiten des Individiums, der absoluten Reisefreiheit ohne die bestehenden Zwänge der sozialistischen Gesellschaft. Er habe starke rationale und emotionale Bindungen zu den gesellschaftlichen Verhältnissen in Österreich, aus seiner Ablehnung der gesellschaftlichen Beziehungen in unserem Staat in Teilbereichen resultiere die feste Absicht, die DDR zu verlassen. Seine Weltanschauung trage starke idealistische Züge, sein Weltbild sei pluralistisch und pazifistisch ausgeprägt und ist nicht mit dem Marxismus/Leninismus, der sozialistischen Lebensweise und ihren Normen vereinbar.
Er bedarf größerer Freiräume, die Möglichkeiten des Reisens und der Bildung seien in der DDR erheblich eingeschränkt.
Das Antragsverfahren auf Ausreise bei der VP sei undurchschaubar, für ihn und seine Familie resultieren daraus soziale und ökonomische Nachteile. Die sozialistische Demokratie sei

in bestimmten Bereichen der DDR degeneriert, bei Nichtidentifikation der Bürger mit dem sozialistischen Staat (speziell zur Problematik des Ausreisens), zeigen sich die staatlichen Organe mittelalterlich-feudalistisch und in der Rechtauslegung despotisch.

Im Verlauf des Gespräches (die Bürgerin Ingrid Hampe unterstützte zeitweise die Argumentationen ihres Ehemannes) legte Genosse Eberlein auf die Motive des Bürgers eingehend dar, daß es keine objektiven gesellschaftlichen Ursachen gibt, die Bürger der DDR zwingen, ihren sozialistischen Staat zu verlassen. Soziale Sicherheit und Geborgenheit gehören in der DDR zum Alltag, darunter verstehen wir in Übereinstimmung mit dem Völkerrecht und den KSZE-Dokumenten vor allem die Verwirklichung der grundlegenden Menschenrechte, wie das Recht auf Arbeit, Bildung, Wohnung, Freizeit u. a.
Diese Grundrechte bestehen für alle Klassen und Schichten des Volkes, für jeden Bürger - unabhängig von Rasse, Nation, Geschlecht und Weltanschauung.
Unter sozialistischen Bedingungen ist der Bürger selbst Träger der Macht und nicht mehr Objekt der Machtausübung.
Die Mehrheit der Bürger nutzt die neue Qualität ihrer rechtlichen Stellung zur Stärkung und Festigung der sozialistischen Staats- und Gesellschaftsordnung durch aktive Teilnahme an der Lenkung und Leitung gesellschaftlicher Prozesse.

Genosse Eberlein erläuterte der Familie Hampe, daß es bei objektiver Betrachtung der gesellschaftlichen Verhältnisse im Kapitalismus im Interesse des Wohles unserer Bürger grundsätzlich nicht zu rechtfertigen ist, den Wohnsitz von einem sozialistischen in ein kapitalistisches Land zu verlegen.
Der Bürger Hampe solle deshalb seine Motive zu den objektiven gesellschaftlichen Verhältnissen im Sozialismus und Kapitalismus überprüfen, analysieren und Abstand vom Ausreiseersuchen nehmen.

Genosse Eberlein machte deutlich, daß Völkerrecht und KSZE-Vereinbarungen kein allgemeinverbindliches Ausreiserecht für Bürger von Staaten fixieren, da alle o. g. Dokumente davon ausgehen, daß Regelungen der Ausreise der souveränen staatlichen Entscheidung jedes Landes unterliegen.

Da es für Bürger im Sozialismus keine objektive Notwendigkeit gibt, ihren sozialistischen Staat zu verlassen, hat die DDR in innerstaatlichen Rechtsvorschriften ein derartiges Recht nicht geschaffen, auch nicht mit der Verordnung zur Regelung von Fragen der Familienzusammenführung und der Eheschließung zwischen Bürger der DDR und Ausländern vom 15. 09. 1983.
Diese Regelungen stehen im voller Übereinstimmung mit den geltenden UNO-Konventionen, der Schlußakte von Helsinki und Madrid.
Der Familie Hampe wurdeerläutert, daß Ablehnung der gesellschaftlichen Verhältnisse kein Recht auf Übersiedlung in die BRD begründe und selbst den Sozialismus entgegengesetzte idealistische Auffassungen keinen Bürger der DDR davon entbinden, sich an gesetzlich fixierte Regeln des gesellschaftlichen Zusammenlebens zu halten bzw. sich diesen unterzuordnen.

Im Verlauf des gesamten Gespräches wurde deutlich, daß Familie Hampe sich weiterhin uneinsichtig verhält und nicht bereit ist, Abstand vom Versuch der Realisierung des Ausreiseantrages zu nehmen.
Genosse Eberlein legte abschließend dar, daß alle Gründe, Auffassungen, Motive und Äußerungen des Ehepaares Hampe, die eine Ausreise rechtfertigen würden, widerlegt wurden.
Er hat die Familie Hampe gebeten, ihre Positionen erneut zu überdenken, da das Ansinnen zur Ausreise unbegründet und entsprechend geltender Rechtsvorschriften unrealisierbar sei.

7

4



Zu dem wurde Familie Hampe wiederholt darauf hingewiesen, daß die Bezirksleitung Magdeburg und ihr 1. Sekretär keinen Einfluß auf getroffene staatliche Entscheidungen habe und auch nicht die Absicht und Möglichkeit hat, derartige Entscheidungen aufzuheben bzw. zu verändern.



F. d. R. d. A.:
Fw.

# Anhang 31:
# Stasi-Info zu meiner „Agententätigkeit“

<u>Text der KONTAKT-IFO</u>

(alle <u>op.-bed</u>.Ifo zum umseitigen KONT)

Der H. übersiedelte 1985 legal nach Österreich, nahm seinen Wohnsitz in WB und unterhält eine Reihe op.-int. Rückverb. zu Zielgruppen des Feindes in WB und als Rückverb. in die DDR (med.-techn. Fach-u. Forschungspersonal). Durch die HA II wurde ein Hinweis erarbeitet, wonach Staatsschutzstellen des Landes Niedersachsen 1986 Interesse für H. bekundeten.
Die Hampe, Ilse ist die Mutter des Dr. H., es finden häufige Einreisen zu ihr statt.





<u>BEMERKUNGEN :</u>

# Anhang 32: Spitzelprogramm gegen meine Mutter

Gen. 87

Bezirksverwaltung
für Staatssicherheit
Diensteinheit II

Magdeburg, 6.12.1988

Tgb.-Nr. II/3/tech-ku/[illegible]/88

BStU
000109

MfS/... 07 DEZ 1988
Tgb.-Nr. 13.708

KD Magdeburg
Gen.

Erarbeitung von inoffiziellen Einschätzungen

Durch die Abteilung II wird in der OPK "Schere" die Person

Hampe, Peter
Berlin/W., Beyrodtstr. 5D
(1985 legal nach Österreich ausgesiedelt)

hinsichtlich vorliegender Verdachtsmomente [illegible] eines geheimdienstlichen Mißbrauchs seiner Einreisen in die DDR operativ bearbeitet.
Die Mutter, Hampe, Ilse, ist in Magdeburg, Pappelallee 6, wohnhaft.
Es erfolgen Einreisen zu ihr.

Im Ergebnis einer durchgeführten Hausüberprüfung wurde bekannt, daß die Person

Wir bitten um Prüfung der Möglichkeiten der Erarbeitung inoffizieller Einschätzungen zu folgendem Informationsbedarf:

- politisch-ideologische Haltung, insbesondere zur erfolgten ständigen Ausreise ihres Sohnes in die BRD/WB (1985)
- Finden in der Wohnung der Hampe, I. bei Einreisen ihres Sohnes Zusammenkünfte mit weiteren Personen statt; was ist zu diesen Personen bekannt?
- Umgangs- und Bekanntenkreis
- konfessionelle Bindungen
- Freizeitgestaltung, Hobbys
- Vermögensverhältnisse, finanzielle Lage
- Leumund

Weiterhin bitten wir um Prüfung von Kontrollmöglichkeiten zu möglichen Aufenthalten des Hampe, Peter bei seiner Mutter bei erfolgten Einreisen in die DDR.
Bei Rückfragen wenden Sie sich bitte an Gen. Oltn.
Tel.: 2573.

Leiter der Abteilung

Oberst

VD-... 000 ...

# Anhang 33:
# Stasi-Erkenntnis: Als Spitzel ungeeignet!

MfS/Verw./BV Magdeburg
Diensteinheit XI
Mitarbeiter

Magdeburg, den 31.05.78

BStU
000317

## Abverfügung zur Archivierung

(Nur für GMS, Allg. P. und Allg. S.)

Die Akte über:

Name Haase
Vorname Peter
geb. am 18.12.44
Geburtsort Magdeburg

ist zu archivieren.

Gründe für die Archivierung:

Die OPK [illegible] zeitweilig gesperrt in der Abt. XII archiviert, [illegible] einerseits die Zielstellung der Bearbeitung hin[illegible]lich der Klärung und des Nachweises der Verbin[illegible] nicht erbracht bzw. nachgewiesen werden konnte und [illegible] Eignung der Person zur inoffiziellen Zusammenarbeit nicht gegeben ist, sowie andererseits ausgeh[illegible] von der negativen Grundhaltung der Person erneute Aktivitäten nach Abschluß der Promotion nicht auszuschließen sind.

KOPIE BStU

Die Akte ist gesperrt/gesperrt außer für die DE IV /nicht gesperrt zu archivieren.

# Anhang 34:
# Unsere Ausbürgerungsurkunde

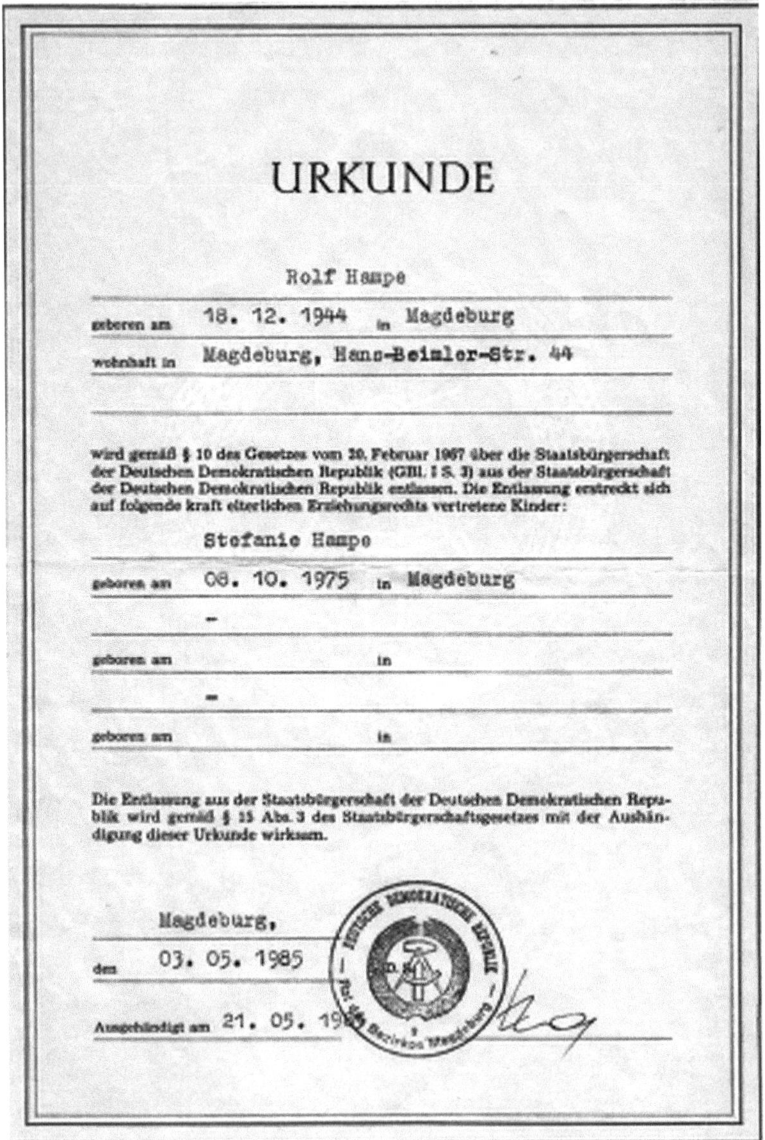

URKUNDE

Rolf Hampe

geboren am 18. 12. 1944 in Magdeburg

wohnhaft in Magdeburg, Hans-Beimler-Str. 44

wird gemäß § 10 des Gesetzes vom 20. Februar 1967 über die Staatsbürgerschaft der Deutschen Demokratischen Republik (GBl. I S. 3) aus der Staatsbürgerschaft der Deutschen Demokratischen Republik entlassen. Die Entlassung erstreckt sich auf folgende kraft elterlichen Erziehungsrechts vertretene Kinder:

Stefanie Hampe

geboren am 08. 10. 1975 in Magdeburg

\-

geboren am in

\-

geboren am in

Die Entlassung aus der Staatsbürgerschaft der Deutschen Demokratischen Republik wird gemäß § 15 Abs. 3 des Staatsbürgerschaftsgesetzes mit der Aushändigung dieser Urkunde wirksam.

Magdeburg,

den 03. 05. 1985

Ausgehändigt am 21. 05. 19

# Anhang 35:
# Meine Rehabilitierungsbescheinigung

**Ministerium des Innern**

LAND
BRANDENBURG

Ministerium des Innern des Landes Brandenburg
14411 Potsdam · Postfach 601165

Herrn
Dr. Peter Hampe
Flensburger Str. 28

10557 Berlin

Datum: 25. Oktober 1999
Aktenzeichen: I/9-11276
(Bei Antwort bitte angeben)
Bearbeiter: Frau
Hausanschluß: 2198

**Rehabilitierungsbescheinigung nach dem
Verwaltungsrechtlichen Rehabilitierungsgesetz (VwRehaG) sowie
nach dem Beruflichen Rehabilitierungsgesetz (BerRehaG)**

Sehr geehrter Herr Dr. Hampe,

auf Ihren Antrag vom 08.12.1997, eingegangen am 15.06.1998
wird bescheinigt, dass

**der Ausschluss vom Studium an allen Universitäten und Hochschulen der DDR durch den Rektor der Pädagogischen Hochschule Potsdam vom 01.07.1966
mit tragenden Grundsätzen eines Rechtsstaates schlechthin unvereinbar ist.
Diese Maßnahme wird für rechtsstaatswidrig erklärt.**

Darüber hinaus wird bescheinigt, daß Sie

**Verfolgter im Sinne des § 1 Abs. 1 BerRehaG sind.**

Die Verfolgungszeit dauerte

**vom 18.11.1965 bis 04.01.1976.**

Nach Ihrer Erklärung und den hier bekannten Unterlagen liegen Umstände, die einen Ausschluß von Leistungen gemäß § 4 BerRehaG bzw. gemäß § 2 Abs. 2 VwRehaG rechtfertigen, nicht vor.

Henning-von-Tresckow-Straße 9 bis 13 · 14467 Potsdam · Telefon (0331) 866-0 · Telefax (0331) 866-2102 · Telex 36 2050

Peter Hampe lebt in Berlin und stellt sich als Zeitzeuge zur Verfügung. In der Potsdamer Projektwerkstatt „Lindenstr. 54“ und im Ausland diskutierte er bereits mit jungen Menschen.

Zeitfracht Medien GmbH
Ferdinand-Jühlke-Straße 7
99095 Erfurt, Deutschland
produktsicherheit@kolibri360.de

Druck:
CPI Druckdienstleistungen GmbH
im Auftrag der
Zeitfracht Medien GmbH
Ein Unternehmen der Zeitfracht - Gruppe
Ferdinand-Jühlke-Str. 7
99095 Erfurt